臺灣輿論議題與政治文化變遷

鄒振東 著

目 錄

作者簡介 5

導言 7
   第一節 問題的提出 7
   第二節 學術史回顧 14
   第三節 相關概念及理論 19
   第四節 思路與框架 32
   第五節 資料與方法 43

第一章 「省籍議題」——臺灣政治文化的情感符號 69
   第一節 「省籍情結」的歷史緣起 69
   第二節 「省籍議題」的發展演變 80
   第三節 「省籍議題」的當代特徵 86
   第四節 「省籍議題」與臺灣政治情感的互動 92
   第五節 「省籍議題」的生命週期 97

第二章 「臺灣意識／中國意識議題」——臺灣政治文化的政治認知符號 107
   第一節 「臺灣意識／中國意識議題」的緣起與演變 107
   第二節 「臺灣意識／中國意識議題」的當代特徵 119
   第三節 「臺灣意識／中國意識議題」的衝突實質 123
   第四節 「臺灣意識／中國意識議題」對臺灣政治認知的影響 136

第三章 「統獨議題」——臺灣政治文化的政治評價符號 151
   第一節 「統獨議題」的緣起與變遷 152
   第二節 「統獨議題」的歷史特點與當代特徵 176
   第三節 「臺獨議題」的發酵過程 181
   第四節 「統獨議題」對臺灣政治評價的影響 188

第四章 臺灣的輿論議題與政治文化 207
   第一節 從臺灣輿論議題的變化看臺灣政治文化的轉型 207
   第二節 臺灣政治文化的轉型對臺灣輿論議題的影響 219
   第三節 臺灣輿論與政治文化的互動媒介的演變 234

結語 **279**
   第一節 臺灣輿論議題的演變與臺灣政治文化的變遷 279
   第二節 輿論與政治文化的互動模式 285

參考文獻 **289**
   一、報紙期刊 289
   二、年鑑文獻與紀念文集 290
   三、傳記與回憶錄 291
   四、專著 293
   五、論文 299
   六、參考網站 302

作者簡介

鄒振東

　　湖南新化人，出生於江西井岡山，高級記者，廈門大學臺灣研究院歷史學博士，廈門大學新聞傳播學院兼職教授，享受國務院特貼，《南方週末》、《新京報》等報刊專欄記者，曾任廈門衛視總監，現任廈門廣電集團副總編輯。

導言

本書以政治文化的符號為切入點,透過考察光復以來臺灣輿論議題的演變,揭示臺灣政治文化的變遷,探討輿論議題與政治文化的互動關係模式。在進入正文以前,試簡要說明本書的問題意識、理論框架和資料方法,並對前人的研究成果略作評述。

第一節 問題的提出

從某種意義上來說,幾乎所有的臺灣研究都具有未來學的背景,它們都在有意或無意、直接或間接地回答:眼前這個「漂流的臺灣」[1]將流向哪裡?這種對未來的叩問往往來源於人們對現實的焦慮和對歷史的困惑。臺灣問題應如何破解?臺灣為什麼會演變成這樣?如此的一系列問號,將臺灣的歷史、今天和未來連接在一起,使臺灣研究成為極富當代感和歷史感的「中國顯學」。

越來越多的臺灣研究者在以下方面取得共識:臺灣研究不能滿足於所謂的應景式的對策研究,而應該將之置身於學有所本的學術淵源中;臺灣研究不能滿足於對臺灣現象就事論事的分析和圖解,而應該把臺灣現象放在一個更廣闊的時空背景中進行歷史與總體的考察。作為這種思考的延續,一個鮮明的例子是臺灣政治文化變遷研究的出現。臺灣政治研究,這個曾被譏為最緊跟形勢或被譽為最呼應時代的臺灣研究領域,除了繼續保持其對臺灣的政治變化第一時間做出反應的傳統,也開始將臺灣的政治研究從制度層面引向文化層面,並在方法論上開始關注傳統的政治學不太重視的歷史變遷研究。政治文化的變遷研究,將政治學、文化學、歷史學結合起來,印證了臺灣研究作為一種特殊的綜合研究,是一門可以具有寬廣前沿和深遠內涵的新興的交叉學科。

把臺灣問題比作一條河,不同的學者可以選擇不同的現象和角度研究它,有的人描述它的浪花,有的人分析浪花下面的礁石,有的人預測前面的漩渦,有的人監測河流的水文,有的人分析它的生態,有的人關注它的堤壩,有的人考察它的支流,有的人追溯它的起源。筆者最初的夢想是研究這條河的河床,這條河床是怎樣形成的?它的地貌是怎樣的?它的地質結構有什麼特點?作為既是河床形成的原因又是河床形成的結果的河床的兩岸,是怎樣規定河床又怎樣被河床規定的?河床的這一系列特質將怎樣影響河流走向?最後,當然是這條河將流向哪裡?但顯然,無論從時間、學識和能力,做臺灣問題的河床研究對筆者來說,都

是自不量力的工程。務實的做法應該選擇臺灣問題這條大河做「浪花式」的研究，儘管「浪花式」的研究未必不需要功力和水準，但對筆者來說，可能是更適合的小規模工程。我選擇的浪花，就是「輿論」。

如果說選擇做「浪花式」研究而不是「河床式」研究是筆者無奈的退守，那麼選擇「臺灣輿論」這朵「浪花」而不是別的「浪花」則是筆者有意的堅持，這種堅持來源於筆者對研究對象的如下評價：臺灣輿論在臺灣如此重要，但是對臺灣輿論的研究卻如此薄弱。

2007年5月6日，民進黨2008年臺灣地區領導人黨內初選黨員投票結果揭曉，謝長廷勝出，蘇貞昌隨即宣布退選。曾擔任蘇貞昌「總統」參選辦公室發言人的民進黨「立委」林育生8日上午在「立法院」向媒體表示，蘇貞昌此役敗北，究其原因，其實是輸給三立，而非輸給謝長廷。林質疑：「三立是扮演一個公正的媒體，還是打手與傳聲筒？這要社會來公斷。」[2]三立電視臺《大話新聞》欄目親謝遠蘇的立場人所共知，林的說法得到了藍綠雙方包括親民黨「立委」李鴻鈞、呂秀蓮以及《聯合報》等臺灣各大媒體的背書。此前，蘇貞昌曾得到「總統」陳水扁和南部7位民進黨籍縣市長的加持，但是仍然不敵一個電視臺的一個欄目的殺傷力。臺灣有的網絡部落格甚至認為三立電視臺的《大話新聞》勝過一個民進黨黨中央。[3]

事實上，三立電視臺不過是臺灣幾十家電視臺中的一家，《大話新聞》更只是上千個電視欄目中的一個。因此，不是三立電視臺的一個欄目有多「了不得」，而是其製造和傳播的輿論「不得了」。這個輿論製造的「蝴蝶效應」，在2008年捲起了一場政治颶風，影響甚至改變了臺灣的政治生態。

臺灣輿論在臺灣「改朝換代」過程中所起的作用，最突出地表現在2000年的政黨輪替。[4]當時黨權（執政黨）、政權、軍權、立法權、司法權甚至媒體的控制權（包括大部分重要媒體的所有權）都掌握在國民黨手中，民進黨為什麼能不費一兵一卒就得到了政權？民進黨依靠的最重要的資源和武器就是輿論，正是在輿論戰中（而不是表面上的選戰，在這裡選戰反而是表面文章，真正的戰爭反而是輿論的較量）國民黨敗在了民進黨手裡。

臺灣輿論根本改變臺灣歷史進程的標誌應由此回溯至1987年前後，正是輿論的先行，[5]催生了國民黨1986年的「政治革新」，[6]並導致1987年開始的「解嚴」、「解禁」。「解嚴」、「解禁」實際涉及三個主題：一是結束戒嚴，二是解除黨禁，三是開放報禁，前兩者事關政治體制，後者則關係到言論自由，臺灣社會的轉型由此不可逆轉。輿論的開放與政治體制的開放相提並論，顯示出輿論

是與政黨、政權同一等量級的政治力量和社會力量。[7]事實上，人們普遍認為，「解嚴」、「解禁」的三大主題最關鍵的還是解除報禁，如果不開放報禁，結束戒嚴和解除黨禁就是一句空話；反之，如果開放報禁，即使當局不宣布結束戒嚴和解除黨禁，自由的輿論仍將迎接政黨政治和民主時代的到來。輿論所背負的民意力量，是政治改革的最終動力，輿論對社會各個層面的滲透，也使之成為社會轉型最重要的推手。

「解嚴」後的臺灣社會，是一個輿論高度發達甚至是過度發達的輿論社會，但這一足以影響和改變臺灣歷史進程的臺灣輿論現象，卻沒有引起學術領域對臺灣研究的足夠重視。一個令人尷尬的事實是：在大陸方面，臺灣的輿論研究幾乎是空白，不僅沒有臺灣輿論的研究專著，有價值的臺灣輿論研究的論文也是鳳毛麟角；在臺灣方面，儘管有許多有關輿論方面的研究論文，但迄今為止，仍沒有對臺灣輿論進行系統研究的專著，更遑論對臺灣輿論進行系統的歷史考察。

對臺灣輿論研究的重視不夠，有許多複雜的因素，比如學科建設，輿論與政治學、社會學、文化學、心理學都密切相關，但都沒有進入它們的核心範疇和主流對象（少數研究者除外）。輿論一般被視為傳播學的研究領域，但它在大眾傳媒研究中也處於邊緣化的地位，一些研究臺灣傳媒的論著，也不把臺灣輿論作為自己的研究對象，更重要的是輿論的複雜性已經超越了大眾傳媒研究的研究範圍和解釋半徑。

輿論的複雜性曾經讓許多學者望而生畏。早在 1904 年，德國歷史學家歐肯（Eucken）就對那些試圖對輿論下定義的人提出忠告：「任何渴望理解和闡釋（輿論的概念）的人，將很快意識到他是在與海神普羅修斯——此神能以一千種形態出現——打交道，它既能被看到，又似幻影，無能卻又驚人地有用，它以不計其數的變換形式出現，而且當我們相信已緊緊抓住它時，它卻總是從我們的指間滑落，……它的漂浮和流動無法用固定的模式來理解……然而，問起來，每個人都確知輿論的含意。」[8]

歐肯的無奈發展到 20 世紀 50 年和 60 年代，變成了一種悲觀主義論調，人們甚至認為輿論是虛構的，屬於思想史的博物館，只能引起歷史學的興趣，學術界要求放棄對輿論下定義的聲音越來越大。

但對輿論研究的輕視和忽視，還在於對輿論的歧視。這種歧視來源於輿論作為研究對象的兩大特點：一是輿論的表層性，二是輿論的假象性。

將臺灣輿論研究比作「浪花式」的研究，也許不是筆者的自謙，而恰恰是輿論研究的特點。浪花的浮表性的確是輿論的特徵。有關輿論的定義五花八門，但以下兩個定義很有代表性：一個是中國輿論學者劉建明的定義：「輿論是一種表層意識」，它是「外在的、表面的，具有漂浮在社會空間的特徵」；[9]一個是西方輿論學者諾爾·紐曼（E.Noelle-Neumann）的定義：「輿論是社會的皮膚。」[10]他們的定義都強調了輿論的表層性特徵。

　　無論是「表層流動」還是「皮膚」，都說明了輿論屬於社會現象的「最表層」。在一些人眼裡，以社會現象的表層作為研究對象的輿論學，顯然不是深刻的學問，所以輿論學常常被看作「膚淺」的代名詞。

　　但「社會的表層流動」不需要監測嗎？社會的皮膚，就不需要體溫計嗎？中醫學的「望聞問切」哪一個不是從「體表」開始？但它們卻成了中醫學的基礎工作。西醫學的「症候學」，都是做「表面文章」，可哪一點影響到它的科學性呢？任何一次大地震前，都會在地表出現反常的現象，透過對這些現象的分析，人們可以預測災難。輿論不是社會的心臟，卻是反映心跳的脈搏，輿論如果真是社會的皮膚，怎麼不需要把脈呢？

　　最表面的東西也許潛藏著最本質的東西，學術研究是否深刻，並不取決於它的研究對像是否深刻，而取決於研究者能否將研究引向深入。越是從社會的表象入手，也許越能觸摸到社會的複雜機理，越是能深入到事物的深刻本質。輿論研究有可能在看似「最膚淺」的學科中做出最深刻的學問。

　　除了輿論的表層性，輿論的假象性也令人心存戒心。那些所謂代表民意的輿論，真的是人民的聲音嗎？社會的真實等同於政治的真實，而政治的真實等同於輿論的真實嗎？那些電視畫面報導的臺灣，那些由文字評論報導的臺灣，就是真正的臺灣嗎？輿論作為「真實」臺灣的複製品，作為凹凸鏡變形後的異體，它是真實的嗎？

　　如果把輿論現像當作一種史料，它可能相當大部分要歸入到「偽證」，至少要歸入到馬克·布洛赫（Marc Bloch）所說的「有意」的史料。布洛赫把史料分成「有意」和「無意」兩種，前者是指史料提供者「有意」想讓「史料」進行說服工作，讓時人和後人接受提供者希望他們接受的訊息，而後者則是「過去無意中留下的痕跡」，未必真實可信，但它卻並不「蓄意」要影響人們的判斷。[11]

　　而輿論又是什麼呢？筆者的定義是：「輿論是由多數人表達或向多數人傳播或在多數人反應的對某一對象的共同關注。」輿論一定是公開的、有傾向的，而

且一定是有意的,輿論存在的理由就是要影響和左右人們的觀點,按布洛赫的分類看,它全部要歸入「有意」的證據。

布洛赫認為,如果僅僅依靠「有意」的史料,史學家就會成為史料提供者的思想奴隸,史學家應該自覺地抵制「有意史料」的束縛。如此,輿論作為史學研究的對象還有意義嗎?輿論的歷史研究如果只是一座建立在偽證、假證或者虛證、偏證基礎之上的大廈,它能不倒塌嗎?

但布洛赫告訴我們,偽證有偽證的價值。如果史學家只滿足於為考證而考證的博學遊戲,那麼偽證的確是一錢不值,但僅僅考證出史料的虛假,史學家只不過完成了一半的任務,如果史學家繼續深入下去,進一步探討作偽的動機及其與時代的種種關聯,將「偽證」作為反映提供者所處時代的生活和思想資料來加以參照,「其價值就無與倫比」。[12]

可見,史料有真偽,價值無定論。「真」有「真」的價值,「偽」有「偽」的用處。對史料的處理不能停留在簡單地「去偽存真」,「存真」當然要,「去偽」則未必。辨別真偽後,「偽」不能當垃圾丟掉,它還可以「廢物利用」。史料的價值關鍵在於你怎麼用「真」和怎麼用「偽」。一個虛偽的社會,也許恰恰要用虛偽的史料來證偽,一個欺騙的時代也許恰恰要用欺騙的事實來揭穿。將史料化腐朽為神奇的力量,來源於你能夠從史料中瞭解到它自身所願意告訴你的更多的東西。

輿論現象正是這樣一種可能一錢不值,也可能價值無與倫比的史料。如果我們能夠從輿論的表象背後看到輿論被操弄的實質,並進一步分析:輿論的操弄主體到底是哪一種或哪幾種力量?他們為什麼要操弄?為什麼能夠操弄?他們操弄的輿論議題為什麼是這個而不是那個?這些議題有哪些變化?它的土壤是什麼?它的社會歷史成因是什麼?為什麼這個社會可以容忍或縱容這樣的操弄?這樣的操弄又怎樣影響了社會歷史的進程?在這樣的操弄下輿論建構了一個怎樣的歷史?而這個歷史又是怎樣建構起來的?在操弄下建構的輿論世界到底離真實的世界有多遠?

當我們循著這樣的思路不斷叩問下去,輿論現象的史料價值就會在一層層的分析下不斷顯現並放大。證據不會自己說話,必須叩問,必須質疑問難,它才會吐出有價值的東西。

越是處於表層越是蘊藏深刻,越是表現變形越是折射本質。輿論現象作為歷史學的對象,其史實價值遠不止如前所述的「表面文章」。被譽為現代輿論學創

始人的沃爾特‧李普曼（Walter Lippmann）認為輿論不是一種表面東西，而是人類生活的另一個「世界」。他認為人類生活在兩個環境裡，一為現實環境，一為「虛擬環境」。前者是獨立於人們意識體驗之外的客觀世界，後者則是人類意識或體驗到的主觀世界。按照李普曼的觀點，人類試圖直接得到現實的真實圖景根本是不可能的，它如此巨大複雜，稍縱即逝，難以捉摸，使得人們對它的直接觀察幾乎是微不足道的。人類比其他動物的優越在於他創造了種種方法，可以把複雜的現實環境重新建構成一個更為簡單的模式。在這個建構過程中，大眾傳媒發揮了不可替代的作用，它使我們依賴媒介而生活，未經報導過的似乎就是不存在的，人們經歷的環境只是透過媒介簡單化之後的虛擬環境，最重要的是人類並沒止步於虛擬的環境，他們基於這種環境有所期待、有所行動，這些行動不僅有其自身的真實，而且產生了真實的結果，從這個意義上說，虛擬環境創造了新的真實。[13]

輿論的世界就是這樣一個虛擬的環境，它幫助人們用更簡單的模式來掌握世界的概貌，但它也常常「欺騙」人們誤以為這就是他們所生活的真實的環境。可能只有少數人可以看出輿論是社會的表象與皮膚，對於大多數人而言，輿論所建構的生活圖景與價值體系就是他們所依賴的生活環境，他們與輿論的虛擬環境合為一體，既是輿論的對象，也是輿論的參與者。他們好比蜜蜂，而輿論則是蜂蜜，既是他們的食品又是他們的分泌物。更重要的是，輿論是他們的蜂巢，他們生活在其中，亦真亦假，亦實亦虛。

事實上，許多前輩先賢已經意識到輿論對社會的重要性，其中最著名的代表是哈貝馬斯（Juergen Habermas）。哈貝馬斯用一種理想類型的「公共領域」，建構其社會進化模式，即社會交往模式，而公眾輿論能否形成、怎樣形成以及由誰來主導，是公共領域能否建構的關鍵和標誌。[14]

其實，輿論概念從誕生起，就被學者賦予了崇高的地位。1762年，盧梭（Jean-Jacques Rousseau）在其經典名著《社會契約論》中第一次將拉丁文字體系中的「公眾」和「意見」兩個詞彙聯繫在一起，提出了「輿論」這一概念（法文原詞 opinino publique），並把輿論提高到比法律更高的地位。「輿論既不是銘刻在大理石上，也不是銘刻在銅表上，而是銘刻在公民們的內心裡；它形成了國家的真正憲法；它每天都在獲得新的力量；當其他的法律衰老或消亡的時候，它可以復活那些法律或代替那些法律，它可以保持一個民族的創製精神，而且可以不知不覺地以習慣的力量代替權威的力量。我說的就是風俗、習慣，而尤其是輿論。」[15]

哈貝馬斯和盧梭等人的理論揭示了輿論與推動社會歷史進程更深層的力量緊密相關，輿論可以是也應該是解讀社會歷史發展的研究對象和解釋工具。它帶給我們的啟示是：臺灣輿論研究雖然是浪花式的臺灣研究，但它仍可能觸及臺灣研究的河床，輿論的表層性和假象性不是臺灣輿論研究的障礙，反而恰恰是破解臺灣問題的一把鑰匙。

　　輿論的表層性讓我們更加關注臺灣輿論表象背後的東西。我們發現臺灣的輿論並不等於臺灣的民意。在表面上浮現在我們眼前的東西，其背後可能有不同的利益集團和壓力集團在操縱，更重要的即便是各種利益集團和壓力集團，表面上是按照自己的利益和意志在說話，實際上背後仍然有制約和規定著的土壤，這個土壤最直接的就是政治文化。不同時期不同特點的政治文化影響甚至決定了在臺灣輿論裡誰能說話、怎麼說話以及用什麼方式說話，臺灣政治文化對臺灣輿論的投射，必將在臺灣輿論上打上烙印、留下痕跡。不同時期不同階段不同特點的臺灣輿論總是用不同的方式反映著與其相對應的政治文化，甚至直接成為政治文化的符號。因此，表面上是臺灣輿論在風起雲湧，實際上是臺灣政治文化在暗潮湧動。於是，透過臺灣輿論的表面浪花，我們可以觸及臺灣政治文化的河床。而臺灣的政治文化是臺灣政治行為、政治過程滋生的土壤，也是臺灣政治制度、政治體制賴以維系的紐帶，它與臺灣的其他文化一起互動成為雖然緩慢卻長遠地影響甚至決定臺灣歷史走向的基礎性力量。因此，將臺灣輿論研究引向深入，就能夠從臺灣輿論的表象，進入深層次的臺灣政治文化，並透過臺灣輿論的變化，發現臺灣政治文化的歷史變遷。

　　反過來，臺灣的政治文化也可以幫助人們更深刻地認識臺灣輿論的假象。譬如，當民進黨某個政治人物挑起省籍議題，馬上有學者指出他的放話是「操弄」，這對於決策者迅速提出對策和對於大眾迅速做出輿論反應是很有助益的。但對於認識和解決臺灣問題，僅僅指出輿論的「操弄」是遠遠不夠的，人們要求更深入地回答為什麼這種「操弄」可以一而再再而三地出現？為什麼它會屢屢奏效？為什麼這麼多民眾這麼願意被操弄？為什麼即使有人指出這是「操弄」，這麼多民眾還是不肯相信自己被操弄甚至即使明白卻仍然願打願挨？特別是到底是誰操弄了誰？是政客操弄民眾，還是民眾操弄政客？如果不是政客操弄民眾，如何解釋在政治人物的操弄下，同樣是這一批民眾，為什麼會對中國的認同出現這麼大的轉變？但反過來，如果不是民眾操弄政客，為什麼政治人物一旦改變了自己的立場，就會被某些民眾無情地拋棄？我們如何解釋為什麼民進黨的領導人只要脫離這個黨就會被該黨的支持者所唾棄？[16]如何解釋民進黨中的有些清醒人士明明不敢認同民進黨的某些做法卻不敢大聲批評，即使敢辭去「立法委員」也不敢

辭去民進黨黨籍？[17] 如何解釋民進黨一進行初選，其候選人就開始一個比一個更「獨」？到底誰是玩偶？誰是過客？誰是臺前？誰是幕後？誰是演員？誰是觀眾？

對上述問題的回答，如果僅就輿論談輿論，就會陷入雞生蛋蛋生雞的怪圈。只有將臺灣輿論引入政治文化的視角，從臺灣輿論與政治文化的互動關係著眼，人們才可能理解為什麼是這個人物、這個地點、在這種場合會說出這樣的話，即使他的話是一種操弄，但操弄者本身也被操縱，它仍然被一雙看不見的手所左右，無論是政治人物還是民眾，他都不能脫離他所處的政治文化土壤。他可以有自己的個性甚至自主性，甚至可以在某個瞬間某個局部某種程度背離政治文化的引力，更極端的是：他還可能反作用於政治文化，但無論如何他不是在一個政治文化的真空中，也不是在一個別的政治文化的空間中思考和行動，他不是木偶，但身上仍然繫著政治文化千絲萬縷的線。他說什麼話、這些話有沒有聽眾、這些話能不能產生輿論效應、這個輿論能產生什麼作用，都與政治文化有關。為什麼這個時期有的輿論議題開始沉默，而有的輿論議題開始大聲？只有從政治文化的變遷，我們才能找到問題的真正答案。

輿論特點的表層性和假象性，都把我們的目光引向政治文化。臺灣的政治文化是臺灣輿論研究的分析工具，也是臺灣輿論研究的目的旨歸。這樣，以臺灣輿論演變為研究對象的本書，就以臺灣政治文化的變遷作為研究的起點和終點。

第二節 學術史回顧

本節擬從本研究的學科背景、研究領域、研究對象等三個面向進行學術史回顧。

一、學科背景

本書是關於光復以來臺灣輿論議題演變與政治文化變遷的研究，其學科背景有二：一為歷史學，一為輿論學。

歷史學是一門古老而歷久彌新的學科。本研究受「新史學」的影響較大，特別是總體史學、長時段理論、即時史學以及歷史人類學對本書的啟發堪稱深遠。

輿論學是一門年輕而嶄露頭角的學科，李普曼的兩個世界理論、[18] 諾爾紐曼的沉默的螺旋理論、[19] 特別是馬克斯韋爾·麥庫姆斯（Maxwell McCombs）和唐納德·肖（Donald·shaw）的議題設置理論[20] 對本書有直接的啟迪。

歷史學以其古老的淵源與開放的前沿使之與諸多學科的結合相得益彰，這不僅為歷史學開闢了新的領域，發現了新的方法，創造了新的分析工具，也為相關學科開啟了新的視野，提供了新的理論，建構了新的研究模式。歷史人類學、歷史社會學、歷史語言學、歷史文化學、經濟史學、計量史學、心態史學、社會經濟史學……無論在理論上還是在實踐上都碩果纍纍。但令人遺憾的是歷史學與輿論學的結合卻不盡如人意，一個不爭的事實是：迄今為止，歷史輿論學連作為一個「概念」都未有人提起，更遑論對該學科的建設與探索。

　　故本研究的學科背景存在著一大空白，即歷史輿論學作為一個新興的交叉學科無論在理論還是在實踐中尚未建立。

二、研究領域

　　本書的研究領域有二：一是臺灣政治文化研究，二是臺灣輿論研究。現試分別對相關領域的學術研究作簡要回顧。

　　1. 臺灣政治文化研究領域

　　臺灣政治的研究汗牛充棟，其中與本書間接相關的臺灣政治變遷的研究也著述頗豐，其代表性的作品主要有：胡佛，《政治變遷與民主化》；[21] 廖達琪，《臺灣地方政治變遷初探：民國82年與90年地方菁英背景及觀點之比較》；[22] 陳明通，《派系政治與臺灣政治變遷》；[23] 彭懷恩，《認識臺灣——臺灣政治變遷五十年》；[24] 王振寰，《誰統治臺灣：轉型中的國家機器與權力結構》；[25] 朱雲漢，《中產階級與臺灣民主化》；[26] 吳文程，《臺灣的民主轉型——從權威性的黨國體系到競爭性的政黨體系》；[27] 彭懷恩，《臺灣政治發展》；[28] 郭正亮，《民進黨轉型之痛》；[29] 施正鋒，《臺灣政治建構》；[30] 丹尼·羅伊（Denny Roy），《臺灣政治史》。[31]

　　將臺灣政治研究深入到臺灣政治文化及其變遷的著述則相對不多。島內的代表人物及專著有：胡佛，《政治文化與政治生活》；[32] 唐光華，《政治文化的沉思者——白魯恂》；[33] 江炳倫，《政治文化導論：理論與個案研究》；[34] 彭懷恩，《臺灣政治文化的剖析》；[35] 彭懷恩，《中國政治文化的轉型——臺灣政治心理傾向》；[36] 石之瑜，《政治文化與政治人格》。[37] 大陸方面代表人物及專著有：劉國深，《當代臺灣政治分析》；[38] 劉國深，《臺灣政治概論》。[39] 論文方面，較有影響的是：黃光國，《「依侍主義」與「黨派主義」：臺灣政治文化的變遷》；[40] 黃秀端，《臺灣政治文化變遷與政治民主化》；[41] 黃秀端，《政治文化：過去、現在與未來》；[42] 以及北京大學李振廣的博士論文《當代

臺灣政治文化轉型探源》。[43] 還有一些論述涉及政治文化研究的領域，比如政治情感、政治認知與政治評價，儘管其理論框架不一定採用政治文化的概念，對本研究仍有助益。比如游清鑫，《二十一世紀臺灣選民的政黨認同，政黨形象的探索》；[44]游清鑫、蕭怡清，《臺灣民眾政黨認同的持續與變遷》；[45]吳乃德，《麵包與愛情：初探臺灣民眾民族認同的變動》；[46]莊英章，《族群互動，文化認同與「歷史性」：客家研究的發展脈絡》；[47]楊芙宜，《國家認同的分歧或共識？臺灣民主化後的國家認同轉變》；[48]劉義周，《民眾的「臺灣人／中國人認同」發展趨勢》；[49]盧建榮，《分裂的國族認同，1975—1997》；[50]石之瑜，《當代臺灣的中國意識：對集體認同的反思》；[51]張茂桂等，《族群關係與國家認同》；[52]戴國輝，《臺灣結與中國結》；[53]許勝懋，《通婚家庭子女之臺灣人／中國人認同（1992—2001年）》；[54]孫同文，《臺灣國族認同和危機》；[55]陳陸輝、周應龍，《臺灣民眾統獨立場的持續與變遷》；[56]陳義彥、陳陸輝《模棱兩可的態度還是不確定的未來：臺灣民眾統獨觀的解析》；[57]吳乃德，《認同衝突和政治信任：現階段臺灣族群政治的核心難題》；[58]黃國昌，《中國意識與臺灣意識》。[59]

前人對臺灣政治文化研究的一個薄弱之處，在於缺乏將臺灣輿論的研究引入政治文化研究領域。政治文化屬於心理層面，這些心理層面需要表現形式，而輿論就是政治文化的一種特殊的表現形式，輿論作為政治文化的表徵，可以最生動最直觀地反映政治文化的內涵及其變遷。但迄今為止，從臺灣輿論演變切入臺灣政治文化變遷的系統性研究仍屬空白。

故臺灣政治文化研究領域存在著一大薄弱環節，即缺乏將臺灣政治文化研究深入到臺灣輿論研究領域。

2. 臺灣輿論研究領域

大陸對臺灣的輿論研究幾乎是空白（大陸有對臺灣的傳媒研究，但傳媒研究不等於輿論研究）。迄今為止，大陸對臺灣的輿論研究既沒有專著，更沒有標誌性作品。而臺灣也幾乎沒有以「輿論」為題的學術專著，但這並不表明臺灣的輿論研究一片空白。臺灣學者不喜歡用「輿論」這個概念，他們願意用「民意」這一術語代替之（輿論與民意的概念並不等同，本書將在下一節「相關概念及理論」中對此詳細討論），比如李普曼的《輿論學》，在臺灣就譯成《民意學》。即便如此，以「民意」為題的學術專（譯）著也不多，主要有：翁秀琪等譯，《民意：沉默螺旋的發現之旅》；[60]王石番，《民意理論與實務》；[61]游盈隆，《民意與臺灣政治變遷——1990年代臺灣民意與選舉政治的解析》；[62]胡幼偉譯，《解

讀民調》；[63] 鄭貞銘，《民意與民意測驗》；[64] 余致力，《民意與公共政策——理論探討與實證研究》；[65] 賴世培、丁庭宇等，《民意調查》；[66] 謝邦昌，《探索民意——民意調查技術之探索》；[67] 陳義彥、洪永泰、盛杏湲、游清鑫、鄭夙芬、陳陸輝等，《民意調查》。[68]

　　扣除譯著，臺灣輿論學的專著屈指可數。從臺灣喜歡用「民意」來代替「輿論」，可以看出臺灣的輿論界基於民意調查的學術傾向，這使得臺灣的輿論研究偏向於實證與實務，這從上述專著的書名就可看出。

　　喜歡實證實務的研究傾向，使臺灣輿論研究的學術成果難以形成大部頭的學術專著，而更多地表現為短平快的學術論文，而從這些論文的內容形成，更能看出實證與實務的研究傾向。臺灣的輿論學研究論文絕大多數都是建立在民調基礎上的，[69] 論文中堆積著大量的圖表，問卷的設計、統計的方法、結論的總結，這些構成了臺灣輿論學論文的主體。

　　臺灣輿論學研究之所以能夠廣泛建立在民調的基礎上，與臺灣的民意調查業非常發達密切相關。據統計，目前臺灣有60多家民調機構。[70] 眾多的民調機構以及民調對社會生活的到處滲透，給輿論研究者蒐集資料和數據提供了很好的條件。在臺灣，幾乎任何一次選舉、任何一個大事件、任何一個輿論議題都有民調，甚至有不同種類的民調。[71] 這樣的民調資料可以像編年史一樣每年都為輿論研究提供了很好的實證基礎。用數據說話，是臺灣輿論研究者不二的選擇。

　　數字比文字更不容易騙人，但在臺灣，數字的公信力卻打了折扣。多如牛毛的民調機構，具有不同的利益集團背景。[72] 由於民調的泛濫，不斷受到調查騷擾的民眾不堪其累，拒接電話、拒絕回答的現象屢有發生，使民調的樣本數越來越少，直接影響到民調的可信度。[73]

　　特別要說明的是，開展民調是要花錢的。要讓民調的樣本數夠大、問卷的設計更全面，需要的花費則更大，這使得只有有錢的機構才能進行更大規模的調查。即使學者自行調查，選題和方向也受到提供課題資金機構的掣肘，所以客觀與中立的理想值到底能堅持多少？學者們要想掙脫利益集團對民調的陰影，仍不容樂觀。

　　臺灣民調業的發達，是和臺灣選舉的發達分不開的。只有選舉這個大利益，才能養活這麼多民調機構，支付這麼多民調成本。這使得臺灣的輿論研究的選題大多和選舉有關。[74]

「選舉實務」成為臺灣輿論學研究論文壓倒多數的選題，顯示臺灣「泛政治化」現象也在向學術機構進行滲透。[75]臺灣輿論研究的風氣必須建立在實證的基礎上，而臺灣民調又具有主題泛政治化、時間短週期性和結論偏功利性的特徵。跟著民調走的臺灣輿論研究也普遍具有如下特點：調查事件普遍單一，很少有比較研究和背景研究；調查時間普遍很短，一般跟蹤幾個月，很少跨年度；調查項目普遍簡單，一般只針對事件的某一個特定項目。

　　由民意而民調，由民調而實證，由實證而實務，這一關係鏈條構成了臺灣輿論學研究的基礎模式。

　　故臺灣輿論研究存在以下薄弱環節：

　　第一，傾向實證實務的臺灣輿論研究缺乏對臺灣輿論的總體把握。由於民調總是一事一調、一題一調，其時空及議題都限制在微觀與局部層次，因此，臺灣輿論研究鮮有對臺灣輿論的宏觀把握，儘管某一個具體的實證研究可能有窺一斑而見全豹的功能，但客觀上，臺灣迄今沒有出現可以給人有關臺灣輿論總體想像的系統而全面的研究。

　　第二，傾向實證實務的臺灣輿論研究缺乏對臺灣輿論的長時段的梳理。臺灣輿論研究絕大部分是共時態的橫切面式的研究，歷時態的輿論研究不是主流，跨度10年以上的臺灣輿論研究幾乎是個空白，更遑論對臺灣輿論60年以來的梳理。

　　第三，傾向實證實務的臺灣輿論研究缺乏對臺灣輿論進行政治文化的解讀。臺灣輿論研究往往就輿論而談輿論，普遍依賴數字說話，一般滿足於民調結論，對無法用數字表現的政治文化自然忽視，而為選舉服務的策略性研究更不願也不必把研究引入政治文化層面，迄今為止，用政治文化系統全面地解釋臺灣輿論的研究亦屬空白。

三、研究對象

　　本書的直接研究對像是臺灣的輿論議題。兩岸對臺灣輿論議題的研究除了前述臺灣輿論研究普遍存在的缺乏總體性（系統性）、歷史性（長時段）和政治文化性研究的薄弱環節外，還存在以下特殊的盲點：由於臺灣輿論議題缺乏細化研究，沒有對臺灣輿論議題進行分門別類，以致一些論著在涉及臺灣輿論議題時，往往籠而統之，混為一談。特別是在有關族群議題方面，研究者往往將「省籍議題」、「臺灣意識/中國意識議題」、「統獨議題」當作相同的議題混雜在一起研究，儘管上述三大議題往往被泛綠陣營操弄成族群議題，但是其產生的緣起、

發展的過程、議題的特點、作用的人群以及對應的政治文化上都有明顯不同，而且上述三大議題常常互為表裡，互為策應，互為轉換。事實上，議題的操縱者特別希望混淆這三大議題，以便他們在三大議題上暗渡陳倉地相互置換，實現其政治目的。揭示這三大議題的不同及聯繫，有助於將臺灣輿論議題演變及政治文化變遷的研究引向深入。遺憾的是，雖然理論界與實務界可能已意識到這三種議題不同，並出現用三種不同的概念命名之，但迄今為止臺灣研究尚未對臺灣輿論議題這三大體系進行系統地細化地歷史考察，導致對這三大議題等而視之的誤區。

故本書的研究對象——臺灣輿論議題研究存在著一大盲點，即對臺灣的輿論議題分類模糊且界定混亂。

綜合上述討論，本書擬從本研究的學科背景的一大空白處著眼，從研究領域的四個薄弱環節處著力，從研究對象的一大盲點處著手，站在前人研究成果的高度上重新出發。

第一，將歷史學與輿論學結合起來，嘗試對歷史輿論學的學科建設進行前期的案例式的摸索。

第二，將輿論研究與政治文化研究結合起來，從臺灣輿論的長期變化觀察臺灣政治文化的長期變遷，用臺灣政治文化解讀臺灣輿論的本質，探討臺灣政治文化與臺灣輿論互動關係的長期演變，並從臺灣的個案研究中概括出輿論與政治文化互動的一般模式。

第三，將臺灣輿論議題分門別類予以細化研究，探討臺灣輿論議題轉化為政治文化符號的轉換機制，考察與梳理「省籍議題」、「臺灣意識/中國意識議題」、「統獨議題」作為臺灣政治文化三大符號的歷史緣起、發展演變、當代特徵及其對臺灣政治文化的影響。

第三節　相關概念及理論

本節將按照一定的邏輯將本研究所涉及的一些重要概念及其理論作一番梳理。在介紹這些概念和理論時，本節並不滿足於對概念的簡單定義和對理論的簡單說明，而是將之置於本研究的整個邏輯框架中進行討論。

本研究遇到的第一個概念就是「輿論」。

筆者對輿論的定義如下：輿論是由多數人表達，或向多數人傳播，或在多數人反應的對某一對象的共同關注。

這個定義反映了輿論的以下特點：

第一，定義強調了輿論主體的多元性。一切向多數人傳播或在多數人反應的主體，包括但不限於：個人、黨團、政府、媒體等，都可以具備輿論主體的資格，只要這些主體能夠透過受眾或傳播使對某一對象的「關注」獲得「集合性」特徵即可。過去，絕大多數輿論定義把輿論主體限定為「公眾」，並明確排除政府、政黨、大眾媒介和意見領袖（個人）作為輿論主體的地位，許多人正是由此認定「輿論」等同於「民意」。這樣不但容易把複雜的輿論簡單化，而且會將「操縱的輿論」正義化。事實上，特別是現代社會，壓力集團和利益集團不斷爭奪輿論的主導權，無論是政府、政黨還是媒體、意見領袖都在積極地製造輿論、參與輿論和影響輿論，揭示輿論主體的多元性，有助於我們認識到輿論背後爭奪與操縱的真相，有助於我們理解輿論的生成機制。只有認識到輿論主體是多元的、開放的，我們才能進一步分析臺灣輿論怎樣受到政府、政黨、媒介和少數意見領袖的影響。本研究將在考察臺灣政治文化對臺灣輿論議題的影響時，討論不同時期主導臺灣輿論議題的輿論主體的變化。

第二，定義突出了輿論特性的「集合性」。它表明輿論是一種群體行為，這種群體行為不僅可以來源於主體，也可以來源於輿論傳播的對象以及傳播的途徑。輿論的這種群體性，表明即使它是一個人的「言論」，也可以透過發言人的代表性或聽眾的廣泛性或傳播方式的大眾性，使得這個言論不再是純粹的自言自語，而變成一個具有群體性特徵的行為。正是這種群體性特徵使輿論可能與政治文化相聯結，因為一種群體性行為往往是某種社會文化的反映，而群體性行為也反過來比個人行為更容易對社會文化造成衝擊與影響。

第三，定義開啟了輿論客體的「廣延性」。這有助於我們擴大輿論客體的範圍。傳統的輿論定義對輿論客體往往予以限制，或者以不同的概念限定客體，[76] 或者用不同的定語對輿論的對象予以限定，以強化輿論對象的某種特徵。[77]

這樣的定義限制了輿論客體的範圍，比如強調事件和事務，那麼觀念就不構成輿論的客體，這就會把心理層面的政治文化排除在輿論客體之外，而事實上情緒上的「省籍情結」，認知上的「臺灣意識／中國意識」以及評價上的統「獨」傾向，恰恰是臺灣輿論最活躍的輿論議題。另一方面過分強調客體的某種性質也會窄化輿論客體的範圍，比如強化現實性，就有可能將歷史題材排除在輿論的客體範圍之外，而翻歷史舊帳常常是輿論的拿手好戲，比如「2‧28事件」就不斷成為臺灣輿論的議題。定義強化了輿論客體的廣泛性，也顯示了輿論客體的一致性。輿論的客體具有無窮的可能，但是一旦和輿論主體相聯結，它總是確定的。

這種確定性表明輿論總是就某事（對象）論某事（對象），受此影響，輿論研究也往往就事論事，這也就從另一方面解釋了前述學術史回顧所述「為什麼輿論研究容易就事論事而難以出現總體和歷史的研究」的原因。

第四，定義標註了輿論活動的「公開性」。公開性是輿論開始活動後才產生的屬性，是輿論活動存在的一種標誌。而政治文化屬於心理層面，一般是看不見聽不著的，輿論的公開性和政治文化的內在性，使二者正好構成一種表裡關係，當心理層面的政治文化需要表現形式時，公開的輿論就很容易成為政治文化的符號。

第五，定義明確了輿論本體的「關聯性」。定義用「關注」二字作為輿論本體基礎概念，在所有的輿論定義中，如果不是首創，至少也屬罕見。使用「關注」二字作為輿論本體術語的意思在於：「注」字強化了輿論本體是輿論的主客體互動的產物，而「關」字強化了輿論本體是輿論的主客體關聯的產物，如果沒有這種關聯性，輿論的主體就不成其為主體，輿論的客體也就不成其為客體，同理，輿論的本體更不成其為本體。因此，無論是輿論的主體、客體還是本體都不是先天的產物，而是在關聯框架中互動生成的產物。這就解決了輿論學一個重要的課題，那就是「輿論開始的標誌是什麼」？定義明確地回答就是「關注」，輿論始於「關注」，終於「關注」。「關注」的產生就是輿論的產生，「關注」的發展就是輿論的發展，「關注」的變化就是輿論的變化，「關注」的高潮就是輿論的高潮，「關注」的消失，就是輿論的消失，而「關注」的重新出現，就是輿論的新週期的開始。輿論的過程就是「關注」的過程，輿論的一切必須圍繞「關注」這一核心，正是「關注」將輿論的主客體聯結在一起，創造了輿論。此外，用「關注」來表達輿論本體，也否定了輿論一定是有傾向性的成見，也剝去了輿論一定是有正當性的華麗外衣，還原了輿論本體的本來面目。

定義用「關注」作為輿論本體的基礎概念，引出了「輿論議題」的概念。

輿論議題，英文是「issue」。《現代英漢綜合大辭典》的解釋是：「問題，爭端，論點。」《美國傳統辭典》的解釋是：「a matter of public concern.（公眾關心的事物）」輿論議題，中文顧名思義，是輿論議論的話題（題目、題材、論題）。筆者的定義是：輿論議題是輿論對輿論對象關注的所在，它包括輿論關注的題材、輿論關注的焦點以及輿論關注的方向甚至輿論關注的傾向。它不是輿論的客體，而屬於輿論的本體，它是輿論表現形式的一種，確切地說它是輿論表現形式的核心。它是輿論關注的所在，是關注所依附的對象和所圍繞的核心，所以它往往直接表現為一種關注。正如輿論始於關注、終於關注一樣，能否被關注，

是輿論議題的生命。所以說，輿論議題的出現，就是關注的開始，也就是輿論的開始；輿論議題的消失，就是關注的結束，也就是輿論的結束。反過來說，關注的開始與結束，也就是輿論議題的存亡。因此，考察臺灣的輿論議題，就是考察臺灣輿論的關注。

討論輿論的定義，一個最應該區分的概念是「民意」。相當多人認為「輿論」和「民意」是同一個東西的兩個不同稱呼，「民意」是「輿論」的別名，只不過「民意」比「輿論」更好聽一點。英文「Public Opinion」有人譯作「輿論」，也有人譯作「民意」。比如在大陸，大多數學者將之譯成「輿論」，而在臺灣，近來大多數學者則將之譯作「民意」。在現實運用中，「輿論」與「民意」的確有相互通用之處，比如「輿論調查」也可叫「民意調查」，「輿論領袖」也常稱「民意領袖」，「輿論測量」更可以換成「民意測量」，特別是我們常常可以把「輿論認為」替換為「民意認為」。但是在大多數情況下，當「輿論」替換為「民意」，意思大有不同，甚至說不通。比如「輿論議題」，就不好說成「民意議題」；「堅持正確的輿論導向」，換成「堅持正確的民意導向」就有些怪；「國際輿論」不宜說成「國際民意」；「臺灣綠營拋出輿論」更不能變為「臺灣綠營拋出民意」，其他諸如「大眾輿論」、「官方輿論」、「輿論流程」、「輿論效果」等一系列的輿論術語都不可以將「輿論」簡單地替換成「民意」。顯然，在中文詞彙裡，「輿論」與「民意」是有較大的區別的，那些認為既可以將「Public Opinion」譯成「輿論」，也可以譯成「民意」的觀點是不符合實際的。

「輿論」和「民意」在中文術語中，顯然是指稱兩種不同的東西。「輿論」和「民意」的區別到底在哪裡？除了「好聽不好聽」，「習慣不習慣」之外，最主要的區別有兩方面：一方面是民意的「民」限定了「民意」指稱的主體是「民」，而不可能是其他主體，而如前所述輿論的主體既包括「民」，也包括其他主體，比如「政府」、「媒介」等。從這個方面看，「民意」比「輿論」更純粹，外延更小，內涵更明確，這也就是為什麼當人們強調輿論的正當性時，喜歡採用「民意」而不喜歡用包容更大、成分更雜的「輿論」的概念。輿論由於其外延更大，因而涵蓋了「民意」。「民意」只是輿論的一個部分，它和「輿論」是「種屬」關係，我們可以說「民意」是一種「輿論」，但不能反過來說「輿論」就是「民意」。

「輿論」與「民意」的另一方面區別在於「民意」的「意」。中文的單字常常具有多重含義，「民意」作為一種簡略的詞組，其「意」可以是「意見」的簡寫，也可以是「意志」、「意願」的簡稱。這看似細微的區別，其實大有文章。

如果「意」是「意見」的簡寫,「民意」作為「人民的意見」的簡寫,由於公認「意見」是態度的公開表達,因此,「民意」具備了輿論的必須公開表達的形式要件,顯然「民意」就是一種「輿論」。而如果「意」是「意志」、「意願」的簡寫,那麼「民意」的全稱就是「人民的意志」、「人民的意願」。由於意志和意願屬於內在的東西,不具備輿論公開表達的形式要件,因此,「民意」不能稱之為「輿論」,是一種「準輿論」。由於它深藏在內心,而輿論不過是意志、意願的一種外化形式,因此,「民意」往往影響甚至決定「輿論」,而且人們普遍認同「人民的意志」或「人民的意願」是決定社會歷史發展的最終力量。這時的「民意」更像是盧梭的「公意」(general will)。[78] 雖然現在人們不會贊同盧梭所謂的「普遍意志」,但是「民意」中的「意」,如果是「意志」、「意願」的簡稱的話,顯然更像是英文中的「will」而不是「opinion」,這種意志加上人民這一主體,當然具有比「輿論」更大更深更遠的力量。

「民意」的「意」在概念上到底偏「意見」多一些,還是偏「意志」多一些?從公眾理解上,應該是後者的成分占據優勢。在中文的用語習慣上,「民意」更多的是表現潛在的一種「意志」,因此,「民意調查」比「輿論調查」在術語上更準確,因為民意未公開表達,所以才需調查進行分析、比較並公之於眾。當然,「民意」經調查並公之於眾,就變成「輿論」了。因為它具備了輿論公開表達的形式要件,這也就是「民意」和「輿論」常常混淆的原因所在。

「輿論」與「民意」在上述兩方面的差別,決定了二者不能無條件地簡單地相互替代。前述我們提到了的二者相互替換後,許多搭配的表述之所以顯得不合情理,不是因為「民意」的外延過小,就是因為「民意」仍屬於「意志」而不是「夠格」的輿論。從中國用語習慣和公眾理解習慣看,「民意」更偏向人民的「民」,「意」更偏向於「意志」的「志」。因此,嚴格地說,「民意」不是「輿論」,輿論可以表達民意,但民意本身還不是輿論。這樣的區分既符合人們的約定俗成,也便於理論界定與學科建設。因此,臺灣方面的大多數學者將「public opinion」譯成「民意」是不夠準確的,也限制了「輿論學」的學科建設與發展。將「public opinion」譯成「輿論」,這樣中英文才有大致準確的一一對應。而「民意」的英譯似乎應是「will of people」才更準確些。同時,使用「輿論」的概念不要因噎廢食,不要因為輿論可以被操縱而且有「宣傳」之嫌,就將之替換掉。這種替換對於某些政客來說,恰恰有助於他們的政治目的。可是,對於學科學研究來說,正是輿論可能被收買、被操縱,所以更要研究它,甚至要重點研究它為什麼可以被欺騙和被操縱,這也恰恰是輿論研究的重心和價值所在。無論從認識論還是從價值論來看,我們都應該堅持用「輿論」的概念來建設這一學科。因

為，從價值論看，輿論學不是研究如何幫助政客操縱輿論的御用學術，而是研究如何幫助人們識別政客操縱輿論的科學；而從認識論來看，輿論學只是一門研究輿論現象及規律的學科，它是一門科學，它可以被各種人（包括政客）所利用，但它出發點不是為政客服務。

「民意」與「輿論」概念常常被混淆，甚至被偷換，要害是輿論的正當性。民意的正當性無可置疑，一旦「民意」與「輿論」概念可以等同互通，輿論就順理成章地擁有了正當性。一些人樂意將輿論打扮成民意，看中的正是民意擁有的道德制高點。

但輿論到底具不具備正當性？筆者的回答是：輿論存在正當性的可能，但輿論就其整體而言並沒有必然的正當性，也就是說我們不能下這樣的判斷：凡是輿論都是正當的，或者說只有正當的才是輿論。輿論中可能存在著一種正當性的「輿論」，人們常常稱之為「民意」，但「民意」不等同於「輿論」，而「輿論」也未必代表著「民意」。「民意」一詞的多義性，使「民意」與「輿論」有著更為複雜的關係，在這種誰包容誰、誰影響誰的關係中，「輿論」有著更為多變的外表，也有了更難看懂的真相，只有把「正當性」從輿論的必要條件中切割出去，我們對「輿論」的認識才能更加深刻和全面，才能揭示臺灣輿論60年來的演變中，哪些議題從開始的「非法」變成「合法」，最後變成「正當」的。

為了討論的方便，本書將民意定義為「民眾的意願」（will of people），以便與輿論（public opinion）區別開來：一個是內在，一個是外在；一個是有明確的主體——「民眾」，一個無明確的主體，任何力量都可介入。這樣的區別不僅是論述的便利，更重要的是要揭示輿論的可操縱性。

「輿論」與「民意」的區別，得到了輿論學兩大理論的支持：一個是「沉默的螺旋」理論，一個是「議題（議程）設置」理論。這兩個理論也是本研究將討論、運用和修正的理論。

「沉默的螺旋」理論（spiral of silence）主要是研究大眾傳播效果的。在第二次世紀大戰前，傳播學界非常流行一種「子彈」理論（bullet theory），也有人稱之為「皮下針筒」理論（hypodermic needle theory），或是「傳遞帶」理論。該理論預測大眾傳媒所傳播的消息對於所有的正巧接觸到它們的受眾都有或多或少的普遍效果。由於第一次世界大戰中宣傳的力量令人震驚，二次世界大戰前人們普遍相信或迷信大眾傳播的力量，甚至特別害怕和警惕對手（比如希特勒）在本國內借助大眾傳播製造輿論的效果。但是「子彈」理論幾乎一開始就沒有得到多少實證的支持，相反，許多證據支持了有限效果模式（theLimited-effects model），特別是克拉珀（Klapper）所著的《大眾傳播的效果》（1960）一書提出大眾傳播效果的五個普遍原則，第一個便是：「大眾傳播一般不能成為產生受眾效果必要的和充足的原因，而更可能處於各種因素和影響中，並透過這些因素和影響而起作用。」[79]這種認為大眾傳播效果有限的觀點，有時也被稱之為最小後果律（the law of minimal consequences），此後傳播學理論就不斷在關於傳播效果或大或小的兩極中搖擺。這個理論譜系中包括：格伯納（George Gerbner）的教養理論（cultivation theory）、麥克盧漢（Marshall McLuhan）的媒介決定論（the medium is the message）、戴維森（Phillips Davison）的第三者效果（the third-person effect）、格蘭西（Gramsci）的媒介霸權（media hegemony）、班杜拉（Albert Bandura）的社會學習理論（social learning theory），其中最負盛名的就是諾爾紐曼的「沉默的螺旋」理論。

「沉默的螺旋」理論的核心觀點是：大多數的人都會儘量避免單獨持有某種觀點或意見，以免自己被眾人孤立。個人為了瞭解哪些意見或觀點占優勢，就會透過自己或大眾傳播媒介來觀察週遭的環境，如果個人認為自己的意見或觀點是弱勢的，便會因為害怕孤立而不願意將自己的意見或觀點表達出來。結果，這會使得強勢的一方更顯得強勢，甚至比其真正的實力要強；反之，弱勢的一方因陷於沉默，會使其顯得比其真實的實力還要弱。這就形成了所謂的「沉默的螺旋」。[80]

「沉默的螺旋」理論的主要內容是五個假定：（1）社會使背離社會的個人產生孤獨感覺；（2）個人經常恐懼孤獨；（3）個人具有一種準統計學感覺官能，借此他們確定哪些觀點和行為模式是他們的環境所允許的和不允許的，哪些觀點和行為模式越來越強，哪些越來越弱。對孤獨的恐懼使得個人不斷地對社會環境進行評估；（4）估計的結果影響個人在公開場合的行為，特別是是否公開表達自己的觀點；

（5）上述四個假定綜合形成意見氣候，並鞏固和改變公眾輿論。[81]

諾氏在上述所設定的基礎上，發展出一整套的以「沉默的螺旋」為核心的關於輿論的學說，主要有以下三點：

第一，個人意見的表達是一個社會心理的過程；

第二，意見的表明和「沉默」的擴散是一個螺旋式的社會傳播過程；

第三，大眾傳播透過營造「意見環境」來影響和制約輿論。[82]

諾爾紐曼的理論一提出就在輿論學界引起廣泛的影響，雖然其不斷修正自己的觀點，但也遭致不少的批評和質疑。[83]

無論如何，「沉默的螺旋」理論證實了輿論沉默現象的存在，它最大的價值不在於提供了一種令人滿意的對輿論沉默現象的分析工具，而是它引導人們關注輿論的沉默現象，並啟示人們不斷在不同的案例研究中，發現新的且可能更適合的針對輿論沉默現象的解釋工具。輿論的沉默現象證實了輿論與民意的背離，它發現人們不能從輿論的聲音大小就簡單判斷民意的分佈。事實上，由於各種原因，許多人真實的意願（民意）沒有表達出來，或者稀里糊塗地附和別人表達出來，甚至違心地被扭曲地表達出來。這樣，一部分聲音沉默了，而且越來越沉默，而另一部分聲音被放大，而且越來越大聲，這種真實民意與公開輿論的反差與落差，除了人為的操縱外，應該有更深的社會歷史、心理文化的因素在起作用。本研究將以臺灣輿論的沉默現象作為案例，試圖打破「沉默的螺旋」理論及其修正者僅僅在傳播學領域內找答案的框框套套。以往的研究者主要從個人、性別、年齡、性格、教育背景、收入地位、大眾媒介、人際傳播、議題（熟悉的介入程度）、意願的表達方式、意願表達的環境等變量入手，本研究將嘗試用政治文化理論來解讀臺灣輿論的沉默現象。

對「沉默的螺旋」理論的修正，主要是將更多的變量還原到歷史現場，以解釋輿論沉默現象的發生。但這裡最核心的變量還是輿論的議題，所有的變量，包括人口學變量、傳播學變量、社會學變量、文化學變量和歷史學變量，都只有針對特定的輿論議題才有意義。不同的輿論議題會在其他變量相同的情況下得出截然不同的結果。而事實上，無論對於輿論學還是歷史學，輿論議題都應是研究輿論沉默現象時最關注的目標，輿論學探討什麼議題會沉默，從而對傳播做出指導，而歷史學探討什麼議題開始沉默，從而可以從社會關注的變化，透視其社會歷史的變遷。

提到輿論的議題，不能不提及輿論學另一個重要的理論，那就是「議題設置理論」（agenda setting），也有研究者稱之為「議程設置理論」。

議題設置理論的核心觀點是：大眾媒介具有議題設置功能，其重視與不斷強調的議題，會影響或改變人們對議題重要性的判斷。大眾媒介可以透過各種手段：比如反覆報導、顯著標題、黃金時段、頭版頭條等，將自己對問題重要性的判斷強加給它的受眾，並潛移默化地使「媒體的選擇」變成人們心目中的選擇，人們在不知不覺中受到媒介議題設置的影響，從而按照媒體的設定建構自己腦海中對世界的形象。伯納德‧科恩（Bernard Cohen）關於報業威力的一段名言，被反覆

引證用以比喻媒介的議題設置功能:「在多數時間,報界在告訴人們該怎樣想時可能並不成功,但它在告訴它的讀者該想些什麼時,卻是驚人的成功。」[84]

1972年,馬克斯韋爾‧麥庫姆斯和唐納德‧肖發表了《大眾傳播媒介的議題設置功能》(The Agenda-setting Function of Mass Media)。這是議題設置理論的第一項系統成果,麥庫姆斯和肖也被譽為議題設置理論的創始人。

但「議題設置理論」的理論先驅更早應該追溯到李普曼的《公眾輿論》。李普曼認為由於現實環境過於龐雜和短暫,人們在駕馭它之前不得不用簡單的方法對它進行重構,這個被重構的虛擬的環境正是聯結人們與現實環境的中介。報紙的作用正是給我們提供「外部世界」的觀點以便形成「我們頭腦中的圖像」,而這些圖像被人們誤以為是生活中的世界,人們根據這樣的圖像而真實地行動並產生真實的結果。李普曼對媒介的一句經典名言傳誦至今——「它(媒介)就像探照燈的光束一樣,不停地照來照去,把一件又一件事從黑暗處帶到人們的視域內」。[85]

「探照燈」的比喻告訴人們,媒體可以將它自己對世界的關注變成我們對世界的關注,它照亮哪裡,我們的目光就追隨到哪裡。輿論議題就是輿論關注的所在。議題設置理論在引起巨大反響的同時,也不斷在實證研究中得到修正。一個最重要的修正,就是人們發現媒體不僅可以將其報導的主體(subject)之顯著性移植到民眾的腦海中,還可以將主體屬性(attributes)的顯著性移植到民眾的腦海中。由此,麥庫姆斯和肖在1993年將自己的原先的理論修正道:「議程設置是一個過程,它既能影響人們思考些什麼問題,也能影響人們怎樣思考。」[86]

其實,媒體的議題設置功能不僅有兩個層次,還有第三個層次。媒體不僅可以透過議題設置,影響甚至改變人們關注的對象(主體)、關注的角度(主體屬性),還可以影響甚至改變人們關注的指向(主體及其屬性與其他事物的聯結)。媒體的議題設置可以使人們從關注的主體及其屬性中跳出來,將關注指向其他與主體及其屬性可能事實相關也可能毫無相關的其他方面。[87]本研究將重點考察臺灣輿論的議題設置怎樣把議題指向臺灣的政治文化。

媒介的議題設置理論最大的侷限就在於它把該理論限制在媒介。固然,媒介是現代社會中最活躍的輿論主體,但事實上輿論的議題不僅有大眾媒介在設置,還有其他包括各種利益與壓力集團以及意見領袖在內的輿論主體在操縱。

「議題設置」最重要的貢獻在於打開了輿論研究的一個窗口,從而使輿論研究有了更集中的研究主題與更廣泛的研究領域。由議題出發,在回答「誰在設置

議題」、「怎樣設置議題」、「議題是否有效」等一系列問題的過程中,議題設置理論不止事關媒介自身的議程作業,而且涉及對媒介的使用和理解、受眾的接受與反饋、社會的控制與反彈、文化的選擇與重構等一系列問題。議題設置將媒介、受眾、利益集團、社會、文化、心理等所有內容都聯結在「議題」這個交集點上,從而構成媒體與媒體之間、受眾與受眾之間、媒體與受眾之間、媒體與利益集團之間、媒體與政治之間、政黨與政黨之間……這樣幾乎無窮的關係組合。換言之,社會上任何關係組合都有可能在議題設置上找到其關係的聯結點,從而可以形成無窮的假設,可能在無限的變量中進行對比研究、交叉研究、歷史研究、綜合研究等一系列研究。小到一次選舉中的候選人的議題比較或一個事件的媒介的議題比較,大到對一個社會長時段的議題分析,都可以進行或理論或實證的研究。這些研究不僅可以把各學科的方法比如社會學、心理學、政治學的方法結合其中,而且可以超越媒介研究本身,比如「政黨的議題設置」,就已經屬於政治學領域,「社會的議題選擇」就屬於社會學範疇,「議題的心理投射」就是心理學的天下。議題設置理論不僅是媒介研究的一次自覺,而且被各門學科廣泛地接受,並將研究領域向廣度和深度推進,不僅為輿論研究,而且為一切與輿論相關的研究開掘了一個具有無限可能和無窮發展的源泉(比如同一個媒介同一個議題在不同的時間段都可能不同),這就是為什麼議題研究的論文層出不窮,而且常見常新的原因。

由此,議題設置理論應該從「媒體的議題設置理論」解放出來,成為「所有輿論主體的議題設置理論」,任何可以製造、參與、影響或改變輿論議題的輿論主體,包括但不限於政黨、政府、組織、個人,都可能像大眾媒介一樣,具有議題的設置功能,它們的行為都可以得到議題設置理論的指導或解釋,並成為議題設置理論的研究對象與適應範圍。這種擴大了的議題設置理論,使本研究可以從臺灣的政治文化,來考察其對臺灣輿論議題的設置影響。

前面我們不斷提到政治文化的概念,現在輪到對政治文化進行定義。

政治文化這個概念,首先是在比較政治學研究領域中出現的,首次提出了「政治文化」一詞的是美國政治學家阿爾蒙德。此後,這個概念很快取代了傳統政治學中常見的「民族精神」、「民族性格」、「國民性格」等意義相近、但難以用實證性方法予以研究的術語,成為西方政治學最重要的概念之一。[88]路辛·派伊(Lucian Pye)認為,政治文化是政治體系中存在的一個主觀的政治領域,它給予政體以定義,給予制度以紀律,給予個人行為以社會關聯。[89]美國的杰克·普拉諾(Jack C.Plano)在其所著的《政治學分析辭典》中則把政治文化解釋為「每

一社會內由學習和社會傳遞得來的關於政府和行為模式的聚集」。[90]中國國內的一些學者傾向將政治文化從主觀領域延展到包括上層建築領域「物質性」層面的政治制度和政治規範，其中比較有代表性的是將政治文化定義為「在一定社會物質生活條件下，民族、國家、階級和集團所建構的政治規範、政治制度和體系以及人們關於政治現象的態度、感情、心理、習慣、價值信念和學說理論的復合有機體」。[91]

儘管對政治文化定義非常多，但還是阿爾蒙德（Almond，G.A.）的定義最為國內外學術界普遍接受。阿爾蒙德在其代表作《公民文化》中指出：「政治文化」一詞中所包含的文化概念與人類學、社會學和心理學之中所使用的文化概念有差別，「我們僅僅是使用文化概念許多含義中的一種，即對社會對象的心理取向。當我們說到一個社會的政治文化時，我們所指的是：作為被內化於該體系成員的認知、情感和評價之中的政治體系」。[92]阿爾蒙德認為政治文化屬於心理層次的政治取向。「它包括：（1）『認知取向』，指的是關於政治制度、政治制度的作用以及這些作用的執行者以及政治制度的輸入輸出的知識和信仰；（2）『情感取向』，或者說是對政治制度、政治制度的作用、執行者及執行的情感；（3）『評價取向』，指的是憑藉訊息和情感對典型地包含價值標準和尺度的結合的政治目標所作的判斷和評價。」[93]1986年，阿爾蒙德把政治文化的概念進一步明確定義為「一個民族在特定時期流行的一套政治態度、信仰和感情」。[94]

本書採用阿爾蒙德的定義，即政治文化是一個民族[95]在特定時期流行的一套政治態度、信仰和感情，它屬於主觀心理層面，包含政治認知、政治情感和政治評價等三大元素。所謂政治認知，屬於政治的認識論範疇，指的是政治主體對於政治生活中各種人物、事件、活動及其規律等方面的感性認識和理性認識，即對各種政治現象的認識和理解。所謂政治情感屬於政治心理範疇，指的是政治主體在政治生活中的內心體驗和感受，是人們在政治活動過程中對政治體系、政治活動、政治事件和政治人物等各種政治客體所產生的好惡感、愛憎感、美醜感、親疏感等心理反應的統稱。政治評價，也稱「政治價值取向」，屬於政治的價值論範疇，指的是政治主體理性的政治立場、政治傾向和政治主張，以價值判斷和價值追求為表現形式，包括政治信仰、政治理想、政治道德規範在內的價值觀念體系。

政治文化具有如下特點：一、主觀性，政治文化屬於觀念形態的範疇；二、內在性，政治文化滲透在政治生活的各個方面和政治活動的各個環節中；三、穩定性，政治文化是長期形成的比較穩定的一貫性的政治傾向和心理；四、延續性，

政治文化透過政治社會化（political socialization）得以傳播和沿襲，使一國文化有可能代代相傳，也使國家、地域、民族之間的政治文化呈現出長期的差異性。這與輿論的公開性、表面性、動態性、一時性恰成對照。絕大多數對政治文化定義的解讀，都把輿論排除在外，這也就是為什麼政治文化的研究中會忽視輿論現象研究的一個原因。但輿論的上述四個特點恰恰可以和政治文化的上述四個特性形成表裡相映和長短互補的緊密聯繫。特別是從歷史階段來看，輿論往往成為政治文化的一個特殊表現形態，有些學者乾脆把輿論劃為政治文化的組成部分，代表人物是派伊，他認為政治文化是政治系統中存在的政治主觀因素，包括一個社會的政治傳統、政治意識、民族精神和氣質、政治心理、個人價值觀、公眾輿論等等，其作用在於賦予政治系統以價值取向。為論述方便，本書不採用此定義，但派伊將輿論與政治文化緊密相連的觀點值得重視。[96]

政治文化理論最成功的實踐是在比較政治領域的運用。阿爾蒙德和維巴（S·Verba）在其《公民文化》一書中將政治文化劃分為三種類型：區域型（parochial）的政治文化、服從型（subject）的政治文化與參與型（participant）的政治文化[97]。所謂區域型（parochial）的政治文化是指該地區本身還沒有發育成成熟的政治共同體，缺少專門的政治角色的分化，社會成員沒有獨立於他們地域性的宗教和社會取向的政治取向，對於政治體系的整體以及體系內的權威、制度和規範等，社會成員沒有或缺乏明確的認知、情感和價值取向，更談不上對體系內的決策及決策的實施施加影響。所謂服從型（subject）的政治文化是指政治體系的成員對政治體系中的角色、結構、權威、規範以及自己在政治體系輸出方面的責任等有較明確的認知、情感和價值取向，而對於政治體系輸入方面的取向以及社會成員作為政治參與者的自我取向卻非常低。政治體系的成員與體系的關係實質上是一種被動的服從關係，這種類型的政治文化一般存在於中央集權型的政治體系中。所謂參與型（participant）的政治文化是指公民對政治投以關注，並且認為大眾參與可予期待且有效用，社會成員對政治體系作為整體以及體系的輸入方面和輸出方面都有強烈而明確的認知、情感和價值取向，並對自己作為政治體系成員的權利、能力、責任及政治行為的效能具有積極的認識和較高的評價，這種類型的政治文化一般與現代民主政治相適應，使公民抱有不過分的參與熱情，對合法的權威亦有充分的尊重。但是，任何社會都不會只有單一類型的政治文化，而是諸種政治文化的結合。

阿爾蒙德和維巴對政治文化的分類並不具有普適意義。事實上不同的政治體系、同一政治體系的不同組成部分以及同一政治體系的不同階段，其政治文化都有不同的特點。本研究將借鑒政治文化的分類理論，針對臺灣政治體系的特點，

透過研究臺灣政治文化的不同變量在不同時期的變化，考察臺灣政治文化的轉型。

阿爾蒙德的政治文化分類理論令人矚目地採用了「輸入」和「輸出」的概念。所謂政治體系的「輸出方面」是政治系統理論中的概念，它指的是政治系統中公共政策的貫徹和實施；而政治體系的「輸入方面」與「輸出方面」相對，指的是從社會向政治體系流動的要求以及這些要求向官方政策的轉化。阿爾蒙德概念用「輸入」、「輸出」和「轉換」將政治過程劃分為政治體系與環境之間相互作用的三個階段，環境是三個階段的起點，也是終點。本研究將借鑑「輸入」、「輸出」和「轉換」這三個概念，用以分析政治文化與輿論的互動過程，並根據臺灣政治文化在「輸入」、「輸出」和「轉換」過程中內容與結構的變化，總結臺灣政治文化不同時期的特點。

阿爾蒙德不僅是政治文化概念的提出者和比較政治學的開拓者，也是行為主義政治學的領軍人物。行為主義政治學與傳統政治學在研究方法上最大的區別在於：一個是注重動態的政治行為、政治心理與政治過程的研究；一個是注重靜態的政治制度、政治文獻和政治形式的研究。

在行為主義政治學之後，貝蒂（Bertrand・Badie）以當代「解釋人類學派」的創始人格爾（Clifford・Geertz）的文化的符號學定義[98]為基礎，結合歷史和比較社會學的方法，提出了政治文化的符號學研究理論。該理論試圖透過文化符號詮釋各個政治體系的獨特性，探究既具有控制一個社會的政治過程和社會過程變動的功能，同時又由一個社會的歷史形成的文化代碼（cultural code）。這種「文化代碼」成為研究一個社會的社會對象（如權力、共同體、法、規範等的獨特意義和取向）的一把鑰匙，使研究者可以解釋一個政治體系的獨特性和政治變動的特徵。該理論把文化看成一個社會的成員們所熟知的、使用於他們之間的相互作用的意義體系。而文化不是一個固定不變的東西，因此對文化的研究需要歷史的方法。但是，作為表現一個文化的整體性的「文化代碼」具有基本不變的特性，因此，透過歷史的方法，可以區分出可變的和不變的部分。[99]

政治文化的符號學理論啟示我們，可以將不同的政治文化看作是不同的意義體系，在這個意義體系中，有其社會歷史所形成的獨特的政治文化代碼，這種代碼像語法一樣控制著一個社會的政治過程和社會過程變動的功能，找到這種政治文化代碼，我們就可以找到解讀這個社會政治文化的鑰匙。這種政治文化代碼就儲存和附麗於一個個政治文化的符號當中，一個個政治文化符號構成的符號體系就是政治文化的意義體系，政治文化透過一個個符號表現出來，人們也透過一個

個政治文化符號進行溝通和傳承。因此研究政治文化符號可以發現儲存和附麗其中的政治文化代碼，而發現了政治文化的代碼，就可以找到解讀政治文化歷史變化的鑰匙，而政治文化又是解讀政治體系乃至整個社會歷史現象的一把鑰匙。我們可以從這一連串「鑰匙的鑰匙」的關係鏈條上，找到政治文化研究的路徑。

本書採用索緒爾（Ferdinand de Saussure）對符號的定義。索緒爾認為符號是可以指代其他東西的某種東西，它由「能指」和「所指」兩部分組成。「能指」是指人們感官可以感知到的部分，如文字的字體、語言、圖像等，「所指」是指符號所包含的內容和概念。[100]

「政治文化符號」是筆者提出的新概念，沒有現成的定義可選擇，筆者的定義是：政治文化符號是政治文化的象徵形式，它同樣由「能指」和「所指」兩部分組成，具有一般符號的所有特點，是符號家族的一種特殊符號，其特殊性在於其「所指」總是指向政治文化，因此，它是政治文化的指稱物或政治文化的形式。

按此定義，輿論議題可以轉換為政治文化的一種符號。我們可以從臺灣輿論議題的演變入手，解讀臺灣政治文化的變遷，並借鑑符號學的相關理論，特別是將索緒爾的關於能指和所指、語言和言語、歷時和共時、結構和功能（符號系統）等理論，運用到本研究中。

至此，筆者已將本研究所使用的基本概念和所借鑑的重要理論全部予以界定和說明。接下來，將陳述本研究的思路和框架。

第四節 思路與框架

本書的研究思路是從臺灣輿論議題入手，解讀臺灣政治文化的歷史變遷，並透過考察臺灣輿論議題與政治文化互動關係的變化發展，來揭示輿論與政治文化互動框架的一般模式。

臺灣輿論議題是本書的直接研究對象。從光復以來，臺灣輿論議題難以計數。僅以《聯合報》為例，其創刊至今，保持每天至少一篇社論的慣例，[101]以一篇社論僅討論一個議題為保守估計，50餘年來，僅《聯合報》社論設置或參與的輿論議題即有二萬餘條。[102]如果加上《聯合報》其他版面的評論（如有《聯合報》小社論之稱的「黑白集」），其他報紙的社論、評論，其他媒體（廣播、電視、網絡）的議題，以及由非媒體提出的議題，拋去其重複部分，光復以來臺灣輿論議題的數量堪稱天文數字。仍以《聯合報》為例，如果僅將《聯合報》涉及的輿論議題羅列出來，字數也將百萬字以上。

面對數量如此龐大的臺灣輿論議題，本書首先要做的工作就是分類。如果我們被臺灣輿論每一個具體的輿論議題牽著鼻子走，我們的研究很容易陷入「最變幻無常和最具欺騙性」的漩渦。[103] 固然，對某一個具體的輿論議題的細緻研究並非沒有價值，作為樣本的解剖同樣有助於發現一般的輿論規律，但是如果我們從更長的時段對輿論議題進行考察，將會發現短時段的歷史無法把握和解釋的輿論現象及其變化。自從 1958 年費爾南‧布羅代爾（Fernand Braudel）寫了有關「長時段」的著名論文，越來越多的史學研究者認識到：「歷史的發展時快時慢，但推動歷史的內在力量卻只有在長時段中才能起作用並被把握。」[104] 借鑑歷史的長時段理論，將臺灣輿論議題放在 60 餘年的時間裡考察，我們發現有兩類議題：一類議題生命期限非常短暫，它們在歷史的長河中一閃而過，稍縱即逝，即使有的議題在當時掀起軒然大波，甚至持續數月之久，但是此後就銷聲匿跡，不再被人提起；另一類議題其生命期限卻非常長，它在歷史的長河中經久不衰，不斷頻繁地出現在人們的視野裡，甚至經過半個多世紀仍歷久彌新，好像慢性關節炎一樣，一到合適的氣候條件，就反覆發作，不斷提示人們它的存在。

　　所謂輿論議題的生命期，指的是輿論議題被持續關注或反覆關注的時長。一個議題看似在某個階段其關注消失，可是它在下個階段又被關注，說明這個議題在此前並沒有走到生命終結，只不過是生命的蟄伏。雖然輿論的議題千差萬別，但我們發現前述兩類議題卻各有其共同的特點。

　　生命期短的第一類議題絕大部分屬於訴求型議題，訴求性輿論議題一般源於某個事件或一個問題，由此產生明確的中短期輿論訴求，[105] 隨著事件的解決或問題的消失，[106] 輿論的議題也就不復存在，輿論的活動也由此終結。

　　而生命期長的第二類議題絕大部分屬於認同性議題。認同性輿論議題，一般源於情感、觀念和價值的分歧，它只有在人們的情感、觀念和價值上得到統一或者這種情感、觀念和價值不再值得人們關注，它才會終止和消失。它不一定要有明確的輿論訴求，其輿論的爆發主要源於認同的歧異。它可能有確切的誘因，比如拆蔣介石像；它也可能有明確的訴求，比如讓陳水扁當選；但是輿論產生的基礎還是源於人們在認知上的難以統一、在情緒上的不能共鳴以及在評價上的無法一致。由於人們在認知上的分歧、在情感上的鴻溝以及在評價上的對立，往往無法在一時一地予以短平快地消解，甚至可能在少數人的操弄下，或者在偶然事件的催化下越積越深，越演越烈，使人們在認知上更加南轅北轍，在情感上更添新仇舊恨，在評價上更會針鋒相對。認知的問題、情感的問題和評價問題，無法像前一類議題用訴求的滿足和時過境遷來短時間解決。比如，拆了蔣介石的像，「擁

蔣派」會心甘情願，而「倒蔣派」會就此罷休嗎？再比如，陳水扁當選，泛綠就會偃旗息鼓，撕裂族群的議題就不會再出現嗎？顯然，認同的歧異，如同歷史難以癒合的傷口，一有風吹草動，它就會隱隱作痛，而它的每一次發作，往往都是揭開傷疤並撒上鹽，為下一次發作埋下伏筆。

　　第一類議題不是本書的研究對象，它可能是其他臺灣研究領域，比如臺灣社會生活史的良好素材。它儘管同樣蘊藏著豐富的社會歷史訊息，從中可以找到許多有趣或有益的結論，[107]但對本研究（僅僅對本研究）來說，它不是最重要、最有價值的素材。儘管我們承認它在一時一地可能是最重要的，一個議題能進報紙的社論，如果不是一時之選，至少也是一天之選，可如果將之置於60年的歷史框架下，它對歷史的影響力就微不足道了。這些多如牛毛卻又如過眼雲煙的議題是本研究急於撇開的對象，因為只有不被這些紛亂的旁枝錯節所迷惑與干擾，我們才能靜下心來，把握60年來一直在臺灣輿論中頻頻出現的議題，這是些60年來一直活著而且傳下來的議題，這是些60年來一直在左右臺灣社會的議題。

　　透過對第二類議題的分析，發現這些生命期長的議題絕大部分都指向了臺灣的政治文化。純粹的政治議題可能難以長久，比如「立法院」改革議題，「行政院」人事任免議題，如前所述隨著問題的解決或時過境遷，難以再吸引輿論的關注，其議題的生命力自然短暫。而純粹的文化議題卻難以進入輿論中心，比如古蹟保護議題、傳統藝術存活議題，由於不被政治權力所青睞，缺少了政治的推波助瀾，也難以被廣大民眾所切身感受而關注，往往處於輿論的邊緣地位，生命力的微弱，使其存活期也不長，甚至進入大眾視野的可能性都很低。只有那些既關乎政治又指向文化的議題，由於政治利益和權力的爭奪，使之成為輿論關注的興奮中心；同時，文化衝突的長期性和廣泛性，使之成為輿論長久關注的焦點。跟政治有關的文化或者跟文化有關的政治，就成了進入話語中心又被長期關注的輿論議題，比如臺灣的漢語拼音方案問題，本來是一個純粹的文化議題，由於涉及「臺灣／中國」的認同，就有了政治議題的屬性；再如陳水扁想當「總統」，本來是一個純粹的政治議題，卻由於被輿論的操縱者操弄成「選『本省人』自己的『總統』」議題，涉及「本省人」與「外省人」的認同，就了有文化議題的屬性。又如「臺灣人／中國人」的認同，「『本省人』與『外省人』」的認同，本身就屬於政治文化的認同，其兼具政治屬性和文化屬性，成為輿論長期關注的焦點。而那些表面上看屬於政治或文化的議題，經過政治文化的轉換，變成了政治文化的議題。正是透過這種轉換，政治文化將那些表面上生命期短暫的「一過性」的其他議題，轉化為自己歷久彌新的政治文化議題。政治文化議題借助一個個不同

時空的小議題的外殼，使自己不斷復活，像一個可以不斷輪迴的靈魂，或借屍還魂，或投胎新生，長久地成為臺灣輿論議題的主軸和臺灣社會關注的中心。

　　60 年餘來，臺灣輿論中不斷出現、不斷積累、不斷變異並一直在影響臺灣的輿論議題主要有三個：它們是「省籍議題」、「臺灣意識／中國意識議題」和「統獨議題」，[108] 這三大議題共同構成臺灣輿論議題的三大主軸。如前所述，兩岸的臺灣研究者往往把這三大議題混為一談，認為它們屬於同一類議題，只是概念和稱呼不同而已，在理論和實踐中更多地看到這三大議題的共性而忽視其相互之間的區別，從而影響了對臺灣輿論議題研究的深入。事實上，「省籍議題」、「臺灣意識／中國意識議題」和「統獨議題」儘管緊密相關而且相互交叉，但並非完全重疊，它們可以相互呼應甚至相互轉換，卻不影響它們是性質不同、各自獨立的議題。在輿論的實踐操作中，李登輝、陳水扁等最擅長將這三類不同的議題混雜在一起，希望民眾將這三種議題誤以為是相同的議題，這樣他們可以在不同的時間不同的地點根據不同的形勢有針對性地拋出不同的議題，或單挑，或組合，並嫻熟地在這三大議題中進行轉換，以最大限度地遮人耳目並最有效地動員力量。因此，將這三大議題區別開來，就可以更加清楚地瞭解臺灣輿論戰的戰術戰法；更重要的是對輿論議題的細化研究，將把臺灣政治文化的研究引向深入。

　　「省籍議題」、「臺灣意識／中國意識議題」以及「統獨議題」這三大議題在以下方面有所區別：

　　第一，這三大議題所對應的關係不同。「省籍議題」屬於臺灣內部族群關係的輿論議題，其對應的關係是臺灣內部的族群關係；「臺灣意識／中國意識議題」屬於臺灣與祖國關係的輿論議題，其對應的關係是臺灣與祖國的關係；而「統獨議題」屬於兩岸關係的輿論議題，其對應的關係是臺灣與大陸的關係。臺灣內部的族群關係，臺灣與祖國的關係，臺灣與大陸的關係，是跟臺灣有關的最重要的三組關係，這三組關係構成了臺灣基本的內外環境，沿著這三組關係，產生著一系列的議題，並分屬不同的輿論議題譜系。比如說臺灣內部族群關係的議題有：「省籍議題」、原住民議題、客家人議題、外籍新娘議題。「省籍議題」屬於臺灣內部族群關係的議題，儘管「省籍議題」常常被操弄成「統獨議題」，但顯然「省籍議題」不等於「統獨議題」，將兩者混為一談如果不是糊塗，就是別有用心。臺灣與祖國關係的議題包括一切臺灣與祖國有關的議題，比如屬於身份認同的「臺灣人／中國人認同議題」，屬於文化認同的「『去中國化』／『反去中國化』議題」，屬於情感認同的「愛臺灣／賣臺灣的議題」，屬於價值認同的「臺灣優先議題」，以上議題都建立在臺灣意識與中國意識的基礎上，都屬於「臺灣意識

/中國意識議題」。而「大陸與臺灣的關係的議題」則包括一切兩岸關係的議題，比如屬於兩岸政治關係議題的「統獨議題」，屬於兩岸經貿關係的「三通議題」，以及屬於兩岸交流的「大熊貓來臺議題」。

第二，這三大議題所針對的族群不同。「省籍議題」針對的是具有人口學意義的「本省人」與「外省人」，「臺灣意識／中國意識議題」針對的是對「臺灣人／中國人」認同有分歧的族群，「統獨議題」針對「統獨傾向」有差異的族群，這三組族群雖然相互關聯，高度交叉卻並不完全重疊。

第三，這三大議題的輿論特點也不同。無論是禁忌的程度，還是能量的當量、量環的效應、地位的等級、適應的環境、接受的廣度、影響的深度、表現的形式以及轉換的機制和扮演的角色都各不相同。

第四，這三大議題形成演變的過程也不相同。無論是產生的背景、生成的條件、成形的時間、還是發展的過程、逆轉的節點、高潮的階段以及形成演變的生命週期都各不相同。它們有時同臺競藝，有時各領風騷，有時競相開放，它們不僅與社會政治發展的歷史階段並不完全同步，而且其各自的發展過程也不完全等同。

第五，最重要的是，這三大議題所對應的政治文化不同。「省籍議題」對應的是「省籍情結」，它屬於臺灣政治文化的政治情感；「臺灣意識／中國意識議題」對應的是「臺灣意識」與「中國意識」，它屬於臺灣政治文化的政治認知；「統獨議題」對應的是「統獨傾向」，它屬於臺灣政治文化的政治評價。

如前所述，阿爾蒙德歸納政治文化由「政治認知」、「政治情感」和「政治評價」三大要素組成。而「省籍情結」是臺灣政治文化中最典型的政治情感，「臺灣意識與中國意識」是臺灣政治文化中最核心的政治認知，「統獨傾向」則是臺灣政治文化中最重要的政治評價。輿論議題作為政治文化符號化的表現形式，由「省籍情結」，「臺灣意識／中國意識」以及「統獨傾向」投射或反映到臺灣輿論的三大議題：「省籍議題」，「臺灣意識／中國意識議題」和「統獨議題」，就成為臺灣政治文化最有代表性的符號體系。分別沿著這三大輿論議題考察其歷史演變及效應特點，就可以分別梳理出臺灣政治文化的政治情感符號、政治認識符號和政治評價符號這三大代表性符號的流變及特徵。在此基礎上，本書將在臺灣輿論議題與政治文化的關係框架下將問題進一步引向深入，從臺灣輿論議題內容與結構的變化揭示臺灣政治文化的轉型，反過來，再從臺灣政治文化的轉型討論臺灣政治文化對臺灣輿論議題主體的影響，並以媒體政治為切入點，考察研究臺灣輿論與臺灣政治文化互動媒介的嬗變。

最後，本書將總結臺灣輿論議題與臺灣政治文化變遷的階段性特徵及要素性特點，並試圖在臺灣輿論與臺灣政治文化互動關係的個案研究基礎上，探究輿論與政治文化的互動關係的一般模式。

按照這樣的思路，本書的寫作框架如下：

導言，分別從問題意識、學術史回顧、相關概念及理論、思路與框架以及資料與方法上，對本書的選題價值、學術背景、論述重點及研究方法與目的作簡要的說明。

第一章為「『省籍議題』——臺灣政治文化的政治情感符號」。「省籍議題」是指有關「省籍情結」的輿論議題，屬於臺灣內部族群關係議題。「省籍情結」是臺灣政治文化中最典型的政治情感，以「省籍情結」為指向的「省籍議題」，是臺灣政治情感的代表性符號。本章將述及「省籍議題」的歷史緣起、發展演變、當代特徵、生命週期，並討論「省籍議題」與臺灣政治情感的悲劇性互動。

第一節為「『省籍情結』的歷史緣起」。「省籍情結」是指臺灣地區「本省人」與所謂的「外省人」之間互不信任、彼此對立、相互歧視的一種心理矛盾，是在臺灣特殊的族群關係中表現出的一種特殊的族群意識。本節將從移民社會、日據隱患、「二·二八事件」的導火索、國民黨統治的先天性缺陷及後天性錯誤、文化的衝突及政治的操弄等諸方面，解讀「省籍情結」這一典型的臺灣政治情感的前因後果。

第二節為「『省籍議題』的發展演變」。「省籍情結」的公開化就轉化為輿論議題，但轉化為輿論議題的「省籍議題」並非與「省籍情結」亦步亦趨，儘管二者保持著高度的關聯度，卻有著不同的發展軌跡。本節將梳理「省籍議題」的發展演變，敘述其從「失語」到「悲情」再到「焦慮」的三個歷史階段。

第三節為「『省籍議題』的當代特徵」。本節分析「省籍議題」的當代特徵，圍繞「省籍議題」肆無忌憚的公開性、不斷髮酵的可持續性、坐收漁利的績優性、情緒煽動的宣泄性以及沉默螺旋的倒置性五個方面，討論作為臺灣政治情態符號的「省籍議題」發展到當代的新變化。

第四節為「『省籍議題』與臺灣政治情感的互動」。本節將揭示「省籍議題」與政治文化的互動關係及其悲劇性本質。「省籍議題」與臺灣政治文化的互動是臺灣的悲劇，這種悲劇既是歷史的悲劇更是當代的悲劇，既是現實的悲劇更是想像的悲劇，「省籍議題」是輿論最好的輿論工具，卻是最惡的社會亂源，它對於政治人物是最低的成本，對於政治文化卻是最沉重的代價。

第五節為「『省籍議題』的生命週期」。本節討論「省籍議題」的生命週期，根據「省籍議題」與民意基礎的關係，可將其生命週期劃分為三個階段，第一個階段是「省籍議題」的提出與民意基礎一致，第二個階段是「省籍議題」的提出與民意基礎相對分離卻大致合拍，第三個階段是「省籍議題」的提出與民意基礎完全對立。

第二章為「『臺灣意識／中國意識議題』——臺灣政治文化的政治認知符號」。「臺灣意識／中國意識議題」是臺灣政治文化中最核心的政治認知。作為「臺灣意識／中國意識」在臺灣輿論的反映，「臺灣意識／中國意識議題」是臺灣政治文化中最有代表性的政治認知符號。本章論述「臺灣意識／中國意識議題」的歷史演變、當代特徵、衝突實質，及其對臺灣政治認知的影響。

第一節為「『臺灣意識／中國意識議題』的歷史演變」。本節述及清廷被迫割讓臺灣以及國民黨「中央政權」空降臺灣，使臺灣作為一個地方性區域與祖國處於一個不正常的關係。這種特殊的關係是產生「臺灣意識與中國意識議題」的土壤與背景。「臺灣意識／中國意識議題」的變遷，大致走過以下階段：一是日據時期的「亞細亞孤兒」議題；二是1950年代到1970年代臺灣與大陸爭奪正統性議題；三是1970年代至1980年代「臺灣優先還是中國優先」的優先選擇性議題；四是「政治革新」與「解嚴」後的「臺灣認同與中國認同」的認同選擇性議題。認同選擇性議題包括屬於身份認同的「臺灣人／中國人認同議題」，屬於文化認同的「『去中國化』與反『去中國化』議題」，屬於情感認同的「愛臺灣與賣臺灣議題」。其中對「臺灣人／中國人認同議題」是核心的認同選擇性議題，其他議題都是與之配套的議題，而「臺灣人／中國人認同」的變遷，也發生了從蔣介石的「我是中國人」到蔣經國的「我是中國人，也是臺灣人」，再到李登輝執政前期的「我是臺灣人，也是中國人」，再到李登輝後期與陳水扁的「我不是中國人，我是臺灣人」以及游錫堃的「我是華裔臺灣人」，以及到最近馬英九再提「我是臺灣人，也是中國人」這樣的戲劇性變化。

第二節為「『臺灣意識／中國意識議題』的當代特徵」。本節將「臺灣意識／中國意識議題」放在與「省籍議題」、「統獨議題」的關係框架中進行對比研究，探討「臺灣意識／中國意識議題」發展到當代所出現的新變化。其主要特徵是「愛臺灣議題」成為「臺灣意識／中國意識議題」的主導議題。本節論及「臺灣意識／中國意識議題」以「愛臺灣」議題為代表成為臺灣所有輿論議題中最具有光暈感的議題。「愛臺灣」議題成為民進黨繼民主、自由、進步後占據的第四座輿論高峰，從而使之置身於絕對正確、所向無敵的輿論制高點。這個議題在臺灣無人

敢質疑其正當性與合法性，在臺灣的三大族群議題中成為最無須禁忌、也最難以反彈的議題，並使臺灣的三大族群議題逐漸形成向其靠攏的趨勢。因為統「獨」很敏感，「省籍」有爭議，透過轉換成「愛臺灣」的議題，則變成不言而喻、不證自明的東西。

　　第三節為「『臺灣意識／中國意識議題』的衝突實質」。本節在「臺灣意識／中國意識議題」、「省籍議題」與「統獨議題」的關係框架中討論「臺灣／中國意識議題」的衝突實質，借鑑族群認同理論的「本質論」、「結構論」與「建構論」，分析得出臺灣族群的三大認同——「省籍認同」，「統獨認同」及「臺灣人／中國人認同」都是刻意建構的產物。這種刻意建構是族群政治的產物，正是族群政治的推波助瀾，使臺灣三大議題的認同衝突越演越烈，也正是族群政治的需要，「臺灣意識／中國意識議題」與「省籍議題」和「統獨議題」一樣，成了相互配套、並不可相互替代的輿論工具。

　　本節透過分析「臺灣意識／中國意識議題」中的「中國」符號如何被妖魔化而成為輿論假想敵，進一步揭示「臺灣意識／中國意識議題」的衝突實質——表面上其指向臺灣與祖國的「衝突」，實際上，輿論的推動者最主要的目的還不是分化臺灣與祖國的關係，而是要借臺灣與祖國的「衝突」來分化臺灣內部的關係，內部權力鬥爭（選票利益）的需要，才是「臺灣意識／中國意識議題」製造一組在臺灣內部根本不存在的所謂「臺灣人」與「中國人」的對立族群的真正動因。

　　第四節為「『臺灣意識／中國意識議題』對臺灣政治認知的影響」。本節以民調資料為據，討論「臺灣意識／中國意識議題」對臺灣的政治認知的影響，1992 年至 2003 年的臺灣政治大學選舉研究中心對「臺灣人／中國人認同」所做的民調，間接支持了在「臺灣意識／中國意識議題」的影響下，臺灣在「臺灣人／中國人的認同」上發生了顯著的變化。本節透過不同年齡、性別、教育程度、職業和地區的臺灣人對「臺灣人／中國人認同」的變化，細化研究「臺灣／中國意識議題」對不同特徵的臺灣人群的影響，提出利益關切、文化認同的「捨遠求近」理論，解釋臺灣人在不對稱的議題操縱下，政治認知出現的「棄中就臺」現象。

　　第三章為「『統獨議題』——臺灣政治文化的政治評價符號」。「統獨議題」指的是有關兩岸統一或臺灣「獨立」的輿論議題，是臺灣人的「統獨傾向」在臺灣輿論的反映。臺灣人的「統獨傾向」是臺灣政治文化中最重要的政治評價，以「統獨傾向」為指向的「統獨議題」是臺灣政治評價的代表性符號。本章論及「統獨議題」的緣起演變、當代特徵、發酵過程及其對臺灣政治認知的影響。

第一節為「『統獨議題』的緣起與演變」。本節首先分析「統獨議題」的現實基礎與歷史背景。「統獨議題」屬於兩岸關係議題，其現實基礎是臺灣與大陸的事實分離，沒有這種分離，就沒有「統一」或「獨立」的議題存在。因此，1949年國民黨退據臺灣後，才有可能出現「統獨議題」。但「統獨議題」常常會把臺灣的移民、遷徙、政權變化，國際公約作為其歷史背景。因此，「統獨議題」的緣起是兩岸關係與國際關係兩個框架中的產物。

　　在歷史變遷方面，本節述及「統獨議題」經過三個階段；一是「統一議題」獨尊階段。上世紀50年代至80年代中期，臺灣主流輿論只有「統一議題」沒有「臺獨議題」，「臺獨議題」被嚴厲禁止。二是「臺獨議題」抬頭階段。從上世紀80年代中期臺灣政治文化的轉型到20世紀末，「臺獨議題」鬆動，並出現「統獨議題」的逆轉。三是「臺獨議題」橫行階段。從1999年李登輝拋出「兩國論」至今，「統獨議題」出現「臺獨議題」代替「統一議題」成為最高上位性議題。自上世紀90年代至今，「臺獨議題」一直保持著以「打著中華民國旗號的臺獨」為主流的「臺獨」輿論、以「去中國化」與「為臺灣正名」為次主流「臺獨」輿論顯隱共生的奇特現象，「中華民國已獨立」成為「獨」派陣營相當多人可接受、中間陣營相當多人不反對和統派陣營相當多人能容忍的最大公約數。政黨輪替後，「臺獨議題」更是形成了以「打著中華民國為旗號的『臺獨』」為主體，以「文化臺獨」和「法理臺獨」為兩翼的特殊結構，並形成兩翼的「臺獨」輿論議題比主體的「臺獨」輿論議題更活躍的現象。

　　第二節為「『統獨議題』的歷史特點與當代特徵」。本節論及「統獨議題」一直具有兩大歷史特點：第一個歷史特點是輿論主體的兩岸性與國際性，即「統獨議題」不僅是臺灣內部的輿論議題，也是兩岸的輿論議題，甚至是國際的輿論議題，「統獨議題」並非是僅由臺灣單方面所主導的輿論議題，而是由兩岸共同作用、國際參與的輿論議題；第二個歷史特點是輿論層級的高上位性。「統獨議題」發展到當代，出現臺灣主流輿論幾乎沒有「統一議題」只有「臺獨議題」的一邊倒現象，而此時的「統獨議題」在輿論層級上的高上位性就演變成「臺獨議題」具有高指標、高汙染性、高能量性、高危險性、高敏感性等五大當代特徵。這使「臺獨議題」成為禁忌最多、敏感最大、危險性最高的議題。

　　第三節為「『臺獨議題』的發酵過程」。本節用輿論的層級效應理論來解讀「臺獨議題」的發生發酵過程。透過對輿論議題不斷地轉換，特別是將「臺獨議題」轉化為「臺灣意識／中國意識議題」中的「愛不愛臺灣」的議題之後，「臺獨議題」變成深綠很狂熱、淺綠很歡迎、中間人士能認同、淺藍不排斥的從深綠

到淺藍通吃的現象，實現了輿論在由內向外的傳播擴散過程中其輿論效應不僅沒有出現層層遞減的現象，而且出現了層層疊加的效應。本節論及「臺獨議題」的發生發酵往往以民主議題為先導和藉口，以選舉議題為實質和歸宿，對其輿論層級疊加效應的解構亦應對症下藥。

第四節為「『統獨議題』對臺灣政治評價的影響」。「統獨傾向」為臺灣政治文化中最重要的政治評價，本節根據民調資料，論及 1992 年至 2003 臺灣民眾的「統獨傾向」的重要變化，間接支持了「統獨議題」對臺灣政治評價的影響，並分別從不同年齡、性別、省籍、教育程度、職業和地區的臺灣人在「統獨傾向」的變化，討論「統獨議題」對不同人群政治評價影響的敏感性。

第四章為「臺灣的輿論議題與政治文化」。本章重點討論臺灣的輿論議題與臺灣政治文化的關係，首先從臺灣的輿論議題的變化揭示臺灣政治文化的轉型，反過來，從臺灣政治文化的轉型，分析其對臺灣輿論議題的影響，並以媒體政治為契點，考察臺灣輿論與臺灣政治文化互動媒介的演變。

第一節為「從臺灣的輿論議題的內容結構看臺灣政治文化的轉型」。本節論及光復以來臺灣的輿論議題發生了巨大的變化，臺灣的政治文化也出現了根本性的轉變。本研究從臺灣輿論議題的演變透視臺灣政治文化的轉型發現：60 年來，臺灣的輿論議題內容由禁忌到開放再到放縱，其結構由一元到多元再到二元對決；而臺灣的政治文化也從「威權主義」的政治文化經由「民主化」、「自由化」發展到「民粹主義」的政治文化，從「民族主義」的政治文化經由「本土化」發展到「族群主義」的政治文化。轉型後的臺灣政治文化是「民粹主義」加「族群主義」的複合型政治文化，筆者將其命名為「群粹主義」的政治文化。

第二節為「臺灣政治文化的轉型對臺灣輿論議題的影響」。本節論及臺灣政治文化的轉型對臺灣輿論議題的影響。60 年來臺灣政治文化從「民族主義」加「威權主義」的政治文化經由「民主化」、「自由化」與「本土化」的轉型發展到民粹主義加「族群主義」的「群粹主義」政治文化，它給臺灣輿論議題的主體帶來的最主要的變化就是輿論議題的主體，從單極到多極再向多極並存的兩極分化發展，具體表現為輿論議題的主體從一黨獨尊到多黨爭雄，從行政主導到議會主導，從政治人物唱主角到意見領袖搶風頭，從精英階層壟斷向普通民眾開放的轉變。

第三節為「媒體政治——臺灣輿論與臺灣政治文化的互動媒介的演變」。在現代社會裡，媒體政治是輿論與政治文化互動關係中最重要的媒介，傳媒與政治關係的演變，反映出輿論與政治文化互動框架的變遷。本節以媒體政治為切入

點，考察光復以來臺灣輿論與臺灣政治文化互動媒介的變化。作為臺灣傳媒與臺灣政治關係的反映，臺灣的媒體政治經過了從「媒體政治化」到「政治媒體化」的轉型，並向「媒體即政治」方向發展，而與此相適應的是臺灣輿論議題最有代表性的形式也發生了從社論到政治廣告再到電視談話節目的轉變。

結語部分。本書將對臺灣輿論議題的演變及臺灣政治文化的變遷進行歸納，總結其歷史進程的階段性特點與要素性特點，並試圖在臺灣輿論議題與政治文化的互動個案上，進一步揭示政治文化與輿論互動關係的一般模式。

第一節將臺灣輿論議題與臺灣政治文化聯繫在一起，總結其變遷的過程，分述其各階段性和要素性的特點。光復以來的臺灣60年歷史，臺灣的輿論議題發生了巨大的變化，使臺灣輿論議題的內容從禁忌到開放再到放縱，輿論議題的結構從一元到多元再到二元對立，輿論議題的主體由單極到多極再到多極並存的兩極分化，輿論議題的形式也從社論到政治廣告再到電視談話節目。與此同時，臺灣政治文化也進行著艱難而痛苦的變遷，它從「威權主義」加「民族主義」的政治文化經由「民主化」、「自由化」與「本土化」的轉型發展到「民粹主義」加「族群主義」的「群粹主義」政治文化。在深入研究的基礎上，本書發現臺灣輿論議題與臺灣政治文化的變遷既大致合拍卻並不完全同步。總體來看，議題的轉變先於政治文化的轉型，而作為臺灣政治文化三大符號的三大輿論議題，其演變過程雖然方向相同、階段類似，但其起點，轉折點及變潮期卻不盡相同，各有錯落，顯示出臺灣政治文化符號演變過程的複雜性。

第二節將試圖從臺灣輿論議題與政治文化互動關係的例證分析中，建構起一般的輿論議題與政治文化的互動模式。主要內容是輿論與政治文化存在兩個方向的互動關係。第一個方向是從政治文化出發落腳到輿論，第二方向是從輿論出發最後歸宿到政治文化。第一個方向的邏輯關係是：政治文化將其內容與內涵投射到輿論中，用政治文化將輿論中現有的議題進行解讀，從而把不是政治文化議題的輿論議題轉化為政治文化的符號，由此將政治文化符號的「所指」指向政治文化的內容與內涵，最後引導輿論。第二個方向的邏輯關係是：輿論直接反映政治文化，使自己成為政治文化的符號，並將政治文化符號轉化為輿論議題，從而使輿論的關注得以聚焦在政治文化設置的議題上，而長期的輿論也使某些議題積澱下來成為政治文化本身，甚至成為政治文化的代碼。

結語的最後部分筆者將總結本研究的創新與不足之處。

第五節 資料與方法

　　在運用理性的語言和嚴肅的風格對本書的問題意識、學術史回顧、相關概念與理論以及思路與框架進行學理式說明之後，接下來筆者試圖換一種論述筆調對本書的資料與方法做一個介紹，這樣做的目的是試圖在導論中儘可能地「還原」本書的「寫作現場」。如同歷史學家千辛萬苦尋找機會試圖置身或重建「歷史現場」，許多讀者一旦對一本書感興趣的話，肯定同樣對作者的「寫作現場」感興趣。筆者正是這樣的讀者，尤其是讀到那些晦澀難懂、高深莫測的論文，或者是高山仰止、其趣難窮的巨篇，我就止不住想像那用語詞、材料、邏輯和觀點建構起來的思維大廈中隱匿的思考者的靈魂與個性，就會想像作者是在什麼時空、是在什麼境遇、用何種心情寫下這些文字，就會想像除了文本告訴我們之外的任何東西⋯⋯

　　錢穆在其《國史大綱》中開宗明義，要求閱讀該書的讀者「尤必附隨一種對其本國已往歷史之溫情與敬意」。[109]布洛赫也說：「不要以為真正的歷史學家是不動感情的。」[110]他推崇歷史學家要親身感受探索歷史時的喜悅：「我們要警惕，不要讓歷史學失去詩意，我們也要注意一種傾向，或者說要察覺到，某些人一聽到歷史要具有詩意便惶惑不安，如果有人以為歷史訴諸於感情會有損於理智，那真是太荒唐了。」[111]布洛赫甚至認為：「每一本名符其實的歷史著作都應包括一章自白，或在適當的地方插入幾段，小標題可寫成『寫作緣起』，我相信，即使外行在閱讀這類『自白』時也能體驗到一種精神樂趣。」[112]

　　如果說任何論文的寫作過程都是從問號開始的，那麼回答這個問號的過程首先就是對研究對象的理解過程。「千言萬語，歸根結底，『理解』才是歷史研究的指路明燈。」[113]只有理解歷史，才能解釋歷史，才能評判歷史。

　　但問題是作為一個大陸人，我能理解臺灣嗎？這是當我確定博士論文選題伊始就一直煎熬著我的問題。那一年是2002年，我尚未到過臺灣，而且短期也沒有去臺灣的計劃和條件，直覺告訴我，也許博士論文寫完了我都無法踏上臺灣這塊土地，一個從未到過臺灣的人能寫好一篇關於臺灣的博士論文嗎？你有什麼理由讓人相信你所寫的臺灣就是真實的臺灣？當時我不禁感慨，古代史研究者隔了時間的距離，尚可以透過田野調查回到歷史的現場，從空間相同或相似的點，找尋重構歷史的支撐點，可是作為一個當代史的研究者，隔了空間的距離，我卻未能自由地越過那一灣淺淺的海峽，面對和置身於我的研究對象。所幸的是，博士論文的寫作期間，我得以在2004年年底，2007年年初，兩次踏上臺灣這塊土地，儘管兩次都只有短短的十天，卻已讓我受益匪淺。不過，這仍然無法減輕我對臺

灣研究的誠惶誠恐：和那些與斯土斯民始終生活在一起的臺灣學者，我會比他們更瞭解臺灣嗎？如果沒有同甘苦共患難的經歷，我會比他們更理解臺灣嗎？我有什麼力量可以讓自己相信我所做的臺灣研究比臺灣學者做的臺灣研究更可靠或更有價值？

其實這種困惑，不是一種個體的困惑，而是一種群體的困惑。這不僅困惑著大陸的臺灣研究學人，也同樣困惑著臺灣的大陸研究學人；不僅困惑著中國的外國研究學人，也困惑著國外的漢學界學者。這個困惑還可以從空間延伸到時間，所有的古代歷史研究者都將面臨這樣一個詰問：你不是古人，你可能比古人更瞭解古人嗎？國外的漢學家顧彬（Wolfgang Kubin）抱怨自己在中國遭遇到的尷尬，太多中國人質疑他的漢學研究：你不是中國人，你可能理解中國嗎？[114] 問題似乎又回到了「子非魚」的古老悖論：「你不是魚，你怎麼可能知道魚的快樂」，「可你不是我，你怎麼能知道我不知道魚的快樂？」這種「你不是×××，所以你不理解×××」的思維，轉化為另一個語式就是：「只有×××，才能理解×××」。故前述的疑問就變成「你不是臺灣人，你不可能理解臺灣」，「只有臺灣人才能理解臺灣」，「你不是中國人，你不可能理解中國」，「只有中國人才能理解中國」。如果把這種話語模式推到極致，就出現了「你不是希特勒，所以你不理解希特勒」，「只有希特勒理解希特勒」，「你不是神經病，你不理解神經病」，「只有神經病才能理解神經病」的荒唐結論，這種思維模式足以顛覆一切學術研究。要求一切研究者必須類同於研究對象或者源自研究對像是十分荒謬的，研究對像是「肉」，研究者是「刀」，要求研究者同樣也是「肉」，研究者是無法處理那「肉」的。

「不識廬山真面目，只緣身在此山中」，道出了研究者置身於研究對象之間也有可能出現的軟肋。研究者來自研究對像有其所短，研究者不來自研究對象也有其所長。事實上，研究者無論其身份如何，實質上在學術研究上都站在同一條起跑線上。儘管史學研究一直強調「如實直書」，「史學家的唯一目的就是按照事情發生的本來面目記敘歷史，他的最高追求就是還原歷史的真相」。[115] 但是現代物理學的測不準原理告訴我們，觀察者對觀察對象的影響無可避免，而史學研究作為研究人類的科學，研究者更不可能不在研究對象上打上自己的烙印。一些強調主體性的學者甚至將之推向極致：「我寫作的就是我」，「我所研究的就是我」。

每一個研究者只能按照自己的理解來研究對象，他們的研究成果就是他理解的對象。所以臺灣研究不僅有大陸人的臺灣研究與臺灣人的臺灣研究之別，甚至

每一個人的臺灣研究都是不一樣的。每一個人都是按照自己的歷史來建構歷史，但是歷史仍然是歷史，而不是自己，儘管對象可能體現了自己對象化的本質，但對象仍然是對象，沒有對象的研究就和沒有主體的研究同樣不可思議。你可以在對象上打上自己的烙印。但你不可能在沒有的對象上打上自己的烙印，無視對象的特質，這種自大狂式的研究，無疑是痴人說夢。

可以允許不同的人對臺灣有不同的理解，不僅存在這樣一個前提：即本來不存在著一種絕對地對臺灣的「完全的理解」，而且存在這樣一種共識：對臺灣的不同理解有助於創造彼此之間的聯繫。「互相之間不能完全地理解，無論如何不是個災難，忘記了我們習慣性地缺乏理解，這才是災難」。[116]

所以，既必須承認不可能對臺灣「完全地理解」，同時也必須認識到決不能「習慣性地對臺灣缺乏理解」。我們的一切選擇就是對臺灣儘可能地理解。但是對於一個海峽此岸的人，他應該用什麼方法去克服空間與內在的距離去理解彼岸呢？

首先必須肯定的是傳統的歷史文獻研究方法對本書的助益，歷史文獻構成了本書主要的資料來源。

報紙雜誌是研究輿論的重要史料，作為印刷媒體，便於保存。報紙的各個版面甚至廣告啟事都記錄了大量的社會歷史訊息。廈門大學臺灣研究院存有從1980年到2007年的臺灣報紙共18種，[117]特別是由於電子儲存技術的進步，一些大報把以前的報紙輸入光盤，儘管光盤沒有印刷紙質的質感，但它便於查閱。廈門大學臺灣研究院購買了一套《中國時報》的光盤，內容從創刊到2005年的報紙內容，筆者曾用編年史的方式逐日逐頁翻閱幾十年來每一天的報紙版面，它帶給筆者的新鮮體驗非筆墨所能形容。它與一般的編年體的史書大為不同，雖然都有對史料的編輯，但史書的編輯有縱向的架構，但報紙的編輯只針對當日，而且其編輯常常不是體現個人的意志，而是反映編輯部的集團思想，編輯部也隨著世事變遷而不斷進行人事變動，所以報紙的積累只有時間的原始鏈條，而沒有歷史的編輯體例。這樣從某一天的報紙可以看到當時的話語權掌握者對史料（新聞）的選擇與表述，但是在歷史縱向這一維中不同年月日的報紙又處於話語權失控的狀態，這樣就保留了一些十分珍貴的歷史訊息。新聞的版式、社論的標題，包括遣詞造句無不打上時代的烙印。從新聞的頭版可以看到當時輿論的中心議題是什麼，從廣告的版面多少可以看出當時的經濟發展水平，即使是一些文字習慣，比如「兩蔣」年代報導「總統」名諱時前面要空格，也能折射「威權時代」的媒體地位與輿論導向。特別是結合當時的另一份主要報紙《聯合報》的相關資

料進行相互印證和對比，看看哪些新聞是共同的，哪些社論是有差異的，就能對當時的臺灣輿論環境有一個總體的印象，對臺灣的社會歷史變遷，有一種比翻閱歷史學家編寫的史料或檔案館散存的史料更為不同卻同樣有益的感受。特別是從2004年開始，筆者有條件每一天下午可以看到臺灣當天的幾份主要報紙，它們是《中國時報》、《聯合報》、《中央日報》[118]、《自由時報》、《臺灣日報》[119]、《經濟日報》、《工商時報》、《民生報》[120]，將這些有著不同黨派色彩、受著不同利益集團影響的報紙對比看，能夠最直觀地感受臺灣輿論環境的風生水起，而且可以即時地掌握這些輿論訊息，使筆者的研究能夠同臺灣輿論的發展同步。

在雜誌方面，筆者利用廈門大學臺灣研究院圖書館及網絡資源，查閱了臺灣與輿論相關的主要刊物，它們是《新聞學研究》、[121]《民意》、[122]《廣告學研究》、[123]《廣播與電視》、[124]《傳播文化》、[125]《臺大新聞論壇》、[126]《中國廣告學刊》、[127]《衛星與有線電視雜誌》。[128]其中特別值得介紹的是《民意》，廈門大學臺灣研究院存有1987年至2000年的各期雜誌，這是一本由「中華民國民意測驗協會」主辦的以「民意」為主題的雜誌，基本上每期都有「專論」、「民意調查」、「民意文摘」等民調文章，附有大量的民調資料，包括各種圖表及數據分析，是掌握臺灣社會「民意」變遷最集中的第一手資料。儘管在國民黨執政年代，許多民調具有「政府」主導的官方色彩，但仍然記錄了那個時代真實的一面。

除了報刊外，那些經過史家編纂的資料，雖然不夠具體，但十分集中地記錄了當時一些重要的人物、事件和文獻，特別是一些具有統計學意義的數據和彙總。它們是與輿論有關的一些年鑒，主要是《中華民國出版年鑒》、[129]《中華民國電視年鑒》、[130]《中華民國廣播年鑒》、[131]《中華民國廣告年鑒》、[132]《中華民國電影年鑒》、[133]《中華民國雜誌年鑒》、[134]《中華民國新聞年鑒》[135]及《中華民國廣播電視年鑒》，[136]特別是《中華民國新聞年鑒》對新聞通訊事業、報業、廣播、電視、海外新聞事業、廣告事業、新聞教育、雜誌事業，包括大陸新聞事業都有詳細的介紹，對傳播機構、行政機關、新聞團體、新聞法規都有全面的記載，既是臺灣比較全面的新聞事業史，也為輿論研究留下了許多重要史料。

在歷史文獻中，筆者特別喜歡傳媒機構自己編纂的資料，這些資料往往不對外廣泛發行，僅僅是作為同行交流或自我紀念，裡面的文章往往自覺或不自覺地「暴露」傳媒機構的秘密，比如新聞背景、編輯思想及採編過程。在臺灣朋友的

饋贈下，筆者有《聯合報四十年》一系列紀念文集、[137]《聯合報五十年》一系列紀念文集、[138]《中國時報四十年》一系列紀念文集、[139]《中國時報五十年》一系列紀念文集、[140]《臺灣時報五十年》一系列紀念文集。[141]這些紀念文集除了有《紀念冊》外，還有圖片（如《中國時報四十年（畫史）》、《聯副插畫五十年》），有社論選，（如《我們的信念與主張——中國時報五十年社論選輯》、《漂流的臺灣——聯合報社論一百篇》），有作品選（如《時代小說——聯合報文學獎短篇小說首獎集》）。將這些資料對比研究很有意思，五十年的紀念文集與四十年的紀念文集時間有所重疊，就會出現對同一歷史事件（比如「2‧28 事件」）的兩個不同的記憶與表述，歷史的重構就在同一媒體的不同時代有了不同的演繹，時代的變遷影響了「歷史」。除了報紙的紀念文集外，電視媒體的文宣資料也提供了電視節目之外的「有意義」的訊息。這些一般不面向大眾只供利益相關人或同仁閱讀的材料是研究輿論重要的「民間」資料，可以和「臺灣新聞史」或「新聞年鑒」這樣的「正史」資料對照來研究。東森媒體集團、TVBS、民視、年代、中天、三立、公視等媒體還每月定期或不定期地寄送其收視宣傳冊，這對於筆者瞭解臺灣輿論的運作提供了很大的便利。

另外一些有價值的資料，是有關媒體人的傳記或回憶錄，如《報人王惕吾：聯合報的故事》、[142]王惕吾的回憶錄《我與新聞事業》、[143]《中文報業王國的興起：王惕吾與聯合報系》、[144]《提筆為時代——余紀忠》、[145]《文茜半生緣》。[146]這些傳記或回憶錄，儘管可能有為傳主矯飾與虛美的一面，但也揭示出報業內幕不為人知的一面，比如為一則新聞驚動「總統府」，既從一面反映臺灣當局對新聞的「箝制」，另一面也顯示地位顯赫的報紙老總與政治人物的互動密切；又如李登輝上臺風波，《聯合報》、《中國時報》不僅在報紙輿論上大加支持，這是呈現給讀者看的一面，而另一面則是兩大報業的老闆身兼國民黨中常委在最高決策會議上挺身而出、鼎力支持，發揮了不可替代的影響力，這不為人知的一面更可見報業介入政局的一斑。後來李登輝漸露「臺獨」嘴臉後，兩位報人又不同程度表達「後悔」之意，這些幕後的操作與當事人的情境對理解臺灣輿論背後的機制很有助益。

還有一類媒體人的文章值得留意，它們是媒體人經意不經意間寫成的隨筆，這些隨筆提供了媒體人以個體身份觀察臺灣的另一種角度，它不同於傳媒人在傳媒機構所進行的傳播，而是以個人身份進行的私人傳播，但由於作者又具備傳媒人的身份，因此分外引人矚目。此外，這些隨筆或多或少記錄了傳媒人的生活以及各種所見所聞，這些帶故事性的「民間」資料可能從另一面看到臺灣的傳媒生態，比如在《只怕陳文茜》中陳文茜記錄了她和趙少康、施明德、李永萍的互

動；[147]又如胡忠信的《解讀年代》；[148]陳鳳馨的《遇見百分之百的連戰》。[149]這一類的書非常多，有心（耐心、細心和用心）去讀，會有很多收穫。媒體人的文章還有一類特別珍貴的，是內部的講話或留言，這些講話隔了許多年後可能從內部轉為公開，比如《聯合報》的幾次危機，王惕吾的講話，透露出媒體人在社會的夾縫中生存困境與智慧，這些講話隨著事過境遷，時代變化，借由《聯合報》40 年、50 年的社慶得以面世。2006 年東森媒體遭遇一「劫」，筆者也有幸從好友處得到東森媒體集團總裁王令麟先生的致內部員工的一封信，得以窺見臺灣媒體危機處理時的內部作業。類似的珍貴資料在此無法一一列舉，但這些的確使我對臺灣傳媒的生態及臺灣的輿論環境有更深的瞭解。

　　上述歷史文獻是我理解臺灣的一個重要渠道，但是它仍然屬於傅衣凌先生所說的「死文字」，而不是「活材料」。[150]要想儘可能地接近臺灣，就必須將「死文字」和「活材料」結合起來。

　　本研究最倚重的「活資料」，就是臺灣的電視。從 2001 年開始，筆者堅持每天都收看臺灣的電視，用遙控器在同一時段的不同頻道中來回切換，或者從早晨到晚上，順著時間的順序觀察臺灣電視節目的編排，有時將兩個新聞頻道的新聞進行對比，從中發現了許多文獻所不能發現的東西。比如，從字幕的顏色就可以看出頻道的政黨色彩，字幕多用藍色的肯定是親藍媒體，而親綠媒體民視和三立，自然喜歡用綠色的字幕，這是媒體介入政治或是被政黨利用最直觀的例證。再如，要想知道臺灣社會泛政治化的政治文化的程度，只需感受一下臺灣電視政論節目的數量及播出時段即可，在 2004 年「大選」前的高峰時刻，臺灣電視在黃金時段居然有 30 多個電視政論節目，足以創下吉尼斯世界紀錄。[151]而且一些政論節目收視率居高不下，在黃金休閒時段，民眾不是看電視劇、綜藝節目放鬆娛樂，而是喜歡看政論節目，一方面說明政治力透過傳媒將公領域的話題侵入私領域，另一方面也說明臺灣民眾被泛政治化所培育的收視喜好又反過來成為臺灣泛政治化的政治文化的催化劑，而且從臺灣政論節目的議題、嘉賓、座位及 Callin 內容，無不反映出臺灣社會族群的撕裂及政治文化的藍綠對決。又如從臺灣電視為什麼這麼缺少國際新聞節目，就可以知道臺灣民眾的訊息化程度和國際化視野，也可以看出臺灣政治文化的價值取向與開放程度。一個更趨本土沒有國際觀的政治文化有利於某些政黨的利益，臺灣再小的事也是大事，國際再大的事也是小事。國際新聞收視率普遍偏低，最後電視臺不得不把國際新聞關停刪減。這種狀況反過來又說明高舉「本土化」的輿論議題為什麼這麼有號召力，為什麼一句「你愛不愛臺灣」這麼具有殺傷力。還如，同一天同一時段的同一個媒體，可以在這個頻道播放國民黨的造勢晚會（字幕全用藍色），而在另一個頻道播放

民進黨的造勢晚會（字幕全用綠色），從中可以瞭解到媒體作為輿論工具與政黨互動時利用與被利用的複雜關係，也可以瞭解到臺灣大眾媒體作為政治文化與輿論議題的互動媒介，其媒體政治的特殊表現。其他諸如劉翔拿到金牌時臺灣媒體的報導程度不僅與大陸媒體相比，甚至與亞洲媒體和歐美媒體相比也有大幅落差。「3.19」槍擊案、陳水扁公務機要費案、馬英九特支費案，不同媒體的報導口徑，以及某些新聞發佈會拒絕某特定媒體，民眾圍打特定媒體的現場記者……不一而足，都能從中捕捉到大量的社會歷史訊息，都能從中觸及區域（政治）文化被創造和傳播的機制。

經過歷史學界幾代人的共同努力，特別是在中國社會經濟史學科一批追求有方向感的區域社會歷史學者的倡導下，史料的外延在不斷放大。原來被官修的正史所不屑的大量的地方文獻、民間文書和口述資料正不斷進入史學家研究的視野，包括族譜、契約、碑刻、宗教科儀書、帳本、書信甚至神話、傳說和故事，並在此基礎上，建立並發展起具有中國特色的民間與地方文獻的解讀方法和分析工具。但是電視無論是作為史料還是作為歷史解釋工具，不僅在理論上沒有得到應有的重視，在實踐上也鮮有令人稱道的建樹。這與電視自身的地位與作用極不相稱。除了網絡以外，作為訊息載體，電視所記載的社會歷史的訊息量無與倫比；作為傳播工具，它對文化的傳播速度及覆蓋面，其他傳媒無法匹敵；作為社會公器，它對權力框架、公共領域乃至私人空間的影響力令他者難以望其項背。但歷史學界，特別是當代歷史學界對電視的地位和作用卻沒有充分的認識。

首先遇到的一個難題是，電視可以作為史料嗎？當我們以民俗鄉例證史，以實物碑刻證史，以民間文獻（契約文書）證史，我們是否還可以以電視證史？答案是毋庸置疑的。實際上，歷史學界早已將電視能否證史的理論障礙予以掃清。史料固然有直接間接之分，有一手二手之別，有主料輔料之差，特別是有「有意的」與「無意的」及「真實的」與「作偽的」區別，但是對於歷史研究，最重要的還是在於歷史學者對待史料的態度、處理史料的方法以及應用史料的目的；在於歷史學者是不是善於與史料對話，叩問出隱藏在史料背後不會主動說出的答案；在於歷史學者是不是善於將不同的史料相互對比和印證，從而揭示社會錯綜複雜的關係並儘可能地接近社會歷史真相。電視作為一種迄今為止沒有被充分發掘其價值的史料，理所當然地應成為歷史學者認識歷史的新途徑。當然，電視稍縱即逝以及可以被偽造的特點，影響到它作為史料的運用，但是隨著現代技術手段的進步，這些缺點正在被克服。

電視作為認識歷史的新途徑，對歷史的作用不僅僅是作為史料。它除了可以作為社會生活的訊息載體直接成為歷史的「呈堂證據」，其本身對訊息的處理過程也成為重要的歷史現象。它選擇什麼作為頭條，它將訊息編輯成什麼樣子，不僅是社會利益和權力集團博奕的結果，也反映社會的價值體系和民眾的接受心理。而電視作為社會的鏡像，反過來又參與現實並影響時代，使之成為史學研究者考察國家——社會互動機制中不可忽視的因素，更重要的是電視可以作為歷史考察的一個「場域」，人們可以透過它走向歷史現場。

　　走向歷史現場，是人類學與考古學對史學的影響和啟示，它鼓勵研究者離開枯坐的書齋，來到研究對象實際生活的場地，尋找資料，尋找靈感，尋找和研究對象進一步對話的場域。「置身於歷史人物活動和歷史事件發生的具體的自然和人文場景之中，切身感受地方的風俗民情，瞭解傳統社會生活中種種複雜的關係」，「從而引發兼具歷史感與現場感」的學術思考。[152] 所謂的歷史現場，是借鑑人類學、考古學的田野發掘。田野調查的「田野」概念，桑兵認為這個「田野」譯自 field，其本來的意見應該是「實地」，並不侷限於鄉村，也包括鄉鎮和都市。[153] 但筆者認為，對歷史學來看，「現場」一詞應做更廣泛的解釋。走向歷史現場，就是一個用「空間」來換「時間」的行為。歷史學者無法回到時間的「過去」，卻可以回到歷史曾停留過的空間。之所以走向歷史現場對於歷史學家有這麼大的意義，絕不僅僅在於回到這個現場可以發掘與發現更多歷史留下的痕跡，尋找更多可資考究的史料，更重要的是研究者置身於古人曾經生活和思考過的地方，可獲得進一步理解歷史對象的感悟和體驗。因為作為對象的歷史和作為研究者的今天，在隔了無法重返的時間距離後，在空間上找到了一個相同或相似的點，而這個相同或相似的點就成為理解歷史的切入點和重構歷史的支撐點。

　　因此，走向歷史現場，與其說是走向一個「場」，不如確切地說走向一個「點」。當我們這樣理解的時候，「現場」就不一定是一個地點（site）或環境（context），也可能是古人留下的文獻（text）或文物（relics），甚至可能是有關歷史的傳說（legend）或記憶（memory），以及任何一個可以聯結歷史的相同或相似的點。有了這個點，歷史就不再是虛無縹緲彷彿不曾發生的虛構，歷史也就不再是無法和今天對接和溝通的隔絕的世界。歷史學家透過這個點就有可能從空間中找到時間的感覺，就有可能使自己的心智與情感回到歷史曾發生的一刻，就有可能在感悟與體驗中獲得理解歷史的靈感，使自己的學術研究事有所依、情有所附、志有所托。

所以一切與研究對象相同或相似的點，就是歷史學者要尋找和要走向的「現場」，電視正是這樣一個「現場」。長時間來，我就是依賴這個「現場」來把握臺灣，當我無法使自己的身體置身於臺灣這個空間時，我從臺灣的電視找到了理解臺灣的「現場」。電視是我與研究對象共享的現場，我今天看到的電視節目，正是同一時刻 2300 萬臺灣民眾同步看到的電視，電視媒介正在用其慣常的手法反映著當下的臺灣生活，正在用其固有的力量影響著臺灣的方方面面。透過電視，我掌握了無數有關臺灣的訊息，一個臺灣人如果不看電視，也許對臺灣的理解比我深刻，但肯定不如我對臺灣瞭解得那麼豐富。任何一個人的直接的生活體驗，都無法替代和超越電視媒介對社會生活無所不在甚至無孔不入的窺視和發現。大多數的臺灣民眾回到家裡，其大多數時間是由電視陪伴度過的。他們打開電視看到的就是我同樣而且同時看到的畫面和聲音，他們就生活在我所能直觀看到的電視創造的虛擬的輿論空間和媒介生態裡，他們中的絕大多數人也跟我一樣沒法來到電視新聞報導的一個個新聞事件的現場，只能依賴記者的眼睛和聲音感受他們無法親歷親為的新聞事件，只能跟我一樣被動地接受不同的頻道傳來的對這個世界的不同的看法。他們可以和我一樣做出反應，選擇繼續收看或關掉電視，卻無法改變別人收看還是關掉電視的現實。這就是臺灣生活的一部分，而且是非常重要的一部分，這就是我每天都在進行的理解臺灣的最重要的「歷史現場」。

　　把「歷史現場」從環境和地點的限制中突破出來，我們就有更多的機會走向研究對象不同的歷史現場。在本研究中，另一個對我幫助極大的「現場」就是「臺灣人」。我無法長時間地呆在臺灣感受斯土斯民，歷史的機遇卻使我可以長時間地和臺灣人打交道。這些離開臺灣本土的臺灣人，不僅僅是一個個獨立的個體，他們或多或少地帶著他們所處的環境和時代來到我的眼前。同他們的交流中，我既可以瞭解他們每一個人的個性，也可以感受到臺灣人這一個群體，以及整個臺灣附著在他們身上的氣息，從他們怎樣待人接物、他們對什麼話題敏感、他們習慣用什麼詞彙和句子、他們的笑容或眼淚、他們的打拚與玩樂，就可以感受到整個臺灣投射到他們身上的印跡，就可以感到他們有著怎樣的歷史包袱和現實焦慮，就可以理解為什麼他們會選出這樣的「總統」，為什麼像陳水扁這樣不斷變化的人卻可以一度擁有許多支撐者？

　　田野調查本來就有到鄉村訪問耆老一說，但人類學和考古學都講究在當地的環境中進行走訪，這既是田野調查的理想值，也是它的無奈之舉。對於偏遠村落的異文化，人類學者只有深入其間才可能訪問大量的村民，但是這種狀況並不意味著「走向現場」只有走到當地去才能接觸民眾，也不意味著如果民眾脫離當

地來到研究者面前，研究者面訪民眾就毫無意義。由於歷史的限制和機遇，我有可能人不在臺灣卻能夠大量地接觸臺灣人。不能長時間呆在臺灣於我是一種無奈的束縛，但是與脫離臺灣環境的臺灣人接觸於我未必不是一種意外的收穫。文化研究對文化的理解未必只能在文化的核心地帶才能找到答案，也許在該文化的最邊緣地帶我們才能觸摸文化的本質，在異文化的對比和邊際效應中，本文化的特點才可能最鮮明地顯露出輪廓，這是逆光映照下產生的「文化的剪影效果」。一個人只有離開他原本所屬的文化圈，才有可能發現他究竟能從這個文化圈帶走什麼東西，而這些可以帶走的東西才是這個文化圈真正影響他的東西，而且他只有帶著這些東西在異文化生活相當長一段時間，才會發現到底有哪些東西不會改變和難以同化，這才是他母文化真正具有生命力的東西。當一個個臺灣人離開臺灣後，他們所能帶到異地的，才可能是真正的臺灣文化在他們心中生根的東西。在這樣的情境下，我們更可能透過「離開臺灣的臺灣人」這一特殊的歷史現場，觸及臺灣文化的根與靈魂。

　　這些年來，我有幸和數以千計的臺灣人打交道，和他們交談的時間也以千小時計。他們上至「立法院長」，下至平民百姓，他們有「立法委員」、縣市長等政治人物；有明星、主持人、製作人、經紀人、媒體老總和地下電臺業者等媒體人物；有學者、教授、中小學教師；有小公務員，有IT業者，有農民，有億萬富翁，也有攤販業者、計程車司機；有宗教界大師級人物，也有普通的信徒信眾。他們三教九流，帶著不同的職業特徵，分屬不同的階層，有著各自不同的文化圈和交際圈。他們構成了臺灣社會生活的各個方面，一個人就是一個世界。他們或多或少地帶著他們所屬文化的縮影，和他們接觸越多，就會對臺灣文化有更深一層次的認識。和他們交往的經驗使我堅信，如果不和上千個中國人交談，一個外國人很難說對中國人有真正的認識。同樣，如果沒有同上千個美國人交流，一個中國人也很難對美國有更深刻的瞭解。

　　和這些臺灣人的交流是很隨意的，很自然的，有一對一的訪談，但更多的是多人在一起的閒聊，有時只有一個臺灣人，他就必須應對不同的大陸人對臺灣的好奇；有時只有我一個大陸人，我就能夠輕鬆地作為旁觀者，他們最初還會對我客氣和禮貌，但不久他們就會忍不住討論臺灣人自己喜歡的話題。在絕大部分交流時，我沒有像一般的博士論文作者準備一系列問題來一個深入訪談，這樣也許可以很快找到對論文有利的答案，但這樣刻板的訪問，常常讓被訪者在緊張的狀態下進行職業的回答。相反，筆者在與絕大多數臺灣人交流時，彼此都是比較放鬆的，所談的話題也是興之所至，各取所愛。在這樣的交流氣氛下，談話者都可以以接近「原生態」的方式表現自我，有爭論，有切磋，有交集，有笑聲。我特

別喜歡那種不時有笑聲的交流，這種有笑聲的交流常常是交流者最願交換訊息的交流，也是最有效應的交流。

　　我對臺灣非常多問題的認識來自這些交流，至少是在這些交流啟示下改變了我對臺灣的看法。比如我曾認識到臺灣媒體被政黨色彩光譜化，曾得意於發現了臺灣輿論的走向不僅被政治人物所操控而且取決於事業團隊的競爭。直到2007年，我和尹乃菁的經紀人交流時，才驚奇地發現他們也是《大話新聞》鄭弘儀的經紀公司，許多極綠極藍的政治名嘴都同屬該公司的麾下，他們同時經營著《大話新聞》、《龍鳳配》等極藍極綠的政論節目。我十分好奇他們這些名嘴和團隊有沒有互相交集？他們的輿論議題有無共享？他們的神秘爆料有沒有事先透露？這些工作團隊的政黨傾向是否真的認同談話節目的調性？他們的酬勞是根據什麼發放的？經紀公司十分友好地回答了我一系列的問題，並告訴我十分難忘的一句話：「新臺幣是沒有顏色的。」直到這時，我才意識到專業團隊對輿論的介入已經到了如此爐火純青的地步，而大部分民眾只看到電視節目的大打出手，水火不兼容，卻不知道以子之矛攻子之盾的幕後卻是同一個經紀公司的左右手互搏，無論藍綠誰當政，也無論哪個節目收視好，按下葫蘆漲起瓢，經紀公司是不會倒的，這使我對臺灣輿論生態和政治生態有了更深層的認識。

　　再如我曾接觸一位來自臺灣南部的地下電臺主持人，談起他為什麼會改變「臺獨」主張而認同「一國兩制」。他說了一個故事：有一次在東南亞某國，恰逢中國總理出訪，他看到紅地毯從機場一直鋪到城裡，問當地的市民為什麼鋪這麼長，答曰中國總理來了，再問別的國家總理來了會不會鋪這麼長，對方搖頭，他頓時悟道：原來是「老大」來了，他一下感覺到做中國人的驕傲，是一等公民，從此大力向南部民眾用地道的閩南話宣傳統一以後做中國人的好處。這種令人匪夷所思的邏輯的確是符合臺灣中南部農民的思維，對於臺灣中南部農民用官方語言講「世界上只有一個中國，臺灣是中國不可分割的領土，中華人民共和國是唯一代表中國的合法政府」，他們是聽不進去的，而一句「老大來了」這樣的句式，才是最適合他們口味的輿論。

　　走向歷史現場另一個值得一提的「現場」就是目前我從事的職業——媒體，媒體不僅是最為活躍的輿論主體，也是影響力最大的輿論傳播工具，儘管我是在大陸媒體工作，與臺灣媒體大相逕庭，但縱然二者千差萬別，畢竟還都是媒體。從我與臺灣媒體的合作交流看，我發現我們仍然有許多共同語言：從新聞的選題，到標題的擬定，再到編輯的審核，以及突發事件的應變、新聞來源的核實、SNG車的運用、直播公共信號與單邊信號的分配、節目的編排、字幕的運用、嘉

賓的取捨、收視率的調查、記者工作量與績效的考核……仍然有共同的術語和共同的難題，也有共同的規律可循。我們對彼岸新聞從業者的酸甜苦辣感同身受，也比一般民眾能夠更看透彼此輿論背後的規則與運行機制。我不能不說，同樣是看臺灣電視，我不僅能比一般的大陸民眾看到更多的東西。甚至能比一般的臺灣民眾看到更多的東西，這很大程度上得益於我是一名媒體從業人員：我知道媒體的基本運作的環節，從而不被輿論的表象所迷惑。為什麼走向歷史現場可以引發兼具歷史感和現場感的學術思考？是因為歷史感的培養未必全部來源於歷史，它同樣可以來源於「現場」，而這個現場未必就是歷史事件真正發生的「現場」。馬克・布洛赫就一直強調「有關當今的知識往往能以一定的方式更為直接地幫助我們瞭解過去」。[154] 他以自己為例，儘管他多次讀過或敘述過戰爭，卻直到經歷過第一次世界大戰，才對戰爭有了真正的理解。誰都知道第一次世界大戰無論是規模、武器，都與古代戰爭相差甚遠，但作者卻只有親身經歷了這一現代戰爭，才能對古代戰爭的「慘敗」和「勝利」有了感同身受的理解。同樣，筆者雖不是在臺灣從事媒體和輿論工作，但是在大陸從事媒體和輿論工作的經歷，卻使筆者對臺灣輿論的理解有了更近的距離。所以說，筆者所從事的職業同樣是理解臺灣輿論的另一種意義的「歷史現場」。

　　當然，走向歷史現場，最理想的狀況還是能夠回到歷史事件曾經發生過的地點和環境，在這樣的地點和環境，有可能把一切「現場」的「點」集中起來，可以感受當地的自然風貌和地理氣候，可以在當地和當地人們交談，可以在當地看當地的電視，甚至在當地看當地的文獻也會和在異地看當地的文獻大有不同。博士論文寫作期間，我有幸分別於 2004 年年底和 2007 年年初兩次踏上臺灣，雖然兩次都只有十天的短暫停留，但它們使我對臺灣的理解都具有點睛之筆的意義。

　　走進臺灣，使我對臺灣的地理環境和氣候如何影響臺灣人的文化性格有了直觀的感受。當我來到臺灣的中央山脈，看到許多小溪的河床裸露著一顆顆鵝卵石，這才知道由於山脈橫貫南北形成中間突起東西狹窄的地理結構，一旦山洪暴發，洪水便往東西兩個方向排泄，沒有湖泊可聚集，很快就流向大海。由於既沒有持續不斷的水源也沒有蓄水的地形，平時的小溪就是一條「干河」。我相信這樣的地理會培養臺灣人特殊的性格，比如剛烈，易激動，也易消褪，敢於打拚，豪爽，有爆發力，不信邪，敢於冒險，不計後果，勇往直前，先闖出去再說等等。廣闊的海洋給了臺灣人民博大的胸襟，但易漲易退的山溪水有時也會產生易反易復的小人。再比如：2006 年「百萬倒扁」運動「紅衫軍」的走上街頭，很像這

種山洪暴發,而死不下臺的陳水扁認定「頭過身就過」,大概也是看透了這種「山洪」的易漲和易退。

走進臺灣,使我對臺灣的街頭政治的政治文化有了切身的感受。以前吃過從臺灣移種在廈門的蓮霧,覺得並不好吃,一直奇怪臺灣人為什麼那麼愛吃蓮霧,直到在高雄的六合夜市買了黑糖蓮霧,那種水果的甜,徹底顛覆了我對蓮霧的感覺。其間吃到許多好吃的水果,比如從來沒見過這麼大這麼甜的梨,從而感佩臺灣果農改選品種的能力和精神;在臺南的許多夜市上,看到許多攤點上擺著政治人物與攤主的合影,成為攤子的招牌廣告,才切身體會臺灣選舉時的掃街拜票為什麼要走到小攤裡來。在大街的攤子上吃小吃,和酒店裡吃小吃感覺大不一樣,難怪臺灣媒體批評馬英九總吃便當而不到街上吃小吃拉遠了與臺灣民眾的距離。如果在大陸,一個吃盒飯的官員本來是一個平民的形象,可是在臺灣,在車上吃便當的馬英九就會被南部民眾不認同為「自己人」。

在「3‧19」槍擊案的發生地,我沒有興致模擬和想像槍擊案發生的情形,相反吸引我的是兩邊的騎樓和商業街。街並不寬,我這才明白站在車上的陳水扁和呂秀蓮可以這麼近地和兩邊的民眾接近,民眾和車幾乎混在一起,亂成一團,便於開槍,也便於逃遁,這就是政治人物在選舉時討好民眾的最佳途徑和最容易發生故事的現場。在臺北,朋友好意安排我們在趙建銘內線交易的事發點——一家著名的日本料理店用膳,不起眼的外觀,裡面卻裝飾豪華,私密而高檔,讓我見證了幕後交易的現場。

走進臺灣,使我對臺灣的政治人物與民眾的互動有了親身的體驗,從而瞭解在這特殊的政治文化環境裡政治人物的生存智慧和慘淡經營。在「立法院」,最讓我印象深刻的並不是王金平「院長」特地請假從接待外賓的活動場所趕回來和我們一行見了面,而是在等候期間,「立法院」參事、王「院長」秘書特別是始終微笑的一名女工作人員對我們的照顧,見我們站在走廊一再邀請我們進去喝咖啡喫茶點。溫馨而得體的舉止讓我見識到王「院長」手下人的待客之道,體會到政治人物的公關形象不但在於自己也在於自己身邊人,不但在於外界的曝光,也在於每一個和人打交道的細節,從另一個側面體會到王金平的工作作風和理解王金平人脈是怎樣積累起來的。因為不僅是我們,另外一撥等候拜見王「院長」的不知哪裡來的鄉親,也同樣受到禮遇。

走進臺灣,使我對臺灣的選舉文化大長了見識。和一些「立法委員」的飯局也同樣讓我大開眼界。不斷有人離席也不斷有人進入,他們直言告訴我,當「立法委員」命最苦,一個晚上吃五個飯局是平常事,特別是年終尾牙宴期間,請客

的希望有「立法委員」到場來提高排場，被請的「立法委員」不敢輕慢任何一個做東的，害怕失掉任何一張選票。「票就是這樣一張張積累起來的」，同桌的藍綠「委員」互不見外，跑了五六場還沒吃飽飯，感嘆現在還好，到時「立法院」改選，單一選區只有兩個「委員」，「那還不要把人跑死」。這就是臺灣特殊的選舉文化和社交文化。

走進臺灣，使我對臺灣的泛政治化的政治文化有了切身的體會。2004年「大選」前，從南到北每個城市的戶外廣告包括沿街的電線杆都掛滿了候選人的廣告，讓我感受到臺灣的泛政治化如此濃厚，也讓我發現臺灣經濟的衰退，因為最好的戶外廣告位置都被政治廣告占領了，看不見商業廣告，除了證明政治廣告的購買力強，還證明商業的不景氣。幾個造勢晚會給我的印像是燈光、音響非常專業，說明有支專業的隊伍在服務。造勢晚會除了政治人物上臺亮相，就是一些明星上場，也有民眾自己的舞龍舞獅，把造勢晚會變成一個嘉年華會。晚會的旁邊還有醫務人員義診，這也是拉動人氣服務鄉親的手段。臺灣政治文化的娛樂化現象值得關注。

走進臺灣，使我對臺灣普通民眾對臺灣政治文化的感受有了面對面的交流。在臺灣中部，我和一名來自南部的小公務員和中學教師在湖邊泡他們帶來的茶，聊起選舉時的勞民傷財，聊起老師們已不知道該怎樣教學生歷史，他們說自己都弄糊塗了。在高雄我問一位出租車司機看哪一個臺的電視，他說什麼都不看，看了生氣。我再問他是藍還是綠，他反問：「我爸爸是河南人，我媽媽是山東人，你說我是藍還是綠？」

走進臺灣，使我對臺灣與大陸的社會文化的異同可以進行體驗式對比。在臺灣南部，剛好和三個初中生的「畢業之旅」旅遊團在同一個地點吃飯。他們吃完離去後，我到每一個餐桌看了看，發現哪些菜吃得精光哪些菜幾乎一動未動，聯想自己女兒的飲食習慣，對比兩岸孩子的飲食差異。而在日月潭時，我們這個大陸團的幾位北方客人與臺灣導遊發生了爭執，北方人一路上充滿了不屑：「不就一個水庫嗎？大陸隨便拿一個小湖就比它強多了。」我突然發現自己對這幾位北方的大陸遊客多了一份陌生，而對臺灣導遊更近了一些距離……斯土斯民，只有走進臺灣，才能對它在心靈、情感和理性上有更深一層理解。

讓本書受惠良多的還有一個因素，就是「長時段的寫作」。1958年，費爾南·布羅代爾提出了「長時段」這個概念：「這一概念描述了歷史中時間節奏的多重性並優先重視了最為緩慢的節奏——即結構的時間節奏。」[155] 長時段概念的提出，不僅改變了史學的研究領域，也改變了史學的研究方法和技巧。如今，在對

長時段理論的批評與改進中，長時段概念已被史學界廣為接受。人們越來越認識到，儘管長時段不是包醫百病的歷史分析工具，但是許多歷史領域，只有運用長時段理論才能予以突破；許多歷史現象只有用長時段概念才能予以解釋；那種被顯而易見的表面事件所掩蓋的未被人們意識到的歷史只有在長時段中才能得以顯現，長時段這一方法成為人們進一步把握歷史時間的手段。長時段理論對本研究的影響是深遠的，比如對臺灣的輿論議題研究，筆者就沒有陷入對那些時過境遷的輿論議題的糾纏，而選擇了長時間一直影響著臺灣社會的三大輿論議題——「省籍議題」，「臺灣意識/中國意識議題」以及「統獨議題」進行討論。筆者並不是把光復以來的臺灣輿論議題看成是一個幾乎不變至少是變化緩慢的歷史，相反，這三大議題60年歷史變遷中有著顯著甚至翻天覆地的變化。由此，本研究重點考察這三大議題與臺灣政治文化的各自演變與相互轉換及其階段性與要素性特點。

在寫作過程中，筆者發現，不僅考察歷史對象需要有一個長時段的區段，而且進行歷史研究本身，最好也要有一個長時段的積累，這實在是筆者歪打正著的收穫。由於種種原因，筆者的博士論文寫作一再延宕，但這不得已的選擇卻讓本研究受益良多。筆者發現，每推遲一年，筆者對臺灣輿論就有新的發現和新的認識。2003年筆者發現了臺灣輿論「沉默的螺旋」現象，僅想以臺灣的輿論現象來驗證「沉默的螺旋」理論；2004年筆者又發現了臺灣輿論的「雙聲道」現象，對「沉默的螺旋」進行修正；2005年筆者從臺灣輿論總結出輿論的層級效應理論，2006年筆者發現了臺灣輿論的媒體即政治現象，輿論的專業人士從幕後走向前臺；2007年，筆者從臺灣輿論的議題研究深入到臺灣政治文化研究。也許是筆者的才疏學淺，筆者不由地質疑歷史學博士研究生的三年學制究竟有無合理性，以筆者的實踐看，幾乎每過一年，筆者對臺灣輿論的認識就比往年進一步，甚至覺今是而昨非，對過去的認識進行顛覆性的否定。這固然和臺灣的輿論正在變化有關，但更多的是筆者對歷史對象的心智有一個成長期，這絕不是簡單靠勤奮就可以縮短時間，研究歷史的長時段可能需要歷史研究自身的長時段。

最後，特別要總結的是，本書所有的研究方法主要是來源於兩大學科，一個是有著深遠淵源和深厚積累的古老學科——歷史學，一個是充滿誘惑、充滿挑戰的新興學科——輿論學。本研究分別從前者枝繁葉茂的沃土中吸取營養，從後者亟待開發的處女地上找到靈感。令人驚嘆的是，在本研究中，來自不同理論體系的歷史學研究方法和輿論學研究方法居然可以如此水乳交融地結合在一起，而且相得益彰（如果有生硬之感的話，那只是筆者的功力不夠，而絕不是兩種方法論的齟齬），證明了無論是古老的學科還是新興的學科，二者都因界面的友好而有

廣闊的開口和無限的遠景。由此筆者相信，跨學科的結合必有善果，在歷史哲學、歷史人類學、歷史語言學、歷史文化學、心態史學、計量史學……這樣一長串鏈條中，終將會誕生一門嶄新的學科——歷史輿論學。

一切還剛剛開始，甚至還尚未開始。

注　釋

[1]. 黃年主編：《漂流的臺灣：聯合報社論一百篇》，臺北：聯合報社，2001年版。

[2]. 民進黨2008年臺灣地區領導人黨內初選期間，各候選人競爭激烈，紛紛透過特定的媒體發聲。《自由時報》因挺蘇貞昌而被稱為「自由蘇報」。民視挺游錫堃，三立電視臺挺謝長廷。不過蘇貞昌在這一波的媒體戰中基本處於弱勢。例如，在綠營群眾中有極高收視率的三立《大話新聞》節目就很明顯地挺謝壓蘇：當蘇貞昌受訪時主持人鄭弘儀連番丟出攻擊性的問題，而謝長廷在節目中卻享有「特殊待遇」，可以詳細闡述自己的參選理念；節目中民眾的Call-in電話也是一邊倒地支持謝長廷；甚至三立新聞所公佈的民調也常是有利於謝長廷的。因此，初選敗陣後，蘇陣營紛紛將矛頭指向三立。蘇系「立委」林育生指出，蘇貞昌不是輸給謝長廷，而是輸給三立。前新系大佬洪奇昌則說：「全世界很難找到這麼偏頗的頻道！」以上資料參見林君宜《三立挺謝引紛爭——林育生：蘇貞昌輸給三立，不是謝長廷》，臺灣《中國時報》，2007年5月9日報導。

[3]. 見部落格網址：http://www.blancoage.com/boardtest/afall_nofso003/showtopic.asp？TOPIC_ID＝44194＆Forum_id＝60＆page＝1。

[4].《政黨輪替，不只是「政黨」輪替而已》，臺灣《聯合報》社論，2000年1月3日。

[5]. 陳思瑩：《違反潮流的報禁》，收入《禁》，史為鑒編著，臺北：四季出版公司，1981年版，第29頁。

[6].《在「憲法」架構下調整政治權力結構》，臺灣《中國時報》社論，1986年3月29日。

[7]. 李瞻：《「中國」報禁問題及其解決之道》，臺灣《報學》，1987年第七卷第8期。

[8]. 轉引自張國良主編：《20世紀傳播學經典文本》，上海：復旦大學出版社，2003年版，第536頁。

[9]. 劉建明：《社會輿論原理》，北京：華夏出版社，2002年版，第18頁。

[10]. 張國良主編：《20世紀傳播學經典文本》，上海：復旦大學出版社，2003年版，第535頁。

[11]. [法] 馬克·布洛赫：《歷史學家的技藝》，張和聲、程郁譯，上海：上海社

會科學院出版社，1992年版，第48—54頁。

[12].[法]馬克·布洛赫：《歷史學家的技藝》，張和聲、程郁譯，上海：上海社會科學院出版社，1992年版，第50頁。

[13].[美]李普曼：《輿論學》，林珊譯，北京：華夏出版社，1989年版，第1—24頁。

[14].[德]哈貝馬斯：《公共領域的結構轉型》，曹衛東等譯，上海：學林出版社，1999年版。

[15].[法]盧梭：《社會契約論》，何兆武譯，北京：商務印書館，1987年版，第73頁。

[16].臺灣政治有一個奇怪的現象，一些反民進黨的前民進黨大佬，如前黨主席許信良、施明德及創黨元老朱高正等，一旦脫離民進黨，就被泛綠支持者拋棄，其再參與政治選舉的時候選票都偏低。例如曾任第五、七屆黨主席並於1999年退黨的前民進黨主席許信良，無論是競逐2000年「總統」或者2004年「立委」均告落敗；於2000年退黨的民進黨第六屆黨主席施明德於2001年和2004年兩度競選「立委」、2002年參選高雄市長（後退選），也都無功而返；民進黨創黨元老之一的朱高正因理念不合而於1990年退黨並成立中華社會民主黨，但該黨在1991年第二屆「國大」代表選舉中全軍覆沒，他本人也在1994年臺灣省省長的選舉中敗給宋楚瑜，1998年「立委」選舉落敗後退出政壇。以上資料參見陳星：《民進黨：二十年變遷與未來發展方向》，http：//www.china.com.cn/overseas/txt/2006-09/28/content7200024.htm。

[17].2006年11月13日，民進黨資深黨員「立委」林濁水、李文忠發表以「誠信」為名的辭職聲明，表達對陳水扁「國務機要費案」民進黨中央做出全力挺扁決定的不滿。他們表示，從政者應有誠信，不過兩人既不願違背黨的決議，也不可能投票支持「罷免案」，為表示負責，因此宣布辭去「立委」。以上資料參見李欣芳：《國務費案批黨失信 李文忠、林濁水辭立委》，臺灣《自由時報》，2006年11月14日報導。

[18].[美]李普曼：《輿論學》，林珊譯，北京：華夏出版社，1989年版。

[19].[德]伊麗莎白·諾爾·紐曼：《民意——沉默螺旋的發現之旅》，翁秀琪、李東儒、李岱穎譯，臺北：遠流出版公司，1994年版。

[20].甘惜分：《新聞學大辭典》，鄭州：河南人民出版社，1993年版，第211頁。

[21].胡佛：《政治變遷與民主化》，臺北：三民書局，1998年版。

[22].廖達琪：《臺灣地方政治變遷初探：民國82年與90年地方菁英背景及觀點之比較》，臺灣《臺灣政治學刊》，2002年6期，第184—240頁。

[23].陳明通：《派系政治與臺灣政治變遷》，臺北：新自然主義公司，2002年版。

[24].彭懷恩：《認識臺灣——臺灣政治變遷五十年》，臺北：風雲論壇出版社，

1997年版。

[25]. 王振寰：《誰統治臺灣：轉型中的國家機器與權力結構》，臺北：巨流圖書公司，1996年版。

[26]. 朱雲漢：《中產階級與臺灣民主化》，收入《變遷中臺灣社會的中產階級》，蕭新煌主編，臺北：巨流圖書公司，1990年版。

[27]. 吳文程：《臺灣的民主轉型——從權威型的黨國體系到競爭性的政黨體系》，臺北：時英出版社，1996年版。

[28]. 彭懷恩：《臺灣政治發展》，臺北：風雲論壇出版社，2003年版。

[29]. 郭正亮：《民進黨轉型之痛》，臺北：天下文化出版社，1998年版。

[30]. 施正鋒：《臺灣政治建構》，臺北：前衛出版社，1997年版。

[31]. 丹尼·羅伊（DennyRoy）：《臺灣政治史》，何振盛、杜嘉芬譯，臺北：臺灣商務印書館，2004年版。

[32]. 胡佛：《政治文化與政治生活》，臺北：三民書局，1998年版。

[33]. 唐光華：《政治文化的沉思者——白魯恂》，臺北：允晨文化公司，1982年版。

[34]. 江炳倫：《政治文化導論：理論與個案研究》，臺北：韋伯文化出版公司，2002年版。

[35]. 彭懷恩：《臺灣政治文化的剖析》，臺北：風雲論壇出版社，1996年版。

[36]. 彭懷恩：《中國政治文化的轉型——臺灣政治心理傾向》，臺北：風雲論壇出版社，1992版。

[37]. 石之瑜：《政治文化與政治人格》，臺北：揚智出版社，2003年版。

[38]. 劉國深：《當代臺灣政治分析》，北京：九州出版社，2002年版。

[39]. 劉國深：《臺灣政治概論》，北京：九州出版社，2006年版。

[40]. 黃光國：《「依侍主義」與「黨派主義」：臺灣政治文化的變遷》，見「國科會84—86年度社會組專題計劃補助成果發表會」，臺北：「中央研究院」社會學研究所，1998年。

[41]. 黃秀端：《臺灣政治文化變遷與政治民主化》，見「臺灣地區民主化回顧檢討與展覽研討會」，臺北：中山大學政治學研究所，1995年。

[42]. 黃秀端：《政治文化：過去、現在與未來》，臺灣《東吳政治學報》，1997年第8期，第47—85頁。

[43]. 李振廣：《當代臺灣政治文化轉型探源》，北京大學博士論文，2002年。

[44]. 游清鑫：《二十一世紀臺灣選民的政黨認同，政黨形象的探索》，收入《2002年兩岸政治與經濟發展學術研討會論文》，臺北：政治大學中山研究所，2002年版。

[45]. 游清鑫、蕭怡清：《臺灣民眾政黨認同的持續與變遷》，收入《2003 年臺灣政治學會年會暨「世局變動中的臺灣政治」學術研討會會議論文集》，2003 年版。

[46]. 吳乃德：《麵包與愛情：初探臺灣民眾民族認同的變動》，收入《2002 年臺灣政治學會年會暨全球化與臺灣政治學術研討會論文集（一）》，臺北：臺灣政治學會，2002 年版。

[47]. 莊英章：《族群互動，文化認同與「歷史性」：客家研究的發展脈絡》，臺灣《歷史月刊》，第 201 期，2004 年 10 月。

[48]. 楊芙宜：《國家認同的分歧或共識？臺灣民主化後的國家認同轉變》，見「2003 年臺灣政治學會年會暨『世局變動中的臺灣政治』學術研討會」，臺北：臺灣政治學會，2003 年。

[49]. 劉義周：《民眾的「臺灣人/中國人認同」發展趨勢》，收入《2003 臺灣政治學會年會暨「世局變動中的臺灣政治」學術研討會會議論文集（II）》，臺北：臺灣政治學會，2003 年版。

[50]. 盧建榮：《分裂的國族認同，1975—1997》，臺北：麥田出版社，1999 年版。

[51]. 石之瑜：《當代臺灣的中國意識：對集體認同的反思》，臺北：正中書局，1993 年版。

[52]. 張茂桂等：《族群關係與國家認同》，臺北：業強出版社，1993 年版。

[53]. 戴國煇：《臺灣結與中國結》，臺北：遠流出版公司，1994 年版。

[54]. 許勝懋：《通婚家庭子女之臺灣人/中國人認同（1992—2001 年）》，臺灣《理論與政策》，2004 年 17 卷 4 期。

[55]. 孫同文：《臺灣國族認同和危機》，收入《從臺灣政治到兩岸關係》，香港：海峽兩岸關係研究中心，1999 年版。

[56]. 陳陸輝、周應龍：《臺灣民眾統獨立場的持續與變遷》，臺灣《東亞研究》，2004 年 35 卷 2 期。

[57]. 陳義彥、陳陸輝：《模棱兩可的態度還是不確定的未來：臺灣民眾統獨觀的解析》，臺灣《中國大陸研究》，2003 年 46 卷 5 期。

[58]. 吳乃德：《認同衝突和政治信任：現階段臺灣族群政治的核心難題》，臺灣《臺灣社會學》，2002 年第 4 期。

[59]. 黃國昌：《中國意識與臺灣意識》，臺北：五南圖書出版公司，1992 年版。

[60]. [德] 伊麗莎白·諾爾·紐曼：《民意——沉默螺旋的發現之旅》，翁秀琪、李東儒、李岱穎譯，臺北：遠流出版公司，1994 年版。

[61]. 王石番：《民意理論與實務》，臺北：黎明文化專業公司，1995 年版。

[62]. 游盈隆：《民意與臺灣政治變遷：1990 年代臺灣民意與選舉政治的解析》，臺北：

月旦出版社，1996 年版。

[63].[美]Sheldon R.Gawiser、G.Evans Witt：《解讀民調》，胡幼偉譯，臺北：五南圖書出版股份有限公司，2001 年版。

[64].鄭貞銘：《民意與民意測驗》，臺北：三民書局，2001 年版。

[65].余致力：《民意與公共政策：理論探討與實證研究》，臺北：五南圖書出版股份有限公司，2002 年版。

[66].賴世培、丁庭宇、英季雍、夏學理：《民意調查》，臺北：空中大學，1996 年版。

[67].謝邦昌：《探索民意——民意調查技術之探索》，臺北：曉園出版社，2000 年版

[68].陳義彥、洪永泰、盛杏湲、游清鑫、鄭夙芬、陳陸輝等：《民意調查》，臺北：五南圖書出版股份有限公司，2001 年版。

[69].臺灣的民調最早就是由輿論的傳播機構——媒體發起的。許多研究認為，1952 年《臺灣新生報》在臺灣最早推出民調。但早在 1950 年《聯合報》的前身《經濟時報》就已舉行過臺北市第一任市長選舉民調，並於 1988 年成立「聯合報系民調中心」。發展到今天，幾乎各大媒體都有自己的民調機構。鄭行泉：《「中國」民意測驗溯源》，臺灣《報學》第 7 卷第 2 期，臺北：臺灣新聞編輯人協會，1984 年，第 82—88 頁。

[70].來自當局和政黨的有「全國民意研究中心」、「國發院」民調、國民黨的「政策會」、民進黨的「民調中心」，新興民族文教基金會；來自媒體方面有《聯合報》民調、《蘋果日報》民調、《中國時報》民調、《自由時報》民調、TVBS 民調、年代民調、三立民調等；高校學術機構方面，則有政大、中興、文化、世新等，也有學者以個人身份出面接受委託；民間單位則有民意調查文教基金會、山水民調、普羅民調，而一些政治候選人在選舉期間還會自己成立民調機構。參見顏一、朱孝鋒：《臺灣民意調查操控內幕》，《世界新聞報》，2006 年 6 月 27 日報導，另見 http：//gb.cri.cn/2201/2006/06/27/1965@1107276.htm。

[71].比如選舉，可以在選前一兩年就對候選人推出民調，到最後會三天一小調，十天一大調。比如揭弊，就會有「你相信陳水扁會貪汙嗎」的民調，有「你相信陳水扁還是不相信陳水扁」的民調；再比如政治文化，就有「你認為自己是『中國人』還是『臺灣人』」的民調。

[72].比如山水民調就公認為是民進黨的「白手套」，民調的造假現象屢批不止。參見顏一、朱孝鋒：《臺灣民意調查操控內幕》，《世界新聞報》，2006 年 6 月 27 日報導，另見 http：//gb.cri.cn/2201/2006/06/27/1965@1107276.htm。

[73].張勇：《亂花漸欲迷人眼 臺灣民調亂了調》，《國際先驅導報》，2004 年 2 月 18 日報導，另見 http：//news.xinhuanet.com/world/2004-02/18/content1319838.

htm。

[74].以梁世武《民調策略 廣告與選舉預測論文等》一書為例,該書所選十一篇論文全都與 1997 年的縣市長選舉有關,有關選舉的輿論研究論文可以用汗牛充棟來形容。見梁世武:《民調策略 廣告與選舉預測論文等》,臺北:世新大學民意調查研究中心,2000 年版。

[75].研究選舉的論文有市場、有資金、受重視,比如「行政院國科會」就會提供專題資金補助選舉研究。以臺灣政治大學選舉研究為例,僅在 1990 年至 1993 年鄭夙芬與同事就獲得 4 項臺灣「行政院國科會」的資助,即:1990 年鄭夙芬、雷飛龍、陳義彥、陳世敏、何思因、盛杏湲,「臺灣地區選民的投票行為———個理論模式的探索」,「國科會」補助專題研究計劃報告(NSC79 -0301 -H004 -12);1993 年鄭夙芬、陳義彥、劉義周、鐘蔚文、何思因、翁秀琪,「臺灣地區選民投票行為之研究——從第二屆『國大代表』選舉探討」,「國科會」補助專題研究計劃報告(NSC81 -0301-H004-1005);1990 年鄭夙芬、陳義彥、洪永泰、盛杏湲,「『中國』大學生政治社會化之研究——十五年來政治價值與態度之變遷」,「國科會」補助專題研究計劃報告(NSC80-0301-H004-18);1993 年鄭夙芬、陳義彥、劉義周、洪永泰、陳文俊、翁秀琪、孫秀蕙,1993 年「選舉行為與臺灣地區的政治民主化——從第二屆『立法委員』選舉探討」,「國科會」補助專題研究計劃報告(NSC82-0301-H004-034)。以上資料見臺灣政治大學鄭夙芬老師網頁:http:∥www3.nccu.edu.tw/～sfeng/。

[76].比如「某一事件」(儲玉坤、陳石安)、「某一事態」(甘惜分)、「某一事物」(北京大學《社會學教程》)、「某一事端」(南京大學《新知識詞典》)、「一個問題」(倫納德·杜布)、「各種問題」(《新聞學辭典》)、「任何事務」(W.A.Makinnon)。筆者根據上述作者或論著中有關輿論的定義整理。

[77].比如:「社會事務」(邵培仁)、「社會問題」(康蔭、美國《政治分析詞典》)、「現實問題」(張曉虎)、「公共利益問題」(美國《格勞利爾學術百科全書》、「特定問題」(李良榮、《簡明大不列顛百科全書》)、「公共事務」(美國《社會科學詞典》)、「有爭議的問題」(林楓)、「有爭論的主要事件」(孫本書)、「社會矛盾」(劉允洲)、「所關心的任務事件、問題」(張學洪)。它們分別強調了輿論客體的「現實性」、「公共性」、「爭論性」、「衝突性」及「關聯性」。筆者根據上述作者或論著中有關輿論的定義整理。

[78].盧梭在《社會契約論》中雖未明確地界定公意的定義,但還是清晰地體現出公意作為某種意義上的公共利益,是高於個人利益之上的人們共同擁有的利益:「公意只著眼於公共的利益……除掉這些個別意志間正負相抵消的部分而外,則剩下的總和仍然是公意。」見[法]盧梭:《社會契約論》,何兆武譯,北京:商務印書館,1987 年版,第 35 頁。

[79].Klapper，J.T.（1960），The Effects of Mass Comunication，New York：Free Press. 轉引自［美］沃納‧賽佛林（（WernerJ.Severin）、小詹姆斯‧坦卡德（JamesW. Tankard，Jr.），郭鎮之等譯：《傳播理論：起源、方法與應用》，北京：華夏出版社，1999年版，第291頁。

[80].轉引自翁秀琪：《選民的意見形成——以民國八十二年臺北縣縣長選舉為例檢驗「沉默螺旋理論」》，臺灣《新聞學研究》，1997年，第55集，第162頁。

[81].郭建斌、吳飛主編：《中外傳播學名著導讀》，杭州：浙江大學出版社，2005年版，第278—279頁。

[82].郭慶光：《傳播學教程》，北京：中國人民大學出版社，1999年版，第220頁。

[83].翁秀琪：《民意與大眾傳播研究的結合》，臺灣《新聞學研究》，1990年第42期，第71—84頁。該文總結了對諾氏的批評主要有以下四點：1.理論中忽略了參考團體的重要性。2.過於強調害怕孤立；同時，人在害怕孤立時，也不一定會陷入沉默，也可能有其他的反應，例如變得更具有攻擊性。3.害怕孤立並不是一個常數，而是一個變數，因此，必須考慮個人的人格差異。4.除了準統計官能及從眾（conformity）之外，還有其他的理論可以解釋從個人意見到民意形成的歷程，例如「照鏡理論」（looking glass theory）和「多數的無知」理論（pluralistic ignorance theory）。

[84].張隆棟主編：《大眾傳播學總論》，北京：中國人民大學出版社，1995年版，第176頁。

[85].［美］李普曼：《輿論學》，林珊譯，北京：華夏出版社，1989年版，第240頁。

[86].McCombs，M.E，and D.L.Shaw.The evolution of agenda-setting research；B Twenty-five years in the marketplace of ideas.Journal of Communication 43（no，2）：P63.

[87].比如陳水扁妻子吳淑貞的車禍，在2000年的大選中，在政治廣告與宣傳報導的議題設置中，不僅使其從成千上萬的車禍中凸顯出來，而且賦予陳水扁鐵漢柔情的主體屬性。更荒謬的是媒介議題可以將這場普通的車禍與政治迫害、「外省人」欺負「本省人」以及「外來政權欺壓臺灣人」等一系列政治符號聯結起來，證實了媒介議題設置，不僅可以停留在現象及現象的屬性，還可以指向更深層的東西，比如政治文化。

[88].其中最有影響的著作是阿爾蒙德與S.維巴（1963）合著的《公民文化》（徐湘林等譯，北京：華夏出版社，1989年版）、L.W.派伊和S.維巴（1965）合著的《政治文化與政治發展》（美國：普林斯頓大學出版社，1965年版）、加布里埃爾‧A.阿爾蒙德、小G.賓厄姆‧鮑威爾（1966）的《比較政治學：體系、過程和政策》（曹沛霖等譯：上海：上海譯文出版社，1987年版）等。

[89].L.W.Pyeand S.Verba，Political Culture and political Development，Princeton：

Princeton University Press，1965，p.7-8. 轉引自高洪濤：《政治文化論》，北京：中國廣播電視出版社，1990 年版，第 5 頁。

[90].[美]普拉諾，胡杰譯：《政治學分析辭典》，北京：中國社會科學出版社，1986 年版，第 111 頁。

[91]. 公丕祥、李義生：《商品經濟與政治文化觀念》，《政治學研究》，1987 年第 1 期。

[92].[美]阿爾蒙德、維巴：《公民文化》，徐湘林等譯，北京：華夏出版社，1989 年版，第 16 頁。

[93].[美]阿爾蒙德、維巴：《公民文化》，徐湘林等譯，北京：華夏出版社，1989 年版，第 16 頁。

[94].[美]加布里埃爾·A.阿爾蒙德、小 G.賓厄姆·鮑威爾：《比較政治學：體系、過程和政策》，曹沛霖等譯，上海：上海譯文出版社，1987 年版，第 29 頁。

[95]. 阿爾蒙德的定義將政治文化的主體限制在「一個民族」略顯狹窄，大到跨民族的共同體如歐盟，小到一個民族內部特殊的組成部分如臺灣，都有其相對範圍的政治文化體系。因此，政治文化的主體應該寬泛一些，將「一個民族」改為「一個體系的群體」似更妥當（筆者注）。

[96].L.W.Pyeand S.Verba，Political Culture and 6political Development，Princeton：Princeton University Press，1965，p.7-8. 轉引自高洪濤：《政治文化論》，北京：中國廣播電視出版社，1990 年版，第 5 頁。

[97]. 阿爾蒙德、S.維巴：《公民文化》，徐湘林等譯，北京：華夏出版社，1989 年版，第 15—35 頁。

[98]. 格爾（Clifford Geertz）的文化的符號學定義是：一種透過符號在歷史上代代相傳的意義模式，它將傳承的觀念表現於象徵形式之中。透過文化的符號體系，人與人得以相互溝通、綿延傳續，並發展出對人生的知識及對生命的態度。以上資料參見 Clifford Geertz，The Interpretation of cultures New York：basic books，1973，p.89。

[99].Bertrand Badie，comparative analysis in political science：requiem of resurrection？，political studies，vol.37：344-347.Bertrand Badie，democracy and religion：logics of culture and logic of action，international social science journal，vol.43（1991）：511-516.

[100].[瑞士]索緒爾：《普通語言學教程》，高名凱譯，北京：商務印書館，1985 年版，第 102—103 頁。

[101]. 臺灣《聯合報》創刊時，一天有三篇社論，1952 年 1 月 1 日起，改為每日一篇聯合社論。以上資料參見王天濱：《臺灣報業史》，臺北：亞太出版社，2003

年版，第244頁。

[102]. 報紙社論涉及的議題有重複部分，比如幾篇社論探討一個議題，但一個議題由幾篇社論從不同角度探討，從廣義來看，也可視為不同的議題。比如針對「修憲」議題可能有幾篇社論分別針對「總統」任期、「總統」權力、「修憲」程序等方面進行論述，既可將之看做一個議題——「修憲」議題，也可將之看做幾個議題，比如「總統」任期議題、「總統」權力議題、「修憲」程序議題。再加上，一個社論還可能涉及幾個議題，所以上述數據屬於大致推論（筆者注）。

[103]. 法國「年鑑學派」的代表人物布羅代爾抨擊此前幾百年中一直在政治史中占據統治地位的「短時段」研究。他認為：「短時段」是「所有時段中最變幻無常和最具欺騙性的時段。」以上資料參見：[法]J. 勒高夫，P. 諾拉，R. 夏蒂埃，J. 勒韋爾主編：《新史學》，姚蒙譯，上海：上海譯文出版社，1989年版，第132頁。

[104].[法]J. 勒高夫，P. 諾拉，R. 夏蒂埃，J. 勒韋爾主編：《新史學》，姚蒙譯，上海：上海譯文出版社，1989年版，第27頁。

[105]. 比如要求某人下臺，反對漲價，要求解決香蕉滯銷，要求提高退休待遇，要求相關機構檢討應對SARS對策等（筆者注）。

[106]. 比如香蕉滯銷可能沒有解決，但隨著香蕉收穫銷售的季節已過，對香蕉的關注已沒有意義，對於果農來說下一個議題可能是橙子等（筆者注）。

[107]. 因為歷史上任何一個現象都有可能攜帶著社會歷史的全息圖像，有心的研究者會從中找到歷史的基因（筆者注）。

[108]. 嚴格地說是三組議題，分別由大大小小的各個子議題組合而成，或者由不同的議題轉換而成，為了論述的方便，我們仍用量詞「個」來表示這些「議題組合」或「議題系列」（筆者注）。

[109]. 錢穆：《國史大綱》，北京：商務印書館，1996年版，首頁（未編頁碼：筆者注）。

[110].[法]馬克·布洛赫：《歷史學家的技藝》，張和聲、程郁譯，上海：上海社會科學院出版社，1992年版，第105頁。

[111].[法]馬克·布洛赫：《歷史學家的技藝》，張和聲、程郁譯，上海：上海社會科學院出版社，1992年版，第10頁。

[112].[法]馬克·布洛赫：《歷史學家的技藝》，張和聲、程郁譯，上海：上海社會科學院出版社，1992年版，第55—56頁。

[113].[法]馬克·布洛赫：《歷史學家的技藝》，張和聲、程郁譯，上海：上海社會科學院出版社，1992年版，第105頁。

[114]. 顧彬：《「只有中國人理解中國」？》，《讀書》，2006年7期，第14頁。

[115].［法］馬克·布洛赫：《歷史學家的技藝》，張和聲、程郁譯，上海：上海社會科學院出版社，1992年版，第101頁。

[116].顧彬：《「只有中國人理解中國人」？》，《讀書》，2006年7期。

[117].分別為：《中時晚報》、《民生報》、《工商時報》、《經濟日報》、《自立晚報》、《臺灣時報》、《自由時報》、《臺灣日報》、《青年日報》、《聯合晚報》、《臺灣新生報》、《聯合報》、《中國時報》、《自立早報》、《更生日報》、《英文中國時報》、《臺灣公論報》、《青年戰士報》。

[118].因財務危機於2006年6月1日停刊，後轉型為網絡報。

[119].已於2006年6月6日停刊。

[120].已於2006年12月1日停刊。

[121].臺灣政治大學新聞系主辦：《新聞學研究》，1967—2006年。

[122].《民意》，臺灣「中華民國民意測驗協會」主辦，1987—2000年。

[123].《廣告學研究》，臺灣政治大學廣告學系主辦，1993—2006年。

[124].《廣播與電視》，臺灣政治大學廣播電視學系主辦，1992—2006年。

[125].《傳播文化》，臺灣輔仁大學大眾傳播學研究所主辦，1992—2006年。

[126].《臺大新聞論壇》，臺灣大學新聞研究所主辦，1994—1997年，2005—2006年。

[127].《中國廣告學刊》，臺灣「中國文化大學」廣告學系主辦，1990—2006年。

[128].《衛星與有線電視雜誌》，臺灣衛星與有線電視雜誌社主辦，1991—2006年。

[129].「中國出版公司」編：《中華民國出版年鑒》，臺北：「中國出版公司」，1976年、1978年、1991年。

[130].陳靜瑜等：《中華民國電視年鑒2003—2004》，臺北：「行政院新聞局」，2005年。

[131].劉偉勳等：《中華民國廣播年鑒2003—2004》，臺北：「行政院新聞局」，2005年。

[132].中華民國廣告年鑒編撰委員會：《中華民國廣告年鑒2003—2004》，臺北：臺北市廣告代理商業公會，2005年。

[133].中華民國電影年鑒編輯委員會：《中華民國電影年鑒》，臺北：「財團法人國家電影資料館」，1991—1997年。

[134].中華民國雜誌年鑒編輯委員會：《中華民國雜誌年鑒1950—1998》，臺北：中華民國雜誌事業協會，1998年。

[135].《中華民國新聞年鑒五十年版》，臺北：臺北市新聞記者公會，1961年版。《中

華民國新聞年鑑六十年版》，臺北：臺北市新聞記者公會，1971年版。《中華民國新聞年鑑七十年版》，臺北：臺北市新聞記者公會，1981年版。《中華民國新聞年鑑八十年版》，臺北：臺灣「中國新聞學會」，1991年版。《中華民國新聞年鑑·八五年版》，臺北：臺灣「中國新聞學會」，1997年版。

[136].劉偉勛等：《中華民國廣播電視年鑑79—84》，臺北：廣播電視事業協會，1996年。

[137].黃年主編：《聯合報四十年》，臺北：聯經出版公司，1991年版。

[138].楊選堂總編撰：《聯合報五十年（1951—2001）》，臺北：聯合報社，2001年版。

[139].《中國時報四十年》編輯委員會，《中國時報四十年》，臺北：「中國時報社」，1990年版。

[140].《中國時報五十年》編輯委員會，《中國時報五十年》，臺北：「中國時報社」，2000年版。

[141].《臺灣時報五十年》特刊編輯委員會編，《臺灣時報五十年》，臺北：臺灣時報社，1996年版。

[142].王麗美：《報人王惕吾 聯合報的故事》，臺北：天下文化出版公司，1994年版。

[143].王惕吾：《我與新聞事業》，臺北：聯經出版公司，1991年版。

[144].彭明輝：《中文報業王國的興起：王惕吾與聯合報系》，臺北：稻鄉出版社，2001年版。

[145].張慧英：《提筆為時代——余紀忠》，臺北：時代文化出版公司，2002年版。

[146].夏珍：《文茜半生緣》，臺北：時報文化出版公司，1999年版。

[147].陳文茜：《只怕陳文茜》，臺北：INK印刷出版有限公司，2004年版。

[148].胡忠信：《解讀年代》，臺北：我識出版社，2004年版。

[149].陳鳳馨：《遇見百分百的連戰》，臺北：天下文化出版公司，1999年版。

[150].傅衣凌：《我是怎樣研究中國經濟社會史的》，《文史哲》，1983年第2期。

[151].陳文杰：《臺灣名嘴電視論政》，《南方人物週刊》，2005年9月7日第18期。

[152].陳春聲：《走向歷史現場》，《讀書》，2006年第9期，第19頁。

[153].桑兵：《從眼光向下回到歷史現場》，《中國社會科學》，2005年第1期。

[154].[法]馬克·布洛赫：《歷史學家的技藝》，張和聲、程郁譯，上海：上海社會科學院出版社，1992年版，第37頁。

[155].[法]J·勒高夫、P·諾拉、R·夏蒂埃、J·勒韋爾主編：《新史學》，姚蒙編譯，上海：上海譯文出版社，1989年版，第31頁。

第一章 「省籍議題」——臺灣政治文化的情感符號

　　本章論及「省籍議題」的歷史緣起、發展演變、當代特徵、生命週期及其與臺灣政治情感的互動。「省籍議題」是指有關「省籍情結」的輿論議題，屬於臺灣內部族群關係議題。「省籍情結」是臺灣政治文化中最典型的政治情感，以「省籍情結」為指向的「省籍議題」，是臺灣政治情感的代表性符號。

　　「省籍情結」是臺灣的悲劇，其悲劇性不僅僅在於它是悲劇之果，而且在於它是悲劇之因。臺灣的一系列悲劇性的因素導致、加劇並擴大了這一情結，反過來，臺灣的一系列悲劇事件又最終可以在「省籍情結」上找到其最原始的根源。

　　「省籍情結」是一系列錯誤的產物。這些錯誤包括一系列客觀的錯位、重疊的誤會、無意的疏失、人為的誤導，特別是有意的挑撥。它在無數的偶然和冥冥的必然中醞釀、產生、累積、擴大並持續地發酵，成為臺灣近幾十年來最嚴重的社會問題、最廉價的政治工具和最活躍的輿論議題。

第一節 「省籍情結」的歷史緣起

　　「省籍情結」是指臺灣地區「本省人」與所謂的「外省人」之間互不信任、彼此對立、相互歧視的一種心理矛盾，是在臺灣特殊的族群關係中表現出的一種特殊的族群意識。

　　所謂「本省人」，主要是指1945年光復前來臺定居的漢人移民，主要以閩南人和客家人為主；所謂「外省人」，主要是指1945年光復後陸續來臺，特別是1950年隨國民黨當局從大陸撤退而大規模移居臺灣的各省人士。[1]

　　理論上，臺灣稱不上一個族群（ethnic group）複雜的社會。臺灣的學術界對臺灣族群的界定與分類，或者按民族（nation）或者按亞族、次族（sub-nation），主要分為兩種：「一種是將『族群』分為兩個，一個是漢族，包括閩南人、客家人和『外省人』（其實，所謂『外省人』不只是漢族，還包括滿、蒙、回、藏、苗各族）；另一個是原住民族，包括高山九族和平鋪十族。另一種是把『族群』界定為亞族或次族，其或只是『具有某種共同文化特徵、歷史經驗乃至共同利害關係的人』，在此意義下則把臺灣『族群』分為閩南人、客家人、『外省

人』和原住民四大族群，其中原住民又分為九族。」[2] 從族群結構的人口比例來看，臺灣「行政院客家委員會」於 2004 年進行「臺灣地區客家人口基礎資料調查研究」，這是臺灣近幾年來最大規模的族群人口調查。其量化的調查發現，臺澎金馬地區四大族群中，單一認定福佬人（即閩南人——筆者注）占 73.3%、客家人占 13.5%（臺灣客家人約 12.6%、大陸客家人約 0.8%）、臺灣少數民族占 1.9% 及大陸各省市人占 8.0%。[3] 另外，全球化的移民潮，形成一個新的非臺灣籍配偶人口社群。從 1987 年到 2003 年底止，非臺灣籍配偶申請入境人數合計 301414 人。其中外籍配偶人數為 106425 人，大陸配偶人數為 194989 人，在臺灣形成四大族群外第五個新的人口社群。[4] 這第五個社群看似人口比例不大，但是他們與配偶及子女加在一起，則是未來不可忽視的力量。胡忠信認為，十幾年來，臺灣發生最大的轉變就是「新臺灣之子」的產生。現在臺灣地區的新生兒當中，每 8 個小孩，甚至每 7 個小孩，就有 1 個小孩是非臺灣籍的母親所生。[5]

　　但就在臺灣這樣一個族群並不複雜的社會裡，卻產生出牽涉面廣而且影響深遠的「省籍情結」，其發展走向不僅關係到整個臺灣社會而且關係到兩岸關係的穩定和發展，成為左右臺灣政局、決定臺灣命運與前途的最重要的族群意識。令人深思的是，臺灣最重要的族群意識不是產生於從學術角度看其族群特徵更加明顯的漢人移民與臺灣少數民族之間，而是發生在無論是種族、文化還是語言都基本相同的漢人移民之間，即所謂的「本省人」與「外省人」之間。[6] 這與其他國家、地區的族群關係形成鮮明的對比：比如在美國，族群意識的鮮明或強烈首先表現在原住民印第安人與美國移民的關係。其次才是美國黑人與美國白人的關係，儘管美國移民社會也是有先來後到的順序，但是美國白人之間的族群意識幾乎聞所未聞。

一、移民社會的人口學背景

　　移民社會為臺灣的「省籍情結」提供了人口學的背景。臺灣地處邊陲，與大陸隔海相望，特殊的地理位置使臺灣成為一個以移民為主的社會。除了早期的少數民族，歷代漢人因各種原因遷徙臺灣，構成了臺灣人口的主體。其中比較大的移民潮，一是明末崇禎年間（1628—1644）鄭芝龍組織數萬閩南饑民入臺，二是明末清初，鄭成功為抗清而收復臺灣帶來的移民高潮，三是清朝康熙統一臺灣後帶來的移民高潮，四是乾隆年間清王朝取消禁渡後帶來的移民高潮，[7] 五是 1949 年國民黨撤退臺灣後的移民高潮。

　　這幾個大的移民高潮除了大量的民間移民外，往往還帶來大批的軍事移民。移民的陸續赴臺成為開發臺灣、建設臺灣的生力軍，但也帶來了族群問題。由於

移民本身沒有土地，移民必須和先住民爭奪或重新分配包括土地在內的各種資源，這自然帶來相互間的摩擦與衝突。而且後來的移民初來乍到也要投靠先期移民的同宗同鄉，甚至這些後來的移民正是先來的移民引介而來的，這樣利益的衝突、血緣的不同、語言文化差異以及生存的需要（聯盟或對抗），就造成臺灣大大小小各種不同的族群。這種特殊的族群關係既以空間上的祖籍地為區隔，也以時間上的先來後到為差異。所以，臺灣所謂的四大族群：少數民族、閩南人、客家人和「外省人」，既有來源地的不同，也有先後順序的區別。在爭奪資源的過程中，個人的力量勢單力薄，因此能否抱團是爭奪資源的重要籌碼。各種歷史、文化的共同點，比如血親、同姓、同村、同鄉就成為利益共同體的聯結點，而個人的生存與發展必須依賴共同體對個體的接受、認同與保護。這樣利益的衝突、抱團的需要就容易演變成一個個群體事件，最有代表性的就是「械鬥」。除了由不同祖籍的社會群體之間的矛盾衝突所引發的「分類械鬥」外，另外還有同一祖籍不同血緣，或者同一血緣不同分支，因宗族或其他矛盾和衝突引發的「宗族械鬥」與其他「械鬥」。[8] 特別是「分類械鬥」成為臺灣歷史的一個特殊的社會現象。「械鬥」是移民社會的產物，因為爭奪資源，就會出現先來與後到者的各自抱團，或者不同地緣關係的相互聯盟以及不同姓氏、甚至同一姓氏不同分支這種基於血緣關係的內部組合。「械鬥」在臺灣時有發生。在清代前期，從乾隆三十三年（1768年）到咸豐十年（1860年），據不完全統計，一共發生各類「械鬥」事件55起，其中「分類械鬥」47起。[9]

移民社會特別是陸續赴臺的移民社會，構成了臺灣「省籍情結」的人口學背景。分析「省籍情結」，不僅要討論空間的地緣關係，還要考慮時間的先後順序。所謂「外省人」，不僅是來源地不同，而且赴臺時間也不一樣，所以他們對於先期赴臺的「本省人」，不僅是「外來的」，而且是「後來的」。直至2005年，在臺灣電視新聞裡仍然能看到匪夷所思的「中國豬滾回去」的標語牌。從這被操縱的情緒化語言，可以看到其背後埋藏著和「分類械鬥」的背景一脈相承的移民社會的主線。從這句話中仍然可以看到空間和時間的交織，「中國豬」是空間的，其來源地不同，其潛臺詞是「外省人，非我族類」；「滾回去」是時間的，其潛臺詞是「這是我先來先到而擁有『先占權』的地方，你們後來後到，所以應該『滾回去』」。操縱或接受這種議題的一些「本省人」，從來就沒有考慮或者考慮了也覺得不重要的事實是，相對於原來的住民來說，他們也是後來後到的「外來人」，如果根據先來先到的邏輯，也應該被原來的住民「請回去」。這樣在一些「本省人」心目中就分裂出兩個邏輯，一個邏輯是對付「原住民」的，這裡沒

有什麼先來後到,大家都是臺灣的主人,甚至自己是更強勢的主人;另一個邏輯是對付「外省人」,「我們才是『本土的』,你們就是『外來的』」。

二、日據時期埋下的隱患

考察臺灣的人口與結構,一個雖然移民不多但對臺灣的移民社會產生重大影響的時期不能逃離我們的視野,那就是日據時期。1895 年,清廷被迫把臺灣割讓給日本,從此臺灣與祖國大陸分別走過了 50 年不同的歷史軌跡。一邊是大陸歷經義和團、八國聯軍、廢除科舉、辛亥革命、「五四」運動、共產黨誕生、北伐、大革命、十年內戰、八年抗戰、解放戰爭,革命風起雲湧,戰火延綿不絕,大陸人民經過了大變革、大動盪、大災難的苦難歲月;另一邊是臺灣在日本的殖民統治下踽踽獨行,日本統治者發展殖民地經濟,推行殖民地教育,推廣「皇民化活動」,儘管類似「苗栗事件」、「霧社起義」之類小規模的抵抗活動時有發生,但在被壓迫、被剝削、被奴役、被歧視的高昂代價下,臺灣地區度過了相對平和與穩定的 50 年。50 年的殖民統治,對臺灣社會、經濟、文化、教育都影響深遠,無論是政治架構、經濟結構,還是文化形態、教育模式,都與祖國大陸大為不同。除了經濟發展水平的落差之外(比如日據末期,在公共工程建設、電力生產都較大陸先進),臺灣民眾的歷史記憶、語言習慣、文化習俗、心理特點、價值認同、知識結構都與大陸民眾有所不同,所以當光復之後,特別是 1949 年隨國民黨政權赴臺的新一輪移民(「外省人」)與「本省人」要共同生活在同一個地域空間時,兩個族群不僅在政治經濟等資源分配上進行競爭,而且在文化、教育、語言、心理、觀念等各方面形成對比,其間的差異,為「省籍情結」埋下了隱患。[10]

日據時期為「省籍情結」埋下的隱患,僅舉兩個典型的例子就可以看出端倪。臺灣學者鄭鴻生在其《水龍頭的普世象徵》[11]一文中生動地敘述了一個極具象徵意蘊的故事:光復後赴臺的國民黨官員及「外省人」看到水龍頭一擰開就會出水,自己買的一個水龍頭卻怎麼弄都出不了水——他們不知道水龍頭的出水要靠與自來水廠聯結,還以為是臺灣人欺負他們是「外省人」聽不懂當地話而賣給他們壞的水龍頭,結果大罵臺灣人奸詐。水龍頭在當時就如現在的手機電腦一樣,是現代文明的象徵,也是歧視鄉下人鬧笑話的經典議題,其背後所代表的先進生產力及文化,是檢驗統治者執政正當性的一個話題,這個話題使得 60 年來國民黨都貼上了一個代表落後的「水龍頭」象徵符號。一邊是「本省人」嘲笑和看不起「外省人」,另一邊是「外省人」看不起「本省人」。這方面的典型例子體現在對日本的看法上。「本省人」沒有經歷過抗日戰爭的苦難,沒有「南京大屠殺」

這樣的恐怖記憶,也沒有在前線浴血奮戰,體驗冒著敵人的焰火的危機感和壯烈感,特別是對於一個 50 歲以下的臺灣人,其一出生所接觸到的就是日本的殖民統治和殖民教育,他要透過其他渠道,才能夠認識到自己「不是日本國民,而是中國國民」。而日本的「皇民化運動」更是製造了人們心靈的創傷,使一部分人對祖國歷史文化缺乏瞭解,而對日本抱有程度不同的好感,[12] 甚至出現極少數日本殖民統治的協力者和親日派,[13] 這些「本省人」至少不像大陸軍民親曆日本軍國主義的獸行而對日本深懷仇恨,而且他們 70% 的人除了會講閩南語以外,還會說日語。當打了八年抗戰,帶著國恨家仇的「外省人」來到臺灣,接觸到的卻是一些滿口日語(有時把聽不懂的閩南語也當作日語)、不僅不恨日本人而且還對其抱有一定好感的「本省人」,其間的心理落差可想而知。作為對日本的仇恨者與勝利者,一些「外省籍」國民黨官員面對某些不能和自己同仇敵愾反而有日本遺風的「本省人」,自然心生鄙視和厭惡。「相看兩相厭」,就這樣,「外省人」與「本省人」雖有著不同的歷史背景卻無可選擇地擠到同一個空間。50年日據的確為「本省人」與「外省人」的悲劇性衝突埋下了種子。

三、「2‧28事件」的引爆

　　經過日據 50 年,「本省人」與「外省人」各方面的差異在臺灣光復後進行了面對面的對比碰撞,「省籍情結」開始醞釀。加上國民黨接收大員不僅缺乏經營產業的能力,使得工人失業、市民破產、糧食匱乏、物價飛漲,民眾掙扎在貧困線上;而且用人不公,貪汙百出,腐敗橫行。「已習慣於守法(雖然這個法是日本強制於臺民的惡法)和循法而辦事的臺民,當然看不慣來自於無法無天、又貧困又落後的大陸歹徒之做法。」[14] 有人在舊總督府的大門上掛了一幅標語:「狗去豬來」[15],「本省人」對國民政府的失望和不滿日益高漲,已經逼近臨界點。

　　這一情緒終於在「2‧28事件」上得以引爆。「2‧28事件」的導火線是臺灣的專賣局查緝私煙。1947年2月27日,緝私人員和警察在臺北市南京西路「天馬茶坊」查緝私煙時,由於處置不當打傷了女煙販林江邁,打死了圍觀群眾陳文溪,造成流血事件。此後,國民黨當局對事件的認識一再出現誤判,對事件的處理也一再用力過猛,造成群眾的不滿不斷升級,從臺北民眾請願、罷工、罷課、罷市,到全島都出現抗官與排外事件,盲目毆打「外省人」,國民黨當局用叛亂案處理,派出軍隊血腥鎮壓。許多臺灣知名人士和大量民眾被殺,死亡人數至少有幾千人。[16]

　　儘管「2‧28事件」是由一個偶然事件引起,儘管當時的群眾有一些過激行為,而且儘管當時的失控過程中有一些複雜的因素,比如有些日本浪人扮演了不

光彩的角色，有些地痞流氓趁火打劫，但總體上說，臺灣民眾的行動還是一次「人民民主自治運動」，其主要的訴求是進行政治改革、剷除專制與貪汙腐敗現象，實行「地方自治」。除了「地方自治」的要求有臺灣的特殊性之外，其他的要求和當時在大陸各地此起彼伏的反貪汙反腐敗事件的目標也大體相同，但國民黨當局卻對這一事件定以「企圖顛覆政府、奪取政權、背叛國家」的叛亂罪。如果說事件的初期，當局和民眾之間都有可議之處，但事件的後期，國民黨當局發動「清鄉運動」，使牽連者眾，臺灣菁英被進一步摧殘，形成恐怖政治，這使得本省民眾「有苦無處訴，有冤無處申」，從此，「臺灣進入一段很長的政治冬天」。[17]

　　「2‧28事件」對省籍關係的影響，從本省人對外省人的稱呼就可以看出。戴國煇對此評論道：「由『唐山人』到『阿山』、『豬仔』這樣的改變，我們也可以看到省籍矛盾問題在臺灣的歷史演變。……臺灣人一直尊稱大陸來的人為『唐山人』，是所嚮往的唐土那兒來的人。而我們客家人對大陸稱『原鄉』。對大陸來的人稱『老屋伯』、『唐山客』。但是經過二二八事變後，對祖國的期望落空了、失望了，『唐山人』遂變成『阿山』、『豬仔』這種好吃懶做、侮辱性的稱呼了。」[18]「2‧28事件」在臺灣人民與國民黨當局之間以及在「本省籍」與「外省籍」之間製造了難以癒合的裂痕和難以遺忘的創傷。這個歷史的創口，一有風吹草動，一有氣候變化，一有現實需要，就會有人揭開傷疤，就會隱隱傷痛和潛潛滲血。「2‧28事件」成為臺灣歷史的一個標誌性事件、臺灣走向的一個重大轉折點以及臺灣輿論的一個永遠的話題。此後臺灣社會形態和政治生態的許多變化，追根溯源，都可以從這個事件找到原因和影子，它是「省籍情結」產生的最直接的成因。

四、國民黨統治的先天性缺陷與後天性錯誤

　　「2‧28事件」後，國民黨統治的先天性缺陷與後天性錯誤為「省籍情結」的累積提供了助力。國民黨從大陸撤退，從此，在同一個地域的空間裡，一個「中央級」的權力架構與「地方性」權力架構相互重疊的矛盾，一直持續至今。其間，既有法統的危機，也有機構的衝突；既有權力的爭奪，也有利益的妥協。為瞭解決「中央級」權力架構缺乏「地方性」基礎的空洞化現象，國民黨當局採取了一系列措施鞏固自己的統治基礎。這些措施主要有：透過一系列「修法」、「修憲」以解決包括「國大代表」、「立法委員」、「監察委員」以及國民黨執政合法性與正當性的「法統危機」；透過頒布「戒嚴令」[19]、《戡亂法》[20]、《戡亂時期檢肅匪諜條例》[21]實行特務統治，局部開放地方層級選舉實行「縣市自治」，讓地方本土菁英參與政治並與之形成利益交換聯盟；[22]實行「三七五減租、公

地放領」、「耕者有其田」的土地改革，[23]改善土地分配不均、緩和農村矛盾獲得農民的廣泛支持；大力發展經濟，改革幣制、稅制及外匯貿易管制；推動十項建設，進行產業升級，完成經濟轉型；在教育上灌輸儒家意識形態，在言語上排斥地方方言，強力推行「國語」，在文化上強化「中華民族」的認同感。上述措施在穩定臺灣社會、恢復臺灣經濟、重建中華文化的過程中起了一定的積極作用，但也種下了腐敗、專制的惡果，積累了「省籍」矛盾和衝突。

　　國民黨採取「黨國一體」的方法，透過政府機器，將臺灣的政治、經濟及社會各層面全面掌握在「外省」統治菁英手中，「外省族群」除了一手包辦黨、政、軍、特以外，還壟斷司法、教育與警察。以1952年國民黨中央委員第七全會為例，「中央委員」32人中，僅有1人為「本省籍」，余皆「外省籍」；到1969年第十全會，「中央委員」99人中，「本省籍」也僅有6人，僅占6.1%，其餘93人皆為「外省籍」，占近94%。[24]「行政院部會」首長也是如此，1950年～1960年12位部會首長沒有一位「本省籍」，全為「外省籍」，直到1966年才有一位「本省籍」首長。[25]「外省族群」以10%左右（1949年後為8%，1960年代維持在12%—13%比例）的人口比例控制了絕大部分「國家機器」與「公營經濟」。[26]

　　學者瓦西林（Vasil.R‧K.）觀察族群政治發現，在多族群社會裡，如果出現一個人口上占絕對優勢的族群與其他人口占絕對劣勢的少數族群這樣的組合，會出現明顯的宰制從屬關係，多數人口的族群將成為強勢的主導族群。[27]但在臺灣光復後，「本省族群」的人口優勢並沒有轉化為統治優勢，（其實在日據時期的臺灣，也是由少數日本人統治多數「本省族群」），造成人口數量與政治權力機構極度不平均的失衡現象。本省人「在心理上，很容易產生『多數被少數管理』的不安全感、不公平感、不信任感」。[28]為了緩和這一矛盾，國民黨一方面透過有條件的開放地方層級選舉和縣市自治，結果又形成了政治權力架構中的「中央」與「地方」的二元結構轉化為「外省人」與「本省人」的矛盾；另一方面在經濟上讓利「本省人」，在一系列經濟政策的主導下，（比如公營企業民營化），「本省人」成為最大的受益群體，[29]這又將政治與經濟的二元結構轉變成「外省人」與「本省人」的矛盾。如此，國民黨在臺灣統治先天性的結構矛盾（人口比例的矛盾，「中央」與「地方」的權力重疊的矛盾）以及後天性的統治的失當（特務統治、打壓「本省人」等，人為區隔兩大族群）共同為「省籍情結」的累積推波助瀾。

五、文化的差異

　　考察「省籍情結」的緣起不能不回到文化的層面。有學者指出文明與文化的區別在於文明是普遍的，文化才是特殊的，文化總是在時間上來源於其歷史傳統、在空間上區別於其地域或族群的東西，而文明則是全人類共同進步的、共同分享的現代化的東西。可見，文化就是一個族群區別於另一個族群的特質所在。在文化上，「本省族群」與「外省族群」，無論在語言、習俗、信仰、性格乃至飲食起居等生活方式上都與「外省人」有較大的差異，[30]但純粹的文化差異並不能直接構成「省籍」的衝突，只有文化的政治化，才會使文化的差異因為等級、身份、待遇和利益產生非我族類的敵意。「外省人」普遍擁有正統中華文化的優越感，這種優越感又在初期得到現實支持：他們的職業大都是軍公教，意識形態與執政黨相同，在經濟上仰賴當局的保障，大多是白領或中高階層，受教育程度高，較有理性；而「本省人」則有強烈的鄉土文化的歸屬感，對「外省族群」有鵲占鳩巢的潛在敵意，特別是現實上的不公平待遇，有較強的逆反心理，這種心理和早期移民積極進取的冒險精神結合在一起，就有一種不服輸、不信邪、敢沖敢闖的族群性格。[31]「外省人」的文化正統的優越感得到了意識形態的支持，卻沒有得到土地的歸屬感，離家逃難、隨時準備「反攻大陸」的生活情境，使之在生活經驗中感受到四周都是「本省人」的文化落差與潛在敵意。[32]而「本省人」的文化歸屬感卻沒有獲得意識形態的支持，執政當局禁說方言、排斥閩南文化的一系列措施使之在文化心理上處於劣勢地位。「『本省人是本省人、外省人是外省人』的心理隔閡，一如日本時代本島人與日本人的關係。人人都保持一定距離，以為安全。」「族群間的差別待遇，撕裂臺灣人原本對祖國毫無保留的感情，也切斷原本血緣至高無上的思考。」[33]二種文化在意識形態的作祟下共同形成巨大的落差，以及其中的隔閡、不解乃至輕視甚至敵視，就成了政治作用在族群文化上的投影。[34]

六、政治的操弄

　　如果說人口要素、文化要素是隱性而深層次地影響「省籍情結」的話，那麼政治要素則是影響「省籍情結」的諸要素當中最直接也最明顯的。以臺灣「政治革新」前後為標誌，政治對「省籍情結」的作用主要是製造、積累和壓抑；第二個時期政治對「省籍情結」的作用主要是釋放、放大和扭曲。

　　第一個時期，如前所述，「2‧28事件」、臺灣政治經濟的二元結構都製造和轉化為省籍矛盾。特別是「中央和地方」的矛盾，使國民黨不得不用省籍的區

別來維護其對臺灣統治的合法性。李哲夫指出，國民黨退守臺灣之後，用「『法統』與『省籍』作為統治的兩個基本原則」。他認為：「在五十年代，臺灣確是有強烈的省籍問題，臺灣人與外省人的界線清清楚楚，是絕不會與社會階級混雜的。到六十、七十年代，省籍問題的存在卻是政策上的需要，原來是社會自然形成的，後來則是人為的，因為要強調『法統』就一定會加強省籍面的政治提法。」戴國煇也指出：「因為立法委員、國大代表大部分是大陸時代選出來的外省人士，『法統』的強調必然得根據省籍背景，如此一來，當然無意中亦給省籍矛盾加油添醋。」[35]

第二個時期又分為三個小階段。

第一個階段是政治對「省籍情結」的釋放。這主要發生在「黨外反對運動」時期，「省籍情結」的釋放成為「黨外反對運動」的力量之源及政治動員的基礎。李哲夫指出：「相對地看七十年代興起的黨外民主運動，雖然表面上談的是民主、是參政或選舉，其實就是圍繞著『法統』的問題。黨外運動也就是從這時候開始，有了一個主題，而且這個主題甚至還包括了『省籍』的矛盾問題。國民黨對高雄事件的反應，為什麼那麼緊張呢？過去她自己借省籍的分界來避開階級問題，但是，黨外運動興起後，非常明顯地，『省籍』問題轉而成為黨外手上一張運用自如的王牌了。」[36]

第二個階段是政治對「省籍情結」的放大。這主要是指在「解嚴」後，「省籍情結」成為政治選舉的工具，在選舉過程中，「省籍情結」的作用被放大，「省籍情結」的「悲情」也被放大。在 1990 年前後，臺灣的選舉出現了一種奇特的現象，你無需政績、也無需許諾，不管你是阿貓阿狗，只要你敢於站出來用正宗的閩南語大喊我是「臺灣人」，並大罵國民黨，並呼籲民眾「臺灣人」（「本省人」）選「臺灣人」（「本省人」），你就可以不花錢就能夠當選，[37] 至少也有可觀的選票。「省籍情結」由釋放到逐漸放大，這種「支持『臺灣人』（『本省人』）自己的……」的模式一直持續在臺灣的轉型期，從鄉市長一直選到「總統」。[38]

第三個階段是政治對「省籍情結」的扭曲。實現政黨輪替後，「省籍情結」本應該隨著「本省人」的出頭天而逐漸消釋，可是「省籍情結」作為廉價的輿論動員工具，還是讓政治人物難以捨棄，「省籍情結」繼續被政治操弄為選舉工具，「省籍情結」被強烈扭曲。

政治的操弄使「省籍情結」被放大、扭曲、釋放，甚至脫離現實的層面進入想像的仇恨，其標誌就是「省籍情結」轉變為「省籍議題」。「省籍情緒」變為

輿論的議題完全是因為族群政治，因為真正的族群競爭在於政治權力及資源的分配。[39]

族群認同的確與政黨認同具有密切的關聯，請看 1992 年的不同族群背景民眾的政黨支持狀況：

表 1：不同族群背景民眾政黨支持狀況（1992）

族群別	國民黨 支持	國民黨 不支持	國民黨 無意見	民進黨 支持	民進黨 不支持	民進黨 無意見	小計
閩南人	501 人 (49.5)	177 人 (17.5)	334 人 (33.0)	299 人 (29.6)	359 人 (35.5)	354 人 (34.9)	1012 人 (73.0)
客家人	114 人 (55.3)	28 人 (13.6)	64 人 (31.1)	44 人 (21.3)	98 人 (47.6)	64 人 (31.1)	206 人 (14.9)

續表

族群別	國民黨 支持	國民黨 不支持	國民黨 無意見	民進黨 支持	民進黨 不支持	民進黨 無意見	小計
「外省人」	124 人 (73.4)	20 人 (11.8)	25 人 (14.8)	12 人 (7.1)	129 人 (76.3)	28 人 (16.6)	169 人 (12.1)
合計	739 人 (53.3)	225 人 (16.2)	423 人 (30.5)	355 人 (25.6)	586 人 (42.2)	444 人 (32.2)	1387 人

資料來源：「臺灣地區社會變遷基本調查」2 期 3 次，「中央研究院」民族學研究所，1992 年 12 月版。

從上表看，1992 年國民黨的支持民眾中「外省人」高達 73.4%，而民進黨的支持族群則以閩南人最多有 29.6%，「外省人」最少只有 7.1%。

再看另一份 1992—1998 年的不同族群的政黨認同分佈表：

表 2：全體選民政黨認同的分佈（1992—1998）

	閩南族群			「外省人」			全體選民		
年代	國民黨	民進黨	新黨	國民黨	民進黨	新黨	國民黨	民進黨	新黨
1992	32.8	15.4	—	83.1	1.6	—	40.9	12.3	—
1995	33.8	21.3	7.4	41.8	5.3	21.2	36.3	16.6	11.5
1998	33.2	31.1	1.5	63.9	6.9	16.0	37.1	26.3	3.0

資料來源：陳陸輝，《臺灣選民政黨認同的持續與變遷》，《選舉研究》7卷2期，2000年版，第109—140頁。

從上表看，泛藍的政黨仍然以「外省人」為主，而民進黨在閩南人的政黨認同度穩定並成倍成長。

2000年後，「省籍」與政黨認同可看下表：

表3：省籍與政黨認同

	閩南族群				客家族群				外省群			
年代	國	民	親	新	國	民	親	新	國	民	親	新
2000	14.4	32.2	9.6	0.3	24.1	17.4	16.4	2.1	24.0	7.7	44.3	3.8
2002	12.1	37.8	8.8	0.4	18.2	29.6	15.2	0.4	28.6	5.2	39.6	0.5

資料來源：楊蓮福：《人口問題與臺灣政治變遷》，臺北：博揚文化，2005年9月版，第214頁。

從上述資料看，雖然每一年政黨認同中，支持族群的數據具體不一樣，但是大體的板塊是一致的：「外省族群」是泛藍政黨的擁泵，「本省族群」則是民進黨的群眾基礎。因此，族群議題，特別是「省籍議題」的操弄就有可能改變族群支持者的比例，鞏固並增加自己的選民基礎。

綜上所述，「省籍情結」的緣起有著複雜的社會歷史成因。移民社會的人口與背景、日據種下的隱患、「2·28事件」等偶然事件的點火與助燃、國民黨統治的先天缺陷與後天錯誤、文化的差異與衝突，特別是政治的操弄，使得「省籍關係」成為臺灣內部最重要的族群關係，而「省籍情結」成為臺灣內部最重要的族群意識。「本省人」與「外省人」互不信任，彼此對立，相互歧視，由此產生了冷漠、仇恨及「悲情」等強烈情感。這種情感與光復前臺灣的苦難歷史前後呼應，與臺灣人原有的「悲情意識」一拍即合，構成了臺灣政治文化中最典型的政

治情感。以「省籍情結」為指向的「省籍議題」成為臺灣政治文化中最有代表性的政治情感符號。

第二節 「省籍議題」的發展演變

當「省籍情結」公開表達形成輿論，「省籍情結」就轉化成了輿論議題，所以，「省籍議題」就是以「省籍情結」為關注對象的議題。「省籍議題」作為一種輿論議題，它和現實的「省籍情緒」並非亦步亦趨，儘管二者保持著極高的關聯度，卻有著不同的發展軌跡。從總體來看，「省籍議題」走過了一個從「失語」到「悲情」再到「焦慮」的三個歷史階段。

一、「失語」階段

在「威權時代」，「省籍議題」是一種輿論的忌諱。「省籍情結」客觀上存在，但在輿論表現上卻處於「失語」狀態，這與「省籍情結」的客觀現狀極不相稱。前述「省籍情緒」的緣起，從移民社會到日據時代，再經過「2·28事件」的歷史積澱，以及國民黨執政時不同族群地位與歸屬的現實反差，現實的「省籍情結」不僅存在而且還在時間的延續中積累著力量，但是在國民黨的輿論管制和當時的政治文化下，「省籍議題」是忌諱的。「省籍議題」只能偷偷藏在屬於「臺灣意識／中國意識議題」的「本土化」議題中暗渡陳倉，但即便是「本土化」議題也被嚴重壓抑。在黨外運動所高舉的三大輿論旗幟：「民主化」、「自由化」與「本土化」中，「本土化」比「民主化」、「自由化」更為敏感。國民黨將「本土化」的輿論議題直接與「臺獨」議題掛鉤，成為輿論中不可輕易觸碰的高壓線。因為「臺獨」無論在過去還是在現在，都沒有取得被輿論廣泛認同的「正當性」。這和「民主」和「自由」完全不同，國民黨儘管要壓制「民主」與「自由」，但是對這兩個被全人類普遍認同的美好字眼，還是不敢或者不便將之視為輿論的禁忌。特別是到蔣經國晚期，一方面在現實中逐步推動臺灣的「民主化」進程，並放鬆對輿論的管制，另一方面在輿論中也對「民主」與「自由」網開一面，但是在「省籍議題」等同於「臺獨議題」的關聯下，「省籍議題」仍然被從嚴控制。即使在一些標榜走中道路線的民營媒體，它們對「民主化」、「自由化」、「本土化」等三大議題也有取捨與側重。比如《聯合報》和《中國時報》，它們比一些官方報紙（如《中央日報》）更積極地鼓吹民主與自由，但對包括「省籍議題」與「臺獨議題」在內的「本土化」議題同樣十分警惕。兩大報的四十年紀念文集社論選中，不約而同地都沒有一篇關於「2·28事件」「省籍議題」的社論。[40]

一些不願走過激路線的人則將包括「省籍議題」與「臺獨議題」在內的「本土化」議題改為「多元化」議題，鼓吹「自由化」、「民主化」與「多元化」並舉。1971年12月臺灣大學舉辦全面改選「中央」民代的辯論會，[41] 1972年1月《大學雜誌》發表「國是九論」，聚集點仍然是民主、自由與改革，只是順帶提出應著眼於臺灣本身的生存與發展。1975年8月的《臺灣政論》的創刊，本土議題開始啟蒙，[42] 借一些選舉活動，「在野人士」開始公開地批判「中華民國政府代表全中國」的理念，強調「臺灣人出頭天」。但這些輿論不是被打壓就是無法進入主流輿論層面。1977年的「中壢事件」和1979年的「美麗島事件」，將「臺灣獨立」的理由公之於世，但國民黨同樣以「臺獨」為由予以鎮壓。在1983年發生著名的「臺灣意識」與「中國意識」論戰中，「省籍議題」仍潛伏其中。

這裡一個有意思的現像是，同為「本土化」議題，「臺灣意識/中國意識議題」中的「臺灣意識」議題最早衝破封鎖浮出水面，而更被嚴厲打擊的「臺獨議題」也在高壓下暗潮湧動並偶爾露出水面，獨有「省籍議題」是最後端出臺面的。這與三大議題的特點有關。相比之下，「臺灣意識/中國意識議題」的「臺灣意識」（「臺灣優先」）最容易獲得正當性。而「臺獨議題」屬於「政治理想」，即便鎮壓最狠但仍然可以被某些持不同政見者視為政治信仰而竭力追求。前兩個議題都可以成為政治的「旗幟」或在大範圍內或在小範圍內被高高舉起，它一旦被社會接受便成為社會公認的「旗幟」；它不被接受就可以成為反對的「旗幟」或另類的「旗幟」，所以它們能夠較早成為臺灣輿論的公開議題，而「省籍議題」不像前兩個議題那樣具有正當性或理想性。「省籍議題」挑動的是族群內部的矛盾，比較不容易端上臺面，在全世界範圍內挑動族群衝突的議題都是不得人心的，臺灣是個例外（接下來要詳細討論）。但臺灣這個例外要突破人們的心理承受力也有一個艱巨的過程要走。因此，表現出來的就是在「本土化」議題當中，「臺灣意識/中國意識議題」中的「臺灣意識」議題最早公開化和正當化，跟在其後的是「統獨議題」中的「臺獨議題」，而「省籍議題」則最後出現在人們的視野裡，其「失語」的時間最久。

二、「悲情」階段

嚴格意義上講，「省籍議題」的公開化與大行其道，是在「解嚴」前後才出現的。

其突破口就是對「2·28事件」的翻案。直到1986年2月，臺灣當局將「2·28事件」定性為臺灣人「顛覆政府」的暴亂。「2·28事件」的陰影使臺灣「本省人」長期背負著「顛覆合法政府」的「原罪者」的政治包袱。「解嚴」之後到

李登輝上臺，「省籍議題」的禁忌才透過「2·28事件」的翻案最終打破。而李登輝剛一上臺，也把「省籍議題」作為分化國民黨、鞏固自己權力地位的殺手鐧，在黨內既無黨政人脈也無軍方資源的李登輝只能靠「省籍議題」訴諸「省籍情結」，從而在族群政治中獲得力量，並為自己「本省人」的出身予以正當性的加持。1988年2月22日，李登輝繼任「中華民國第八任總統」。在舉行第一次總統記者會上，他公開宣布：「『2·28事件』是臺灣人的悲劇。」[43]這一石破天驚的宣告，標誌著李登輝用「省籍議題」開臺灣族群政治的先河。不管李登輝的動機如何，對「2·28事件」的重新認定，一定程度上順應了當時的民意，長期被壓抑的「省籍情結」噴發出來。作為文化對政治的呼應，1989年侯孝賢推出了以「2·28事件」為題材的《悲情城市》，[44]該電影一播出即引發萬人空巷，這標誌著對「2·28事件」的反省深入人心。

對「2·28事件」的反省引發了對所有臺灣歷史的重新認定。克羅齊（Benedetto Croce）說：「一切歷史都是當代史」，[45]對歷史的反思總是與現實的解困相聯繫。「2·28事件」成為一個政治文化符號，此前國民黨將之解讀為「本省人」的原罪，如今的臺灣人「積極地尋求影響力與自主權，開始『脫原罪化』，不再認為『2·28事件』是臺灣人的原罪。臺灣人開始走出歷史的陰影，激進的人更開始將其神話化，作為對國民黨抗爭的圖騰。」[46]但李登輝對「2·28事件」翻案，決不是想把火燒到國民黨，無論從權力鬥爭和地位鞏固上，這都不利於其作為國民黨主席及「中華民國總統」的身份。李登輝要的是借助「省籍議題」強化其臺灣人（「本省人」）自己的「總統」身份，因此，作為政治文化符號的「2·28事件」在李登輝的操控下，其內涵不是指向民主與專制對抗的民主悲劇（這才是事件真正的屬性），而是指向「本省人」被「外省人」欺負的「省籍悲情」，從而將國民黨的原罪轉化為「外省人」的原罪。陳映真指出：「由於政治力的推波助瀾，二二八事件被無限上綱成國民黨外來政權（＝外省人＝中國人）武力鎮壓臺灣人民的事件，被扭曲成『族群矛盾』事件，甚至被極端建構成『民族矛盾』（中國人對臺灣人）的事件；不斷被渲染的這種歷史觀點，也就不斷複製、擴大臺灣內部的紛擾和與中國大陸的對立局面，使臺灣永無和平安寧之日。」[47]因此，事件的真相在翻案中再次被矇蔽和更加被扭曲，「2·28事件」這一政治文化符號就從民主議題轉變為徹頭徹尾的「省籍議題」，「省籍情結」像決了口的洪水般洶湧而出。

「解嚴」後的這一階段的「省籍議題」可以用「悲情」二字予以定調。侯孝賢的《悲情城市》電影從片名到情緒上都為這一基調作了很好的詮釋。為什麼別人有，我沒有？為什麼別人富，我很窮？為什麼別人穿皮鞋，我卻光著腳？為

什麼別人當大官有好工作，我卻吃不飽？為什麼別人的命金包銀，我的命卻不值錢？這一系列的問號追下來，全部指向兩個字：「出身」。原來，別人命好，因為他們是「外省人」；我歹命，因為我是「本省人」。「省籍議題」勾起了「本省人」無數悲情的記憶。長期被壓抑的「省籍情結」不斷被挑起，也不斷在釋放。「省籍議題」的這種「悲情」到1994年李登輝接受日本作家司馬遼太郎專訪時發展到巔峰。李登輝宣稱：「在臺灣的中國人，始終被歷史的命運所擺佈，始終沒有機會和權力決定自己的命運，長期以來潛藏著一股深層的『悲情』意識。」[48]連貴為「總統」的李登輝都在感嘆自己「生為臺灣人的悲哀」，這怎麼不讓一些「本省人」激起滔天「悲情」。李登輝以自己特殊的地位，徹底為「省籍議題」的「正當性」背書。這種「悲情」意識以「什麼時候才是臺灣人的出頭天」為輿論訴求，使得「省籍議題」成為動員族群吸收選票最佳的特殊工具，幫助「本省人」不斷在選舉中獲勝，直至在2000年實現政黨輪替。

由李登輝1988年打開閘門的「省籍議題」，也由他於1994年將之推向頂峰。1994年是「省籍議題」的轉折點。如果說此前的「省籍議題」僅僅是從忌諱到公開的話，此時的「省籍議題」已經由公開而「正義」，儘管在此期間，民進黨接過1988年由李登輝拋出的「省籍議題」的球玩轉臺灣，成為「省籍議題」的主要推動者和最大受益者之一。「民進黨最大的武器是『臺灣情結』，利用國會、媒體及群眾運動等的交叉應用，將外省的黨國大老鎖定為『賣臺集團』，配合李登輝團隊的默許及提供資料，外省族群一一走入歷史。」[49]但「在野」的民進黨在操縱「省籍議題」總是有操弄族群關係的不正當之嫌，而占據臺灣最高位的李登輝在此登高一呼，「省籍議題」就轉化為「正義」的化身，成為追求轉型正義的輿論議題，儘管事後無數的事實證明，它推動了臺灣的轉型卻沒有推動「正義」。

三、「焦慮」階段

當1994年「省籍議題」的「悲情」達到頂峰時，「省籍情結」的另一種情結從原來的悄悄滋生到普遍瀰漫開來，那就是「焦慮」，這種「焦慮」來自「外省人」。

也就在1994年，「省籍議題」開始發生逆轉，出現「本省人」與「外省人」主客易位和議題情緒與現實情感倒置的情形。表面上，「省籍議題」一直在打「本省人」的「悲情」牌，但是在現實中，「本省人」的「悲情」已成為歷史，而「外省人」則開始生活在逐漸失去黨政大權的失落感及「本土文化」大行其道的環境下，充滿著不滿和疑懼。外省人「真正的危機感來自他們多年堅持的價值、情感

和付出不被承認，反而被當成外來者對待」[50]。「省籍議題」的基調由原來議題的「本省人」的「悲情」與現實中「本省人」的「悲情」合二為一，變為議題是「本省人」的「悲情」而現實是「外省人」的「焦慮」。這種「焦慮」其實早在「省籍議題」的公開化和合法化時就在「外省人」心中種下陰影，只是由於國民黨還在執政，這種「焦慮」還有寄託和幻想。到了1994年，「外省人」發現自己的國民黨主席和臺灣地區領導人都在為其「本省人」的身份而「悲哀」，這對於他們幾乎是令人窒息的一擊。李登輝承認自己曾經是日本人，宣稱中華民國是外來政權，而國民黨只有兩歲。他不僅是在將臺灣的政治權力重新洗牌，而且是在為國民黨重新定位歷史身份，更重要的是他用他的權勢與地位從根本上顛覆了許多「外省人」所賴以生存的精神世界，摧毀了他們的價值取向與文化認同，使他們的全部歷史——無論是集體的還是個人的——都從原來道德正義的敘事淪為帶著恥辱感的敘事。「外省人」在現實中不僅充滿疑懼地感受到地位、權力與物質基礎的下降，而且在一片「省籍議題」汪洋大海中發現自己像沒有港口也沒有錨錠的孤船，沒有歸屬，也失去尊嚴。

「省籍議題」對「外省人」精神上的打擊，遠比現實中權力與地位下降更深刻地刺激「外省人」的危機意識。這種「焦慮」到2000年政黨輪替時，徹底變為現實。原來「外省人」的「焦慮」還有對未來的半信和對現實的半疑，2000年後，這種「焦慮」從疑懼轉變為真實的狀況。「省籍議題」在「焦慮」和「悲情」的對抗中，轉為「本省人」的鴨霸（蠻橫）和「外省人」的寒蟬效應。本來在「省籍議題」上就沒有優勢而言的「外省人」進一步陷入了輿論的「沉默的螺旋」。當「本省人」早已過去的「悲情」歷史仍然在「省籍議題」中不斷重複與放大時，「外省人」卻在「焦慮」中聲音越來越小，乃至逐漸沉默。

在討論「省籍議題」的變遷時，不能不關注「省籍議題」的轉換。這種轉換在1992年就出現端倪。據臺灣媒體報導：「1992年底，李『總統』在南臺灣指出，全體『國人』要有『生命共同體』的體認，摒棄『省籍情結』……隔年4月第二屆『國大』第三次臨時會，李『總統』在題為『這是一個歷史的開端』的開幕典禮致詞中信心十足地宣告，『今天，在臺灣的兩千萬同胞，已經形成一個新的生命共同體』。」[51]1994年4月23日國民黨年終工作檢討會上表示：「在我們之間，不應該有任何族群分化論調。大家都是中國人，而且只要認同臺灣，為臺灣的生存發展奉獻心力，不論哪一個族群，不論來臺先後，也都是臺灣人。」[52]「轉換」到1998年達到高點：1998年李登輝再次提出「新臺灣主義」主張，1998年12月1日，臺北中正紀念堂，國民黨舉行臺北市長選舉「牽成團結勝利之夜」造勢活動。當時的國民黨主席李登輝在數萬人的集會上，問馬英九：「你

是哪裡人。」馬英九立即用閩南語回答:「我是臺灣人,吃臺灣米、喝臺灣水長大的『新臺灣人』,艋舺長大的正港臺北人。」李登輝突然舉起馬英九的手,告訴在場的民眾說,馬英九是正宗的「新臺灣人」,大家要努力支持他,話音未落,全場歡呼聲雷動。[53]

　　從「生命共同體」到「新臺灣主義」,至少在表面上看,是對「省籍議題」的一種反動。李登輝等人已經意識到「省籍議題」的侷限性與負面性。由於「本省人」已經逐漸掌權,「外省人」欺負「本省人」的「悲情」歷史已不復存在,在過度消費「本省人」的「悲情」意識後繼續操弄「省籍議題」,將出現缺乏現實基礎的支持而逐漸貶值,此為「省籍議題」的侷限性。而由於「省籍議題」在團結了「本省人」之後,卻敵對了「外省人」,特別是族群之間通婚的普遍存在,純粹的「外省人」家族加上有「外省人」成員的家族不在少數,敵化這些人,將不利於政治動員開闢新票源,此為「省籍議題」的負面性。特別是操縱「省籍議題」的人一旦當權或執政,在「馬上」打天下不能再在「馬上」治天下,「省籍議題」是選舉工具,選後則要高唱「和解共生」。這一系列原因,造成一些政治人物對「省籍議題」既捨不得放棄又擔心其侷限性與負面性的複雜原因。解決的方法就是對「省籍議題」進行修正與轉換。無論是「生命共同體」還是「新臺灣人主義」,在消除了「省籍」矛盾之外,又製造了新的衝突,那就是「臺灣意識」與「中國意識」的衝突以及統「獨」傾向之間的衝突。事實上,「新臺灣人主義」也就是李登輝策動、推行的「李登輝路線」。表面上看,「新臺灣主義」是對「省籍議題」的解構,但這種解構是透過將「省籍議題」轉化為「臺灣意識 / 中國意識議題」和「統獨議題」而實現的。因此,它看似在化解「省籍」的族群矛盾,卻又重新製造了「臺灣人 / 中國人」與「統獨認同」的新的族群對立。「臺灣意識 / 中國意識議題」比「省籍議題」更具有正當性,因為它把假想敵定為「中國」,較易被內部族群所接受,對「外省人」的直接傷害也淡化;而「統獨議題」又比「省籍議題」更具理想性,更加刺激,也更加有能量。「省籍議題」轉化為「臺灣意識 / 中國意識議題」與「統獨議題」之後,拋棄了「省籍議題」的弱點,但同樣收到了分化族群的政治動員效果。因為,在「臺灣意識 / 中國意識議題」和「統獨議題」中,同樣在臺灣內部分化出「認同臺灣」和「認同中國」的兩個族群以及「傾向統一」和「傾向臺獨」的兩個族群。這樣,「省籍議題」轉換為「臺灣意識 / 中國意識議題」與「統獨議題」,既克服了「省籍議題」的侷限性與負面性,也達到了「省籍議題」的目的,這實在是輿論戰中輿論技巧的高超表現。

　　需要強調的是,「省籍議題」轉化為「臺灣意識 / 中國意識議題」與「統獨議題」時,自己並沒有銷聲匿跡,而是移花接木、借船出海地將自己潛伏在「臺

灣意識／中國意識議題」和「統獨議題」當中。所以，臺灣常常會出現一個議題，既可以將之解讀為「省籍議題」，也可以將之解讀為「臺灣意識／中國意識議題」與「統獨議題」。最典型的就是1994年李登輝那一番言論——「身為臺灣人的悲哀」。當時李登輝宣稱：「以往掌握臺灣的，都是外來政權」，「即使國民黨也是外來政權」，「一想到犧牲許多臺灣人的『2·28事件』，『出埃及記』就是一個結論」。[54] 李登輝的上述論調，它既是「省籍議題」，談話中以「2·28事件」的「本省人悲情」為訴求；也是「臺灣意識／中國意識議題」，談話中渲染臺灣人受「外來政權」欺負，它有「臺灣人出頭天」的理想；還是「臺獨議題」，它把包括清政府、國民黨當局府視為外來政權，內含臺灣「獨立」的傾向。事實上，在一些政黨的操弄下，「省籍議題」和「臺灣意識／中國意識議題」與「統獨議題」常常混雜在一起，互為表裡，互為主賓，並互相轉換。所以1994年不僅是「省籍議題」由公開到正義的轉折點，也是「省籍議題」由「悲情」到「焦慮」的轉折點，也是「省籍議題」向「臺灣意識／中國意識議題」與「統獨議題」轉換的轉折點。

第三節 「省籍議題」的當代特徵

「省籍議題」發展到今天，其作為臺灣政治文化的政治情感符號具有如下特徵：

第一個特徵就是肆無忌憚的公開性。本來所有輿論都是公開的，但是由於受到道德、政治、法律和文化的約束，有些輿論議題是受到限制的，是有忌諱的，一旦有人敢於觸碰這些議題，就必然會掀起軒然大波。比如全世界公認有關族群的議題一般是有忌諱的，越是民主自由的社會，對族群議題越是忌諱。在美國，如果有人膽敢碰種族歧視或蔑視女性的議題，就像捅了馬蜂窩一樣不可收拾。不僅政治人物不敢挑釁這種輿論的禁忌，就是娛樂明星甚至大學校長觸犯了這個禁忌也同樣會受到嚴懲。2006年11月17日，美國著名喜劇演員邁克爾·理查（Michael Richards）在進行現場喜劇表演時，表現出了歧視黑人的動作和言語，這一場面剛好被名人網站TMZ.com及時拍攝了下來，其視頻錄像被放到了互聯網上並得到廣泛傳播。在輿論的壓力下，11月20日，理查在美國好萊塢的一家國家電視臺裡，就自己的種族歧視言論公開進行了道歉。[55] 2005年1月14日在一次經濟學會議上，哈佛大學校長薩默斯（Lawrence H.Summers）儘管是作為經濟學學者的身份而不是以哈佛大學校長的身份出席此次會議，但是他在會議的演講中語出驚人：女性之所以在理工科領域落後於男性，可能是因為兩性之間

天生的差異。此言一出，輿論大嘩。一位麻省理工學院著名女科學家當場退席以示抗議，哈佛大學女教師委員會寫信給他說：「你的行為給大學的名譽帶來嚴重損害。」在輿論壓力下，薩默斯寫信給哈佛大學女教師常務委員會道歉，但仍然難以平息世界輿論的譴責。薩默斯的這種被輿論強烈斥為「性別歧視」的論調，直接引爆一場轟轟烈烈的要求其辭職的「反薩默斯風潮」。2006年2月21日，薩默斯校長正式對外宣布，出於自己的決定而不是校董事會的命令，他將在今年6月30日辭職。隨後哈佛校董事會表示「以尊重」的方式接受其辭呈，從而結束了這一歷時一年之久的巨大風波。[56]

但在臺灣，同是作為「族群議題」，「省籍議題」居然可以赤裸裸地、毫無忌憚地公開表達，而且並未受到輿論的同聲譴責，反而取得一部分輿論的支持和讚賞，並收到輿論的現實效果，輿論的推動者還被本族群的人視為「族群英雄」。這種現象在全世界的輿論環境裡都是罕見的。沒有一個社會的輿論會像臺灣這樣讓有關族群的議題如此橫行。在西方，有關族群的輿論忌諱甚至有些草木皆兵。舉一個例子：在中國流傳一個考托福的訣竅，那就是如果托福的聽力有男聲和女聲不同的答案，常常就是男聲的答案不正確；如果題目有出現黑人、印第安人的題目，正確答案一定是正面評價黑人與印第安人的，因為出試題的人都害怕招來輕視婦女與少數族裔的輿論之禍，可見族群的輿論忌諱已經滲透到生活的各個方面。可是在臺灣，在這種特殊的政治文化裡，上到「總統」，下到普通民眾，包括大學教授在內的一切人都可以公然地挑起族群問題。2002年4月19日，高雄市工務局長吳孟德在市議會答詢時，居然將高雄市2001年鬧水災之責歸咎於「外省人來太多」。[57] 人們不僅奇怪他的邏輯，更訝異他的大膽。族群議題的肆無忌憚可見一斑。

在臺灣，「省籍議題」不僅沒有道德的包袱，不負法律的責任，甚至沒有政治的壓力，不像「統獨議題」那樣，還有禁忌。陳水扁可以脫口而出「省籍議題」，卻不敢隨意拋出「統獨議題」，這就說明「統獨議題」在臺灣還是受到某些壓力，不能隨意地、肆無忌憚地說出來，即便說出來，隨後也要自己或請人解釋和澄清。比如2006年初陳水扁拋出「廢統」議題，立即引起軒然大波，遭到了大陸方面和國際社會的強烈反對。由於受到政治和輿論的強大壓力，陳水扁最後不得不把「廢統」改為「終統」[58]。儘管陳水扁「謀獨之心」路人皆知，但陳水扁及其幕僚還是得不斷出來解釋、澄清，所謂「終止」不是「廢除」，其「終統」的行為，沒有改變臺海現狀，也沒有違背其承諾的「四不一沒有」。而在「省籍議題」上，陳水扁等人則毫無這樣的壓力，他可以脫口而出，而且無需解釋，也無須澄清。陳水扁在1998年為尋求臺北市長連任，肆意操弄省籍議題，將說閩南話的自己

和不大會講閩南話的對手比喻為以「土狗對貴賓狗」、「包子對比薩」，把選戰轉化為一場激烈的省籍之戰。[59]

在臺灣「省籍議題」常常是和「統獨議題」相伴而生的。對於某些政黨和政治人物，「省籍議題」和「統獨議題」其輿論的目的都是一樣的，但是就因為前者的肆無忌憚、後者的敏感性，其使用的頻率和功效大不同。因此，「省籍議題」可以頻繁地拋出，而「統獨議題」一定是在非常時期才出現——它一旦出現，就是輿論地震。但它不僅是票房大補藥，也是票房大毒藥，由於其藥性過猛，所以必須少用和慎用，不到萬不得已，不到緊急狀況，「統獨議題」是不會輕易拋出的；相反，「省籍議題」也許功效不如「統獨議題」那麼猛，但是它實用、便宜、成本低、代價小，就成為政治人物最愛操弄的議題。「省籍議題」的肆無忌憚，是臺灣輿論怪象中最典型的症狀之一。人們每每用撕裂的臺灣來形容當今的臺灣，「省籍議題」的肆無忌憚是它的原因，也是它的標誌。

但是「省籍議題」在臺灣也並非是一開始就毫無忌諱的，在威權時代，「省籍議題」是嚴格限制的，[60]即使是地方縣市長的選舉，「本省籍」的候選人為了動員「本省籍族群」，也只能用身份的區隔、暗示的話語，而不敢公然操縱「省籍議題」——如「2·28事件」、「外省人滾回去」這樣的輿論來爭取選民。「解嚴」過後，政治「民主化」為族群政治提供了環境條件，因為只有政治「民主化」，政治資源的爭奪才會從官場與宮廷波及平民百姓，民眾的選票才成了政客爭奪的資源，因此，族群政治才能夠有條件地出現。但「族群政治」並不等於可以肆意操弄「族群議題」，以族群的仇恨與歧視作為議題仍然是全世界的大忌。不過在臺灣，「省籍議題」卻是作為「政治民主化」的「成果」被臺灣社會接受下來，反映了這個時期臺灣政治文化的特點。「省籍議題」的肆無忌憚被作為「自由」的象徵和「民主」的標誌，「省籍議題」的無所顧忌連同「立法院」的打架一起，成為臺灣畸形民主的一道風景和政治文化的奇觀。這不僅是輿論學值得研究的對象，也是政治學、社會學、社會心理學反思民主進程得與失的典型個案。「省籍議題」從忌諱到開放再到放縱，是臺灣政治文化轉型的結果。有關這方面，本書將在第三章詳細討論。

臺灣「省籍議題」的第二個特徵就是它不斷髮酵的可持續性。一般的輿論議題經過一個週期，就會自然消失，公眾對它的注意力會慢慢減弱。輿論始於關注、終於關注，令人長時間興奮的輿論議題少之又少。而對於政治人物來說，好計不可再用，一種輿論作為工具達到一次目的，下一次使用就要謹慎：或者擔心公眾不再喜歡老調重彈，或者害怕公眾識破自己製造輿論的功利性目的。但是「省籍

議題」卻百毒不侵，不受這種羈絆，它可以反覆使用，頻繁使用，長時間使用，甚至不間斷地使用，而且屢屢奏效，屢創奇蹟。它甚至還可以積累，把前一次的議題效果作為下一次的基礎，不斷走向高潮。對於某些族群，「省籍議題」就像每天嚼的檳榔，儘管有得口腔癌的危險，儘管被醫生警告為不健康的行為，但卻上了癮，不吃就不爽，一吃就痛快，而政客因此樂得撿得便宜貨。「解嚴」以來，在臺灣，沒有一項選舉沒有「省籍議題」的出現。它的經久耐用是政客們取之不盡的政治銀行，它甚至會利滾利地放出高利貸，成為會自動吐出選票的售票機，一按就靈。

　　從1989年的「三項公職人員選舉」到2006年的「北高市長」選舉，臺灣年年陷入「省籍議題」的輿論漩渦。不僅將省籍情結直接表現為「省籍議題」，甚至在包括「民生法案」在內的其他議題也轉化為「省籍議題」，以此作為彼此區隔、協商、妥協與結盟的依據。當然「省籍議題」作為最有效的族群動員工具，始終是選戰的焦點：「比薩 vs. 包子」、「貴賓狗 vs. 土狗、」、「香港腳」、「清黨產」、」外省人滾回去」、「外省院長欺負本省總統」、」外省人要奪本省人土地」[61]等一系列符號與語句，作為「省籍議題」的層出不窮、花樣百出的不同表述，成為撕裂族群、動員群眾最刺激的議題。[62]2005年2月25日，由民進黨「本省籍」的陳水扁和親民黨「外省籍」的宋楚瑜，發佈「扁宋會」十點聲明中，其中兩點涉及族群議題：分別是「任何對族群具有歧視或攻擊性的語言和行為，均應受法律制裁和約束，共同推動保障族群權益及促進權益及促進和諧的基礎法制」，以及「政府應在經濟、社會、教育、文化和考試領域，確保各族群享有公平的權利與地位」。[63]這從反面證明了族群問題在族群議題捉弄下已經將社會撕裂到何種程度！具有諷刺意味的是，隨後的事實讓人看到這十點聲明只不過是又一次族群和解的假象或煙霧。它只不過證明，族群和解如同「省籍情結」一樣，也是政治利益驅動的輿論議題，或者說本身就又是一次「族群議題」的變種。之後，陳水扁繼續在玩類似「『外省人』在欺負『本省人』」的議題把戲。「省籍議題」就是這麼廉價有效的政治工具，所以「省籍議題」對於那些想從族群政治中大撈好處的政客怎麼可能輕易放棄？

　　「省籍議題」之所以能反覆使用，就是因為它能給輿論的製造者帶來利益。「省籍議題」被視為在臺灣競選活動中最廉價、有效的工具，因此，「省籍議題」的第三個特徵就是它的坐收漁利的「績優性」。它就像一只信用良好的股票，你投資它，就可以升值就可以分紅，這個「值」和「紅」就是政治資本。由於選舉議題夾雜著其他議題，也包括候選人的其他因素，因此，無法專門就「省籍議題」與候選人是否當選的純粹關聯度進行實證研究，也無法透過實驗來驗證「省籍議

題」對投票行為的影響，但是我們可以從每一次選舉都大打「省籍議題」的現實情況，以及這十幾年來族群政黨認同中發生的變化，看到二者的關聯，請看表4：

從表4可以看出，從1999年到2003年間「本省」閩南人支持泛綠的人群，從14.3%上升到1997年的22%，再到2000年後基本維持在30%左右，增幅高達一倍以上。增加的支持者主要來自「本省」閩南人中原來的中立無反應者，而這部分的人群從原來的55%，下降到40.2%；原來支持泛藍的「本省」閩南人大約一直維持在30%上下；而「本省」客家人支持泛綠的人群比例也從1994的12%增加到1997年的20%上下，而中立無反應者則下降到10%。顯而易見，經過十幾年的政治操弄和社會變遷，對政黨認同的「省籍」版圖已經發生了變化，大量（10%到15%）的「本省籍」中間選民轉為支持泛綠，從而使泛藍與泛綠的政治版圖皆維持在30%到40%這樣不相上下的階段，讓每一次選舉都成為關鍵的少數之戰。兩三萬票之差可以定「總統」，幾千票之差可定「立法委員」，而「省籍議題」既可以動員基本盤的民眾不流失而且出來投票，又可以分化中間選民。正是因為可以從現實中得到這些甜頭，而讓政治人物樂此不疲。

表4：（省籍）對政黨認同趨勢分佈表

		94下	95上	95下	96上	96下	97上	97下	98上	98下	99上	99下	00上	00下	01上	01下	02上	02下	03上
本省客家人	支持泛藍	38.1	57.1	45.5	48.8	48.5	34	33.2	36	41.6	43.1	41.6	37.5	38.2	37.7	34.9	31.8	38.7	41.9
	支持泛綠	12.9	6.8	10.6	10	11.6	23.3	19.7	21.1	21.5	17.8	23.8	23.6	22.3	22.6	18	24.6	23.3	19
	中立無反應	48.9	36.1	43.8	41.3	39.8	42.7	47.1	42.8	36.9	39.1	34.6	38.8	39.5	39.7	47.1	43.6	38.1	39.1
	樣本數	139	133	2133	562	379	150	295	705	794	634	344	901	301	713	518	801	344	389
本省閩南人	支持泛藍	29.9	34.5	32.6	38.5	37.8	28.6	25.2	28.5	28.9	31.6	34.2	27.3	28.1	27	24.2	24.9	27.5	31.2
	支持泛綠	14.3	12.6	15.4	16.4	14.7	22	17.9	24.2	24.8	25	27.3	29.7	30.7	29.6	30.5	31.3	307	28.6
	中立無反應	55.8	52.9	52	45.1	47.5	49.4	56.9	47.3	46.2	43.4	38.5	43	41.3	43.4	45.3	43.8	41.9	40.2
	樣本數	862	866	13713	3463	2654	872	2035	4567	4823	4581	2228	6245	2014	4631	3183	4787	2494	2378
大陸省市人	支持泛藍	67.5	74.1	65.7	73.5	73	58.8	56.7	52	53.3	63.7	58.6	58.2	58.8	60.9	57.4	53.4	56.5	63.2
	支持泛綠	2	4.1	3.7	3.4	2.5	4.4	5.6	7.4	8.5	72	6.2	8.6	7.9	9	9.8	10.3	10.3	9.2
	中立無反應	30.5	21.8	30.6	23.1	24.5	36.9	37.7	40.6	38.2	29.1	33.2	33.2	33.3	30.1	32.8	36.3	33.1	27.6
	樣本數	151	170	2616	532	474	160	321	800	880	774	428	1019	330	823	564	818	474	446
少數民族	支持泛藍	35.7	45.8	59.2	61.5	70.3	37.5	64.3	52.5	56.3	53.3	64.6	57.3	51.9	44.7	51	57.3	63	53.7
	支持泛綠	7.1	16.7	4.5	5.1	9.4	25	107	10.7	14.3	12.5	13.5	14.2	16.5	4.1	14.6	8.7	7.3	
	中立無反應	57.1	37.5	36.3	33.3	20.3	37.5	25	38.1	33	32.4	22.9	29.2	33.3	38.8	44.9	28	28.3	39
	樣本數	14	24	314	78	64	16	28	118	103	105	48	96	27	85	49	82	46	41

資料來源：楊蓮福：《人口問題與臺灣政治變遷》，臺北：博揚文化，2005年版，第232頁。

「省籍議題」的第四個特徵就是情緒煽動的宣洩性，這與它作為政治文化的政治情感符號是相一致的。本來煽動性是所有輿論的特點，輿論就是要透過煽動才能聚集多數人的力量而形成輿論壓力來達到現實效果。而「省籍議題」的煽動性與一般議題的煽動性不同在於它主要是一種情緒的宣洩。一些輿論議題也有煽動性，比如「民生議題」、「政見議題」、甚至「統獨議題」，都有可能具有煽動性，但它們主要不是靠情緒的發洩和渲染，而是透過其他手段比如訴諸人們的理性達到目的。而「省籍議題」的主要表現形式就是宣洩，製造悲情、委屈、憤怒、仇恨的情緒。這些議題大多沒有實質的內容，既不著力於現實問題的解決，也不著眼於未來理想的建構，而只是或沉湎於重翻歷史舊帳，編造一種修飾裁剪過的情緒化的歷史；或滿足於口舌的快感，製造語言的衝突和對立。

「省籍議題」第五個特徵是它「沉默螺旋」的倒置性。「省籍議題」發展到今天，呈現一邊倒的現象。「省籍議題」實質上只是「一省一籍」的議題，只有「本省籍」的人挑起這個議題，「外省人」避之惟恐不及。本來族群議題既然目的是為了動員族群，你可以動員你的族群，我可動員我的族群，在許多民族國家或社會裡，各民族的菁英就是分別用族群識別來作為議題動員自己的群眾。但是在臺灣，「外省人」不敢公開說自己是「外省人」，政治人物儘可能迴避自己的「外省人」身份（比如馬英九出生在香港就像是原罪），政黨害怕被貼上「外省籍」的標籤（比如親民黨）。這種害怕與迴避，循環往復，就變成「本省人」的聲音越來越大，「外省人」的聲音越來越小，這是一種輿論典型的「沉默的螺旋」現象。

「沉默的螺旋」理論的核心觀點是：大多數的人都會儘量避免單獨持有某種觀點或意見，以免自己被眾人所孤立。個人為了瞭解哪些意見或觀點占優勢，就會透過自己或大眾傳播媒介來觀察週遭的環境。如果個人認為自己的意見或觀點是弱勢的，便會因為害怕孤立而不願意將自己的意見或觀點表達出來。[64]

今天「省籍議題」不僅是一邊倒的輿論議題，而且是倒置性的輿論議題。一般而言，在多族群的社會裡，特別是存在一個人口比例占多數的族群與其他少數族群共同生活的族群社會裡，常常是強者只做不說，而弱者只說難做。因為強者擁有人口優勢或者是政權優勢，它往往會造成族群社會裡族群之間事實上的不平等。強勢族群由於是事實上的受益者，所以它對族群議題儘可能不碰，以避免落人口舌或提醒人們把注意力集中在族群的不平等上，甚至不惜用各種手段禁止壓制族群議題的提出；而弱勢族群由於在現實中是受損害者、被剝奪者或遭歧視者，而它又無力用政治、經濟、法律等實用手段解決問題，所以轉而求諸輿論，

大張旗鼓地挑起族群議題，儘可能讓社會的注意力集中在族群不平等的現實上，以形成輿論的壓力而迫使強勢族群有所收斂，有所改善。輿論是弱勢群體的天然盟友，弱勢群體往往運用輿論工具使自己能成為輿論的強勢群體，而現實的強勢群體往往是輿論的弱勢群體，因為當一個強者與弱者的矛盾公之於眾，人們一定是同情弱者。如政府和民眾一旦在輿論中對立，政府除了用行政手段施壓外，往往在輿論交鋒中處於下風。所以，一些政府為了改變這種劣勢，往往要把自己打扮成人民的代表者或群眾的代言人。因為在輿論的主體的名義上，「人民」和「群眾」比「政府」更有正當性，「主權在民」的深入人心，使「政府的權力來源於人民」成為天下的共識，所以多少政客假人民的名義以行輿論之實。而弱勢群體則是輿論最理直氣壯的輿論主體，特別是有些群體除了聲音幾乎一無所有的時候，輿論是他們唯一能夠抗衡社會的武器，所以輿論常常是實現社會正義、平衡社會失衡的社會公器。在絕大多數民主社會裡，黑人、少數民族、婦女、同性戀者最善於拋出事關族群的輿論議題，透過輿論的關注和壓力來獲得同情與支持以改善自己的地位。

　　如果說「解嚴」前的臺灣社會很符合輿論世界的常識，比如國民黨當局作為強者在族群關係上只做不說，甚至在族群議題上採取高壓政策。而 2000 年政黨輪替後的臺灣社會，就和輿論世界的常識背道而馳了。在今天的臺灣社會，「本省族群」不僅在人口數量上占據絕對的優勢（在 2003 年，所謂的「本省人」占臺灣人口總數的 82.9%，「外省人」僅有 13.5%[65]），「本省籍」的人口比例已占壓倒性的多數，而且在政治資源上居於強者地位，代表「本省籍」的民進黨已成為「執政黨」，而「外省人」無論從人口數量和行政資源上都處於弱勢的地位，可是偏偏就是他們不敢像西方社會的黑人等弱勢群體那樣高舉輿論的大旗，反而對族群的議題避之惟恐不及；與之相反，恰恰是人口數量占優勢的「本省人」及政治地位屬強者的執政黨的民進黨，卻肆無忌憚地挑起「族群議題」。「省籍議題」這種倒置性的特點，如果不是世界輿論現象絕無僅有的特例，也是罕見的輿論奇觀。

第四節 「省籍議題」與臺灣政治情感的互動

　　「省籍情結」是臺灣政治文化最典型的政治情感，「省籍議題」是臺灣政治文化最有代表性的政治情感符號。「省籍議題」與臺灣政治情感（「省籍情結」）的互動，用兩個字概括，就是「悲劇」。

如前所述,「省籍情結」作為臺灣的典型的政治情感,它是一系列悲劇的產物,經過長時間地壓抑、積累,於「解嚴」後釋放並反映到輿論上形成「省籍議題」,曾經走過短暫的追求轉型正義的理想階段,但隨著政治的操弄,「省籍議題」又將「省籍情結」放大扭曲,「省籍議題」變成又一個悲劇。它沒有澄清事實,反而模糊了真相;沒有卸下歷史包袱,反而增加了歷史負擔;沒有促進族群和解,反而導致族群對立;沒有消解舊的問題,反而製造新的衝突。「省籍議題」使臺灣的政治情感變得更分裂、更迷亂、更對立、更仇恨。在「省籍議題」的操弄下,「省籍情結」持續積累著新仇舊恨,並由此再次反映到「省籍議題」上,製造新一輪的省籍衝突,並如此循環往復,從一個悲劇進入到另一個悲劇。後一個悲劇是前一個悲劇之果,又轉化為下一個悲劇之因,就這樣「省籍議題」與作為政治情感的「省籍情結」互為悲劇的因果,其悲劇性至少表現在以下幾方面:

一、「省籍議題」與「省籍情結」的互動是歷史的悲劇,更是當代的悲劇

如前所述,作為臺灣的典型政治情感,「省籍情結」是歷史的產物,以之為基礎的「省籍議題」也是歷史的產物。如果說歷史上一系列的悲劇造成了「省籍情結」轉化為「省籍議題」的話,那麼隨著過去的悲劇性的歷史條件消失以及過去的悲劇不再重演,「省籍情結」應該逐漸淡化,「省籍議題」也應該隨風飄去。原來「省籍議題」強烈訴求的「臺灣人的出頭天」,隨著李登輝的上臺,特別是2000年的政黨輪替,已經如願以償。原來「省籍議題」強烈呼籲的「自由化」、「民主化」與「多元化」(「本土化」)在某種意義上也達到了現實目標。可是為什麼今天的臺灣雖然不再發生類似「2‧28事件」這樣的流血事件,但是「省籍」的分歧反而越來越大、「省籍」的衝突反而越演越烈?悲劇造成了「省籍議題」,而「省籍議題」繼續製造悲劇。如果說「省籍議題」的歷史悲劇令人扼腕的話,那麼在今天「省籍議題」繼續製造更大的悲劇不僅讓人匪夷所思,更讓人痛心疾首。政治人物為了自己的一黨之私、一己之利,不惜不斷地用「省籍議題」撕開「省籍情結」的傷口,讓它放大和扭曲。「省籍議題」作為今天的悲劇之因比其作為歷史的悲劇之果,有著更沉重的悲劇性。

二、「省籍議題」與「省籍情結」的互動是現實的悲劇,更是想像的悲劇

如前所述,「省籍議題」不是空穴來風,它是建立在一定悲劇性現實的「省籍情結」的基礎之上的。但是,在原來引發「省籍情結」的一系列現實衝突解決之後,加上時至今日,「省籍情結」在一般民眾的日常生活之中感覺並不那麼嚴重的大環境中,「省籍議題」卻越演越烈。每當重要選舉來臨時,總會有候選人拿它來作為訴求,「而且也往往能達到一定程度的『撩撥』效果」。[66] 按照李

普曼的理論,人們生活在兩個世界,一個是現實世界,一個是虛擬世界。用輿論建構起來的虛擬世界並不等同於現實世界,它是由人們建構起來的,在建構的過程中,由於人們的成見、偏見、操弄以及一系列的因素,人們從輿論世界得到的現實圖景和本來的現實世界大相逕庭。[67]「省籍議題」也同樣如此,顯現在「省籍議題」中的族群關係,遠比現實的「省籍關係」分歧更大、衝突更大,在這個想像的世界裡,「本省人」與「外省人」幾乎你死我活不共戴天。可是在現實生活中,「客家人」與「外省人」雖然和原籍的臺灣人有次文化的差異,但其基本上都屬於漢文化,加以近年來各族群間婚姻交換和語言學習的普及,這幾個漢人族群間的族群界限漸趨模糊。[68]那麼,政治人物為什麼需要這樣一個想像的世界?原因在於人們對現實世界把握的能力是有限的。現實世界龐大複雜且轉瞬即逝,人們直接把握現實世界的可能性微乎其微,人們對現實世界的認知,更多地依賴於別人特別是由媒體提供給自己的虛擬世界。人們生活在這個虛擬世界中,卻誤以為這就是生活的本來世界,也沒有條件(物質、時間、金錢)來判斷真假,最關鍵的是人們往往依賴這個虛擬的世界並以此為依據而進行現實的行動。因此,想像的世界同樣可以產生現實的行動以及現實的結果。正是看到了這一點,所以政治人物對於建造一個有利於自己的「想像的世界」樂此不疲。當「省籍議題」越來越背離現實生活中的「省籍關係」與「省籍情結」時,那些害怕與擔心族群的和諧與和解將損害其利益的政治人物與政黨驚喜地發現,「省籍議題」是可以製造現實中並不存在或者比現實更加猛烈的衝突,而且議題中的衝突能夠使一些人們相信這是真切的,並使之在現實中轉化為更強烈的政治情感並依據此進行投票行為等現實行動。作為「想像世界」中的「省籍議題」,它來源於現實悲劇並繼續製造著更多的現實的悲劇,因此,「省籍議題」不僅是現實的悲劇,更是想像的悲劇,它將現實的轉化為想像,再把想像的轉化為現實。

　　三、「省籍議題」與「省籍情結」互動的最大悲劇在於「省籍議題」是最好的輿論工具

　　純粹就輿論而言,「省籍議題」堪稱最佳的輿論工具之一。它的優點在於廉價、有效而且可以反覆使用。這種輿論工具是不可多得的,任何具有這樣的特點的輿論議題都是輿論的最愛。

　　「省籍議題」的成本很低,輿論操縱者無須政績,不需要用業績。說話就可以「空口套白狼」——「空手套白狼」還需要力氣動動手,而「省籍議題」只要動動嘴皮子就可以。「省籍議題」操縱者不必對選民承諾什麼,政治人物如果承諾三年經濟搞不上去或者半年治安沒有明顯好轉,就要承受輿論壓力,時間到

了就要交帳，交不了帳就要費口舌，而民眾心裡自有一桿秤；但「省籍議題」的操縱者絕沒有這樣的包袱，他不許諾「臺灣人什麼時候出頭」，只要喊一喊「什麼時候才是臺灣人的出頭天」就夠了。臺灣人什麼時候出頭不是他們要兌現的責任，他無須向選民負責，倒是選民要內疚，為什麼還不讓「本省人」的政治菁英當權，使臺灣人有出頭天？

「省籍議題」的功效很好，屢試不爽，即使不能保證操弄議題的人一定當選，但是一定能夠保證自己的選票會比不操弄的增加不少。「省籍議題」的厲害是可以一下命中對方的命門，不管你政績再好，再清廉，只要你是「外省人」，你就是「中國豬」、「賣臺集團」[69]、「不愛臺灣」，至少「不如『本省人』更愛臺灣」，最低限度也是讓「本省人」信不過你，這樣你就永遠無法翻身，因為你可以改變政績，可能堅守清廉、可以改善形象，但是你不可能改變出身，這是「外省人」的原罪。你的出身就注定了你不可能維護「臺灣的主體價值」，這是「外省人」的命運的「阿喀琉斯之踵」，政治人物只要一劍就可以封喉。[70]

「省籍議題」不僅可以拼選票，在轉移輿論話題上也是屢建奇功。比如2006年陳水扁身陷弊案風暴，6月20日，在臺灣「立法院」即將表決對陳水扁罷免案的前一天，「總統府」透過電視直播陳水扁的「向人民報告」。陳水扁全程80%用閩南語講話，被輿論認為是向本土族群訴苦，以轉移「弊案議題」。臺灣媒體第二天評論，陳水扁兩個小時的演說，花了一半以上的時間歌頌自己的「豐功偉業」，只用不到十分之一的內容響應圍繞在其家庭周圍、招致民怨沸騰的弊案。對於諸多弊案，陳水扁不是講不清楚，就是避重就輕，甚至有說謊之嫌。陳水扁全程幾乎都以「臺語」發音，現場還安排「臺語翻成國語」同步口譯。此一安排充分顯現陳水扁有意把臺灣區分為「聽懂臺語」及「不懂臺語」兩個族群，談話內容也極盡分化之能事。談到對自己的揭弊，就將之說成是「聯共反臺」對抗「反共保臺」，強調他是採行「本土路線」，暗示不支持他的人就是「反本土」。陳水扁在「報告」最後提到，有人說「子彈已經上膛」，若為了臺灣，他願意犧牲，「請扣扳機吧！」陳水扁如此運用民粹，試圖把「省籍議題」與清查弊案真相模糊在一起，硬是以其權力的優勢，透過電視的黃金時段，以「獨白」而不接受提問的方式轉移話題，煽動仇恨。[71]

但陳水扁以「省籍議題」轉移話題目的仍然達到。中南部的一些民眾，特別是陳水扁老家的臺南鄉親含著眼淚看著陳水扁被「欺負」的圖景，群情激昂。政治人物喊出努力營造出「外省人」欺負「本省人」場面，提醒「本省人」：你們看看，「本省人」當上了「總統」還被他們欺負得這麼厲害，想當年「外省人」

當「總統」會像我們「本省人總統」這樣民主、這樣包容而嚥下這口氣嗎?一下子就將反貪腐議題轉移成族群議題話題。[72]

在各種議題中,「省籍議題」對於相當一部分人來說,具有輿論的比較優勢,易刺激輿論興奮中心,由此可以遮蓋醜聞和弱點。輿論的素材有的是,只要挑起歷史,就可以轉移話題,如果泛藍嚥不下這口氣,跟著打這個議題,那就更好。2007年泛綠陣營再次掀起了「去蔣化」運動。他們繼續搬走臺灣軍營和軍校等地的兩蔣銅像,要求將「中正紀念堂」改名甚至拆除,撤除桃園慈湖蔣氏父子暫厝陵寢「憲兵」的護衛編制,取消新臺幣紙幣上的蔣介石肖像。為反制當局「去蔣化」的動作,清明節當天,國民黨特別在桃園慈湖舉行了謁陵儀式。此前的3月31日,國民黨也組織了「熱愛臺灣,捍衛中華民國」的萬人大遊行。[73] 這樣泛綠又成功地惹得泛藍跳起來,和自己打「省籍議題」的輿論戰,使得泛藍從具有優勢的反貪腐議題轉移到泛綠最擅長的「省籍議題」,這是綠色政治人物最有優勢的輿論主場。泛藍客場競爭,且不說輸多勝少,即使贏了,泛綠也就成功地把輿論的興奮中心從自己最不利的地方轉移了,這是綠色政治人物屢試不爽的金蟬脫殼之計,而泛藍往往中計,被泛綠主導的「省籍議題」牽著鼻子走。

輿論的議題是幹什麼的?議題設置理論指出,媒體也許無法改變人們對事物的看法,卻能夠改變人們想什麼。[74] 設置輿論議題的第一個層面的交鋒,就是要改變民眾認為什麼樣的議題最重要,從而讓其他議題屏蔽,將輿論主體所操縱的議題凸顯成為人們的關注點。「省籍議題」或者可以把議題從現實拉回到歷史,從而開闢另一個輿論主戰場,或者可以把一切現實的輿論議題解讀為省籍的矛盾與衝突(如「外省人」欺負「本省人」)。這樣能攻能守的輿論議題,正是綠色政治人物的最愛。

如前所述,一般的輿論議題只能用一次,即使反覆使用,也會呈現效果的衰減效應。這除了契合人類的喜新厭舊心理,另一個原因就是好計策的反覆使用容易讓人識破計謀背後的陰謀或陽謀,並引起人們的抗藥性和免疫反應。歷史會癒合傷疤,時間會淡化「悲情」,但是至少在2005年前,「省籍議題」還沒有出現逆轉和衰減現象,它最多不過是轉化為「臺灣意識/中國意識議題」與「統獨議題」,或者是潛伏在其中,伺機而動,(2005年臺灣出現了輿論歷史拐點,將在另文中詳細討論)。「省籍議題」不斷使「省籍情結」積累與放大,並被實踐一再證明是行之有效甚至是立竿見影的工具。2004年2月28日,泛綠陣營借「2‧28」紀念日發起了由基隆至屏東的「百萬人牽手護臺灣」大遊行,其實質是為凝聚本土選民,動員本土選票支持陳水扁2004年競選。據報導,本次活動

參與人數多達 120 萬,動員催票效果明顯。活動過後所做的民調顯示,原先綠營一直落後藍營 7 -5 個百分點,但在大遊行後,綠營只差藍營 3 個百分點。[75] 而陳水扁本人也在活動後續效應的影響下,連任成功。「省籍議題」反覆使用是否有效,一個最直觀的證據,就是「省籍議題」反覆在使用的這個事實本身。政治人物是最現實和最功利的,如果一個輿論議題無效甚至反效果,他們是不會一再使用的。

一方面,「省籍議題」是如此好用的輿論工具,另一方面,「省籍議題」又為撕裂族群、培育惡質的政治情感種下了一系列惡果,這個工具越好,它所釀造的悲劇越大。「省籍議題」的廉價、有效只是針對輿論的操縱者,但它使政治人物在付出最小的政治成本的同時,讓社會付出了最沉重的代價。「天下沒有白吃的午宴」,如果有人在白吃,就一定有別人買單。輿論也不可能沒有成本,只是這個成本由誰支付。當「省籍議題」讓一小部分人獲利時,整個社會的利益就受到衝擊。今天臺灣政治情感的分裂、對立、仇恨、焦慮無不與「省籍議題」相關,「省籍議題」必須為撕裂的臺灣負責。它越能夠反覆使用,人們的夢魘就越是揮之不去。「省籍議題」與「省籍情結」互動的最大悲劇在於省籍議題是最好的輿論工具,卻是最惡的社會亂源。

第五節 「省籍議題」的生命週期

儘管「省籍議題」呈現出歷史性、持久性、反覆性、複雜性等多重特點,其至今仍作為廉價而有效的工具被反覆地使用,影響著當代臺灣政治、經濟、文化、教育等社會各個層面,而且似乎一發不可收拾,沒完沒了,甚至出現滾雪球效應,但「省籍議題」同任何一個輿論議題一樣具有生命週期,從其與臺灣民眾相互關係的變化,可將「省籍議題」的演變劃分為三個階段。

第一個階段,「省籍議題」的提出與民意的基礎一致,基本反映了現實的「省籍情結」狀況。在這個階段,「省籍議題」獲得了民意的支持與支撐,這時提出「省籍議題」的意見領袖成為民意的代言人。儘管議題的提出者是否真心為民眾發聲仍值得歷史的質疑,但他們的聲音的確代表著大部分民眾的心聲,民眾仍然相信意見領袖是在為他們的「民主」、「自由」和「權利」在呼籲吶喊。「省籍情緒」在「省籍議題」的公開過程中得到釋放與補償,從而在一定程度上緩和了族群的緊張關係,避免了社會矛盾的激化。

第二個階段，是「省籍議題」的提出與民意的基礎相對分離，卻大致合拍。這個階段，產生「省籍情結」的現實性因素逐漸減少，「省籍議題」慢慢脫離其現實性的基礎而進入歷史的回憶與現實的虛構。從「威權時代」的結束到李登輝上臺直至民進黨「執政」，族群關係的形勢逐漸發生逆轉，「本省人」被欺壓的「悲情」事件越來越少，取而代之的是「外省人」的危機意識油然而生，「省籍衝突」轉化為大規模的流血與暴力事件的可能性越來越小。而從輿論學「沉默的螺旋」理論來看，「省籍議題」如今是「本省人」強者越強的輿論武器。「外省人」對「省籍議題」不敢也不願涉及，而失去權力、失去資源居於少數的「外省人」已不可能將類似「2‧28事件」的故事重演。「本省人」的「悲情」故事隨著強人政治的遠去而遠去，「本省人」「出頭天」的時代已經到來。依靠「悲情」來支撐的「省籍議題」無法從現實中找到題材，只能不斷地回到歷史的記憶中尋找源泉。因此「2‧28事件」在「省籍議題」中不斷被提及，這一方面證明歷史議題的長遠影響力，另一方面也證實了「省籍議題」在現實中越來越缺少支撐的基礎，「省籍議題」不得不停留在歷史中，用不斷揭開歷史的傷疤來延續議題的生命力。民眾也開始逐漸認清「省籍議題」不過是政治人物為一己、一黨之私而操弄的政治工具。1994年，一位「本省人」的女性，她做「外省人」的媳婦，她對省籍產生了困惑，她以「我的一雙兒女到底要算外省第幾代？」為題，書寫了她的不安與迷惘。「我覺得莫名其妙，到底我的先生是『外省』第二代嗎？那麼我的一雙兒女就算『外省』第三代了？或者他們算混血？是該滾到臺灣海峽內？或者丟到太平洋裡？……」[76]但由於政治人物長期挑撥，造成了臺灣社會「信者恆信，不信者恆不信」的結果，臺灣社會已經裂解為深度不信任的兩極，兩邊的民眾也已經演化成為本陣營的堅定「信眾」。他們只相信本陣營所標榜和堅持的東西，對於相對一方面的說法是既看不到，也絕對不相信。「信者恆信，不信者恆不信」這句話成為臺灣政論節目說得最多的一句話，並往往成為報紙的標題，[77]甚至寫進法官的判決。[78]

　　這個階段民眾即使心裡明白政治人物的真實意圖，也認識到現實生活中過去的族群壓迫的悲劇已不再重演，但政治人物所主張的輿論還是和他們長期積累下來的「悲情」、怨恨、成見、觀感相對合拍，所以政治人物說的話還是讓他們很「爽」。臺灣民眾，特別是「本省籍」民眾對輿論的認同，常常就一個標準「爽不爽」，對味了就爽，不對味就不爽，所以當那些政治人物說著草根的語言，喚醒歷史的記憶，控訴曾經的「統治者」，強化「本土」的認同，羞辱非我的族類，就和他們長期積累的心理與認知產生普遍的共鳴，哪怕明知被欺騙被利用，也心甘情願，因此願意和政黨的輿論操縱相呼應。這個階段的「省籍議題」還能一呼

百應，是因為議題的操縱者不斷將「省籍情結」放大，而人們在「省籍情結」的慣性中，對「省籍議題」的操弄如果不是全盤接受，也還是大致認可。

第三個階段是「省籍議題」的提出與民意的基礎相對立。「省籍議題」不僅沒有建立在現實的民意上，而且和現實的民意相衝突。它很像臺風的形成與發展：由於氣候的不平衡，臺風在海洋中形成，不斷吸收洋面上的水汽，聚集能量，一旦登陸後在陸地上造成巨大的破壞力。但臺風在陸地上破壞最大的時候，它離衰弱也就不遠了。肆虐的臺風一經登陸，它在陸地上就無法繼續吸收水汽，當它把在洋面上積聚的能量傾瀉在陸地上時，由於沒有後續的能量補充，臺風就會在破壞中消耗，在消耗中衰竭。「省籍議題」也是如此。它在歷史與現實中積聚「悲情」，就像臺風在洋面上吸收水汽與能量一樣，一旦禁忌打開，它就挾輿論的風暴震撼臺灣社會。但隨著「本省人」執政與「出頭天」的到來，歷史上造成「本省人」「悲情」意識的社會條件已不復存在，再製造如「2‧28事件」那樣所謂「外省人」欺負「本省人」的流血暴力事件已不太可能。「省籍議題」就如同臺風登上了陸地，雖然它還可能持續一段時間的兇猛，甚至破壞性還會加強，但它畢竟不再有新的能量補充進來，這使得支持「省籍議題」能量的越來越不是現實的「水汽」，而是輿論操縱者的「口水」。「口水」雖毒，而且眾口也能鑠金，但和臺風的水汽畢竟不能同日而語。隨著「省籍議題」想像的衝突與現實的衝突悖離得越來越遠，總有一天維系想像與現實的聯結點就會斷裂，「省籍議題」就會從歷史的悲劇到想像的悲劇最後變成現實荒謬的喜劇。人們對政客操縱「省籍議題」的動機及其對社會的危害性的認識將越來越清楚，並必將從聽之任之的麻木發展到視其為過街老鼠。當今世界雖然仍然存在著族群的種種問題，比如事實的不平等，但是公然地在輿論上歧視其他族群，公然地製造族群矛盾的輿論在世界範圍內已不多見，而且一出籠就會在全世界的主流輿論中成為過街老鼠，人人喊打。當今世界的輿論主流不是種族歧視，而是反種族歧視；不是鼓勵族群對立，而是倡導族群和解。也許，與民意相分離的輿論操縱可能基於慣性而繼續橫行，但必將行之不遠，等到社會的代價達到一個臨界點時，「省籍議題」終將遭到民間的強烈反彈。

「省籍議題」演變到今天，已經從第一、第二階段開始邁進第三階段。2005年臺灣輿論走到了一個歷史的拐點。前述我們將「省籍議題」與民意基礎關係分為二者一致、兩者分離卻大體合拍以及兩者對立三個階段。如果說大約1994年以前，臺灣的「省籍議題」還處在第一個階段，經過上世紀90年代末期的過渡，到2000年，臺灣的「省籍議題」進入了第二個階段；到了2005年，「省籍議題」出現了新的變化，其標誌就是當年的「三合一」選舉時，「省籍議題」

的挑撥第一次遭到大規模的反彈。在2005年臺灣「三合一」選舉中，民進黨照慣例又打出「省籍」牌，操弄省籍矛盾，比如宣布取消18%優惠存款，補貼老農等，但屢試屢中的靈丹妙藥「省籍議題」在這次選舉居然不太靈光了。[79]其實，在此之前的「立法院」選舉，「省籍議題」的失靈就已露出端倪。2004年11月9日臺灣教育部門公佈的2006年度新版高中歷史課程綱要草案，將「臺灣史」與「中國史」分開，除將孫中山創建中華民國的歷史放入「中國史」外，同時將「臺獨」分子奉為「臺灣地位未定論」法理基礎的「舊金山和約」等正式列入新的歷史課程中。按照這樣的邏輯，孫中山便成了「外國人」。緊接著，11月11日，「考試委員」林玉體又把矛頭直接對準孫中山，建議「廢掉國父」。「考試院長」姚嘉文也站出來呼應，稱「孫中山是外國人，稱他國父只是尊敬他」。此言論一出，輿論大嘩。[80]當「孫中山是外國人」等一系列荒腔走板近乎極致的輿論議題被拋出時，輿論普遍認為少數政客操縱「省籍議題」漸近黔驢技窮。隨著「省籍議題」現實性基礎逐漸喪失，工具的反覆使用呈現出惰性，民眾的政治情感愈趨理性並越來越具有輿論的免疫力，這一切迫使輿論的操縱者必須下猛藥才能刺激選民、動員力量，「省籍議題」由此被推到極致。當把孫中山說成是「外國人」，這樣也把「本省人」最信仰的媽祖[81]、關帝[82]推到「外國人」的尷尬境地。「省籍議題」從原來的「悲情」變成荒唐的鬧劇，它砍向別人的輿論雙刃劍最終也傷到自身，並動搖自我認同的基礎。越來越多的人看到了這場鬧劇的荒誕性，這個鬧劇的最終結局就是以民進黨的暫時失利而告終。2005年臺灣「三合一」選舉結果12月3日揭曉：泛藍囊括17個縣市長，泛綠僅在6個縣市勝出，國民黨在縣市議員及鄉鎮市長選舉中，也分別獲得40.21%與46.46%的得票率，遠高於民進黨的22.25%與23.69%。[83]國民黨由此重整旗鼓，而民進黨一部分人士也在開始檢討民進黨的極端路線，提出應回到中間路線，以現實的角度，最大多數地爭取中間選民。

　　2005年「三合一」選舉對「省籍議題」在內的臺灣輿論是一個拐點，臺灣輿論的悄悄轉彎在2008年的臺灣大選浮出水面。這一次大選，民進黨參選人謝長廷在整個選戰中，攻擊對手的靶心主要集中在對手的個人形象（綠卡）和個人政見（「兩岸市場」）上，沒有像從前類似陳水扁操弄的選舉那樣，過度使用挑起族群衝突的「省籍議題」等其他的大規模殺傷性輿論武器，使輿論攻擊僅僅侷限於對手本人等少數人，沒有過多地傷及無辜。固然這與謝長廷的性格、見識與理念相關，但臺灣輿論背後的政治文化的悄然轉型依然是影響政治人物言行舉止的決定因素。當現實中無法繼續呼風喚雨的「省籍議題」不再像過去那樣成為選舉利器，政治人物取捨的一念之間區隔的就是審時度勢還是倒行逆施。2008年

大選，馬英九與謝長廷的 211 萬選票差距雖仍不能說定紛止爭，但「省籍議題」已經逐漸退出臺灣輿論戰的主戰場正是大勢所趨。馬英九長期致力族群和解的輿論種子終於開花結果，使得馬英九穿上了免於「省籍議題」攻擊的軟猬甲。但真正讓馬英九得利的卻還是「省籍議題」的反覆使用與過度使用，使它的毒性逐漸減弱。前人栽樹，後人乘涼，在輿論戰中卻轉化成前人中毒，後人免疫。[84]2012年臺灣「大選」，「省籍議題」繼續邊緣化，經濟議題、民生議題、大陸與臺灣關係議題、臺灣意識與中國意識議題才是輿論戰的主戰場。[85]

今天，我們尚不能斷言「省籍議題」第三個階段已經全面到來。「省籍議題」固然已喪失其民意基礎，但說它與臺灣的民意基礎相對立並和臺灣現實的民意意相衝突，卻似乎還為時過早。「省籍議題」最多不過是療效不明顯甚至有副作用而讓民進黨投鼠忌器，根本談不上全面退出臺灣的輿論舞臺，甚至連偃旗息鼓都算不上。由於議題的複雜性以及政客的操弄，「省籍議題」與民意基礎的欲分還合的現象還將反反覆覆相持很久，臺灣還要經過漫長的冬天才能完全走出「省籍議題」的第二階段。但筆者相信，「省籍議題」的歷史終結值得預期與等待，一個「省籍議題」一出便人人喊打的時代終將到來，這就是民意與「省籍議題」全面對立的第三階段。

注　釋

[1]. 此定義在臺灣約定俗成，較無爭議。以上資料參見洪泉湖：《臺灣的族群意識與族群關係》，收入《百年來兩岸民族主義的發展與反省》，洪泉湖、謝政諭主編，臺北：東大圖書股份有限公司，2002 年版，第 118 頁。

[2]. 洪泉湖：《臺灣的族群意識與族群關係》，收入《百年來兩岸民族主義的發展與反省》，洪泉湖、謝政諭主編，臺北：東大圖書股份有限公司，2002 年版，第 120 頁。另參見張茂桂等：《族群關係與國家認同》，臺北：業強出版社，1993 年版，第 24—49 頁，第 233—271 頁。

[3]. 資料來源：「行政院客家委員會」：2004「全國」客家人口基礎資料調查研究第三部「臺灣族群分佈」第一章「臺灣族群發展與分佈」，臺北：「行政院客家委員會」，2004 年版，第 2 頁。

[4]. 楊蓮福：《人口問題與臺灣政治變遷》，臺北：博揚文化，2005 年版，第 380 頁。

[5]. 胡忠信：《解讀年代》，臺北：我識出版社，2004 年版，第 59 頁。

[6]. 施正鋒：《臺灣政治建構》，臺北：前衛出版社，1999 年版，第 131—133 頁。

[7]. 林國平主編：《閩臺區域文化研究》，北京：中國社會科學出版社，2000 年版，第 76—77 頁；關於臺灣的移民研究，另參見陳孔立：《清代臺灣移民社會研究》，

廈門：廈門大學出版社，1990年版；李祖基：《臺灣歷史研究》，北京：臺海出版社，2006年版，第100—158頁。

[8]. 陳孔立：《臺灣歷史綱要》，北京：九洲圖書出版社，1997年版，第232—233頁。

[9]. 陳孔立：《臺灣歷史綱要》，北京：九洲圖書出版社，1997年版，第232頁。

[10]. 戴國煇、葉藝藝：《愛憎二·二八——神話與史實：解開歷史之謎》，臺北：遠流出版公司，1992年版，第一章。

[11]. 鄭鴻生：《水龍頭的普世象徵》，《讀書》，2006年第9期，第3頁。

[12]. 陳孔立：《臺灣歷史綱要》，北京：九洲圖書出版社，1997年版，第416頁。

[13]. 戴國煇：《臺灣總體相》，臺北：遠流出版公司，1989年版，第86頁。

[14]. 戴國煇：《臺灣結與中國結》，臺北：遠流出版公司，1994年版，第67頁。

[15]. 閩臺通訊社編的《臺灣政治現狀報告書》裡面記載：稱接收5個月，臺灣十分混亂，「三民主義」變成了「三眼主義」。甚至有人在舊總督府大門前掛起一幅大漫畫，後面有一只喪家之犬垂頭喪氣出去，前面有一只無能愚蠢之豬搖搖擺擺進來，以諷刺國民黨當局的無能。以上資料參見《臺灣政治現狀報告書》，收入《二二八事件：臺灣人的噩夢》，閩臺通訊社編，1988年版，第2頁。

[16]. 陳孔立：《臺灣歷史綱要》，北京：九洲圖書出版社，1997年版，第428—431頁。有關「2·28事件」的詳細資料參見鄧孔昭：《二·二八事件資料集》，臺北：稻鄉出版社，1991年版。

[17]. 黃富三：《二·二八事件處理委員會與二·二八事件》，收入《臺灣光復初期歷史》，賴澤涵主編，臺北，1993年版。

[18]. 戴國煇：《臺灣史研究》，臺北：遠流出版公司，1985年版，第188頁。

[19]. 「戒嚴令」：1949年5月19日，國民黨在從大陸全面撤退前夕，剛接任臺灣省主席不久的陳誠秉承蔣介石之意，透過臺灣「警備司令部」頒布「戒嚴令」，宣布臺灣地區處於「戰時動員狀態」。臺灣從此開始了長達38年之久的「戒嚴」時期，開創了中外歷史上「戒嚴」時間最長的先例。以上資料參見李祖基：《戰後臺灣四十年》，北京：光明日報出版社，1990年版，第21頁。

[20]. 《戡亂法》：為了讓國民黨的一黨專制合法化，早在1948年4月18日，國民黨當局就透過了由700多名「國大代表」聯合提出的「動員戡亂時期臨時條款」提案，規定：「總統在動員戡亂時期，為避免國家或人民遭遇緊急危難，或應付財政經濟上重大變故，得經行政院會議之決議，為緊急處分，不受憲法第39條（經立法院透過或追認）或第43條（發佈緊急命令依照的程序）所規定程序之限制。」「臨時條款」透過才半個月，蔣介石便簽發了「全國動員戡亂案」。以上資料參見李祖基：《戰後臺灣四十年》，北京：光明日報出版社，1990年版，第15頁。

[21].「戡亂時期檢肅匪諜條例」：為強化對人民群眾的控制，1950 年 6 月 13 日，臺灣當局訂定「戡亂時期檢肅匪諜條例」，規定對「叛亂者」、「匪諜」、「通牒」、「知情不報者」最高可處死刑，這一時期槍決匪諜的新聞標題，一週會在《中央日報》出現好幾次。以上資料參見李祖基：《戰後臺灣四十年》，北京：光明日報出版社，1990 年版，第 30 頁。

[22].陳孔立：《臺灣歷史綱要》，北京：九洲圖書出版社，1996 年版，第 438—442 頁。

[23]. 從 1945 至 1956 年，國民黨在臺灣推行土地改革。土地改革共分「三七五減租」、「公地放領」、「耕者有其田」三階段進行。土地改革促進了臺灣城鄉資本主義生產關係的發展，為臺灣社會轉型和日後的經濟起飛打下了基礎。以上資料參見沈宗瀚：《農業發展與政策》，臺北：臺灣商務印書館，1975 年版，第 70—73 頁。

[24]. 施正鋒：《臺灣政治建構》，臺北：前衛出版社，1999 年版，第 150 頁。

[25]. 吳文程：《臺灣的民主轉型——從權威型的黨國體系到競爭性的政黨體系》，臺北：時英出版社，1996 年版，第 32 頁。

[26]. 楊蓮福：《人口問題與臺灣政治變遷》，臺北：博揚文化，2005 年版，第 140—141 頁。

[27]. 參見 Vasil.R‧K.（1980）.Ethnic Politics in Mslaysia New Ddhi：Radianc Publisher。

[28]. 吳錦發：《做一個新臺灣人》，臺北：前衛出版社，1989 年版，第 45 頁。

[29]. 王塗發：《戰後臺灣經濟的發展》，收入《臺灣史論文精選》，臺北：玉山出版社，2000 年版，第 393 頁。

[30]. 徐宗懋：《臺灣人論》，臺北：時報文化出版公司，1993 年版，第 133 頁

[31]. 尹章義：《臺灣的性格與歷史發展》，臺北《歷史月刊》201 期，2004 年 10 月出版，第 41—51 頁。

[32]. 王甫昌：《當代臺灣社會的族群想像》，臺北：群學出版公司，2004 年版，第 147—149 頁。

[33]. 虞義輝：《臺灣意識的多面向》，臺北：黎明文化，2001 年版，第 91—97 頁。

[34]. 張炎憲：《臺灣近百年史論文集》臺北：吳三連基金會，1996 年版，第 36—38 頁。

[35].《臺灣社會發展與省籍問題——與李哲夫對談於華府》，參見戴國煇《臺灣史研究》，臺北：遠流出版公司，1985 年版，第 195 頁。

[36].《臺灣社會發展與省籍問題——與李哲夫對談於華府》，參見戴國煇《臺灣史研究》，臺北：遠流出版公司，1985 年版，第 196 頁。

[37]. 劉國深：《當代臺灣政治分析》，北京：九州出版社，2002 年版，第 60 頁。

[38]. 彭懷恩：《認識臺灣——臺灣政治變遷五十年》，臺北：風雲論壇出版社，1997 年版，第 165—166 頁。

[39]. 施正鋒：《臺灣政治建構》，臺北：前衛出版社，1997 年版，第 135 頁。

[40].「中國時報編輯委員會」：《中國時報四十年》，臺北：「中國時報社」，1990 年版；黃年主編：《聯合報四十年》，臺北：聯合報社，1991 年版。

[41]. 李筱峰：《臺灣民主運動 40 年》，臺北：自立晚報，1987 年版，第 82 頁。

[42]. 李筱峰：《臺灣民主運動 40 年》，臺北：自立晚報，1987 年版，第 115 頁。

[43]. 李登輝：《面對問題、迎向挑戰》，《奉獻與奮鬥》，臺北：「行政院新聞局」，1995 年版，第 326 頁。

[44]. 侯孝賢是當今臺灣影壇最重要的人物之一，他的影片一貫與臺灣的歷史與傳統文化密不可分，著力為臺灣人的生活、歷史及心境塑像。《悲情城市》藉著臺灣「2·28 事件」前後，將一個地方大家族的興衰起伏揮灑成一部時代變化與個人命運緊緊相扣的臺灣史詩。全片在多線敘事、眾多人物關係的網脈中，不帶乖張暴戾地訴說著歷史。《悲情城市》被看作是侯孝賢最為成功的一部絕作和最為成熟的一部影像臺灣史。該片於 1989 年獲第二十六屆金馬獎最佳導演獎、最佳男主角獎（陳松勇），第四十屆威尼斯國際電影節金獅獎，聯合國教科文組織人道精神獎。筆者根據各大媒體影評整理。

[45]. [意] B·克羅齊：《一切歷史都是當代史》，田時綱譯，《世界哲學》，2002 年第 6 期，第 6 頁。

[46]. 陳俐甫：《禁忌·原罪·悲劇，新生代看二二八》，曹永和序，臺北：稻鄉出版社，1990 年版，第 3 頁。

[47]. 曾健民：《新二二八史像》，臺北：臺灣社會科學出版社，2003 年版，第 10 頁。

[48]. 李登輝：《生為臺灣人的悲哀》，日本《朝日週刊》，1994 年 4 月 24 日。臺灣《自立晚報》，1994 年 4 月 30 日—5 月 2 日以同名文章連續轉載。

[49]. 董智森：《臺北經驗，陳水扁——一位資深記者的私人筆記》，臺北：月旦出版社，1998 年版，第 325 頁。

[50]. 徐宗懋：《務實的臺灣人》，臺北：天下文化出版公司，1997 年版，第 66 頁。

[51].《李「總統」：臺灣是我們共同的家園 只要大家摒除族群、地域隔閡 相互包容團結 必能克服一切挑戰》，臺灣《中國時報》，1999 年 1 月 1 日報導。

[52]. 林佳龍、鄭永年主編：《民族主義與兩岸關係：哈佛大學東西方學者的對話》，臺北：新自然主義出版社，2001 年版，第 252 頁。

[53].《「馬英九牽成之夜」 沸騰士林區 李登輝表示大家都是新臺灣人 盼民眾走出

過去的悲哀》，臺灣《中國時報》，1998年12月2日報導。

[54]. 李登輝：《生為臺灣人的悲哀》，日本《朝日週刊》，1994年4月24日，臺灣《自立晚報》，1994年4月30日—5月2日連續轉載。

[55].《美國喜劇明星為種族歧視道歉》，新華網，2006年11月22日， http：//www.xinhuanet.com。

[56]. 胡樂樂：《哈佛大學校長辭職始末》，《科學時報》，2006年2月28日。

[57]. 參見《自由時報》，2004年4月19日，http：//www.libertytimes.com.tw/2002/new/apl/19/today-p9.htm。

[58]. 參見《廢統變終統 美籲扁勿改變現狀》，臺灣 TVBS 電視臺，2006年2月28日報導，www.tvbs.com.tw/news/news_list.asp？no＝alisa20060228084128。

[59]. 夏珍：《選民自主 帶領政局邁向新世代》，《中國時報》，1998年12月6日報導。

[60]. 楊蓮福：《人口問題與臺灣政治變遷》，臺北：博揚文化，2005年版，第267—269頁。

[61]. 張麟征：《歧路上的臺灣》，臺北：海峽學術出版社，2000年版，第332頁。

[62]. 楊蓮福：《人口問題與臺灣政治變遷》，臺北：博揚文化，2005年版，第272頁。

[63].《扁宋會十點聯合聲明》，臺灣《聯合報》，2005年2月25日報導。

[64]. 轉引自翁秀琪：《選民的意見形成——以民國八十二年臺北縣縣長選舉為例檢驗「沉默螺旋理論」》，臺灣《新聞學研究》，1997年，第55集，第162頁。

[65]. 蔡佳泓、鄭夙芬：《1990年代臺灣族群的流動》，收入《臺灣政治學會年會暨世局變動中的臺灣政治學術研討會會議論文集》，臺北：臺灣政治學會，2003年版。

[66]. 洪泉湖：《臺灣的族群意識與族群關係》，收入《百年來兩岸民族主義的發展與反省》，洪泉湖、謝政渝主編，臺北：東大圖書股份有限公司，2002年版。

[67].[美]李普曼：《輿論學》，林珊譯，北京：華夏出版社，1989年版，第1—24頁。

[68]. 許木柱：《弱勢族群問題》，收入《臺灣的社會問題》，楊國樞、葉啟政主編，臺北：巨流圖書公司，1991年版，第400頁。

[69].1994年臺灣省市長選舉，民進黨指責「新黨」是外省人的政黨，是「臺奸」、「賣臺集團」，要求「中國豬」滾回去。以上資料參見《新黨高市演講，民進黨人強力反制》，臺灣《中國時報》，1994年9月26日報導。

[70]. 黃嘉樹、程瑞：《臺灣政治選舉文化》，臺北：博揚文化，2001年版，第131—137頁。

[71]. 《「向人民報告『是一場』自欺欺人」的獨白》，臺灣《聯合報》，2006年06月21日報導，另見當日臺灣《中國時報》、臺灣東森新聞網報導。

[72]. 參見臺灣民視《頭家來開講》，三立電視臺《大話新聞》2006年6月20日直播「總統向人民報告」的評論與觀眾Call in內容。

[73]. 李明賢、施曉光：《藍護蔣大遊行 綠嗆蔣獨裁者 馬談蔣對臺貢獻瑕不掩瑜》，臺灣《自由時報》，2007年4月1日報導。

[74]. [美]埃弗裡特· M·羅杰斯、詹姆斯· W·迪林：《議程設置的研究：現在它在何處，將走向何方？》，收入《大眾傳播學：影響研究範式》，常昌富等編選，北京：中國社會科學出版社，2000年版，第100頁。

[75]. 參見臺灣《今日新聞》2004年3月5日報導，http：//www.nownews.com/case/politic/2004/index07.htm。

[76]. 《新黨通訊》，1995年1月號，第39頁。

[77]. 例如臺灣《聯合報》2005年01月18日的評論文章標題即為《信者恆信，不信者恆不信》。

[78]. 李登輝夫人曾文惠與前「立委」謝啟大、馮滬祥等人的互控案，法官判決寫進「信者恆信，不信者恆不信」這句話。見林河名：《旁觀司法之手 務必遠離政治陰影》，臺灣《聯合報》，2002年12月13報導。

[79]. 孫雲：《民進黨慘敗的原因及啟示》，中國臺灣網，2005年12月09日。http：//www.chinataiwan.org/web/webportal/W2008590/Uliuf/A153106.html。

[80]. 參見《突然間，他們成外國人》，臺灣《聯合晚報》，2004年11月11日社論。

[81]. 媽祖：又稱天妃、天后、天上聖母、娘媽，是歷代船工、海員、旅客、商人和漁民共同信奉的神祇，也是兩岸信眾共同信奉的海上女神。臺灣早期的媽祖從福建湄洲廟分靈。臺灣媽祖信仰十分普遍，臺胞有三分之一以上都信仰媽祖。以上資料參見王耀華、謝必震主編：《閩臺海上交通研究》，北京：中國社會科學出版社，2000年版，第352—355頁。

[82]. 關帝：又稱關聖帝君。在民間廣大信眾的心目中，關聖帝君既是一位戰神，也是一位武財神，又是五文昌之一。臺灣的關帝信仰是從大陸傳去的。在臺灣，祭祀關羽的廟宇也相當普遍。以上資料參見林國平：《閩臺民間信仰源流》，福州：福建人民出版社，2003年版，第177頁。

[83]. 資料來源：臺灣「中選會」網站，www.cec.gov.tw。

[84]. 參見鄒振東：《2008年臺灣選戰復盤》，廣州《南方週末》2008年5月15日。

[85]. 參見鄒振東：《2012年臺灣大選復盤》，廣州《南方週末》2012年2月2日

第二章 「臺灣意識/中國意識議題」——臺灣政治文化的政治認知符號

「臺灣意識/中國意識議題」是關於「臺灣意識/中國意識」的議題，有時也分述為「臺灣意識議題」或「中國意識議題」。「臺灣意識」是臺灣人對臺灣的政治認知，「中國意識」是臺灣人對中國的認知。由於特殊的歷史時代原因，臺灣人對臺灣的認知總離不開對中國的認知，同樣，臺灣人對中國的認知也總是聯繫著其對臺灣的認知，「臺灣意識/中國意識」是臺灣政治文化中最核心的政治認知。作為「臺灣意識/中國意識」在臺灣輿論的反映，「臺灣意識/中國意識議題」是臺灣政治文化中最有代表性的政治認知符號。本章論及「臺灣意識/中國意識議題」的緣起演變、當代特徵、衝突實質及其對臺灣政治認知的影響。

「臺灣意識/中國意識議題」包括一系列認知性議題，如「正統性認知」的兩岸爭奪中國唯一合法代表權的議題，「價值性認知」的「臺灣優先」還是「中國優先」的議題，「身份認知」的「臺灣人/中國人」的認同議題，「文化認知」的「臺灣文化/中國文化」的認同議題，以及「情感認知」的「愛臺灣」與愛祖國的認同議題。由於上述議題都建立在對臺灣的認知與對中國的認知的基礎上，本書把有關「臺灣認知/中國認知」的議題，統稱為「臺灣意識/中國意識議題」。

▍第一節 「臺灣意識/中國意識議題」的緣起與演變

1895年清廷被迫割讓臺灣和1949年國民黨政權撤退臺灣，使臺灣作為一個區域與祖國處於一個不正常的關係，這種特殊的關係是「臺灣意識/中國意識議題」產生的土壤與背景。

「臺灣意識/中國意識議題」的變遷，大致走過以下階段：一是日據時期的「亞細亞的孤兒」議題；二是上世紀50年代到70年代臺灣與大陸爭奪正統性議題；三是上世紀70年代至80年代「臺灣優先」還是「中國優先」的優先議題；四是「政治革新」與「解嚴」後的「臺灣認同」與「中國認同」的認同衝突議題。認同議題包括屬於身份認同的「臺灣人/中國人」認同議題，屬於文化認同的「去中國化」與「反去中國化」議題，屬於情感認同的「愛臺灣」與「賣臺灣」議題。其中對「臺灣人/中國人」認同議題是核心的認同議題，其他議題都是與之配套的議題。而「臺灣人/中國人」認同的變遷，也發生了從蔣介石的「我是中國人」

到蔣經國的「我是中國人，也是臺灣人」，再到李登輝執政前期的「我是臺灣人，也是中國人」，再到李登輝後期與陳水扁的「我不是中國人，我是臺灣人」以及游錫堃的「我是『華裔臺灣人』」，到最近馬英九再提「我是臺灣人，也是中國人」這樣的戲劇性變化。

一、「亞細亞的孤兒」時期

清廷被迫割讓臺灣，造成「臺灣意識／中國意識議題」最重要的母題就是「亞細亞的孤兒」議題。[1] 這個議題在日據時期產生，並在光復後仍持續發酵。羅大佑一首「亞細亞的孤兒」被當時的臺灣當局禁止，[2] 但它風靡臺灣、至今傳唱的現象，表明「亞細亞的孤兒」的議題已經超越了時空。

「亞細亞的孤兒」是日本殖民統治留下的傷痕。臺灣民眾既不滿清廷滿洲人未經「臺灣人」的首肯而割讓臺灣，又不甘做「皇民化運動」[3] 下的二等公民。臺灣民眾稍有不滿就遭到日本人「滾回支那去」的聲聲斥責，殖民者的偏見與歧視，刺激著包括閩南人與客家人在內的臺灣意識的成長。他們自稱「臺灣人」以與日本人相區別，可是他們一旦回到大陸[4]，又因為他們的日本籍而往往被懷疑是日本人的奸細，備受歧視。[5] 總之，當時，「臺灣人」面對日本是無人疼的養子，面對祖國又是無人認的棄民或庶子，逐漸培養出「孤兒意識」。[6]

從「亞細亞的孤兒」的名稱就可以看出該輿論議題指向的複雜性。一個「亞細亞」概念（請注意：不是中國孤兒的概念），使原來作為中國大家庭成員之一的臺灣民眾脫離母體，置身於一個以民族、國家為組成成員的亞細亞（亞洲）環境，這被一些人視為臺灣「民族意識」的覺醒的契機，也為後來「臺灣意識」與「臺灣人認同」的議題埋下了伏筆，一些別有用心的人更是將之視為「臺獨意識」最早的隱喻符號。但是一個「孤兒」的概念，卻道出了臺灣民眾不具備獨立「民族」的身份，相反，它只是暫時離開民族母體並渴望找回母體。所以完整地看「亞細亞的孤兒」，其真正的情結決沒有「臺獨意識」的成分。這從臺灣光復時臺灣人民歡天喜地回到祖國懷抱就可以看出。[7]

「亞細亞的孤兒」議題衍生出三種歷史記憶：第一是「我找不到家」。此後「我是誰」的問題一直困擾著「臺灣人」，從而陷入了「我是臺灣人還是中國人」的認同困境，這是「臺灣意識／中國意識議題」的主線。第二是「我被欺負了」。命運的不公產生棄子的悲情，直接與「2·28事件」對接，並延續到李登輝「『身為臺灣人』的悲哀」，這是「省籍議題」的輔線。第三是「我被拋棄了」。一個無主的孩子，有了自主的渴望，從而埋了「臺獨」的伏筆，這是「統獨議題」的

暗線。「臺灣意識／中國意識議題」總是與「省籍議題」與「統獨議題」糾纏在一起。悲情容易促進對自我的高度認同，而這種自我認同又始終纏繞著與母體認同的矛盾。「臺灣人／中國人認同」的議題就是在這樣一個動態與複雜的環境中延展開來，因此，「亞細亞孤兒」堪稱臺灣三大議題的母題。它滋生著此後各種相關議題的元素。

　　隨著臺灣的光復，「亞細亞孤兒」意識似乎將走進歷史，但是臺灣人民歡天喜地地慶祝回歸祖國的「回到家」的感覺，卻被國民黨接收大員的腐敗與「2·28事件」種下的仇恨完全顛覆了。「2·28事件」使臺灣人民「對大陸人士的心態經歷了『期待-失望-懷疑-不滿-委屈-反抗』的痛苦歷程」。[8]在政治的操弄下，臺灣民眾的怒火從國民黨專制政權遷怒到「外省人」，並波及對中國的認知。中國符號在臺灣人民的心目中從此便有著更加複雜的內涵，而「臺灣意識／中國意識」的議題也由此重新開始。

二、臺灣與大陸爭奪「中國正統性的代表」時期（「大中國意識議題」時期）

　　上世紀50年代開始，在國民黨的高壓政策與苦心經營下，「臺灣意識／中國意識議題」的主軸是臺灣與大陸爭奪「中國正統性的代表」。

　　這時的臺灣空降了一個「中央政府」，在「中央政府」的大力倡導下，「中國元素」從政體到文化，全面地滲透到臺灣社會的各個方面。臺灣被稱為中華民國的「復興基地」，與大陸的關係被置換成中華民國與「中華人民共和國」兩個政權爭奪「中國」的合法代表的關係，二者的關係可以形容為一個家庭兩個兄弟相互堅持不分家卻各自認為自己才是這個家庭的合法繼承人。這時「臺灣意識／中國意識」的議題是相互爭奪合法性的議題，因此議題雙方互相稱對方為「偽政權」、「匪幫」（「蔣匪」、「共匪」、「毛匪」），[9]並在國際輿論中爭奪誰是「一個中國」的「法人代表」。從聯合國席位到國際組織，以及與美國等大大小小國家的「建交」、「斷交」、「復交」，都屬於這一類型的議題，至今仍不絕如縷。[10]

　　由於國民黨對訊息的封鎖，大陸對「中國」合法性代表的議題被屏蔽了，在臺灣，人們只能聽到「唯有三民主義才是能救中國、救中國人的唯一大道」、「中興復國」、「反共復國」。[11]殘缺不全的「三民主義」與不切實際的「中國的正統」，是國民黨對內動員力量與維護其對臺灣統治合法性的源泉。在政治的需要與文化的歸屬的雙重選擇下，敗退臺灣的國民黨大力提倡「中國意識」。

「大中國意識議題」成為這一時期「臺灣意識／中國意識議題」的主題。之所以說它是「大中國意識議題」而不是「中國意識議題」，指的是此時的「臺灣意識／中國意識議題」只有「中國意識議題」沒有「臺灣意識議題」。臺灣被定義為「中華民國復興基地」，它只是國民黨反攻大陸「暫時」寄居的地方，臺灣只是「中國符號」下的一個「基地」。這個時期，「中國符號」遍地開花。一個典型的例子，就是臺北市的地名，幾乎所有的街道都把原來的鄉土名字改掉，換上了大陸各個省份及主要城市的地名。這些街名在空間上也和中國版圖相一致，比如福州街和廈門街，一定是在臺北市的東南角。為破除日本統治觀念，臺灣省行政長官公署特別在 1945 年制訂了「臺灣省各縣市街道名稱改正辦法」，作為改街道名稱的依據。該辦法規定，臺灣各縣市在擬定街道名稱時，必須能夠發揚中華文化、民族精神或符合當地地理、習慣等意義。[12] 與此相對的是對臺灣意識的刻意忽視與壓抑，最突出地表現在對「國語」的提倡與對方言的禁止。早期國民黨當局強制性推行了一系列壓制方言的政策。1956 年臺灣教育部門禁止各級學校說閩南話，並組糾察隊，叫學生互相監視，說閩南話的學生被施以體罰、罰錢，或「掛狗牌」的侮辱；[13] 1957 年限制《教會公報》使用 Ho-lo 閩南話的羅馬拼音；1963 年「行政院」頒布《廣播及電視無線電臺節目輔導原則》，規定「播音語言應以國語為主，方言不得超過百分之五十」；1964 年臺灣省政府通令機關學校「辦公時間，必須一律使用國語」；1972 年臺灣教育部門函令電視臺「閩南語節目每天每臺不得超過一小時」；1975 年沒收羅馬字版的《臺語聖經》；1976 年「行政院」公佈「廣播電視法」，規定「播音語言應以國語為主，方言應逐年減少」。[14] 語言的優越感是政治地位的反映和標誌，民進黨此後以閩南話來反制國民黨正是該語言政治的一種反動。在文化方面，臺灣的本土文化也長期受到貶抑：「過去 30 多年，官方甚少提倡臺灣的文化藝術，古蹟文物也任其毀壞。廣電法中，方言節目受到限制，不但製作經費有限，甚至趨向粗俗化；主司其事者無心將臺灣文化的內涵和精髓展現在『國人』之前，一般文化媒體，始終欠缺有關臺灣鄉土文學、藝術、史蹟、風俗等方面的報導。」[15] 國民黨的政治主導、文化建設與輿論機器多管齊下，至 70 年代「中國意識議題」已經牢牢地占據統治地位。

三、「臺灣優先」與「中國優先」的爭奪時期（「臺灣意識議題」抬頭時期）

到了 70 年代，這種「大中國意識議題」終於受到挑戰。這種挑戰來自兩個方面：一方面是與臺灣爭奪「中國合法代表」的大陸日益強大，隨著中華人民共

和國重返聯合國並被世界上絕大多數國家承認為唯一代表中國的合法政府，中華民國的正統性遭到前所未有的危機。另一方面，隨著臺灣當局代表被逐出聯合國並與美國「斷交」，臺灣的無奈與受挫感日益加劇，這種情緒最鮮明地反映在羅大佑「沒有人和你玩對等的遊戲」的歌詞的痛苦中，它直接促成了「臺灣意識議題」的抬頭。

這種「臺灣意識」的抬頭發展到一定階段，終於出現了與「中國意識」的對立，但其矛頭並不是指向大陸的「中國意識」，而是指向臺灣內部的「中國意識」。由於國民黨一直以「大中國意識」為主導，以「反攻大陸」為己任，將臺灣視為「復興基地」，忽視了對臺灣的經營與發展，這時的輿論開始公開批評「『中華民國政府』代表全中國」的理念。[16] 要求臺灣當局把重心和目標收回到臺灣，把關愛從不切實際的大中國回到真正養育著臺灣人民的每一寸土地。從此，「愛臺灣」成為延續至今的重要的輿論主題。

從 70 年代開始，「臺灣意識／中國意識議題」的主軸從臺灣與大陸對中國符號正統性的爭奪轉化為臺灣內部對「臺灣優先」還是「中國優先」的爭論，輿論議題的內容也從一邊倒的「大中國意識」轉變為「臺灣意識優先」與「中國意識優先」的抗衡。在這種抗衡中，由於退出聯合國和與美國斷交造成的「反攻大陸」與「三民主義統一中國」的日益虛妄，未來的不切實際的「中國意識議題」自然沒有切身可感的「臺灣意識議題」更有優勢。國民黨一方面為了鞏固自己的統治需要，另一方面也確實感受到經營臺灣的現實性與緊迫感，在主動的選擇與被動的推動下進行「本土化」。於是，在執政者與民間力量的多重博弈下，「臺灣意識議題」在與「中國意識議題」的抗衡中，逐漸勝出。

這一時期的「臺灣意識／中國意識議題」是伴隨著「民主化」、「自由化」議題而來的。「民主化」、「自由化」和「本土化」，是當時臺灣反對力量的三面旗幟。但相較於「民主化」、「自由化」，「本土化」的口號最晚提出，也最隱諱。[17]「民主化」、「自由化」早在 50 年代就引發關注，「本土化」的輿論在 70 年代才嶄露頭角，但「本土化」卻是「民主化」、「自由化」最重要的支持力量。當時的黨外運動的領導人，幾乎都是本省籍人士。[18]「本土化」具有比「民主化」、「自由化」更廣泛的群眾基礎和更強大的號召力，但這時「本土化」議題還是以「臺灣意識／中國意識議題」為主，「省籍議題」與「統獨議題」還無法走上臺面。因為分化臺灣內部族群的「省籍議題」和否定「中華民國法統」的「統獨議題」將動搖國民黨的統治基礎，因此更為敏感；相比之下，「臺灣意識／中國意識議題」僅僅以臺灣意識優先為訴求，具有相當的正當性，不僅受廣

大民眾歡迎，也易被國民黨接受。[19]它在沒有動搖國民黨統治的體制與基礎的情況下，僅僅屬於國民黨的戰略轉移，因此「臺灣意識／中國意識議題」的臺灣優先主題是相較於「省籍議題」、「臺獨議題」等其他「本土化」議題最先走上政治舞臺，最早獲得輿論的公開化許可的。儘管當時的「臺灣意識／中國意識議題」摻雜有省籍和「臺獨」的成分，但後二者還不是以相對獨立的議題被社會廣泛接受。

臺灣學者徐宗懋指出，國民黨撤退臺灣伊始，在臺灣「處處抹上大中國的色彩」，「小小的臺灣島被硬套上大中國的衣服」，可是，「70年代起，臺灣的大中國外衣一件件地被剝掉」。[20]1971年12月，臺灣大學舉辦全面改造「中央民代」的辯論會，[21]開啟了臺灣民眾對「大中國意識」質疑與挑戰的先河。1972年1月，《大學》雜誌發表《國是九論》，提出著眼於臺灣本身生存與發展的全面改革：一論基本人權，二論人事與制度，三論生存「外交」，四論經濟發展方向，五論農業與農民，六論社會福利，七論教育革新，八論地方政治，九論青年與政治。這是當時知識分子聯合對舊有統治機構中的積弊提出多面性批評的長篇建言，新一代「在野」問政至此達到最高潮。[22]1975年8月《臺灣政論》創刊，標榜要「發揮批評官僚制度，掃除封鎖的環境中所造成的諸種不合理事項的功能」，要求國民黨當局走現實「外交」，開始展現明顯的「臺灣意識」並進行「本土化」啟蒙。[23]70年代中期的「鄉土文學運動」，由於其「回歸傳統，關切現實」的時代批判精神，激發了一場鄉土文學論戰。論戰從文學層面進入對臺灣現實的評價，引發了文人的爭議和當局的介入。總體上，「鄉土文學運動」認同臺灣鄉土文學是現實主義文學，屬於中華文化的一部分。但在論戰中，一些主張以「臺灣意識」抗衡「中國意識」的議題也藉機公開化。此後臺灣鄉土文學陣營分裂，展開「臺灣意識」與「中國意識」之爭，而一些「臺獨議題」也借殼上市。[24]1977年，葉石濤發表了《臺灣鄉土文學史導論》，雖然在戒嚴時期還有一些偽裝，但卻第一次提出了臺灣文學的「臺灣立場」和「臺灣意識」，第一次提出了臺灣在日據下「現代化」歷程中產生了「臺灣意識」的主張。此主張隨即引發了一場持續了20年的論戰，其中最著名的是臺灣知名作家、評論家陳映真與陳芳明的「雙陳大戰」。雙方論戰的焦點主要是：一，臺灣到底屬何種社會性質、臺灣應該統一還是「臺獨」？二，臺灣文學用何種類語言寫就？三，臺灣文學真的從中國文學「分離」出去過嗎？此番論戰實際上是一場以文學為名的意識形態前哨戰。[25]但總體來說，1970年代的「臺灣意識／中國意識議題」，「臺灣意識」的推動者在提出回歸鄉土、民主革新、省籍平等的輿論訴求過程中，其主流的歷史敘事主體仍然是以「作為中國人、中華民族的臺灣人」而自居的。[26]

直到「中壢事件」和「美麗島事件」，反對運動以直接的政治行動推動「臺灣意識」的擴展，「臺獨議題」才借「臺灣意識議題」出籠。此後，眾多的黨外人士以及本省籍文化界人士逐漸成為臺灣民族主義者，臺灣民族主義逐漸成為與國民黨的中國民族主義相抗衡的政治理想。[27]

　　1983 年的「臺灣意識」與「中國意識」的論戰，讓「臺灣意識議題」發展到一個高峰。[28] 極端的「臺灣意識論者」認為，「臺灣意識」是以臺灣本土為主體的人們四百年來休戚與共互相依存而產生的一種共同意識，它不同於國民黨當局強加給「臺灣人」的「中國意識」，是自主而獨立存在的「臺灣人」意識。他們否定「臺灣人」是「中國人」，否認臺灣文化屬於中國文化，主張「住民自決」或「臺灣獨立」。1983 年的這場論戰是臺灣輿論的轉折點，「臺獨議題」披著「愛臺灣」的外衣正在「臺灣意識／中國意識議題」中借腹生子，暗渡陳倉。這是一次典型的輿論先行，它兆示出此後臺灣政治的革新與政治文化的轉型。[29] 但客觀地說，這一時期主流的「臺灣意識」與「中國意識」的對立，仍然是在「中國意識」框架下的對立，而不是兩個意識地位平等的對抗。陳昭瑛認為：20 世紀 90 年代前的「臺灣意識」有著根深蒂固的「中國意識」，此後的「臺獨」意識正是作為對這種「臺灣意識」中的「中國意識」的對抗，才異化而與「中國意識」對立。[30] 可見，20 世紀 90 年代前，主流的「臺灣意識」爭論的只是「反攻大陸」與「經營臺灣」的優先權，它是一種孰輕孰重的價值選擇，並沒有把臺灣擺在與中國的一個對等的地位，相反它是在大體承認臺灣是中國的一部分的前提下主張優先發展地方。所謂臺灣優先與臺灣第一，從字面上就可以看出臺灣與中國的從屬關係。如果是主張「臺獨」的論調，則無所謂優先與第一，它直接就是「獨立」，不會排先後次序。但是輿論的特殊性在於主流的議題往往不是焦點議題，最火爆的議題往往都是非主流的。因為它非主流，所以它異端，而越是異端，其與主流的對立越突出，就越吸引眼球。所以表面上這次論戰似乎是「臺獨議題」在唱主角，可從深層次來看，雖然它夾雜著些「臺獨」思想和理念的成分，但總體上說這不是「臺灣獨立」與中國統一的論戰，它還是「中央」和「地方」利益衝突在輿論上的表現。

　　「臺灣意識／中國意識議題」的「臺灣意識」優先，在蔣經國晚期「本土化」政策的背書下，取得了臺灣上下較為普遍的共識，在李登輝上臺和政黨輪替後，它更成為不是問題的問題。沒有太多爭議的議題就逐漸退出了臺灣輿論的中心，取而代之的是「大臺灣意識」的輿論議題。

四、「臺灣意識」與「中國意識」認同衝突時期（「大臺灣意識議題」時期）

解嚴之後,「臺灣意識/中國意識議題」的主軸是「大臺灣意識」與反「大臺灣意識議題」的對抗。「大臺灣意識」與「臺灣意識」的不同在於：後者還是在與「中國意識」的比較中強調「臺灣意識」優先,而前者則是只有「臺灣意識」,沒有「中國意識」。反對「大臺灣意識」者對「臺灣意識」的反抗僅僅是「破」而不是「立」,反對者並不是用「中國意識」的「立」來對抗「臺灣意識」,反對者僅僅是反對「大臺灣意識」,反對把一切都按「臺灣意識」進行意識形態化,反對過分地強調「臺灣意識」,而人為地把族群分為「愛臺灣」集團與「賣臺灣」集團,並隨意或刻意地將對手貼上賣臺標籤。反對者「只破不立」的最突出的例子就是在此後的臺灣只有「去中國化」的議題,沒有「中國化」的議題,反對者最多只能反「去中國化」,沒有人大聲提倡「中國化」,任何提倡「中國化」的人都會被汙名化。就像20世紀50年代的「大中國意識」議題年代只有「中國意識」沒有「臺灣意識議題」一樣,在今天的「大臺灣意識議題」年代,只有「臺灣意識議題」沒有「中國意識議題」,「中國意識議題」在輿論中的聲音逐漸式微並走向沉默。

「大臺灣意識的」的「臺灣意識/中國意識議題」逐漸發展為在以下三個輿論主軸的衝突與交鋒：一是屬於身份認同的「臺灣人」與「中國人」的議題；二是屬於文化認同的「去中國化」與「反去中國化」的議題；三是情感認同的「愛臺灣」與「賣臺灣」意識議題（這是個偽議題,下面將詳細討論）。在上述三個議題中,「臺灣人」與「中國人」的認同議題是中心,其他兩個議題可以視為它的配套議題。之所以說「臺灣人/中國人」的認同議題是這個時期的「臺灣意識/中國意識議題」的核心議題,是因為「臺灣人/中國人」的認同是「臺灣意識/中國意識議題」中最本質的議題,其他議題都是由此衍化而來的,而且只有到身份認同才進入到族群認同的實質,才使「臺灣意識/中國意識議題」從一般的意識形態的議題轉化為族群議題,而族群議題才是族群政治的表現。但在輿論的表現上,兩個配套的議題卻顯得更活躍,「去中國化」和「反去中國化」議題,「愛臺灣」與「賣臺灣」議題占據了「臺灣意識/中國意識議題」最主要的版面,三個議題表裡互補,各有特色,相互呼應。

這一時期的「臺灣人/中國人」認同分歧,最典型地表現在1996年「大選」。當時四組「總統」候選人對「中國人」或「臺灣人」的認知,按照施正鋒的歸納,分別是陳履安：「是中國人,不是臺灣人」；林洋港：「是中國人之下的臺灣

人」；李登輝：「是臺灣人也是中國人（但「中國人」的含義不清）」；彭明敏：「是臺灣人不是中國人」。[31]而在日常生活中，臺灣民眾對「臺灣人／中國人」的認同的政治認知並不直接表現為輿論，其轉化為輿論的途徑主要以民調形式出現，民調的形式使零散的民眾成為統計學意義上的公眾，透過民調的方式，「零散的民眾」聚集成「統計的公眾」，從而以民意的方式展示其輿論的力量。在進行民意調查時，有這樣幾種典型的題目，例如，張茂桂和蕭新煌（1987）改採的測量方式如下：

下面有好幾個關於個人的說法，請勾選一項您認為最能代表你的想法的說法：①我是臺灣人；②我是中國人；③我是中國人，也是臺灣人；④我是臺灣人，也是中國人；⑤中國人、臺灣人，或者臺灣人、中國人沒有差別；⑥其他。[32]胡佛，陳德禹教授的：

①對居住在臺灣的兩千萬人來說，您認為最適當的稱呼應該是什麼？②在您個人感覺上，您比較屬於那一個族群？中國人或是臺灣人？③在您的感覺上，在臺灣，認同自己是臺灣人的和認同自己是中國人的，在思想觀念上有沒有不一樣？④在您的感覺上，在臺灣，認同自己是臺灣人的和認同自己是中國人的，在利益上是不是有衝突⑤就您所知，政府目前的做法是比較有利於哪一方面的利益？[33]

民進黨中央黨部的民族認同問卷題目如下：

在臺灣，有人自認為是中國人，也有人自認為是臺灣人，請問您覺得自己是臺灣人，還是中國人？[34]

林佳龍的題目是：

在我們社會中，有些人認為自己是臺灣人，有些人認為自己是中國人，請問你覺得自己是臺灣人還是中國人。[35]

上述題目除了張茂桂的題目有較完整週延外，其他題目都更加暗示「臺灣人」與「中國人」認同的對立。事實上，即使包括張茂桂在內，有關「臺灣人／中國人」的民調本來就是一個偽命題，在臺灣事實上不存在著這樣一個虛構的「臺灣人族群」和「中國人族群」的對立。這種民調題目拿到大陸來進行，不是討罵就是使人不屑一顧：臺灣民眾既是「臺灣人」又是「中國人」，這是一個不言而喻、不證自明的常識，還需要問嗎？所以，這種問法就是一種政治，而將這種問法下來的結果統計並公開，更是一種輿論政治。

這一時期的「愛臺灣/賣臺灣」議題主要是由黨派作為輿論主體推動的，它屬於給政治人物、政黨貼標籤的做法。它的多發季節是選舉，只要一選舉，就有誰「愛臺灣」，或誰更「愛臺灣」議題；而把對手貼上「賣臺集團」標籤，就把對手置於一個極不利的位置，它成為這個時期輿論戰中的攻擊型工具。1998年臺北市長選舉，陳水扁陣營指控其外省對手馬英九「背後有賣臺集團」，曾於國民黨政爭時期掀起波瀾的民進黨「立委」葉菊蘭10月7日在「立法院」以召開記者會的方式，再度發出驚人之語，公開點名郝柏村、梁肅戎、關中、馮滬祥及林火旺夫婦等非主流人士組成所謂的「新賣臺集團」，指控該集團近一個月來曾多次密謀要扳回國民黨主導權，並展開三階段的「滅扁行動」，而馬英九就是這「賣臺集團的卒子」。[36] 為了不被對手貼上「不愛臺灣」的標籤，臺灣不分黨籍的候選人都比賽著誰「愛臺灣」多一點，這也促使國民黨文宣的轉變。早在1992年二屆「立委」選舉中，國民黨的競選文宣中就首次密集地使用「臺灣符號」。例如國民黨集思會林鈺祥的平面文宣中，就使用臺灣三百年前的老地圖作為系列稿的共同符號。[37] 此後，在對手指責不愛臺灣的頻繁攻擊下，嘗到選舉苦頭的泛藍候選人，想盡辦法證明自己愛臺灣：親吻土地、臺灣走透透……一系列的選舉行動，都是怕了被貼上「不愛臺灣」的標籤。

　　這個時期的「去中國化」與「反去中國化」議題主要是由臺灣當局作為輿論主體推動的。「去中國化」議題主要是由臺灣當局和執政黨主導，因此，它特別成為政黨輪替後「臺灣意識/中國意識議題」中最占上風的議題。因為「去中國化」總是先發制人，而「中國化」則銷聲匿跡，持不同意見者只能以「反對者」的形式出現，只能針對「去中國化」而反對，而不能也不敢以「中國化」議題反制之或先發制於人。特別是「去中國化」總是挾行政權力，帶有官方色彩，使得反對者比較弱勢。

　　為加緊在文化領域的「去中國化」進程，近年來，臺灣當局多次對教科書進行修改：例如大幅刪減高中歷史課本中南京大屠殺相關內容；將過去慣用的「中國」、「本國」、「大陸」等詞，全改為「中國」；孫中山之前的「國父」一詞以及提到「國父」、孫中山先生時，前面空一格以示尊敬，也全從新版教科書中消失；增加了以往被視為禁忌的統「獨」及兩岸分合議題；並將過去的禁忌話題「舊金山和約」和「中日和約」編入教科書等等。[38]

　　2004年5月24日，新上任的臺灣教育部門負責人杜正勝在中研院演講時宣稱，有必要將臺灣過去以中國為中心的歷史教育及研究進行調整。他拿出一幅東亞地圖，將其逆時針轉了90度，讓臺灣置於中央位置，大陸、菲律賓及日本

圍繞臺灣四周，聲稱這麼做可以讓臺灣民眾「以不同角度看問題，臺灣也可以是世界中心」。這種不顧常識的匪夷所思的「調整」，令人大跌眼鏡。「立委」李慶華和李慶安批評杜正勝逆轉地圖90度的做法是「自大又自卑」，如果地圖可以從豎的變成橫的，那麼杜正勝也應該躺著向「立委」答辯。[39]

　　2007年7月上任以來風波不斷的教育部門負責人杜正勝，再次引發風波，臺灣教育部門最近委託深綠色彩濃厚的臺灣歷史學會，提出一份教科書「不當用詞」檢核報告，要求教科書出版商及編纂者據以參考修正。按照這份研究報告，凡是有：「不客觀的歷史價值判斷，刻意褒揚或貶抑的非中性詞彙」；或是「自我矮化為地區或主體意識不清」；「對中國的稱呼未反應歷史事實與政治現況」；「臺灣與中國大陸分屬不同政權時期的敘述，對中國的地名、歷史朝代、特定人物等，未加注國名」；或是「敘述日治時期臺灣的人、事、物，卻用大清帝國、中華民國紀年」；或是「對於特定詞彙的使用不夠精確」；「敘述時間或對象泛指中國古代或是古代之人，卻用『歷史上』、『古代』、『古人』等詞彙」，都被視為「不當用詞」。換言之，如果照這份報告，「國父孫中山先生」不再是國父；「海峽兩岸」變成「兩國」；「中國」有時候是中國，有時候是臺灣，完全要看上下文的意思而定；「古人」則一律要加上「中國」。[40]

　　「去中國化」中，連公司名稱也難逃此劫。「中華郵政公司」改為「臺灣郵政」；「中國石油公司」改為「臺灣中油」；「中國造船公司」改為「臺灣國際造船」；臺灣「中央銀行」英文名：「CENTRAL BANK of CHINA［附 Republic of China（Taiwan）］」改成「CENTRAL BANK of the Republic of China（Taiwan）」；「臺灣省自來水公司」改為「臺灣自來水公司」。[41]「中正國際機場」也被改為「臺灣桃園國際機場」。[42]從更改教科書到更改地圖，從公司改名到機場改名，「去中國化」的主導權都掌握在執政者手中，而民進黨的「去中國化」比李登輝的「去中國化」更加囂張。

　　在「臺灣意識/中國意識議題」的演變中，特別值得關注的是「臺灣人/中國人」認同議題的變遷。在蔣介石時代，「臺灣人/中國人」認同議題的主題是「我是中國人」。到蔣經國晚期，他一句「我是中國人，也是臺灣人」宣示了在「中國意識」的前提下對「臺灣意識」的認同，昭示著作為國民黨「本土化」政策基礎的政治文化開始改變。1987年7月27日下午，蔣經國邀請許金德、蔡鴻文等12位臺籍士紳在「總統府」茶敘時，歷史性地表示說：「我在臺灣住了將近40年了，已經是臺灣人了。」[43]

到了李登輝執政前期，李登輝曾多次發表認同中國、「臺灣人也是中國人」的言論。如 1995 年在一個座談會致詞時他表示：「『臺獨』只會斷送國家的大好前途，犧牲社會的安定繁榮，這是不可能，也不應該的。在臺灣的二千一百萬同胞，絕大多數是四百年來先後從大陸來到臺灣的同胞，身上都流著炎黃子孫的血，同族同源，大家都是中國人。大家都在這裡同甘共苦，為臺灣的生存發展，夜以繼日的奮鬥，無論來臺先後，大家都是臺灣人、新臺灣人。深一層說，不放棄國家統一與民族復興希望的，就是中國人；認同臺灣、愛惜臺灣，肯為臺灣奉獻力量的，就是臺灣人。一步一腳印，大家愛臺灣、大家愛中華民國，相信誰也不能否定臺灣人就是中國人。」[44]李登輝的一句「我是臺灣人，也是中國人」，在承襲蔣經國將「臺灣人」與「中國人」相統一的形式下，悄悄地把「我是臺灣人」置前，這既是李登輝對國民黨元老緩兵之計的安慰，也是李登輝對本土力量的交待。這句話的實質就是：「我是中國人」只不過是目前狀況下不得不戴的帽子；一旦不需要藉口後，「我是臺灣人」才是其實際的目的與指向。果然，李登輝後期就不承認其為「中國人」了。[45]

到了陳水扁時期，「臺灣人/中國人」認同議題就只剩下「我是臺灣人」了。2000 年 10 月陳水扁在與國民黨主席連戰會談時斷然否認自己是中國人。他說：「我與絕大多數人一樣，我在臺灣出生，祖先來自中國大陸，我是『中華民國』國民，現在是『中華民國』總統，相信是毋庸置疑的；我們都是『中華民國』國民，而『中國人』在國際社會一般是指中華人民共和國的人民，所以將『中華民國』國民簡化為『中國人』，『中華民國』『總統』是否也可以簡化為『中國總統』，相信包括中國大陸也無法接受。」[46]為瞭解決如何解釋「臺灣人」與「中國人」的歷史淵源，游錫堃又發明了一個「華裔臺灣人」。2006 年 9 月 29 日，民進黨主席游錫堃在民進黨黨慶酒會中，向各國「駐臺使節及代表」強調，認同臺灣是中國一部分的人，就是中國人。「我的祖籍是中國福建，但我是華裔的臺灣人。」[47]這是為否定「中國人」認同而強化「臺灣人」認同的狡辯。

政黨輪替後，國民黨認同自己既是臺灣人又是中國人的看法仍然占主流。連戰指出：「臺灣人不也是中國人嗎！『臺灣人』是對自己出生地的情感，『中國人』是對自己民族與文化的情感。」[48]馬英九接過國民黨主席職位，重提「我是臺灣人，也是中國人」。[49]這個句子看來和李登輝的句子一模一樣，但是由不同的身份在不同的語境下，其含義與本質不同：這預示著國民黨在承認「中國人認同」的大前提下，加快以「臺灣意識優先」的「臺灣人認同」的本土路線，歷史似乎又重回到蔣經國的「本土化」路線時期。歷史驚人地相似卻有本質的不同：一個是執政時為鞏固統治的無奈的妥協，一個是企圖重新執政的以退為守、

以守為攻。無論是執政的需要還是競選的需要,「臺灣人／中國人」認同的議題變遷顯示出「臺灣意識／中國意識議題」的演變一直朝著「本土化」的軌跡邁進,而臺灣政治文化的政治認知也朝著「本土化」的方向變遷。

第二節 「臺灣意識／中國意識議題」的當代特徵

「臺灣意識／中國意識議題」最主要的當代特徵,就是其光暈感。在這種光暈效應中,「臺灣意識／中國意識議題」在議題的道德感上占據了絕對高度,在議題接受度上成了臺灣輿論的最大公約數。其以「認同臺灣為名行分化臺灣之實」的本質具有最大欺騙性,並存在「省籍議題」、「臺獨議題」向其靠攏並向之悄悄轉換的趨勢。考察「臺灣意識／中國意識議題」的當代特徵,應該將之放在與「省籍議題」、「統獨議題」的關係框架下討論。臺灣這三大族群關係的議題,只有在對比中才能發現其各自的當代特點。

「臺灣意識／中國意識議題」最直觀的當代特徵就是它的光暈感,它常常匿藏在一個令人難以質疑、散發著美麗光輝的光環裡。有關它的各種議題最終都可以回落在一個與「自由」、「平等」一樣美麗的字眼——「愛」以及這個動詞無可爭議的對象——「臺灣」之上,「愛」與「臺灣」這兩個詞的組合構成了當今臺灣輿論價值的最高點,成為輿論議題無可辯駁的大前提。「愛臺灣」還能有爭議嗎?誰能不「愛臺灣」?誰敢不「愛臺灣」?議題的推動者從此將自己置身於一個永遠正確、永放光輝的輿論制高點,俯身而下,笑對一切輿論議題,所有的輿論戰引到這裡,對手就啞口無言,不敢置喙。而所有的議題也可以用這個標準進行測試,議題的推動者變成了標準的擁有者和裁判者。而更重要的是,各種議題都可以置換成這樣的問題:「愛不愛臺灣」,這樣就可以輕易把對手推到一個不仁不義的地步,一個背棄主流價值的下場。

「愛臺灣」是民進黨占據的第四座輿論高峰(前三座是「民主」、「自由」、「進步」)。民進黨黨名全稱就是民主進步黨,其《黨綱》就宣稱其基本主張是:「建立主權獨立自主的臺灣共和國;民主自由的法政秩序;成長均衡的經濟財政;公平開放的福利社會;創新進步的教育文化。」[50] 其「臺獨」理念令人恐懼也遭人唾棄,但「民主」、「自由」、「進步」卻都是些最美麗的字眼,人們可以不同意甚至反對民進黨的觀點,但誰能反對「民主」、「自由」、「進步」和「愛臺灣」呢?國民黨敗退臺灣後由於敵視共產黨又害怕民主力量,為維護其威權體制,投鼠忌器,不敢提「人民」、「解放」、「民主」、「自由」、「愛臺灣」,於是這些美麗的字眼就拱手相讓。此後又由於貪腐黑金被民進黨抓到把柄[51],

「清廉」這第五座輿論高峰也被民進黨占住。這也就是為什麼在 2005 年前，國民黨在與民進黨的輿論戰中總是處於輿論下風的原因，這也是為什麼 2000 年的「大選」，在黨權、政權、軍權、司法權、立法權、財權甚至媒體的主要控制權都在國民黨手中時，民進黨不費一槍一彈，僅憑輿論戰的優勢就能把國民黨打得一敗塗地。

2008 年以前，在臺灣有關國民黨與民進黨的「總統候選人」的民調中，往往會加上一句「你認為誰更會看護臺灣的『主體性』」。[52]這是「愛臺灣」的另一個翻版，在這項選項中，國民黨總是占據下風。而最令人不可思議的是，國民黨自己也在這場符號之爭中承認對方的符號劃分。比如馬英九在一次電視採訪中，針對一些民間團體刊登廣告質疑國親推出罷免陳水扁案是分化臺灣團結，一開口便是「陳水扁動員本土社團……」，[53]自覺不自覺地把「本土」的符號拱手相讓給對方。殊不知，這一相讓就把自己陷於不義的境地，人家是本土的，那你自然就是「外來的」，人家是愛鄉愛土「愛臺灣」，你就自然是不「愛臺灣」或者不怎麼「愛臺灣」，至少是不如別人「愛臺灣」。國民黨經營臺灣這麼久，黨員結構中也有這麼多「本省人」，即使是「外省人」，他不在臺灣生，也在臺灣長；為這塊土地哭，為這塊土地笑，將自己的生命與情感與這塊土地緊密聯繫在一起，可是仍然被操縱成不「愛臺灣」的人。除了民進黨太善於進行輿論的操弄之外，也實在是因為國民黨太不懂輿論的規律了。

事實上，「臺灣意識／中國意識議題」的各種表述並非毫無爭議。臺灣教育部門 2004 年 11 月 9 日公佈的 2006 年度新版高中歷史課程綱要草案，將「臺灣史」與「中國史」分開，除將孫中山創建中華民國的歷史放入「中國史」外，同時將「臺獨」分子奉為「臺灣地位未定論」法理基礎的「舊金山和約」等正式列入新的歷史課程中。按照這樣的邏輯，孫中山便成了「外國人」。[54]緊接著，11 月 11 日，「考試委員」林玉體又把矛頭直接對準孫中山，建議「廢掉國父」。「考試院長」姚嘉文也站出來呼應，稱「孫中山是外國人，稱他國父只是尊敬他」。此言論一出，輿論大嘩。[55]2002 年 8 月，在各方意見尚未統一下，臺「行政院」強行核備「中文譯音使用原則」，確定將實行教育部門建議的「通用拼音方案」。這實際上是文化「臺獨」的又一表徵，企圖用「通用拼音」，與祖國大陸的漢語拼音相對抗。[56]這樣一些或極端、或粗俗到令人匪夷所思的議題，極易引起廣泛的爭議，但就是這樣荒腔走板議題最後卻總能找到一個光芒四射的護身符，那就是「愛臺灣」。在「愛臺灣」的加持下，更難堪和更荒誕的議題都有了「正當性」，至少是可以原諒的，因為一些人會相信這些議題的出發點總是好

的，是「愛臺灣」的，自己的輿論底線就可以屢屢突破，而對手的輿論制高點則被綁架，在「愛不愛臺灣」議題中難以翻身。

「臺灣意識／中國意識議題」的光暈效應，使得它在三大族群議題中最沒有禁忌也最不敏感。在「威權時代」，當「省籍議題」還不敢聲張而「臺獨議題」更是嚴厲禁止時，「臺灣意識」是最早進入主流社會的議題。1970 年代出現的「鄉土文學運動」就以「愛鄉愛土」為旗幟。[57]在這「愛鄉愛土」的旗幟下，「臺灣意識」中的「愛臺灣」議題抬頭，並夾雜著一些「省籍議題」與「統獨議題」的成分，特別是以後「鄉土文學」分裂成「臺灣意識」與「中國意識」的對立，乃至「臺獨意識」與「中國意識」的對立，「省籍議題」與「統獨議題」開始蠢蠢欲動。但無論如何，「統獨議題」、「省籍議題」最初還是不敢明目張膽地公開化，更多的是包藏在「臺灣意識／中國意識議題」中借殼上市。直到後來，「省籍議題」雖然能夠不被懲罰而敢堂而皇之地出現在主流輿論中，但這種肆無禁忌並不表明它就獲得了至高無上的正義性。「堂而皇之」還不等於「冠冕堂皇」，一個是敢於公開，另一個則是披上神聖的外衣。從受眾的觀感看，操縱「省籍議題」容易引起中間選民的反感和厭惡。「族群動員製造了對立與緊張，將原本已淡化的省籍差異刻意凸顯，引起社會不安與懷疑，也使反對黨自絕於某些票源（如眷村票），給人為達目的的不擇手段的『不道德』印象。」[58]「愛臺灣」則往往能夠爭得中間選民的理解和同情。而「臺獨議題」不僅在威權時代被當作禁忌，直到今天「臺獨議題」仍十分敏感，它雖然公開化，卻還是不敢囂張和肆無忌憚，在「國土」、「國號」的改變以及宣布「臺灣獨立」等議題上還是禁區，至少對於一部分特定人群（比如最高政治人物）是禁區，而且在主流輿論中是禁區。相反，「臺灣意識／中國意識」的議題則幾乎是暢通無阻的，這完全得益於它有一個神聖的光環。

在「臺灣意識／中國意識議題」神聖光環的加持下，臺灣的三大族群議題有逐漸向「臺灣意識／中國意識議題」靠攏的趨勢。無論是「省籍議題」，還是「統獨議題」，都呈現向「臺灣意識／中國意識議題」轉換的現象。「省籍議題」和「統獨議題」經過轉換，最後都變成「愛不愛臺灣」的議題，因為統「獨」有爭議、「省籍」有分歧，而「愛臺灣」則是不言而喻、不證自明的東西。

「愛臺灣」本來是一個很好的口號。當人們在為省籍問題、統「獨」問題等這類把歷史的陳芝麻爛穀子和未來的不確定因素，拿來爭個無止無休的時候，「愛臺灣」本來是止紛息爭的好良方，它是臺灣民眾的最大公約數。無論省籍，不管統「獨」，誰都應該接受甚至高舉「愛臺灣」這個大旗。因此，「愛臺灣」

本來是最好的解決族群的議題，所有的「臺灣人」都應該「愛臺灣」，這是最沒有爭議與分歧的所在，大家都可以在這個共同的認同下消解族群矛盾，促進族群的和諧。但是問題是「愛臺灣」本身又被操縱成分裂族群的議題。這個議題的邏輯順序是：「所有的臺灣人都應該愛臺灣」（這沒有爭議），「但並非所有的臺灣人都愛臺灣」（這好像沒錯，但已埋下伏筆），「臺灣最重要的不是省籍之別、統獨之分，而是愛不愛臺灣的差別」（這容易得到絕大多數人的認同），「但是，外省人或者支持統一的人更可能不愛臺灣，至少沒有本省人和支持『臺獨』的人愛臺灣」（這是關鍵的轉折），「國民黨、親民黨、新黨是外省人的政黨、支持統一的政黨，民進黨、臺聯黨不是」（貼上標籤），「所以，要支持民進黨、臺聯黨這些提倡本土與『臺獨』的政黨，因為它們是愛臺灣的政黨」（完成結論）——由此，一個在臺灣族群擁有最大公約數的輿論口號，卻又變成新的分化臺灣族群的輿論議題。

「愛不愛臺灣」，再一次把臺灣撕裂成不同的陣營，但是卻比「省籍議題」與「統獨議題」更具有欺騙性。它表面上最無爭議、最無分歧，實質上卻是一個以分化和動員族群為目的的輿論工具。

「臺灣與中國意識議題」這種披著神聖光環的欺騙性，使之成為2008「大選」前最有效的輿論工具。2000年政黨輪替後，「省籍議題」漸趨減弱，「統獨議題」不敢濫用，因此，在族群分化與動員的諸多議題中，「臺灣意識／中國意識議題」成為時下曝光率最多的議題。2004年「3·19」槍擊案發生後一個多小時內，民進黨即全面散發「1號選臺灣，2號選中國」的傳單。[59] 當晚，臺灣南部的地下電臺幾乎全部出動，徹夜聲嘶力竭地高喊「阿扁是在幫臺灣擋子彈」等。[60] 2006年9月16日民進黨主席游錫堃在一次挺扁大會上，情緒激昂地誣衊倒扁人士是「中國人糟蹋臺灣人」。[61] 諸如「中國豬滾回去」、公營事業改名、「臺灣正名運動」、中國史變外國史、臺灣地圖由豎變橫、「九年一貫課程」教改之母語教程、「臺語」作為官方語言、「臺灣人是華裔臺灣人」……這一系列「汙名化中國」、「去中國化」及強化臺灣本土性與主體性的議題不斷拋出，成為2008年「大選」前臺灣主流輿論中的中心議題，其比例高過了「統獨議題」與「省籍議題」。但是「臺灣意識／中國意識議題」有著「省籍族群議題」的背景和「統獨議題」的實質，因此，這個時期臺灣族群議題的輿論戰場，實際上形成了以「臺灣意識／中國意識議題」為主打，以「省籍議題」和「統獨議題」為側翼的議題結構群。

直到今天，國民黨對民進黨「愛臺灣」的輿論制高點還是不敢質疑，甚至下意識地承認民進黨的「愛臺灣」的符號，這完全是民進黨在輿論中長期操作的結果，使人們將民進黨與「愛臺灣」畫上等號。這一點，如果是民進黨的刻意為之，還情有可原；問題是國民黨有時候自己都潛移默化地自認為自己不如民進黨愛臺灣。2008年後，國民黨重新執政，但只要國民黨和大陸談判，民進黨一定會投懷疑票，質疑國民黨在談判過程中出賣臺灣的利益。可是，2012年「大選」期間，當蔡英文宣示：如果當選後，將成立跨黨派的「兩岸對話工作小組」，為兩岸正式協商鋪路，更不排除政治協商的可能性。泛藍陣營只是一再質疑蔡英文是否接受「一中各表」，卻幾乎沒有一個人反其道而制之，質疑民進黨搞所謂的跨黨派小組會不會出賣臺灣。難道天下有這樣的邏輯，國民黨的談判就一定出賣臺灣，而民進黨的談判就不會？但國民黨就是傻乎乎地鑽進民進黨的輿論圈套，將愛臺灣的輿論制高點拱手相讓。[62]

第三節 「臺灣意識/中國意識議題」的衝突實質

　　如前所述，「臺灣意識/中國意識議題」常常伴隨著「省籍議題」與「統獨議題」，研究「臺灣意識/中國意識議題」的衝突及實質，必須聯繫「省籍議題」與「統獨議題」，並在三者的關係框架中進行討論。

　　有關族群（ethnic group）的定義，一般有狹義與廣義兩種分類：狹義的主要強調其共同的血緣、語言、文化、宗教與祖先，因此將民族（nation）、民族之下的亞族、次族（sub-nation）、種族（race）或限定其一或籠統稱之為族群；廣義的則認為只要具有某種共同的文化特徵、歷史經驗乃至共同利害關係就可以稱之為族群。[63] 嚴格地說，族群狹義的定義較為貼切，廣義的族群定義類似「非社團性的利益集團」的「社群」（Community）。美國哈佛大學教授邁克·桑德爾（MichaelJ.Sandel）認為：「所謂社群，就是那些具有共同的自我認知的參與者組成的，並且透過制度形式得以具體體現的某種安排，主要特徵就是參與者擁有一種共同的認同，如家庭、階級、民族等。」[64]

　　由於臺灣普遍將「族群」與「社群」混用，約定俗成，本書也在不同的語境採用族群的狹義或廣義用法。例如：臺灣將「省籍議題」看作族群議題是采「族群」的狹義，而將「統獨議題」、「臺灣意識/中國意識議題」也看作族群議題，則是採用族群概念的廣義。為論述方便，本書對此也不特別界定，而用上下文語境予以區別。

「臺灣意識／中國意識議題」屬於族群關係的議題。衝突產生輿論，輿論也往往來源於衝突，在臺灣的族群衝突中，至少可以排列以下幾類衝突：「外省人」族群與「本省人」族群的衝突，主張「臺獨」的族群與主張統一的族群的衝突，認為自己是「臺灣人」的族群和認為自己是「中國人」的衝突。前兩者分別產生「省籍議題」與「統獨議題」，後者則產生「臺灣意識／中國意識議題」。

　　可見「臺灣意識／中國意識議題」與「省籍議題」和「統獨議題」一樣是有關族群認同（ethnic group identity）的議題。認同產生於衝突，關於族群認同所提出的理論解釋，以往的政治學者、社會學者及人類學者的觀點主要分三大類：「本質論」（essentialism）認為：一個群體的集體認同主要是建立在他們的文化或生物學的特徵之上；「建構論」（constructuralism）認為：集體認同是人們刻意建構出來的；「結構論」則主張：集體認同之所以產生，主要是因為某些群體對他們在政治權力、經濟財富或社會地位等方面的分配感到不滿而激盪生成的。[65]臺灣學者黃光國與施正鋒都認為臺灣的族群認同是「本質論」（原生論）、「結構論」及「建構論」三個場域交織沖積而成。[66]

　　上述學者的研究是將「省籍認同」、「統獨認同」與「臺灣人／中國人」認同三種不同類型的認同混合起來討論臺灣的族群認同，所以得出以上結論。但是「省籍認同」、「統獨認同」與「臺灣人／中國人認同」其衝突的生成各有其特點，如果我們分別將之用「本質論」、「結構論」與「建構論」予以檢驗，會比籠統用臺灣族群認同來檢驗發現更多的東西。

　　就「本質論」而言，只有省籍認同具有文化與生物學上的特徵，屬於狹義的族群認同。「臺灣人」（臺灣少數民族，外籍新娘除外）與「中國人」（少數民族除外）在文化與生物學的特徵沒有多少區別，而統「獨」族群僅只有主張的不同，並沒有文化與生物學特徵的不同，二者屬於廣義的族群認同（社群認同）。而即使是省籍認同，「本省人」與「外省人」在文化與生物學的特徵很難作明顯的區分，即使有「異」，也是同大於異。[67]

　　就「結構論」而言，省籍認同的確曾經存在著「本省人」與「外省人」在政治權力、經濟財富或社會地位等方面分配的不同，但在臺灣內並不存在著一個所謂的「中國人族群」或「臺灣人族群」（狹義的族群），最多不過是存在著「認同中國人」或「認同臺灣人」的族群（廣義的族群，社群）。因此，在臺灣內部不存在著一個「中國人」族群與「臺灣人」族群在結構上有分配不公的問題，即便把臺灣的族群關係放大到置於整個中國的族群關係框架下，也不存在著所謂「中國人」與「臺灣人」的分配問題；而統「獨」的族群只是理念不同，地位高

與地位低的人都可能主張統一或主張「臺獨」，沒有任何證據證明因統「獨」理念不同而分成的族群在權力、財富和地位上有不同。

就「建構論」而言，前一章節我們已經討論過「省籍議題」所表現出來的省籍衝突遠遠大於實際的「省籍情結」，特別是當「省籍情結」所產生的現實性基礎逐漸減弱消失時，「省籍議題」的衝突反而增強，這證明了省籍認同具有強大的「建構」成分；而無論是「臺灣人／中國人」的認同還是統「獨」的認同，由於它並沒有「本質論」和「結構論」意義上的不同，其主要是刻意「建構」出來的，我們從族群認同民調問卷的題目：如「你認為你是中國人還是臺灣人」、「你支持統一還是『臺獨』」，就可以看出其建構實質。「認為」和「支持」兩個詞語表明上述兩種族群認同的衝突，主要來源於主觀的認知而不是客觀的屬性。

無論是「省籍認同」、「統獨認同」、還是「臺灣人／中國人」的認同，其衝突都主要是刻意「建構」的產物，這一結論得到了民調數據的支持。在本書前後引用的相關民調數據表明，臺灣民眾無論是「省籍認同」，「統獨認同」還是「臺灣人／中國人」的認同都發生了相當大的變化。在民調調查的期間內，臺灣民眾的族群關係的客觀條件，無論在「本質」上或「結構」上都沒有發生大的變化，其民調結果的變化，只能證明在「本質」和「結構」常量大致不變的情況下，「建構」是與「認同結果」數據變化唯一相關的變量。

接下來的問題是，為什麼會出現這種刻意的「建構」？是誰主導這種刻意的「建構」？在這種刻意建構下的族群認同變化到底對誰有利？或者直言之，刻意「建構」的「意」到底「意」指何方？這些「建構」的刻意正是「省籍議題」、「統獨議題」以及「臺灣意識／中國意識議題」衝突生成的原因，族群認同的變化正是這些推動者爭奪輿論的目的。

不排除上述議題的推動者中確有一小部分純屬為理念而理念的信念堅持者，但稱他們為這個活動的推動者不如稱他們為輿論的表達者更為準確。一般而言，信念的堅持者堅守與表達的是自己的信念，他沒有利益驅動去改變別人的信念，推動族群認同變化的真正推手是利益集團的力量，只有組織起來的輿論才能在全社會的規模中改變社會的認同。

族群政治是族群衝突輿論產生的溫床，而民主政治又是族群政治產生的溫床。[68] 專制政治一般不希望族群衝突用輿論來進行表現，恰恰是民主政治把民主還給個人，才讓政治的黑手伸向了個人。因為選舉的產生，法案的透過，種種政治利益必須透過個人手中的一張張選票才能得以實現，不同的利益集團在爭奪個人的選票時，就會有意識地把一個個「個人」組成的集合體分成不同的族

群,擴大自己支持者的族群版圖,而減少自己反對者的族群版圖。例如,陳水扁1998年為了尋求臺北市長連任,將馬英九與自己的競選說成是「中國新黨對臺灣民進黨之戰」等,從而把一個臺北市長選舉,操作成「臺灣意識/中國意識議題」。[69] 2002年底又一次臺北市長選舉,陳水扁在給本黨李應元助選時,再次給馬英九扣上「香港腳」、「臺灣特首」、「賣臺集團」等大帽子,說:「馬英九香港腳走香港路,將來會做臺灣特首。」[70] 不僅僅要分化,還必須動員,分化之後的族群還必須將之動員去投票,才能最終實現政治利益。族群的衝突輿論議題就起著這種分化和動員的作用,族群衝突議題在分化中動員,在動員中分化,互為因果,從而改變族群認同的版圖。這就是族群衝突議題為什麼要刻意建構的真正的政治經濟學原因,這也就是「省籍認同」、「統獨認同」以及「臺灣意識/中國意識」認同衝突議題生成的原因。

　　需要進一步解釋的是,既然族群衝突議題可以分化族群,並達到動員族群的政治目的,那麼「省籍議題」就可以完成這個使命,為什麼議題的推動者還要增加其他的族群衝突議題,比如「統獨議題」以及「臺灣意識/中國意識議題」的呢?前面討論過這三大議題,只有省籍認同才有「本質」上生物與文化特徵的差異,以及「結構」上分配不公的歷史,儘管其「本質」上的差異並不明顯,而其「結構」上的不公也已時過境遷,但好歹可以僅從出身、血脈、文化、語言等客觀因素就可以不費吹灰之力地將族群分化,而「統獨認同」和「臺灣人/中國人」的認同都是建立在沒有生物學等客觀要素基礎上,透過這種認同建構的族群屬於純意識形態上的心理族群,即它不是透過出身決定論或其他外在客觀差異形成的族群,而是因為意識形態的主觀差異而形成的族群。為什麼不對一個好歹有現實與客觀基礎的「省籍議題」窮追不捨,還要花大氣力去建構「統獨議題」與「臺灣人/中國人」的議題這兩個沒有任何客觀基礎的空中樓閣呢?拋出更多的議題不會模糊焦點嗎?

　　要回答「統獨議題」以及「臺灣意識/中國意識議題」有沒有建構的必要性這個問題,首先必須回答的一個問題就是「省籍議題」有沒有侷限性。「省籍議題」的缺陷是明顯的:它有「沒有用」的時候,前引的民調證明臺灣民眾並不是以省籍取向來選擇政黨傾向,比如並不是所有的「本省人」都支持民進黨或泛綠政黨;它有「不便用」的時候,比如要爭取部分「外省人」支持時(特別是在臺灣北部的選舉)「省籍議題」可能會起副作用;它有「不頂用」的時候,「省籍議題」的悲情訴求隨著時間的推移,其情緒的感染力逐漸減弱,當它需要強刺激的時候,不如「統獨議題」更具震撼力;它有「不好用」的時候,「省籍議題」儘管可以肆無忌憚,但是缺乏正當性與崇高感,其指向是歷史的恩怨,沒有理想

的建構,不如「統獨議題」知不可為而為之的悲壯感,也沒有「希望相隨,有夢最美」[71]的想像空間;它有「不夠用」的時候,「省籍議題」永遠只對純粹的「本省人」和純粹的「外省人」家庭有用,而對混合型家庭則不夠用,對歷史議題有用,而對現實議題則不夠用,對買「省籍情結」帳的人有用,而對不買「省籍情結」帳的人則不夠用。顯然,上述「省籍議題」的一系列缺陷,使得輿論議題的推導者必須另覓戰場,開闢其他的輿論衝突議題以實現分化和動員族群的功效。

三大輿論議題到底是什麼樣的關係?是相互對立、相互抵消,還是相互補充、相互促進?我們從民調數據可以看到它們的實際功效。

首先,看下表:

表1:民族認同、統「獨」偏好與對建立民族國家的態度之變化(民眾與菁英之比較)

	一般民眾				政治菁英	
	1989年	1992年	1993年	1996年	1999年	1995～1996年
民族認同:						
台灣人	16%	27%	36%	33%	59%	
中國人	52	33	21	12	11	
台灣人與中國人	26	34	41	52	30	
統獨偏好:						
獨立	6	8%	13	18	23	35
統一	55	40	39	23	17	17
維持現狀		18	11	41	44	49
對民族國家的態度:						
台灣民族主義			7	12	14	35
獨立民族主義者			6	6	8	0
現實主義者			11	41	43	49
統一主義者			17	13	12	11
中國民族主義者			22	10	5	6
消極主義者			37	18	18	0

註釋：由於有些受訪者拒答或提供的答案不全然屬於問卷所列選項，故各題答案加起來之和未必為100%。

資料來源：本表中1992、1993、1996與1999等年度的資料數據是由臺灣大學政治系選舉研究小組所提供，這些面訪計劃分別完成於1991年「國大」選舉與1992、1995與1998等年度的「立委」選舉之後，其有效樣本數分別為1384、1398、1376與1356個。1989年的數據是得自《聯合報》所執行的電訪資料（見《世界日報》，1997年7月4日）。菁英部分的數據則是該表格製作者林佳龍於1995年1月至1996年4月間面訪66位立委所獲得的資料。轉引自林佳龍：《解釋晚近臺灣民族主義的出現及特色》，收入《百年來兩岸民族主義的發展與反省》，洪泉湖、謝政諭主編，臺北：東大出版社，2002年版，第293頁。

從上表可以看出，民族認同與統「獨」偏好的族群並不完全等同，也不相互覆蓋，可見「統獨議題」與「臺灣意識/中國意識議題」所分化和動員的族群並非完全一樣。如果同時用統「獨」偏好與「臺灣人/中國人」認同兩個標準（同時）來劃分，臺灣的族群可以進一步細分為六種類型。其中，「民族主義者」可分成以下兩類：他們分別是自我認定為「臺灣人」且支持「臺獨」的「臺灣民族主義者」以及自我認定為「中國人」且支持統一的「中國民族主義者」；那些相當程度自我認定是「中國人」但支持「臺獨」者為「獨立主義者」，而那些相當程度自我認定是「臺灣人」但支持統一者則為「統一主義者」；那些不考慮民族認同且主張維持現狀者為「現實主義者」，「消極主義者」指的是無特定國家認同或不論是統、是「獨」或維持現狀皆能接受的那些人。[72]

表2：區分民族主義者與非民族主義者的類型

民族認同 \ 統「獨」偏好	支持「台灣獨立」	主張維持現狀	支持中國統一	無意見
台灣人	台灣「民族主義者」	現實主義者	統一主義者	消極主義者
既是台灣人也是中國人				
中國人	獨立主義者		中國民族主義者	

原註解：此類型是根據兩個民調題目交叉設計而成。針對民族認同而設計的題目為：「在我們社會中，有些人認為自己是臺灣人，有些人認為自己是中國人，請問您覺得自己是臺灣人還是中國人？」針對統「獨」偏好設計的題目為「在我

們社會上，有人主張臺灣應該成為一個獨立國家，也有人主張臺灣應該與中國大陸統一，請問您支持臺灣獨立還是統一？」

資料來源：同上表。

如果把統「獨」偏好、民族認同再與省籍差別結合起來，族群的分化將分得更細。

從上述表格看，由「省籍」、統「獨」以及「臺灣意識／中國意識」的認同分別分化出三組不同的族群，這三組不同的族群劃分並不完全等同，這就意味著「省籍議題」、「統獨議題」以及「臺灣意識／中國意識議題」將分別和動員不同的族群，顯然。這三種族群認同的衝突議題並不是同質化的重複，各有其成立的理由。

另外，更為關鍵的是，這三種輿論衝突議題各自分化動員的三組不同的族群，雖然不完全等同，並也不是絕然對立，更不是毫無關聯的；相反，其核心部分是大致重疊的，其輻射取向也是大體一致的。上述表格顯示，個人的族群背景與其民族認同及統「獨」立場具有高度的相關。也就是說，與「外省人」相比，「本省人」有較清楚的臺灣認同，並更可能支持「臺獨」；而與「本省人」相比，「外省人」認為自己是「中國人」的比例要高，並且較易接受統一的立場。

表3：「本省人」與「外省人」對建立民族國家的態度及其變化

	本省人						外省人		
	閩南人			客家人					
	1993年	1996年	1999年	1993年	1996年	1999年	1993年	1996年	1999年
台灣民族主義者	9%	16%	17%	5%	5%	9%	0%	2%	2%
獨立主義者	7	7	9	7	3	10	3	3	4
現實主義者	12	40	43	11	52	43	5	40	52
統一主義者	18	11	11	17	15	13	14	22	17
中國民族主義者	15	7	3	21	9	6	60	23	15
消極主義者	39	20	17	40	17	18	19	11	10

資料來源：同上表。

相互差異、高度重疊、相互關聯，這是「省籍議題」、「統獨議題」以及「臺灣意識／中國意識」族群衝突議題所分化與動員的三組族群的關係特點，也是上述三種族群衝突議題在輿論場域的結構特點。可見，上述三種議題，不僅不可相

互替代,反而可以相互補充,既相互配合,又相互促進,形成一個具有輿論生態學意義上的議題共生現象。

這也導致了上述三種議題往往同時出現,有時甚至常常分不清某一個輿論議題到底屬於「省籍認同」、「統獨認同」,還是「臺灣意識/中國意識」的認同。同樣,這也就是為什麼臺灣學者往往把上述議題當作同一類族群議題,一鍋煮地進行研究的原因。

但是我們不能因為這三種議題具有強烈的關聯和類似的效果,就將它們混為一談。前面說過,這三種議題和其對應的三組不同的族群關係,在性質上具有本質的不同,在具體的輿論操作中也具有不同的特點。前文我們討論了「省籍議題」的特點,下文我們還將分別討論「統獨議題」以及「臺灣意識/中國意識議題」的不同特點,將這些問題引向深入,我們就不會被輿論的表面現象所迷惑,從而深刻地把握輿論的實質。

從這三種不同議題衝突的生成過程,我們可以清楚地看出「臺灣意識/中國意識議題」衝突的實質。「臺灣意識/中國意識」的輿論議題衝突表面上是面向臺灣與祖國的關係,但實際上,輿論的推動者最要害的目的並不是要分化臺灣與祖國的關係,而是借分化臺灣與祖國的關係來分化臺灣內部的族群關係。臺灣以外的「中國人」不會在臺灣投票,分化臺灣以外的「中國人」,議題的操縱者得不到現實利益;其現實的利益還在於將臺灣內部分化出不同的族群,以尋找和壯大更多的支持者,並動員他們為自己投票。所以輿論的操縱者想方設法要在臺灣內部製造一組根本不存在的所謂「臺灣人」與「中國人」的不同的族群。臺灣內部有「本省人」與「外省人」之分,卻絕無「臺灣人」與「中國人」之別。「臺灣人」作為一個整體,即使在純理論意義上劃分,也應該說是要麼全部是「臺灣人」,要麼全部是「中國人」,或者全部既是「臺灣人」與「中國人」,而不可能一部分是「臺灣人」,一部分是「中國人」,所有這樣的劃分都懷有不可告人的目的,都是藉著議題以分化族群來獲取政治的利益。1996年「大選」,已經是「臺灣人」的全民「總統」的李登輝,為取得連任,有意製造臺灣內部存在一個「臺灣人」與「中國人」的不同族群,他以「勇敢的臺灣人」訴求「臺灣人」族群,打出「選臺灣人自己的總統」的旗號,以打擊對手林洋港、郝柏村,並搶奪彭謝配的本土族群選票。[73]

當「省籍議題」因其現實性基礎的逐漸喪失而逐漸減弱時,在一個事實上不再存在「外省人」欺負「本省人」現實情景下,「省籍議題」就像臺風,一旦登陸就無法在陸地上持續尋找水汽以補充能量。它只好停留在歷史的悲情中消費輿

論的能量。因此，開闢新的輿論戰場就成了族群政治推動者的不二選擇，它不僅要尋找新的悲情事件以增強輿論的當量等級，而且要尋找新的敵人來製造仇恨並提供怒火發洩的目標。

這個新的輿論戰場就是「臺灣意識/中國意識議題」，由於現實中兩岸關係的非正常化，將兩岸關係描述成「中共」對臺灣的打壓就成了絕佳的選擇。1994年3月31日，臺灣長風旅行社旅遊團一行24人乘「海瑞號」游輪在浙皖交界處千島湖遊覽時，遭三名歹徒登船搶劫並縱火焚船，致使該船24名臺灣居民以及8名大陸居民全部遇難，從而釀成一起特大搶劫縱火殺人案，即「千島湖事件」。事發後，中共中央、國務院高度重視，責成公安部、浙江省委、省政府迅速破案，妥善處理。海協會依照《兩會聯繫與會談制度協議》有關緊急聯繫的規定，及時快速地向臺灣海基會通報情況，協調有關部門為遇難者家屬來浙江處理善後提供方便。經過各方面努力，公安機關僅用了17天即偵破此案。千島湖事件，本系一起謀財害命之刑事案件，然而事件發生後，臺灣方面一些人借題發揮，紛紛以所謂「草菅人命」、「土匪」等詞語發表措辭強烈的指責，將千島湖事件變為政治事件，對當時的兩岸關係造成相當大的衝擊。1994年4月14日李登輝在談到「千島湖事件」時有意將一個刑事案件置換成「臺灣意識/中國意識議題」，製造對大陸的仇恨，他說：

千島湖事件在臺灣激起的民憤可以說是全面性和「朝野」一致性的，這一點恐怕中共還未認識到其事態的嚴重。今後兩岸的交流已經蒙上很深濃的陰影。同胞們憤怒的是，在一個文明的社會絕不容許這樣的事發生。更嚴重的是，一個現代化的政府決不會像中共當局如此不負責任，如此反應遲鈍，連連以不當的措施來處理攸關人命的重要大事。任何政權都應深切體認「主權在民」的精義，否則將為覺醒的人民所唾棄。我說如此重的話，是因為大陸尚不是文明國家，臺灣是個文明國家。我們早上在家起床，報紙、牛奶都會定時送到門，一切都已上軌道、程序化；大陸不是這樣子，對外來的人不能這樣搞，民眾被殺死也不知道，這個問題，對大陸的主權要強調，主權應在老百姓，這是最基本的問題。中共說臺灣是中華人民共和國的一省，這是亂說話，沒繳過一毛錢的稅，沒有統治過臺灣一天，也不是人民選出來，主權在哪裡？[74]

根據《聯合報》1994年4月中旬的民調顯示，千島湖事件發生以後，臺灣贊成與非常贊成「臺灣獨立」的民眾大幅上升至42%，較之前上升了一成，支持統一的人數則是減少了近兩成。[75] 此一民調結果顯示千島湖事件之後，由於一些人對輿論的操弄，臺灣民眾對大陸的疑惑與不滿增加，雙方的交流一時之間也

有冷卻的現象。千島湖事件是影響「臺灣意識/中國意識議題」轉變的重要轉折點。

在這種族群議題需要製造新的敵人的驅動下，大陸導彈試射、「斷交復交」、「臺灣申請加入聯合國」，全部解讀為「中國人」欺負「臺灣人」的證據，甚至不惜造謠煽動。在臺灣地下電臺和民進黨的輿論中，臺灣的任何問題和事件都可以和中共的「搞破壞」掛上鉤。比如2004年「3·19槍擊案」發生後，就有地下電臺散佈不實之流言認為是「國親結合共產黨槍殺了陳水扁」，「目前福建軍區操兵，和連宋在那邊暗盤，暗通款曲」等等。[76]2005年臺灣TVBS電視臺《全民開講》連日追擊民進黨高捷弊案，綠營對此展開全面反制：多名民進黨「立委」在「立法院」指控TVBS是100%中資公司，企圖顛覆臺灣；「新聞局長」姚文智隨後也表示，根據「國安局」報告，TVBS確是100%港資，且「新聞局」對該臺股權異動未申報，裁罰款20萬新臺幣，並揚言撤銷牌照。不過，學者和民眾普遍認為，綠營此舉是無理打壓TVBS。[77]2006年4月14日，臺灣《中央日報》發表社論說：「2006年兩岸經貿論壇不但是國共兩黨繼續開展政黨交流的重要活動，同時也是針對2005年『連胡會』有關『促進經濟全面交流，建立經濟合作機制』共識的進一步的落實。然而，民進黨政府對此非但不積極配合，反而還極盡抵制杯葛之能事。例如，中國大陸願意跟我們發展更緊密的經貿關係，民進黨批評是『存心矮化臺灣』；直航則被抹黑為『木馬屠城記』；資金流出將會造成『錢進大陸，債留臺灣』；開放大陸人民來臺觀光則『會被大陸人滲透顛覆』，造成安全上嚴重漏洞。」[78]在民進黨的輿論議題裡，「中國（中共、大陸）」成了他們進行輿論動員的最好的「假想敵」。

在上述輿論中，說「中國」是最好的「假想敵」而不是真正的敵人，不僅是要指出上述解讀中存在著片面、歪曲和捏造的成分，更是要說明「臺灣意識/中國意識議題」中的「中國人」並不是議題推動者的真正敵人，上述輿論中的「中國人」無論做了什麼事，都沒有威脅到輿論推動者的真正的現實利益，因為這些「中國人」並不會來臺灣投票，而一切為了選舉的政黨，只有票源是最大的利益來源所在，它真正的「敵人」是不投它票的人。但是這些不投票的人既不能隨意將之塑造成萬惡不赦的罪人，也不能莫名其妙地以他們為導火線來燃燒仇恨的怒火和製造巨大的輿論能量以分化和動員族群，而這時的「中國」（「中共」、「中國人」）符號就被順理成章地拿來當替罪羊和假想敵。[79]選舉需要敵人，需要敵人來分化陣營和鼓舞士氣，需要敵人來汙蔑對手和美化自我，「中國意識」議題就這樣一次次被輿論操作者當作選票機，一按就靈，屢試不爽。

除了選舉，「中國意識」議題作為假想敵還有一個功用就是轉移議題和轉換議題。轉移議題是指一旦發現一個不利於自己的議題時，就轉移到另一個議題，這從陳水扁常常喜歡在海外放話就可以看出。每到輿論的困境，陳水扁就常常在境外放話，而這些放話往往就是「臺灣意識／中國意識議題」，因此輿論的焦點自然就轉到「臺灣意識／中國意識議題」上面。2006年9月初，為了避開民眾「倒扁」運動的鋒芒，陳水扁率團出訪南太平洋「友邦」帕勞和瑙魯。期間，陳水扁表示將立即催生一部臺灣「新憲法」，並推動以「臺灣名義申請參加聯合國」；[80] 在出訪帕勞接受日本媒體專訪時更聲稱，他期待與日能夠締結「準軍事同盟」，成功地將反貪腐議題轉化為「臺灣意識／中國意識議題」及「統獨議題」。[81] 而轉換議題指的是一旦發現對己不利的輿論困境，輿論的操縱者就試圖將這一輿論事件解讀為「臺灣意識／中國意識議題」，比如2006年陳水扁妻子等人因「公務機要費」被起訴，擔任此案公訴檢察官的張熙懷由於到過大陸講學及學術交流，成了民進黨的攻擊目標。一些綠營「立委」給他大扣「紅帽子」，說他的政治傾向「有問題」、執行職務「有偏頗」，有洩密之嫌。從而將對陳水扁貪腐的司法審判解讀為「中國人」在欺負「臺灣人」，[82] 從而把反腐的議題焦點轉換為「臺灣意識與中國意識」的議題焦點。

將大陸塑造成假想敵的議題，幫助民進黨獲得一次次選舉的勝利，也一次次成功地幫民進黨解除困境，所以泛藍陣營有人長嘆：誰最「愛」中國，當然是陳水扁和民進黨，如果沒有「中國」與「中共」這個假想敵，陳水扁把臺灣搞得這麼爛，怎麼可能當選和連任，除了在「中國」這個議題上撈分，陳水扁和民進黨治臺無方，選舉有術，還能在其他什麼議題上爭到選票？[83] 這種看法「話糙理不糙」，一語道出了輿論推動者在輿論上把「中國」當作假想敵的目的和實質。

民進黨執政期間，因為國民黨「在野」已經不方便再將其炒作為「壓迫者」，現實中的「中國」替代了歷史中的「國民黨」和「外省人」，成為輿論的操縱者製造的敵人，緊接著再將「中國」（「中共」）與國民黨等競爭對手「外省人」掛上鉤來，因此，競爭對手就成了「中共的同路人」和「賣臺集團」。這樣，「省籍議題」的悲情牌就被「臺灣意識／中國意識議題」的悲情牌所替代，而且臺灣與祖國的關係歷史就被重新建構為一直是「中國人」欺負「臺灣人」的歷史，是「臺灣人」爭取出頭天的歷史。

而要把「中國」塑造成假想敵，有一個最重要的功課必須做，那就是在輿論上對「中國」汙名化，所有不好的字眼都和「中國」掛上鉤：專制、落後、野蠻、貧窮、保守、封閉、封建、壓迫者、不自由、不文明、水深火熱、貪腐橫行、文

攻武嚇，這些不好的詞成了「中國」的代名詞，甚至成了「中國」的符號。謝長廷在其《謝長廷新文化教室》裡就這樣醜化中國：「臺灣的政治文化為何如此惡質？因為統治者是由中國來的。……中國的政治文化差不多都是壞的，因為在中國的政治世界，要生存必須爾虞我詐、勾心鬥角。」[84]2003年10月6日，陳水扁接受美國《華盛頓郵報》的採訪，他說：「三年以來，中國對於國親合作抵制政府施政是樂觀其成，甚至暗中給予協助。」[85]陳水扁將國親操作為「中共」的同路人，就是為了針對國親聯合的2004年臺灣「總統」候選人連宋的選情進行輿論攻擊。

對「中國」的汙名化過程，實際上是一連串的概念偷換過程，即便是在「兩蔣」時期，「中國」都是一個美好的字眼，所以不僅當時的執政黨中國國民黨保留其「中國」的符號，在當時臺灣的各種公營事業，也大都冠以「中國」的字號。臺北市的各種街道，大量地用中國的城市命名，國民黨雖然對「中共」又怕又恨，但還是把「中共」、「大陸」、「大陸人」、「中國人」、「中國」區分得很清楚。在國民黨當局的輿論裡：「中共」是他們的敵人，「大陸」是他們反攻的目標，「大陸人」是生活在水深火熱中等待他們拯救的對象，而「中國」則是他們統一的目的。而到了李登輝上臺和民進黨執政，在一些人輿論裡，概念開始來回置換，變成「中共」等於「大陸」，「大陸」等於「中國」。這種概念的偷換一方面是要製造「一中一臺」的概念區隔，另一方面就是要把「中國」汙名化。

因此，對「中國」的汙名化，實際上是從對中共的妖魔化開始，對此，國民黨難辭其咎。起初，「中共」是作為真正的「敵人」出現在國民黨的輿論中，因為正是「中共」將他們趕到臺灣，使之在大陸失去了政權。「共匪」、「共產暴政」、「叛亂團體」、「俄共鷹犬」、「匪偽政權」，對中共無所不用其極的醜化，既是他們出於洩憤的心理需要，也是他們必欲滅之而後快的現實目標。1950年3月1日，敗退臺灣的蔣介石就復任「總統」發表文告鼓吹「反共抗俄」，「反攻大陸」，建三民主義國家；1952年10月國民黨第七次代表大會，透過蔣介石製定的《反共抗俄基本論》，把「反共抗俄」定為國民黨今後思想言行的遵循準則。[86]但隨著時間推移，「中共」從「真正的敵人」慢慢轉化為「假想敵」，「中共」更多地成為轉移臺灣內部矛盾、凝聚士氣的藉口素材。對於國民黨的這種轉變，學者李哲夫指出：「『反攻大陸』的政策雖在五十年代後期已不得不實質地放棄，但是一直到六十、七十年代，『反攻大陸』這個口號卻是絕對不能放棄的。」[87]1980年6月9日蔣經國發表《國家的基本立場和精神》講話，首次明確提出「以三民主義統一中國」，[88]並在1981年的國民黨的十二次代表大會確認為國民黨的口號。當「反攻大陸」已無望的時候，時刻製造「中共」要武力

犯臺的輿論就有助於鞏固自己在臺灣的統治基礎。妖魔化「中共」既是強化自身合法性的依據，也是爭取民眾認同的源泉。1980年3月，在蔣經國的策劃下，臺灣當局組織拍攝了《我們為什麼不與「中共」和平談判？》等7部系列宣傳片，極力渲染大陸的「不穩定」，給臺灣民眾造成嚴重的恐共心理。[89]但是到了李登輝上臺和民進黨執政，對「中共」的妖魔化就擴展到了對「大陸」和「中國」的妖魔化，並且籠統以「中國」稱之。這個時期，臺灣既不以「反攻大陸」為目標，而「中共」也早已不把「解放臺灣」為口號，這時妖魔化的「中國（中共、大陸）」變成了臺灣真正的假想敵。這個假想敵存在的唯一理由，就是可以轉移焦點、分化族群、爭取選票和鞏固統治。為了讓這種妖魔化更真實，更具有歷史基礎，輿論開始把「中國」的妖魔化從「中共」向前溯及明鄭時期，從而把臺灣從荷據、明鄭、清朝、日據、國民黨執政直到今天，四百年歷史建構成一個臺灣始終被包括國民黨在內的外來政權所欺負的歷史，建構成一個「臺灣人」一直在爭取「出頭天」的歷史[90]。

我們發現妖魔化中國的項莊舞劍最後還是指向沛公（競爭對手），它的真實意圖就是將競爭對手貼上「中國」的標籤，從而顛覆競爭對手的合法性，並確定本土化執政的合法性基礎。有關「中國」的議題就這樣返回到臺灣內部，這是議題真正的指向所在。汙名化的「中國」不是議題真正的敵人，而是「假想敵」，這個「假想敵」的作用就是在臺灣內部分化和動員族群。在這樣的族群分化下，今天的臺灣被可悲地分化出認同與不認同「中國」的兩個族群。即使在表面上都可以看出這種分化：比如，那些稱海峽對岸為「大陸」、「中共」、「共產中國」甚至是「共匪」的人，往往是認同「一個中國」或自認為「中國人」的人，而那些有意將海峽對岸直呼為「中國」的人，往往是不認同「一個中國」的人。

因此，「臺灣人不是中國人」這樣的偽命題，以及臺灣內部存在著的一個「臺灣人」族群和一個「中國人」族群這樣的偽命題在臺灣得以大行其道。而為了把這現實中不可能存在的族群劃分變成更像是真的，除了在「臺灣人」與「中國人」的歸屬上加上「你認為」這種主觀色彩，還不惜運用「統獨議題」對民族的認同加上註釋與背書。因此，表面上是「臺灣意識/中國意識」的衝突議題，理念上卻有著「統獨議題」的背景，骨子裡則暗藏著與「省籍議題」相同的目的——分化和動員族群，這就是「臺灣意識/中國意識議題」衝突的實質。

第四節 「臺灣意識/中國意識議題」對臺灣政治認知的影響

「臺灣意識/中國意識議題」的效果可以從臺灣政治認知的變化得到實證。最明顯的是臺灣民眾對「臺灣人/中國人」的認同發生了顯著的變化。「臺灣意識/中國意識」是臺灣政治文化最核心的政治認識，而「臺灣人/中國人」的認同又是「臺灣意識/中國意識」最核心的內容，從「臺灣人/中國人」認同演變，可以看到作臺灣政治認知代表性符號的「臺灣意識/中國意識議題」對臺灣政治文化的影響。臺灣政治大學選舉研究中心自1992年開始進行「臺灣人/中國人認同」的民調，主要問題是「你認為自己是中國人還是臺灣人或者兩者都是」，並依性別、年齡、教育程度、省籍、職業、地區進行長期變化的分析比較，我們可以從中看到「臺灣意識/中國意識議題」對臺灣整體以及不同人群的影響力變化。先看表4：

表4：臺灣全體民眾對「臺灣人/中國人」認同趨勢表

年度	台灣人	都是	中國人	無意見
1993年	27.1%	33.8%	33%	5.7%
1996年	35.7%	40.5%	20.8%	3%
1999年	32.9%	51.9%	11.8%	3.4%
2002年	38%	50.6%	7.9%	3.5%

資料來源：臺灣政大選舉研究中心自1992—2003所做的電話訪問調查，見劉義周《民眾的「臺灣人/中國人認同」發展趨勢》，2003年臺灣政治學會年會暨《變動中的臺灣政治》學術研討會會議文集，臺北：臺灣政治學會，2003年版。

從表4我們可以看到，從1993年到2002年不到10年間，臺灣全體民眾對「臺灣人/中國人」認同發生了巨大變化，認同「中國人」的比例大幅下降了25個百分點，認同「臺灣人」的則增加了11個百分點，加上雙重認同所增加的17個百分點，對「臺灣人」的總體認同增加了28個百分點，顯示出「臺灣意識/中國意識議題」對臺灣政治認知的影響力。族群認同中「臺灣人」認同的大幅度增加與「中國人」認同的大幅度減少，和這一段時間「臺灣意識/中國意識議題」強化對「臺灣人」的認同正相關。

我們再分別分析「臺灣意識/中國意識議題」對不同人群的影響。見表5：

表5：臺灣民眾「性別」對「臺灣人/中國人」認同趨勢分佈表

年度	男性				女性			
	台灣人	都是	中國人	樣本數	台灣人	都是	中國人	樣本數
1992	15.2%	49.5%	35.3%	1504	24.6%	52.5%	22.9%	1270
1993	21.9%	46.8%	31.4%	566	21.8%	53.2%	25%	547
1995	25.7%	49.4%	24.9%	8970	27.5%	53.3%	19.2%	8659
1996	25.2%	48%	26.8%	1295	28.5%	55.3%	16.2%	996
1998	35.3%	45.3%	19.2%	1683	37.6%	48.1%	14.4%	1554
2000	31.1%	55.5%	13.4%	476	32.6%	59.8%	7.6%	540
2002	36.8%	50.6%	12.7%	3115	41.6%	50.7%	7.9%	3172
2003	41.1%	46.3%	12.6%	1572	46.1%	45.8%	8.1%	1574

資料來源同上。

從性別差異看，男性和女性在雙重認同上變化都不大，基本上維持在50%上下，但是對「臺灣人」認同普遍上升，對「中國人」的認同則普遍下降，顯示在總體趨勢上，男性與女性的認同變化沒有差異。但是從變化幅度上，男性無論是對「臺灣人」認同的上升還是在對「中國人」的認同的下降，都較女性要大，顯示出男性比女性族群更易受「臺灣意識/中國意識議題」的影響，男性作為更政治化的人群，更易受政治晴雨表與政治輿論的影響。

表6：臺灣民眾「年齡」對「臺灣人/中國人」認同趨勢分析表

年齡	年度	1992	1993	1996	1998	2000	2002	2003
20—29	台灣人	16.1%	15.5%	22.9%	33%	34.1%	42.2%	43.8%
	都是	60%	56.2%	61.1%	52.7%	56.8%	52.1%	50.8%
	中國人	23.9%	28.3%	16.1%	14.2%	9.1%	5.7%	5.4%
30—39	台灣人	18.4%	20.4%	24.9%	31.6%	31.9%	32.4%	34.6%
	都是	56.2%	56.7%	53.3%	53.2%	57.1%	57.2%	56.3%
	中國人	25.4%	23%	21.8%	15.2%	11.1%	10.5%	9.2%
40—49	台灣人	19.5%	28%	32%	41.8%	37.1%	10.5%	49.2%
	都是	55.8%	40.5%	45.6%	41.9%	49.3%	51.2%	46.2%
	中國人	30.0%	31.5%	22.4%	16.3%	13.6%	9.8%	8.9%
50—59	台灣人	23.1%	25.8%	31.6%	46.6%	42.2%	42.7%	45.5%
	都是	46.2%	44.3%	45.6%	30.4%	39.1%	43.1%	43.1%
	中國人	30.8%	29.9%	22.8%	23.1%	18.7%	14.2%	11.3%
60 以上	台灣人	28.6%	19.2%	25.7%	37.4%	41.5%	48.5%	51%
	都是	45.5%	38.4%	35.1%	32.9%	31.8%	34.6%	28.6%
	中國人	25.9%	42.4%	39.2%	29.7%	26.7%	16.8%	20.5%

資料來源同上。

　　從年齡看，60歲以下的人在雙重認同上變化不大，但在對「臺灣人」的認同與對「中國人」的認同都出現成倍地上升與成倍地下降。反觀60歲以上的人，雖然對「臺灣人」認同增加了兩倍，但對「中國人」認同卻沒有變化，不過雙重認同卻減少了近20個百分點，顯示「臺灣意識/中國意識議題」對60歲以下人口較有效；而對於60歲以上人口，則主要是雙重認同的分化較大，近一半的人放棄雙重認同轉而認同臺灣，但對「中國人」的認同則變化不大。可見對於60歲以上的人口，「臺灣意識/中國意識」的議題在對「中國人」的認同上影響不大，這些人可能是年長的「外省人」，出生地的記憶與中國文化的積澱使其政治認知對「臺灣意識/中國意識議題」較有免疫力。

　　再看表7：

　　表7：臺灣民眾「教育程度」對「臺灣人/中國人」認同趨勢分佈表

	年度	1992	1993	1996	1998	2000	2002	2003
小學以下	台灣人	31.8%	33.7%	35.6%	48.6%	51.7%	58.4%	56%
	都是	46.4%	41.8%	47.5%	34.6%	33%	30.5%	29.8%
	中國人	21.7%	24.5%	16.9%	16.8%	15.4%	11.1%	14.2%
中學、高職	台灣人	17.8%	19.9%	23.7%	37.5%	34.7%	40.8%	41.4%
	都是	52%	51.4%	29.3%	44.7%	52.7%	48.9%	49.2%
	中國人	30.2%	28.7%	16.9%	17.8%	12.6%	10.3%	9.4%
大專以上	台灣人	8.8%	14.7%	18%	28.5%	30.5%	31.1%	34.7%
	都是	53.3%	53.8%	62%	52%	55.3%	58.0%	57.3%
	中國人	37.9%	31.5%	19.9%	19.6%	14.2%	10.0%	8.0%

資料來源同上。

從教育程度看，高職以上文化程度的比小學以下的認同變化較大，特別是大專以上的，無論是對「臺灣人」認同的上升，還是對中國人認同的下降，其幅度都超過了大專以下文化程度，均接近 30 個百分點，顯示受教育程度越高，其政治認知越易受「臺灣意識／中國意識議題」的影響。而小學以下文化程度，對「中國人」的認同變化幅度不大，與小學以上文化程度在雙重認同基本不變的情況相反，其雙重認同的比例下降，主要是原來雙重認同的人放棄「中國人」認同轉而只認同「臺灣人」。這與前表的年齡情況有相似，可能是這部分小學以下的人群主要是 60 歲以上的人群，在這個人群中，「外省人」受「臺灣意識／中國意識議題」的影響不大，而其他人群則較易受「臺灣意識／中國意識議題」影響，有近一半放棄雙重認同轉而只認同「臺灣人」。

表 8：臺灣民眾「職業」對「臺灣人／中國人」認同趨勢分佈表

	年度	1992	1993	1996	1998	2000	2002	2003
軍公教人員	台灣人	10.1%	13.9%	15.9%	28.2%	27.8%	28.5%	27.8%
	都是	43.8%	47.8%	58.1%	49.7%	50.2%	57.1%	45.8%
	中國人	46.2%	40.3%	26.1%	22.2%	22.1%	13.7%	19.4%

續表

	年度	1992	1993	1996	1998	2000	2002	2003
私部門管理人	台灣人	19.4%	22.4%	27.9%	35.6%	34.9%	36.4%	34.6%
	都是	48.2%	46.7%	55.3%	47.2%	51.1%	51.2%	46.3%
	中國人	32.4%	31.3%	16.7%	16.2%	14.1%	11.5%	10.2%
私部門職員	台灣人	13.5%	19.2%	21.9%	34.8%	33.1%	38.9%	33.8%
	都是	55%	52.5%	59.6%	50.9%	55.5%	51.2%	55.2%
	中國人	31%	28.5%	19.4%	15.3%	10.6%	9.3%	8.2%
勞工	台灣人	22.1%	22.8%	26.6%	37.6%	41.2%	40.7%	41.5%
	都是	52.2%	50.3%	58.6%	42.4%	45.4%	47.1%	45.1%
	中國人	25.8%	27.9%	15.8%	20.1%	13.7%	11.2%	9.3%
農林漁牧	台灣人	22.6%	30.2%	32.7%	45.4%	54.5%	57.5%	54.1%
	都是	55.5%	47.4%	49.1%	36.9%	26.8%	33.6%	26.6%
	中國人	22.9%	21.4%	18.2%	18.7%	19.7%	9.8%	10.5%
學生	台灣人	12.8%	17.6%	22.5%	36.2%	38.2%	40.5%	38.2%
	都是	60.6%	47.1%	64.3%	51%	53.2%	53.9%	53.2%
	中國人	26.6%	35.3%	13.2%	12.8%	8.5%	5.6%	4.1%
家管	台灣人	28.8%	25.8%	26.7%	42.3%	38.1%	43.1%	38.1%
	都是	53.2%	50.1%	59.7%	45.4%	52.5%	49.7%	41.6%
	中國人	18%	22%	13.5%	12.4%	9.4%	7.2%	9.1%

資料來源同上。

從職業上看，儘管1992年軍公教人員對「中國人」的認同最高，可是經過十餘年的政治變遷，他們和其他群體一樣在「中國人」認同上下降了一半以上，而「臺灣人」認同也上升了一倍以上，顯示「臺灣意識／中國意識議題」對各種職業都有較大影響。其中，學生受到的影響可能最大，對「中國人」認同下降了八成以上，2003年的比例僅有1992年的六分之一。而這些年「臺灣意識／中國意識議題」在教育上動作最大，從教科書、課程設置到考試，教育受到的「去中國化」衝擊最大，顯然，「臺灣意識／中國意識議題」在學生的族群認同上收到了最顯著的效果。軍公教政治認知的變化，動搖了國民黨的傳統基本盤，而學生即將成為選舉人，對政治認知的變化將深遠影響臺灣的政治文化。

表 9：臺灣民眾「地區」對「臺灣人 / 中國人」認同趨勢分佈表

	年度	1992	1995	1996	1998	2000	2002	2003
大台北都會區	台灣人	15.1%	23.5%	21.9%	32.5%	32.6%	33.2%	38.8%
	都是	51.1%	52.2%	53.1%	50.7%	51.8%	56%	49.8%
	中國人	33.9%	24.3%	24.1%	17.2%	16.1%	10.7%	12%
北縣基隆	台灣人	18.4%	23.4%	24.9%	29.6%	33%	38.45%	35.6%
	都是	49.2%	53.7%	56.3%	47.2%	52.1%	52.2%	51.3%
	中國人	32%	23%	17.8%	24.2%	14.1%	9.5%	12.7%
桃竹苗	台灣人	16.5%	20.1%	17%	32.8%	31.1%	28%	36.5%
	都是	53%	52.5%	57.6%	50.9%	54.3%	55.2%	53.2%
	中國人	30.3%	27.5%	25.4%	17.3%	14.6%	16.8%	10.9%
中彰投	台灣人	20.1%	27.8%	25.6%	35.6%	36.2%	42.7%	44.5%
	都是	50.2%	51.3%	52.6%	48.4%	50.1%	48.1%	45.1%
	中國人	28.8%	20.9%	22.8%	16.1%	13%	9.2%	11%
雲嘉南	台灣人	24.6%	33.2%	33.7%	43.4%	41.5%	49.5%	55%
	都是	49.5%	48.4%	49.1%	43.9%	47.7%	42.6%	38.6%
	中國人	25.9%	17.4%	17.2%	13.7%	10.7%	8.8%	6.5%
高屏澎	台灣人	21.9%	29.7%	32.3%	41.7%	39.1%	44.4%	49.3%
	都是	51.6%	51.4%	47%	43.1%	49.2%	48.2%	41.9%
	中國人	26.6%	19%	20.7%	15.2%	11.7%	7.4%	8.8%
宜花東	台灣人	17.1%	24.9%	30.8%	37.2%	33.2%	33.5%	44.2%
	都是	46.8%	49.9%	36.2%	41.9%	47.9%	56.5%	42.2%
	中國人	36%	35.4%	33.1%	20.9%	18.9%	11.1%	13.6%

資料來源同上。

從地區的認同變化來看，各地區的下降和上升趨勢基本相同，增幅、降幅差別不大，顯示在 1992 年各地區原本就有的認同差異，隨著十年變遷，在大致相同的增降趨勢與幅度比例下，繼續保持原有的差異。可見，「臺灣意識 / 中國意識議題」對各地區民眾在政治認知的影響是大致相似的。

從下表看，認同變化最大的發生在本省閩南人對「中國人」認同的比例大幅下降，2003 年僅是 1993 年的近四分之一，以及大陸人（「外省人」）對「臺灣人」認同比例的大幅提高，2003 年是 1993 年的近 7 倍，顯示「臺灣意識 / 中國意識

議題」對本省閩南人的「中國人」認同和「外省人」的「臺灣人」認同影響最大。從上表看，少數民族的「臺灣人」認同也大幅攀升，增幅達七倍，但少數民族的人數偏低，比率並不穩定。

表 10：臺灣民眾「省籍」對「臺灣人/中國人」認同趨勢分佈表

	年度	1993	1995	1996	1998	2000	2002	2003
本省客家人	台灣人	12.1%	21.5%	18.9%	37.9%	25.1%	30.2%	37.8%
	都是	54.8%	51.2%	57.1%	44.7%	65.8%	54.1%	51.8%
	中國人	32.9%	28.3%	24.1%	17.2%	9.1%	15.7%	10.4%
本省閩南人	台灣人	26.4%	31.4%	32.9%	41.6%	37.9%	45.4%	19.6%
	都是	49.2%	52.7%	50.3%	45.2%	55.1%	47.2%	43.3%
	中國人	23.4%	20.1%	17.8%	13.2%	7.1%	6.5%	6.8%
大陸人	台灣人	2.5%	8.6%	6.5%	23.8%	8.1%	13.4%	17%
	都是	47.8%	47.5%	47.6%	256.9%	64.3%	63.2%	55.2%
	中國人	50.0%	43.5%	45.4%	30.3%	27.5%	23%	27.8%
原住民	台灣人	7.1%	21.8%	16.6%	32.6%	62.2%	40.7%	58.5%
	都是	53.2%	53.3%	56.6%	44.4%	37.1%	45.1%	28.1%
	中國人	38.8%	23.9%	27.8%	23.1%	0%	14.2%	13.3%

資料來源同上。

從上述調查結果顯示，臺灣的族群認同整體上呈現出一種「棄『中』就『臺』」的趨勢，而且這個趨勢如此普遍，不僅跨年齡、跨性別，而且跨職業、跨教育程度，甚至跨地區、跨族群背景，即便是北部的「外省人」，也不約而同出現對「中國人」認同的減少與對「臺灣人」認同的增加，而且變化的比例往往在一倍以上；顯示出族群認同變化，儘管有年齡、性別、職業、教育程度、地區及族群背景的細微差異，但是整體上卻是往對「中國人」認同越來越少、對「臺灣人」認同越來越多的方向發展。

需要指出的是，上述調查結果並沒有關於族群認同變化與「臺灣意識/中國意識議題」相關性的數據，而受研究的限制，筆者也無法在臺灣做與之相關的調查，從筆者接觸的資料看，還沒發現有這方面的研究成果。因此，對族群變化與「臺灣意識/中國意識議題」的相關性，沒有實驗和調查數據，只是合理的推測。因為，從族群認同的生成理論看，從1992年至2003年間，其在「本質論」上沒有發生變化，在「結構論」上「外省人」占「本省人」上風的現象日趨減弱，

甚至在 2000 年發生根本逆轉，為什麼還會在族群認同上出現這麼大的變化？特別是為什麼會在臺灣出現本來就不存在的所謂「臺灣人族群」與「中國人族群」？所謂的「臺灣人/中國人」認同只是主觀上的政治認知，因此，這樣的族群變化主要是甚至完全是建構的產物。臺灣學者張麟征指出：「臺灣的『族群問題』是塑造的而不是原生的，臺灣的『族群』分佈是斑豹式的，不是地區性的。」[91]在這種建構的過程中，除了政治、社會的變遷，族群議題是族群認同建構的最直接的主導力量。因此，臺灣這十來年的政治認知變化是和「臺灣意識/中國意識議題」脫不了干係的。

但是為什麼「臺灣意識/中國意識議題」就會導致「棄『中』就『臺』」的趨勢呢？為什麼不會出現「亦『中』亦『臺』」、或者「有時『中』有時『臺』」、「有的地方『中』有的地方『臺』」的現象呢？從理論上，一個議題的產生，如果有爭議，就應該出現互相對峙或者互有勝負的現象，為什麼「臺灣意識/中國意識議題」一出，就會出現往一邊倒的現象呢？

「臺灣意識/中國意識議題」出現往一邊倒的現象，除了可以從臺灣這十來年的政治社會變遷中找出原因，[92]也可以從議題本身的特性上做出解釋。「臺灣意識/中國意識議題」關係到「臺灣人」的兩個面向：一個是利益關切，一個是文化認同。利益關切與文化認同有一個共同的規律就是「舍遠求近」原則。如果以當事人作為圓心，畫一個同心圓，就會發現無論是利益關切還是文化認同，其半徑越小，重疊部分就越多；離當事人的心理距離就越近，在當事人的心目中的重要性就越大。在利益半徑上，越是眼前利益、局部利益、直接利益，人們的反應越敏感、越集中、越強烈；相反，越是長遠利益、全局利益、間接利益，人們的反應越模糊、越分散、越冷淡。比如氣象節目，對於某個城市的大多數人來說，全球變暖比不上明天自己城市會不會下雨更牽動人心。同樣，就交通訊息來說，國家新修某條鐵路，當然比一個城市新開通某個公交線路更重要，可是對於這條鐵路不經過的某個城市的民眾而言，當然對後者更為關注。在文化半徑上，也是如此，人們在文化一般採取「親親原則」，離自己血脈和地域越近（親）的人越容易得到其認同，人們首先認同其一代血親，再向二代、三代血親延伸，再由遠親到近鄰，再到同村、同鄉、同縣、同省，依次由近而遠向外延伸。當「近」和「遠」不可得兼時則「舍遠求近」。比如，有同村老鄉在的情況下，人們一般不會去認同縣老鄉，有同縣老鄉在的時候，人們一般不會去認同省老鄉。依此類推，到了國外，見到「中國人」就很親，到了太空站，見到人類都特別親。[93]

由上述分析我們可以看出,「臺灣意識／中國意識議題」的提出根本就是不平等、不對稱的競爭,人們只有在理性的情況下,才能站得高看得遠,才能從眼前利益、局部利益、直接利益跳出來,選擇可能更為重要的長遠利益、全局利益和間接利益。同樣,人們也只有在理性的情況下,才會認識到自己不能僅僅歸屬於某一個小群體,還要認同更大的群體。但是「臺灣意識／中國意識議題」在輿論的操縱者的推動下,本來就是非理性操作,充滿著各種情緒化的語言,而且議題的本身就是挑撥性的。假如在大陸,一個民意調查機構如果問一個北京人或廈門人,「你是不是中國人」,人們的反應不是罵調查者神經就會向其吐口水。「我是中國人」,一個不證自明的常識,居然開始懷疑;「我是中國人」,一個不言而喻的真理,居然出現爭議。在臺灣,歷史已經走到一個最荒腔走板的年代,許多年過後,人們還是會追問今天的臺灣:臺灣怎麼了?

也許所有的追問,可以從「臺灣意識／中國意識議題」開始。當這個議題一拋出來,就注定要撕裂臺灣社會,就注定會出現「棄『中』就『臺』」的趨勢,就注定會出現捏造、扭曲、挑撥等無所不用其極的荒腔走板。在這樣的議題中,臺灣民眾幾乎束手就擒,毫無還手能力,甚至根本就像溫水煮青蛙一樣,根本就想不到還要還手,還可以還手。

只有智者才能看破這個議題所玩的把戲和暗藏的用心。2007年1月,筆者在臺灣「立法院」與李敖交談。當筆者問李敖:「你是中國人嗎?」智者李敖沒有回答「是」,也沒有回答「不是」,他知道一回答「是」和「不是」就中了這個問題的圈套,他不想玩這個議題的遊戲,他笑著對同樣向他笑著提問的筆者說:「你這是什麼話呀?」[94]

注　釋

[1].「亞細亞的孤兒」一詞最早源自於1945年吳濁流先生所著的同名長篇小說,主要是敘述日據時期,臺灣知識分子在不同的政治力間游移,找不到自己的定位,扮演著邊緣人的角色,深切刻畫出臺灣人身份認同的矛盾。這一「亞細亞孤兒」情結後來被「臺獨」分子操弄成「臺獨議題」。吳濁流:《亞細亞的孤兒》,北京:華夏出版社,1996年版。

[2]. 歌曲《亞細亞的孤兒》是臺灣歌手羅大佑創作於1980年代的作品,被當時臺灣當局禁止傳唱。歌詞內容:「亞細亞的孤兒在風中哭泣,黃色的臉孔有紅色的汙泥,黑色的眼珠有白色的恐懼,西風在東方唱著悲傷的歌曲。亞細亞的孤兒在風中哭泣,沒有人要和你玩平等的遊戲,每個人都想要你心愛的玩具,親愛的孩子你為何哭泣。多少人在追尋那解不開的問題,多少人在深夜裡無奈地嘆息,多少人的眼

淚在無言中抹去，親愛的母親這是什麼道理。」

[3]. 皇民化運動是日本殖民者統治臺灣期間，為將臺灣人民改造為對天皇與日本保有高度忠誠的強制同化政策。其目的是力圖在臺灣培養大批日本順民，從根本上割斷臺灣與中國文化的聯繫，使臺灣永遠充當日本的殖民地。以上資料參見陳小沖：《1937—1945年臺灣皇民化運動論述》，《臺灣研究集刊》，1987年第4期。

[4]. 在「2·28事件」爆發後，少數左翼分子成功流亡大陸，逃過國民黨的圍捕；即使在白色恐怖之後，仍有知識分子心向共產黨統治的祖國。以上資料參見謝裡法：《臺灣心靈探索》，臺北：前衛出版社，1999年版。

[5]. 參見王育德：《苦悶的臺灣》，臺北：前衛出版社，1999年版，第148—149頁。

[6]. 參見施正鋒：《臺灣民族主義與墾殖國家的政治民族塑造——漢人血緣、華人文化及政治中國的挑戰》，收入《百年來兩岸民族主義的發展與反省》，洪泉湖、謝政諭主編，臺北：東大出版社，2002年版，第466頁。

[7]. 臺灣人民喜迎光復的資料參見陳孔立：《臺灣歷史綱要》，北京：九洲圖書出版社，1997年版，第424頁。

[8]. 戴國煇：《臺灣結與中國結》，臺北：遠流出版公司，1994年版，第263頁。

[9]. 參見張春英主編：《海峽兩岸關係史》，福州：福建人民出版社，2004年版，第599—622頁。

[10]. 兩岸在「一個中國」代表權問題上的爭奪，主要體現在對聯合國、WHO等國際組織唯一合法代表權的爭奪，以及與其他國家的「建交」方面。參見《臺灣烽火外交血淚史》，臺灣《聯合報》2007年6月7日報導，及趙建民：《兩岸互動與外交競逐》，臺北：永業出版社，1994年版，第226頁

[11]. 參見張春英主編：《海峽兩岸關係史》，福州：福建人民出版社，2004年版，第634—637頁。

[12]. 施添福：《關山鎮志·下冊》，臺東：臺東縣關山鎮公所，2002年版，第460頁。

[13]. 洪惟仁：《臺灣的語言戰爭及戰略分析》，發表於臺灣師範大學「本土文化學術研討會」，1994年12月10日。

[14]. 以上資料整理自張錦華《多元文化主義與中國廣播政策——以臺灣原住民與客家族群為例》，臺北《廣播與電視》，1997年第3期，及薛雲峰《電視傳播與族群語言的傳承——以公共電視臺之客家節目為例》，臺灣大學新聞研究所碩士學位論文，2000年。

[15]. 黃美英：《臺灣文化斷層——現象評析》，臺北：稻鄉出版社，1990年版，第24—25頁。

[16]. 洪泉湖：《臺灣的族群意識與族群關係》，收入《百年來兩岸民族主義的發展

與反省》，洪泉湖、謝政諭主編，臺北：東大出版社，2002年版，第125頁。

[17]. 陳儀深：《臺灣制憲運動的回顧》，收入《臺灣新「憲法」——群策會「臺灣新憲法」國際研討會論文集》，周美裡主編，臺北縣淡水鎮，財團法人群策會，2005年1月版，第96—115頁。

[18]. 王甫昌：《族群動員與臺灣反對運動的支持轉移》，臺灣《中國論壇》，1990年9月25日第360期，第45頁。

[19]. 有關「臺灣意識」不同於「臺獨意識」並被「臺獨意識」利用的觀點，參見《臺灣問題專家劉紅談宋楚瑜演講 臺灣意識很正常》，中國臺灣網，2005年5月12日，www.chinataiwan.org。

[20]. 徐宗懋：《務實的臺灣人》，第291、306、220頁。轉引自陳孔立：《1945年以來的集體記憶與臺灣民眾的複雜心態》，《臺灣研究集刊》，2003年第4期

[21]. 李筱峰：《臺灣民主運動40年》，臺北：自立晚報，1987年版，第82頁。

[22]. 1972年元旦，《大學》雜誌四週年紀念時，又發表了《國是九論》。以上資料參見李筱峰：《臺灣民主運動40年》，臺北：自立晚報，1987年版，第105頁。

[23]. 1975年8月，由黃信介、張俊宏與康寧祥共同創辦《臺灣政論》，宣揚本土自由主義知識分子的政治理念。該雜誌一創刊就把矛頭對準國民黨的專制政治，不久更發表直接點名批評蔣經國的政論，並發出要求解除「戒嚴令」的呼籲。當局以「煽動他人觸犯內亂罪」，查封雜誌。以上資料參見李筱峰：《臺灣民主運動40年》，臺北：自立晚報，1987年版，第115頁。

[24]. 朱雙一、張羽：《海峽兩岸新文學思潮的淵源和比較》，廈門：廈門大學出版社，2006年版，第481—491頁。

[25]. 朱雙一、張羽：《海峽兩岸新文學思潮的淵源和比較》，廈門：廈門大學出版社，2006年版，第491—506頁。

[26]. 蕭阿勤：《認同、敘事與行動：臺灣1970年代黨外的歷史建構》，《臺灣社會學》第5期，2003年6月，第195—250頁。

[27]. 王甫昌：《當代臺灣社會的族群想像》，臺北：群學出版公司，2003年版，第95頁。

[28]. 參見施敏輝：《臺灣意識論戰選集》，臺北：前衛出版社，1989年版。

[29]. 參見陳孔立：《臺灣歷史綱要》，北京：九洲圖書出版社，1997年版，第491頁。

[30]. 陳昭瑛：《論臺灣的本土化運動：一個文化史的考察》，《中外文學》第23卷第9期，第6—43頁。

[31]. 施正鋒：《臺灣人的民族認同》，臺北：前衛出版社，2000年版，第236頁。

[32]. 張茂桂、蕭新煌：《大學生的「中國結」與「臺灣結」——自我認定與通婚觀

念的分析》，《中國論壇》，第289期，第34—52頁。

[33]. 游盈隆：《民意與臺灣政治變遷：1990年代臺灣民意與選舉政治的解析》，臺北：月旦出版社股份有限公司，1996年版，第111—112頁。

[34]. 游盈隆：《民意與臺灣政治變遷：1990年代臺灣民意與選舉政治的解析》，臺北：月旦出版社股份有限公司，1996年版，第112頁。

[35]. 林佳龍：《解釋晚近臺灣民族主義的出現與性質》，收入《百年來兩岸民族主義的發展與反省》，洪泉湖、謝政諭主編，臺北：東大出版社，2002年版，第292頁。

[36]. 伍崇韜：《葉菊蘭點名 新賣臺集團圖滅阿扁》，《中國時報》，1998年10月8日報導。

[37]. 鄭自隆：《1992年二屆「立法委員」選舉競選廣告策略分析》，《中華民國廣告年鑑》，臺北：臺北市廣告代理商同業公會，1993年第5輯，第81—86頁。

[38]. 《孫中山是否國父，要看陳水扁是否中華民國總統！》，臺灣《聯合報》，2007年2月1日社論。

[39]. 黃以敬：《地圖倒轉說 教長與立委激辯》，臺灣《自由時報》，2004年5月27日報導。

[40]. 《教科書「去中國化」莫非為「臺獨」鋪路》，臺灣《中央日報》，2007年7月24日社論。

[41]. 《正名/全臺去中？藍委：陳致中乾脆改名陳致臺》，臺灣《今日新聞》，2007年2月9日報導，http：//www.nownews.com/politics/200702/20070209924984.html。

[42]. 彭顯鈞、劉力仁、洪美秀：《外交部：正名不涉預算 不影響航權 朱立倫：贊成原名前加桃園》，臺灣《自由時報》，2006年9月2日報導。

[43]. 參見阮銘：《兩個蔣經國 兩個國民黨》，臺灣《南方快報》，2003年1月16日報導。

[44]. 《李「總統」登輝先生治國理念：加強兩岸交流 促進和平統一——蒞臨臺灣省各縣市婦女會婦女幹部關懷社區，促進祥和社會座談會致詞》，參見臺灣「總統府」網站：http：//www.president.gov.tw/1_roc_intro/xpresident/lee_idea04_840809.html。

[45]. 參見《李敖有話說》第7集，2004年3月16日。

[46]. 施正鋒：《臺灣民族主義與墾殖國家的政治民族塑造——漢人血緣、華人文化及政治中國的挑戰》，收入《百年來兩岸民族主義的發展與反省》，洪泉湖、謝政諭主編，臺北：東大出版社，2002年版，第463頁。

[47]. 劉榮、李欣芳、王平宇、詹士弘：《游錫堃：我是華裔臺灣人》，臺灣《自由

時報》，2006年9月30日報導。

[48].陸鏗：《別鬧了，登輝先生》，臺灣：天下文化出版公司，2001年版，第47頁。

[49].《馬英九接受時代專訪：我是臺灣人也是中國人》，中國臺灣網，2006年7月11日報導，http：//2006.chinataiwan.org/web/webportal/W5269847/Uyyping/A293716.html。

[50].參見民進黨中央黨部秘書處編印：《黨章‧黨綱》，1995年1月1日。

[51].田世昊：《民心思變 國民黨安定牌失效》，《自由時報》，2000年3月19日第2版。另據臺灣《天下》雜誌2000年第一期的調查顯示，幾乎每四個臺灣人中就有一位認為，黑金政治讓他們住在臺灣不光榮，有高達近六成的民眾指出，掃黑改善治安是當務之急。以上資料參見臺灣《天下》雜誌，2000年第1期。

[52].2004年「大選」，TVBS出口民調中在投票原因的問題設計中，還有「愛臺灣」的選項，以上資料參見TVBS2004年「大選」出口民調，http：//www.tvbs.com.tw/news/poll_center/default.asp。

[53].參見2006年6月9日臺灣各大電視新聞，另參見《馬英九再勸陳「總統」主動辭職下臺》，臺灣「中央社」，2006年6月9日報導。

[54].《「翻修」歷史 意欲何為》，《人民日報》，2004年11月24日報導

[55].《突然間，他們成外國人》，臺灣《聯合晚報》，2004年11月11日社論。

[56].《拼音文字選擇 馬英九：漢語拼音和國際接軌 李應元：通用拼音利母語教學》，臺灣《中國時報》，2002年11月11日報導。

[57].朱雙一、張羽：《海峽兩岸新文學思潮的淵源和比較》，廈門：廈門大學出版社，2006年版，第481—491頁。

[58].張麟征：《歧路上的臺灣》，臺北：海峽學術出版社，2000年版，第330頁。

[59].參見《連戰質疑「3‧19槍擊案」有預謀 批扁推拖避真相》，中國新聞網，2004年4月16日報導，http：//www.chinanews.com.cn/n/2004-04-16/426122.html。

[60].參見陳鍵興：《臺灣地下電臺：政治與「春藥」一起賣》，《環球》，2007年第12期。

[61].參見郭羿婕：《挺扁/四大天王唯一出席 游錫堃高喊「臺灣國加油」》，臺灣《今日新聞》，2006年9月16日報導，http：//www.nownews.com.cn/n/2006/09/16/301-1991973.html。

[62].參見鄒振東：《2012年臺灣大選復盤》，廣州《南方週末》，2012年2月2日。

[63].邵宗海、楊逢泰、洪泉湖：《族群問題與族群關係》，臺北：幼獅文化事業公司，1995年版。

[64].轉引自俞可平：《從權利政治學到公益政治學——新自由主義之後的社群主

義》,《公共論叢》,1997 年第 1 期。

[65]. 見 Smith,A.D.(1991).National Identity.Reno：University of Nevada Press. Calhoun,Craig.(1994).Social theory and the politics of identity.In Craig Calhoun,ed.Social Theory and the Politics of Identity,pp.9-36.Oxford：Blackwell。

[66]. 洪泉湖、謝政諭主編:《百年來兩岸民族主義的發展與反省》,臺北：東大出版社,2002 年版,第 157—186、451—476 頁。

[67]. 張麟征著,《歧路上的臺灣》,臺北：海峽學術出版社,2000 年出版,第 327—330 頁。

[68]. [美]哈囉德·伊薩克(Harold R.Isaacs):《族群》,鄧伯宸譯,臺北:立緒出版社,2004 年版,第 19—22 頁。

[69]. 朱衛東、劉佳雁、張黎宏:《臺灣1998年「三合一」選舉述評》,《臺灣研究》,1999 年第 1 期。

[70]. 顏敏雄:《阿扁莫非想搶當臺灣特首?》,臺灣《自由時報》,2003 年 1 月 27 日民意版。

[71]. 2000 年競選臺灣「總統」時,陳水扁提出了「有夢最美,希望相隨」的口號,作為「臺獨議題」的訴求,同時也迎合了人們「換一個人做看看」的政黨輪替的心理追求。在 1998 年臺北市長選舉中陳水扁也曾用過。以上資料參見《民進黨歷年文宣主軸》,民進黨網站：http：//www.dpp.org.tw/elect/pub/LIT_1.asp。

[72]. 林佳龍:《解釋晚近臺灣民族主義的出現及特色》,收入洪泉湖、謝政諭主編《百年來兩岸民族主義的發展與反省》,臺北：東大出版社,2002 年版,第 292 頁。

[73]. 彭懷恩:《臺灣政治發展》,臺北：風雲論壇出版社,2003 年版,第 336 頁。

[74]. 《奉獻與奮鬥》,臺北：「行政院新聞局」,1995 年版,第 397—398 頁。

[75]. 薛化元:《三三一千島湖事件紀要》,《交流》,臺北市：財團法人海峽交流基金會,1994 年第 14 期,第 76—77 頁。

[76]. 參見陳鍵興:《臺灣地下電臺：政治與「春藥」一起賣》,《環球》,2007 年第 12 期。

[77]. 參見《立委:TVBS百分之百中資》,臺灣《自由時報》,2005 年 10 月 29 日報導;另參見鄒振東:《2005 年臺灣輿論年度報告》,收入《2005 年臺灣問題研究報告》,鄒振東主編,北京：華藝出版社,2006 年 12 月版,第 50—51 頁。

[78]. 《與人民同心、與時代同步》,臺灣《中央日報》,2006 年 4 月 14 日社論。

[79]. 參見黃光國,《「臺灣結」與「中國結」:對抗與出路》,《中國論壇》,第 289 期,第 1—19 頁。

[80]. 《陳總統:未來 20 個月做 40 個月的事 全速催生臺灣新憲法》,臺灣《今

日新聞》，2006年9月5日報導，http：//www.nownews.com/2006/09/05/301-1987027.htm。

[81]. 日本富士電視臺東京第八頻道對陳水扁的專訪，2006年9月11日。

[82]. 黃忠榮、林俊宏：《每年訪中設獎學金 綠委質疑張熙懷政治立場》，臺灣《自由時報》，2006年12月20日報導。

[83]. 2005年高捷弊案時，臺灣TVBS電視臺「新聞夜總會」節目中嘉賓語。

[84]. 謝長廷：《謝長廷新文化教室》，臺北：月旦出版公司，1995年版，第17頁。

[85]. 《總統府：國親與中國 一直眉來眼去》，臺灣《自由時報》，2003年10月13日報導。另見《吳釗燮：國親與中共眉來眼去 陳其邁促國親交代兩岸政策是否仍堅持一中》，臺灣《中國時報》，2003年10月13日報導。

[86]. 李祖基：《戰後臺灣四十年》，北京：光明日報出版社，1990年版，第28、47頁。

[87]. 《臺灣社會發展與省籍問題——與李哲夫對談於華府》，見戴國煇：《臺灣史研究》，臺北：遠流出版公司，1985年版，第195頁。

[88]. 劉紅：《蔣經國全傳·下卷》，北京：中國言實出版社，1996年版，第690頁。

[89]. 張春英：《海峽兩岸關係史》，福州：福建人民出版社，2004年版，第940頁。

[90]. 1994年李登輝在接受司馬遼太郎訪談時提到了自己「身為臺灣人的悲哀」，他認為擁有四百年以上歷史的臺灣人，都是被外來政權統治的，「國民黨也是外來政權」。李登輝還說他要做帶領猶太人出埃及的摩西。李登輝：《生為臺灣人的悲哀》，日本《朝日週刊》，1994年4月24日；臺灣《自立晚報》1994年4月30日—5月2日以同名文章連續轉載。

[91]. 張麟征：《歧路上的臺灣》，臺北：海峽學術出版社，2000年版，第329頁。

[92]. 劉義周、何思因：《臺灣民眾的臺灣人/中國人認同及變動》，收入《政治大學選舉研究中心「兩岸關係學術研討會」論文集》，1999年5月15日，第15頁。

[93]. 鄒振東：《不對稱與反不對稱》，《中國廣播電視學刊》，2004年第9期，第37—39頁。

[94]. 《李敖「歪」評臺灣民主——鄒振東訪談李敖》，《南方週末》，2007年3月22日。

第三章 「統獨議題」——臺灣政治文化的政治評價符號

「統獨議題」指的是有關兩岸統一或「臺灣獨立」的輿論議題，是臺灣人的統「獨」傾向在臺灣輿論的反映。臺灣人的統「獨」傾向是臺灣政治文化中最重要的政治評價，以統「獨」傾向為指向的「統獨議題」是臺灣政治評價的代表性符號。本章論及「統獨議題」的歷史背景、發展變遷、當代特徵、發酵過程及其對臺灣政治認知的影響。

「統獨議題」屬於兩岸關係的輿論議題譜系。在這個輿論議題譜系中，「統獨議題」是其中最重要的議題。兩岸關係議題有經濟議題（臺商投資）、民生議題（兩岸三通）、文化議題（簡繁體字）、旅遊議題（開放觀光）、體育議題（奧運火炬）、生活議題（熊貓來臺），但上述議題往往都和政治議題相關。兩岸幾乎所有的議題都可以被解讀或操作成政治議題，因為兩岸的政治議題是壓倒一切議題的，而在兩岸政治議題中，「統獨議題」又獨領風騷，高居輿論議題的巔峰，其地位和作用無出其右。儘管在兩岸政治議題中還有政黨交流等議題，但這些議題都不如「統獨議題」影響力大。

「統獨議題」不只是兩岸關係議題中的頭號議題，還是其核心議題。說到底兩岸關係的所有議題都與之相關，甚至就是它的直接延伸。因此，就像第一章以「省籍議題」作為臺灣內部族群關係的代表議題進行研究一樣，本章將「統獨議題」作為兩岸關係議題的代表進行討論。

需要說明的是，「統獨議題」既包括「統一議題」，也包括「臺獨」議題。理論上說，在「統一議題」中，應包括「主張統一」的議題和「反對統一」的議題；在「臺獨」議題中，也應包括「主張『臺獨』」的議題和「反對『臺獨』」的議題；此外，還有既不主張統一也不主張「獨立」的議題。但在現實運用中，人們一般把主張兩岸統一的議題叫做「統一議題」，將主張「臺灣獨立」的議題叫做「臺獨」議題，而在特殊語境下，「統獨議題」常常特指「臺獨」議題。因為就現狀而言，挑起「統獨議題」的往往是「臺獨」分子或借「臺獨」以達到政治目的的人。在臺灣，人們也將「統獨議題」的泛指與特指混雜在一起用。為敘述方便，本章在一般情況下，對「統獨議題」的概念采泛指含義，即「統獨議題」包括「統一議題」和「臺獨議題」；但在特殊語境下，對「統獨議題」的概念有

時也採用特指含義,即「統獨議題」就是「臺獨議題」。(比如本書說到「×××挑起『統獨議題』時」,這裡的「統獨議題」就是「臺獨議題」。)

第一節 「統獨議題」的緣起與變遷

「統獨議題」緣起於 1949 年臺灣與祖國大陸的分離,它是兩岸關係與國際因素兩個框架相互作用的產物。其歷史演變經過三個階段:一是上世紀 50 年代至 80 年代中期,臺灣只有「統一議題」沒有「臺獨議題」,「臺獨議題」被嚴厲禁止;二是從上世紀 80 年代中期臺灣「政治革新」到上個世紀末,「臺獨議題」鬆動,並出現「統獨議題」的逆轉;三是從 1999 年李登輝拋出「兩國論」至今,「統獨議題」出現「臺獨議題」代替「統一議題」成為最高上位性議題。

「統獨議題」的現實基礎是臺灣與大陸的事實分離。沒有這種分離,也就沒有統一或「獨立」的議題存在。因此 1949 年後,才有可能出現「統獨議題」。儘管 1895 至 1945 年,清廷被迫割讓臺灣,臺灣長達 50 年被日本殖民統治,但這時臺灣與祖國的關係,是因不平等條約被割讓的殖民地與其祖國的關係,而不是兩岸之間的關係,由此產生的議題是臺灣回歸祖國的議題,而不是兩岸統一或「獨立」的議題。

儘管 1949 年兩岸事實上分離之後,才有可能出現「統獨議題」,但「統獨議題」的歷史背景或爭議標的卻有可能由此上溯。一些「臺獨」人士甚至把臺灣的四百年歷史建構成追求臺灣「獨立」的歷史,[1]將「統獨議題」爭論的範圍由此擴大。因此,對「統獨議題」的歷史背景不可不察。

下列歷史事件常在「統獨議題」中提起:漢人早期的臺灣移民,17 世紀荷蘭、西班牙的入侵,1662 年鄭成功收復臺灣,1683 年康熙統一臺灣,1684 年清政府設置臺灣府,1874 年中日簽訂《北京專條》,1885 年中法簽訂《中法新約》,1894 年爆發甲午戰爭及戰後簽訂《馬關條約》,1941 年中國政府發出《中國對日宣戰佈告》,1943 年中、英、美三國《開羅宣言》,1945 年中、英、美三國共同簽署、後來又有蘇聯參加的《波茨坦公告》,1945 年臺灣光復,臺灣正式重入中國版圖,1949 年中華人民共和國成立及《共同綱領》,1950 年朝鮮戰爭爆發,杜魯門正式提出「臺灣地位未定論」,1954 年美國與臺灣當局簽訂「共同防禦條約」,1971 年聯合國恢復中華人民共和國合法席位,1977 年中美在上海簽署聯合公報(即「上海公報」),1977 年中日簽署聯合聲明,承認中華人民共和國為中國唯一合法政府並正式宣布廢除「日臺條約」,1978 年中美發表

建交公報，1979年中美建交，1979年美國參眾兩院先後透過《與臺灣關係法》，1982年中美發表《中美聯合公報》（「八一七」公報）……上述事件都涉及中國對臺灣的主權認定，成為「統獨議題」中重要的焦點。[2]

「統獨議題」雖然是國共內戰遺留下的產物，但是它的緣起卻有著更長的歷史背景。更重要的是「統獨議題」不像「省籍議題」及「臺灣意識/中國意識議題」是臺灣內部的族群議題與認知議題，後二者即便引起大陸或國際上的關注，但大陸一般不會對這些輿論議題做出反應，而「統獨議題」不僅屬於兩岸輿論，而且涉及國際輿論，幾乎臺灣任何有關「統獨議題」都會刺激大陸做出反應，並且受到國際輿論的關注與制約。從上述回顧看，「統獨議題」的緣起是在兩岸關係與國際關係兩個框架中的產物。兩岸關係與國際因素是影響「統獨議題」的重要槓桿。

一、「統一議題」一統階段：1950年代至1980年代初

「統獨議題」是1949年後臺灣與大陸事實分離的產物，較之於「省籍議題」（1945年光復即開始醞釀，「2.28事件」大爆發）和「臺灣意識／中國意識議題」（日據時期就已出現），「統獨議題」以及其他兩岸關係議題是最晚出現的。儘管在1945年臺灣光復後，在日本帝國主義的策動下，日本帝國主義分子和漢奸分子在臺灣建立「臺獨」組織，但這些「臺獨」主張並不成氣候，因為這時的中國已經統一，其不屬於包括「統一議題」在內的「統獨議題」。1949年後至1980年代初，臺灣主流輿論只有「統一議題」沒有「臺獨議題」。事實上，從國民黨退臺的第一天起，「統一」的議題就成為臺灣輿論的主導，從「反攻大陸」到「復興基地」，國民黨當局一直維持著一個所謂「代表中國」的「反共」政治架構，「三民主義統一中國」成了「統獨議題」的主導議題。

儘管站在「反共」立場，但國民黨當局推動的「堅持一個中國，反對一中一臺、兩個中國、臺灣獨立」的觀念，已成為絕大多數臺灣民眾的共識。由於複雜的社會歷史原因，特別是美國、日本反華勢力的支持，「臺獨」思潮開始在臺灣滋生和蔓延，但是「臺獨」議題被嚴厲禁止，其「嚴厲性」遠較當時的「省籍議題」的禁忌為甚。「省籍議題」只是被國民黨當局控制的輿論機器所排斥，而「臺獨」議題則和刑事犯罪相牽連，鼓吹「臺獨」議題將面臨坐牢的危險。如1950年5月的「麻豆事件」：臺南縣麻豆鎮「鎮長」謝瑞仁等33人被國民黨當局以「共同意圖顛覆政府」罪逮捕，3人被處死刑，9人被判無期徒刑。1950年6月「桃園事件」：臺北市「電信局」桃園收報臺林清良等7名職員，被當局以「意圖顛覆政府」罪名逮捕，3人判處死刑，1人無期徒刑。1951年5月「臺中事件」：

臺灣當局以「意圖顛覆政府」罪，將臺中縣參加「臺灣民主自由同盟」的 63 人逮捕，其中張伯哲等 7 人被判死刑，12 人被判無期徒刑。1959 年 11 月「臺灣共和黨案」：高雄縣葉呈祥等 4 人因「臺獨」活動被捕，均被處重刑。1961 年 9 月「蘇東啟事件」：雲林縣議員蘇東啟等以「企圖顛覆政府」罪名被逮捕，蘇以下 300 餘人，均被處重刑。1962 年 7 月「高雄軍校學生臺獨運動案」：高雄砲兵學校候補軍官第十三期學生施明德、陳三興等，秘密組織「臺灣獨立聯盟」，臺灣「警備司令總部」以「叛亂罪」逮捕施明德等骨幹成員 30 餘人。施明德、陳三興被判無期徒刑。[3]

1964 年 9 月，彭明敏與其學生謝聰敏、魏廷朝起草《臺灣人民自救運動宣言》，提出八項主張、三個目標和八點原則。鼓吹「『一個中國，一個臺灣』早已是鐵一般的事實」，宣稱「事實上臺灣已經是一個獨立的國家了」，要求「世界必須承認一個中國和一個臺灣」，號召臺灣人要進行「自救運動」，「摧毀蔣介石的非法政權，建設民主自由，合理繁榮的社會」，要「推翻國民黨政權，建立一個新的國家和新的政權；制定新憲法，實現真正的民主；以新會員國身份加入聯合國」等等。[4]10 月 23 日，臺灣警備總司令以「叛亂罪」罪名逮捕彭明敏等三人。1965 年 4 月，臺灣軍事法庭開庭審判，彭明敏和魏廷朝各被判處 8 年有期徒刑，謝聰敏被判處 10 年有期徒刑。

客觀地說，當時鼓吹「臺獨議題」的人，有一些是持不同政見者，因為「臺獨議題」無法給推動者個人帶來任何實際的好處，反而有坐牢之虞。這和後來的「臺獨議題」的鼓吹者性質大不相同。即使如此，當時持不同政見者是否真的將「臺獨」作為「信仰」仍值得懷疑。按李敖的說法，臺灣沒有「臺獨」分子，他的觀點是，真正的「臺獨」分子是應該以「臺獨」為信仰，為之「拋頭顱，灑熱血」的。曾被國民黨關進大牢的李敖在 2004 鳳凰衛視《李敖有話說》欄目中曾這樣說：「臺灣有一批所謂『臺灣獨立運動』的分子，『所謂』，為什麼我用『所謂』呢？我告訴各位，沒有這種真正的人。什麼原因呢？因為你搞信仰，就要拋頭顱、灑熱血，坐穿牢底，橫屍法場。可是我告訴各位，臺灣從蔣介石白色恐怖到現在，他們政府承認的案子一共是 29407 件。我告訴各位，只有一個『臺獨』分子被槍斃了，並且那個人還是精神病。換句話說呢，那些橫屍法場的，坐穿牢底的，拋頭顱的，灑熱血的人，都不是『臺獨』的，都是共產黨。所以我們可以看到，今天所謂『臺獨』分子，我們以為他們會怎麼怎麼樣，事實上是一個騙局。」[5]

由於蔣介石在臺灣採取鎮壓「臺獨」措施，「臺獨」分子只能在海外活動。1951 年，廖文毅在日本右翼勢力的暗中支持下在東京籌組所謂「臺灣民主獨立

黨」，公開樹起「臺獨」旗幟，開始了分裂中國的陰謀活動，後被國民黨招降。[6] 1956 年，留美學生陳以德、李天福、林榮勛在費城成立「臺灣人的自由臺灣」（簡稱三 F），它是美國最早的海外「臺獨」運動團體。[7] 1960 年代日本是「臺獨」勢力的大本營，1972 年中日建交後，「臺獨」活動的重心從日本轉到美國。[8] 從上世紀 50 年代到 70 年代初期，「臺獨」議題主要從「海外」發出，在臺灣則處於地下狀態。

一個有意思的現像是，這個時期在臺面上利用「臺獨」議題的恰恰是國民黨當局，「臺獨」在輿論上被描述為顛覆政府、分裂國家的賣國行徑，是刑事罪行。對於那些反抗蔣家王朝的自由人士和民主人士，國民黨當局無法以對方「主張民主」和「主張自由」的名義來鎮壓，而如果以對方「主張臺獨」，則可以依據「刑法」和「懲治叛亂條例」，以「叛亂罪嫌」、「破壞國體，竊據國土」以及「顛覆政府」等罪名治罪。作為剷除異己分子實行特務統治的藉口。以「美麗島事件」為例，國民黨當局正是以「臺獨」事件的性質進行大審判。弔詭的是「美麗島事件」當事人在大審判時竟無人承認其為「臺獨建國運動者」，[9] 這與事後民進黨對「美麗島」議題大做「臺獨」文章大相逕庭。目前民進黨當局，主要是「美麗島系世代」的人掌權，陳水扁、呂秀蓮、謝長庭、蘇貞昌，都是「美麗島事件」起家的。值得玩味的是，「美麗島事件」的受害人，在此後的政治道路卻坎坷不順，倒是那些「美麗島事件」的辯護律師卻在後來的政界風生水起、青雲直上，這一切說明「臺獨」議題對於當時的國民黨當局曾經是排斥異己的假議題，對於後來的民進黨當局更是選舉政治的假議題，不過是政治鬥爭的輿論工具。

由於國民黨當局把「臺獨」議題作為「有罪」的定義，當時的黨外人士往往並不承認其具有「臺獨」色彩，「臺獨」議題一方面觸犯當時的法律，另一方面也無法得到民眾廣泛的認同，因此，黨外人士更多的是高舉「民主化」、「自由化」的旗幟，「臺獨」議題只是埋伏在其他議題下蠢蠢欲動而已。

二、「統獨議題」逆轉階段：1980 年代中期至 1999 年

20 世紀 80 年代中期，蔣經國開始推行「政治革新」，在蔣經國的默許下，1986 年 9 月民進黨在未經「法定」程序的情況下強行成立。此時的民進黨由各種反國民黨的勢力組成，但領導權基本上被主張「臺獨」的人士把持，該黨「一大」透過的「黨綱」即主張臺灣前途由臺灣全體住民決定。1986 年民進黨成立時的「黨綱」規定，「臺灣前途由全體住民，以自由、自主而平等的方式決定」，「任何政府或政府的聯合，都沒有決定臺灣政治歸屬的權利」，「反對國共雙方基於違背人民自決原則的談判解決問題」。[10] 即使在這時，民進黨仍然沒有明

確提出「臺獨」議題，而是把一個較為和緩、可以多重解讀的「臺灣前途」替代了「臺灣獨立」。

隨著政治形勢的寬鬆，民進黨此後又透過一系列決議，宣稱「臺灣人民有主張臺灣獨立的自由」、「臺灣國際主權獨立」，這時「臺獨議題」才慢慢顯山露水，公然亮相。1988年後，海外的「臺獨」組織陸續回臺，美國最大的「臺獨」組織——「臺獨聯盟」遷回臺灣並集體加入民進黨。1991年10月民進黨「五大」公然將「建立主權獨立自由的臺灣共和國暨制定新憲法，應交由臺灣人以公民投票方式選擇決定」列入「黨綱」，這就是著名的「臺獨黨綱」。「黨綱」第一條便宣布民進黨的基本主張是「透過以住民自決的方式，建立主權獨立自主的臺灣共和國，制訂臺灣新憲法並由全民公決透過，實現主權獨立，重返國際社會，重新界定臺灣主權、領土範圍」。這是民進黨首次將「臺獨」的主張提升到黨的主要目標，標誌著民進黨正式成為主張「臺獨」的本土政黨。[11]儘管其「臺獨公投議題」在臺灣引起廣泛爭議，但隨著「黨禁」的放開，民進黨已是「合法」的政黨，其「臺獨黨綱」標誌著「臺獨」議題公開化。但這時的「臺獨」議題還有兩個形式上的緊箍咒，即刑法第100條和「國安法」。1987年7月15日，臺灣解除「戒嚴」，同時以「國安法」代替「戒嚴令」，以遏制「臺獨」活動。例如「國安法」的第二條就規定了限制結社自由三原則——「不違背憲法，不主張共產主義，以及不得分裂國土之主張」。但1992年5月，在李登輝的授意下，「立法院」修改「國安法」，放寬了對境外「臺獨」分子的入境限制，致使大批「臺獨」流亡分子將活動中心向島內轉移。[12]1992年5月15日，「立法院」三讀透過「刑法」第一百條修正案，廢除言論、和平內亂罪。在這之前，刑法第一百條規定：「意圖破壞國體，竊據國土，或以非法之方法變更國憲，顛覆政府，而以強暴或脅迫著手實行者，處七年以上有期徒刑；首謀者，處無期徒刑。預備犯前項之罪者，處六月以上五年以下有期徒刑。」這項條文，使得若干僅是宣揚政治理念等言論層次的「臺獨」論者或被抓被關、或被剝奪參政權，這項條款還被當時的「立委」陳水扁稱為「政治謀殺條款」。[13]而隨著1992年5月，臺灣「立法院」修改「刑法」，廢除「刑法」第一百條和「國安法」，「臺獨議題」掃清了法律的障礙而正式「合法化」。

這個時期的「臺獨議題」主要包括以下內容：

一是歷史否定論，其論調主要是認為「臺灣從來就不是中國的一部分」。像李筱峰就認為：「1684年之後，臺灣才併入清帝國版圖，在此之前，中國的任何一個政權，未曾在臺灣本島設官統治過。即使鄭氏三代在臺灣的政權，也是獨

立於北京清帝國之外,連雍正皇帝都承認:『臺灣自古不屬中國』,為何北京當局和臺灣『統』派卻說臺灣自古為中國領土呢?」[14]

二是歷史未定論,其論調主要是認為 1945 年以後「臺灣法律地位未定」。像彭明敏就曾說:「從國際法的觀點來說,自從 1895 年臺灣割讓給日本以後,直到現在,並沒有任何條約或其他任何具有法律約束力的文件,將臺灣重新劃歸中國」。其理由是:《開羅宣言》和《波茨坦宣言》雖宣稱臺灣將歸還中國,但無法律約束力,「只不過是盟軍戰爭目標的聲明而已」;1945 年 9 月 2 日,日本簽署投降書接受上述兩項宣言,「這最多也不過是日本承諾將來願意放棄對臺灣的主權而已」;1951 年日本與盟軍所訂和約和 1952 年日本與國民黨當局所訂和約,都僅規定日本放棄對臺灣主權以及其他一切權力,「但並未指明日本放棄臺灣以後,誰取得臺灣主權」。所以「從第二次世界大戰結束後,臺灣的國際地位一直未曾確定」。[15]

三是現實認同論,其論調主要是認為臺灣人應該認同臺灣是一個與大陸對等的共同體。它不在意是否承認臺灣與中國在血緣、歷史和文化上面的淵源關係,而是強調今天的臺灣已經在形成一個所謂「臺灣命運共同體」或「臺灣生命共同體」。李登輝從 1992 年開始構建「臺灣生命共同體」的概念,他提出須放棄省籍情結,強調不能再持「漢賊不兩立」論調而自絕於國際社會,「我們不能孤立在臺灣小島上,我們一定要走出去,有信心,有尊嚴地走入國際社會,我們有『生命共同體』的體認」。[16]1992 年彭明敏返回臺灣,在臺大法學院發表演講指出:「我們是坐在同一條船上,無論如何我們的命運相同,這就是我強調的『命運共同體』。假如有這個意識的話,祖先、語言、風俗習慣並不重要。」[17]

四是現實存在論,其論調主要是認為「臺灣是臺灣,中國是中國,臺灣已經是一個獨立的國家」。最先公開提出「事實主權論」的是民進黨。1988 年 4 月,民進黨召開二大臨時全代會,其透過的「417 決議文」稱:「臺灣國際主權獨立,不屬於以北京為首都之中華人民共和國。」[18]1990 年 10 月 7 日民進黨召開四屆二次全代會又透過「事實主權案」,即「1007 決議文」進一步說:「『中國』(臺灣)主權事實不及於中國大陸及外蒙古」,[19]所以施明德在 1995 年才會說,「臺灣已經是主權獨立的國家,所以如果民進黨執政,不會也不必宣布臺獨」。[20]李登輝也於 1993 年「創造性」地提出「中華民國在臺灣」的概念:「目前的中國屬於分裂,是一項不容否認的事實;『中華民國在臺灣』,『中共』在大陸,應屬平等的政治實體。」[21]

五是未來決定論，其論調主要是認為「臺灣前途由臺灣住民自決」。最突出的例子就是1999年5月9日民進黨全代會透過的「臺灣前途決議文」。決議文規定：「任何有關獨立現狀的變動，都必須由臺灣全體住民以公民投票的方式決定。」[22]

　　「臺獨公投論」是「臺獨」議題最活躍的一個子議題。它比「歷史否定論」、「歷史未定論」少了一些歷史的糾葛和條約的爭議。對於許多老百姓來說，他們連法律條文都看不懂，更遑論對歷史爭議的證據解讀，所以，「歷史否定論」、「歷史未定論」主要集中在專家學者的爭論，在民眾的市場不大；而「現實認同論」和「現實存在論」，能得到一些人的默認與容忍，但不溫不火，都不如「未來決定論」的「臺灣公投論」那樣有廣大的市場和強大的煽動力。由於「臺灣公投論」把臺灣的前途賦予每一個臺灣民眾，這樣就極大地刺激了臺灣民眾「當家做主」的「主人翁感覺」；而且「臺灣公投論」必須訴諸法律程序，它又能極大地刺激民眾參與政治的「民主情緒」，因此，「公投論」是「臺獨議題」中最有市場的子議題。

　　這樣「臺獨」議題就和「民主議題」掛上了鉤，這使民進黨「臺獨人士」披掛上了「民主鬥士」的外衣，從而把「公投入憲」這樣一個「民主議題」就變成了為「臺獨」議題鳴鑼開道的前奏。「民主議題」總比「臺獨」議題更具有正當性，也較易為全體臺灣民眾所接受，這樣，「民主議題」在先，「臺獨」議題在後，在「臺獨」輿論的操縱下，「民主議題」就不斷為「臺獨」議題中最危險的「法理臺獨」掃清法律障礙，國民黨也就從「統獨議題」與「民主議題」上一步步敗下陣來，直到出現2004年「公投綁大選」的結果。2004年大選，在民進黨的強勢主導下，臺灣地區領導人選舉投票被綁上了以「強化國防」、「對等談判」為題的所謂「和平公投」。儘管因藍營抵制，後兩項公投都沒有透過二分之一門檻，不過綠營則普遍認為公投綁大選有催票的效果。[23]

　　「臺獨」議題逐漸公開化、合法化的過程，也就是「統一議題」逐漸衰微的過程。伴隨著「臺獨」聲浪的逐漸抬頭，「統一」的聲音慢慢變小，這時輪到「臺獨」分子將「統一議題」「抹紅」的時候了：例如《聯合報》對「臺獨」輿論有不同的看法，就被扣上「統派報紙」及「中共同路人」的帽子。當《聯合報》期望李登輝「總統」愛惜民主「憲政」時，竟被威嚇要將《聯合報》「大報變小報」；當《聯合報》建議民進黨從「臺獨」路線上次頭時，竟被指為「中共的同路人」。[24]風水輪流轉，以前「兩蔣」時代動不動就給政敵扣上「臺獨」的帽子，沒想到，

如今李登輝、民進黨也動不動將對手貼上「統派」的帽子。「統一議題」一旦給「抹紅」，就被汙名化。

　　「臺獨」輿論隨著臺灣的「解嚴」而公開化，這種公開化，不僅源於「報禁」的解除為「臺獨」的言論自由提供了保障，而且源於「黨禁」的開放為「臺獨」輿論提供了政黨支持。伴隨著民進黨的「合法化」及其對臺灣政治的積極參與，「臺獨」輿論不僅公開化、「合法化」而且一步步進入臺灣的主流輿論，但當時民進黨畢竟還是在野黨，儘管其局部地掌握了一部分的地方資源，但是面對在臺灣統治三四十年的國民黨，其力量與聲音都是有限的，所以民進黨拋出的「臺獨」議題還是沒有掌握臺灣主流輿論的中心話語權，它還處在主流輿論的邊緣地帶。「臺獨」議題必須由執政黨來背書，特別是出自執政黨的最高領袖之口，才能真正從主流輿論的邊緣進入其核心地帶。

　　就從 1988 到 1995 年，國民黨在「統獨議題」上開始左右搖擺。1988 年初，蔣經國去世，李登輝繼任臺灣當局領導人，並擔任中國國民黨主席。他在剛繼任後的第一次記者會上說：「中華民國的國策就是一個中國的政策，而沒有兩個中國的政策。」[25] 1990 年 5 月 20 日，李登輝就職時發表「開創中華民族的新時代」演講，其中有關大陸政策部分為：「如果中國能夠推行民主政治及自由經濟制度，放棄在臺灣海峽使用武力，不阻撓我們在一個中國的前提下開展對外關係，則我們願以對等地位，建立雙方溝通管道，全面開放學術、文化、經貿與科技的交流，以奠定彼此間相互尊重、和平共榮的基礎，期於客觀條件成熟時，依據海峽兩岸中國人的公意，研討國家統一事宜。」[26] 1990 年 10 月，李登輝又表示：「中國只有一個，應當統一，也必須以『以三民主義統一中國』，任何一個中國人都不能自外於『以三民主義統一中國』的責任，也不應自外於『以三民主義統一中國』的努力。」[27] 1991 年，李登輝主持下的「國家統一委員會」透過了「國家統一綱領」[28]（「國統會」、「國統綱領」已於 2006 年 2 月經陳水扁操作終止運作、終止適用），在「國統綱領」中，明確寫有「臺灣固為中國一部分，大陸也是中國的一部分」。1995 年的「中華民國國慶」，他這樣表示：「四十多年來我們之所以奮鬥不懈，就是要為將來『以三民主義統一中國』立下可供遵循的典範。」[29]

　　從上述資料看，不管李登輝基於什麼動因，從 1988 年至 1995 年，「統一議題」仍然是李登輝及國民黨的一個選項，特別是在李登輝主持下成立「國家統一委員會」及透過「國家統一綱領」，儘管塞進了一些李登輝的「私貨」，[30]卻仍然顯示出國民黨對「統一議題」有所堅持與繼承。但是就在這個時期，「臺

獨」議題也不斷從李登輝與國民黨當局放出。1991年9月李登輝聲稱:「臺灣早已是一個主權獨立的國家,國名就叫中華民國。」1993年2月,李登輝說:「我主張中華民國在臺灣,始終沒有講過一個中國。」1993年11月21日,臺灣當局的「經濟部長」在參加亞太經合組織西雅圖會議期間,依據臺「外交部」的文件,毫不隱諱地聲稱「中華民國和中華人民共和國是兩個互不隸屬的主權國家,臺北是以『一個中國』為指向的階段性兩個中國政策」;[31]1993年5月20日,李登輝在就職三週年記者會上,提出「生命共同體」這一具社群主義色彩的名詞,以及「中華民國在臺灣」的主權論述。[32]1994年4月14日,李登輝接受《自由時報》專訪時表示,現階段是「中華民國在臺灣」與「中華人民共和國在大陸」並存。[33]1997年李登輝接受《亞洲華爾街日報》訪問時仍表示:「兩岸主權分享、治權分立,中華民國自1912年就是主權獨立的國家。」[34]1997年接受《華盛頓郵報》與《泰晤士報》訪問時,李登輝強調「臺灣早就獨立,是主權獨立國家」、「臺灣就是臺灣,不是中華人民共和國的一省。」[35]

　　1988年至1995年,國民黨在「統獨議題」上是左右搖擺和相互矛盾的。一方面要「統一」,另一方面又刻意製造「兩個中國」。解決這一自相矛盾的說法在於其提出了所謂的「政治實體」的概念,這個由「臺獨」勢力早就主張的「兩個政治實體論」被國民黨於1991年搬進「國家統一綱領」。1991年2月,臺灣「國統會」透過「國統綱領」,聲稱:統一應該以對等為原則,在互惠中不否定對方為政治實體,在國際間互不排斥。後又進而刻意將政治實體界定為「互不隸屬的」、「對等的」;正式提出「互不否認對方為政治實體」。[36]1992年8月1日,「國統會」就一個中國涵義問題發表聲明,提出「中國處於暫時分裂狀態,由兩個政治實體,分治海峽兩岸」。[37]1994年,李登輝說:「現在基本的現狀是兩岸兩個政治實體在其有效控制的範圍內行使主權。」7月,臺灣當局發表「臺海兩岸關係說明書」,有關陳述互相矛盾、漏洞百出,說來說去,就是要證明「1949年以後已不存在一個中國」,兩岸關係的政治性質是「兩個對等且互不隸屬的政治實體」,「在國際上互為兩個平行的國際法人」。[38]1996年1月2日,臺北舉行「國家發展會議」,就如何推動兩岸關係,達成36項共識,其中有關「兩個對等政治實體」的宣示,明確界定兩岸的定位。[39]「政治實體」概念的提出表面上是為「統一議題」解了圍,也為「臺獨」議題解了套,但後來的事實證明,「政治實體」概念只不過是李登輝「臺獨」議題的一個幌子和一步棋子。因此,這個時期的李登輝與國民黨在「統獨議題」上看似左右搖擺相互矛盾,實質上是李登輝綁架了國民黨,以「統一議題」為表,兜售的卻是漸進式的「臺獨」議題。

這樣從 1988 年至 1995 年，臺灣的「統獨議題」就在民進黨赤裸的顯性「臺獨」議題以及李登輝皮裡陽秋的隱性「臺獨」議題的統「獨」搖擺中顯現出極為複雜的現象。「臺獨」的聲音一浪高過一浪，統一的聲音則逐漸式微。但是我們仍然要客觀地看到：「統一議題」雖然受到挑戰卻仍然居於執政黨的最高輿論地位，這得益於幾十年國民黨的宣導。「統一傾向」一直是作為臺灣政治評價的最高價值取向予以推動，最典型的就是即便事後被證明是「假統一」真「臺獨」的「臺獨」分子李登輝，這個時期仍然要不時打著「統一」的旗號。1995 年 4 月 8 日，李登輝在「國統會」第十次全體委員會議講話，繼續拋出「統一」的煙霧彈：「不容諱言，兩岸分離對峙四十餘年，累積的敵意與誤解自難立即消弭。然而，面對新的情勢，兩岸都必須以新的體認，採取務實的作為，促成真正的和諧，才能塑造中國再統一的有利氣候與形勢。」[40]隨後李登輝卻採取各種手段，企圖訪美。6 月 8 日李登輝公然再三強調「中華民國在臺灣」或「在臺灣的中華民國」，將臺灣當局在國際上製造「兩個中國」的活動推到了高峰，引發「臺海危機」。大陸方面從 7 月 24 日開始，《人民日報》、新華社連續發表評論員文章，批判李登輝「臺獨」觀點，揭露其「臺獨」嘴臉。但 1996 年 5 月 20 日，李登輝在就職第九任「總統」演說中，仍然打著「統一」的旗號：「海峽兩岸，都應該正視處理結束敵對狀態這項重大問題，以便為追求國家統一的歷史大業，做出關鍵性的貢獻。」[41]

　　輿論學與政治學觀察社會有著不同的視角，政治學在判斷真假後，對假的東西會批得體無完膚，並拋個一干二淨，其興奮點在於剝下「外衣」後的那個東西，但輿論學在判斷真假後，對假的東西卻不能簡單地一批了之和一拋了之，它還要對剝下的「外衣」做進一步地分析和評估。在輿論學看來，「統一議題」即使是假的，仍然有其價值，當反對的人還要高舉它，說明當時社會的主流輿論的最高導向還是「統一」。「臺獨」的聲音在那時可能比統一的聲音更大更多，但是只要統一仍然還偶爾掛在李登輝的嘴邊，就說明「統一議題」仍處於輿論等級的最高地位。一個最明顯的例子，1996 年臺灣第一次「總統」直選，林洋港、郝柏村這組候選人就用「統獨議題」攻擊對手：林洋港、郝伯村提出「和平、民主、反臺獨」的議題訴求，把另二組李連配（李登輝、連戰）及彭謝配（彭敏敏、謝長廷）兩組本省候選人指為「戰爭、獨裁、臺獨」，認為李連配的「本土化」傾向是隱性「臺獨」，民進黨彭謝配是顯性「臺獨」，並在大陸導彈試射軍事演習中，喊出「李登輝下臺，共產黨不來」等口號[42]。顯然「臺獨」對於這時的李登輝仍然是其急於撇清的議題，等到李登輝連「統一」的幌子也不再打，等到後來「統一議題」成為輿論的禁忌，「統獨議題」的發展軌跡才徹底逆轉。

與「省籍議題」、「臺灣意識／中國意識議題」的根本逆轉發生在1994年不同，「統獨議題」的根本逆轉發生在1999年，這比「省籍議題」、「臺灣意識／中國意識議題」的根本逆轉晚了五年。早在1994年，李登輝接受日本作家司馬遼太郎採訪，發表《身為臺灣人的悲哀》，根本逆轉了「省籍議題」與「臺灣意識／中國意識議題」。而到了1999年李登輝拋出「兩國論」，再次逆轉了「統獨議題」。1999年李登輝接受「德國之聲」錄影專訪時宣稱海峽兩岸關係是「特殊的國與國關係」，這就是引起軒然大波的「兩國論」。他說：「有別於『國統綱領』以及『以三民主義統一中國』等一廂情願式的國民黨政策宣示，實際上的歷史的事實是，1949年中華人民共和國共產黨政權成立以後，從未統治過中華民國所轄的臺、澎、金、馬。中國並在1991年的修憲，增修條文第十條（現在為第十一條）將憲法的地域效力限縮在臺灣，並承認中華人民共和國在大陸統治權的合法性；增修條文第一、四條明定立法院與國民大會民意機關成員僅從臺灣人民中選出……使所建構出來的國家機關只代表臺灣人民，國家權力統治的正當性也只來自中華民國人民的授權，與中華人民共和國人民完全無關。1991年修憲以來，已將兩岸關係定位在國家與國家，至少是特殊的國與國的關係，而非一合法政府，一叛亂團體，或一中央政府，一地方政府的『一個中國』的內部關係。所以，中華人民共和國政府將中華民國視為『叛離的一省』，這完全昧於歷史與法律上的事實。」[43] 隨後，按照李登輝的意圖，臺灣「陸委會」主委蘇起宣布放棄「一個中國、兩個對等政治實體」主張，李登輝從此正式丟棄「一個中國」的原則並徹底拋棄「統一議題」。[44]

「省籍議題」、「臺灣意識／中國意識議題」與「統獨議題」的先後逆轉，都完成於李登輝之手，證明李登輝的確是改變臺灣輿論走向的最重要的推手。兩次放話選擇的時機、方式頗值得玩味：一是完成了政治洗牌、鞏固了權力的1994年，一是即將離任而且無法連任沒有了後顧之憂的1999年，顯示出李登輝對權力的貪戀與對議題的慎重。兩次放話都採取接受海外採訪的議題，[45] 採取出口轉內銷方式，顯示出其對國際輿論的借助與對島內輿論的謹慎的策劃動機，說明其對議題的嚴重性有充分的認識，對議題後果有充分的準備，對議題發佈的卡位更是處心積慮。特別值得關注的是為什麼「統獨議題」的逆轉比「省籍議題」、「臺灣意識／中國意識議題」的逆轉晚了五年？這說明統「獨」議題比「省籍議題」、「臺灣意識／中國意識議題」更具敏感性和爭議性，只有經過「省籍議題」、「臺灣意識／中國意識議題」的長時間鋪墊和積累，統「獨」議題才能夠無須包裝地赤裸裸地出籠。

在李登輝的精心策劃與綁架下,「臺獨」議題一步步得到執政黨國民黨當局的背書,從非主流輿論進入主流輿論,再從主流輿論的邊緣進入主流輿論的核心地帶,最後於 1999 年成為臺灣主流輿論中的主導輿論。1999 年成為一個標誌,這一年不僅徹底地暴露了李登輝的「臺獨」嘴臉,而且使「臺獨」議題達到了輿論的巔峰。李登輝將「統一」這塊遮羞布的最後一層面紗也撕去了。占據臺灣執政黨輿論議題最高層次的「統一議題」,就這樣被一層層掏空,在 1999 年終於轟然倒下,再也沒有人用「統一」做幌子,也沒人懼怕「統一」民意的反彈,「統一」回歸到民間的真正信仰,成為一部分臺灣民眾真正內心的信念,但是在臺灣這時的大環境中這種信仰卻不敢大聲說出來,成為沉默的輿論議題。即使有人敢於以「統一」作為政見進行選舉,其政治動員的作用也很有限。2004 年李敖以「一國兩制」作為唯一的政見參加「大選」,其得票數為 16782 票,得票率 0.13%[46],低於臺灣民眾實際支持統一的人數。2004 年 4 月 23 日至 25 日,臺灣「陸委會」特委託臺灣政治大學選舉研究中心所做的民調顯示,主張「永遠維持現狀」者占 18%,傾向「獨立」的比率 19.9%,(含「盡快宣布獨立」3.3% 及「維持現狀,以後走向獨立」16.6%)超過傾向統一的比率 11.8%,(含「盡快統一」2% 及「維持現狀,以後走向統一」9.8%)[47]。有意思的是李敖的得票率 0.13%,仍然遠低於傾向統一的 11.8% 的民眾比例,顯然即使是對於這些傾向統一的民眾,「統一議題」的影響力也效果甚微,其他選舉因素比「統一議題」更能影響選民的投票取向。

　　可見即使對於那些暗地支持「統一」卻不敢聲張的民眾,「統一議題」在政治選舉的效果都有限,更何況其他群體。有實力的政治人物紛紛避「統一議題」唯恐不及,此後如果在臺灣再聽到議題中有「統一」二字,那絕大多數都不是高喊「統一」,而往往是別有用心的人借「統一」的議題在對競爭對手攻擊了。

　　1999 年的「兩國論」的拋出,使「臺獨議題」達到了輿論的最高峰,也完成了「臺獨議題」的主流論述,至此,「臺獨議題」的主流內容可以表述如下:「一、『中華民國』早已是主權獨立的國家。二、『中華民國』在臺灣,中華人民共和國在大陸。三、『中華民國』與中華人民共和國是兩個對等且互不隸屬的國家。四、臺灣無須宣布獨立,臺灣已經獨立,因為『中華民國在臺灣』,臺灣就是『中華民國』」。

　　上述「臺獨議題」的主流表述,得到了上至臺灣當局領導人的推行與背書,下至相當一部分臺灣民眾的容忍或認可,由於其涉及了中華民國的概念,島內的「統派」對此不會強烈反彈,有的還半推半就,甚至默認,而其「主張臺灣早已

獨立」的論述，又迎合了「獨派」大多數人的心理。此外，它雖然招致大陸的強烈反對，但尚未讓大陸因此採取非常措施，所以它是「臺獨議題」中目前最能被臺灣民眾所容忍或接受的「臺獨」論述。其實，在臺灣還有其他形形色色的「臺獨」論述，要麼和上述論述八九不離十，換湯不換藥，要麼更加激進，只為少數人主張，特別是臺灣當局領導人不敢苦心經營輕易言之，只能屬於非主流的「臺獨」論述。

李登輝從一開始就一直苦心經營著「臺獨議題」的發展。上述四句話中，最關鍵最敏感的那句話就是「中華民國與中華人民共和國是對等而互不隸屬的國家」。為了讓兩岸關係定位為「國家」與「國家」的關係，至少是特殊的「國」與「國」的關係，李登輝至少花了八年時間，才從「兩岸是對等的政治實體」發展到「兩岸是對等的兩個國家」的論述。而其餘三句話，李登輝早就投石問路地先後拋出了。1999年，李登輝在他離任前，最終將「臺獨議題」的主流論述畫上了經典的句號。此後，不僅民進黨和陳水扁接受並繼承了（其實有些論述是民進黨先發明的）李登輝圈定的「臺獨」主流論述，而且在「臺獨」的主流論述上並沒有超出李登輝多遠，所以李登輝理所當然成為了「臺獨教主」。

正當李登輝慘淡經營「臺獨議題」主流論述時，幾乎與此同時，民進黨也開始調整其「臺獨議題」。民進黨原先的主張一直是朝著建立「主權獨立自主的臺灣共和國」方向發展的。1987年11月，民進黨中央透過「人民有主張臺獨的言論自由」的決議文。[48]1988年4月，民進黨「二大臨時全代會」透過決議案，提出「臺灣國際主權獨立，不屬於以北京為首都之中華人民共和國」，「如果國共片面和談，如果國民黨『出賣』臺灣人民的利益，如果『中共』統一臺灣，如果國民黨不實施真正的民主憲政，則本黨主張臺灣應該獨立」。[49]1990年10月，民進黨四屆二次全代會透過「臺灣主權決議案」，明確「中國（臺灣）主權事實上不及於中國大陸與外蒙古」，「中國（臺灣）未來憲政體制及內政、外交政策，應建立在事實領土範圍之上」。[50]1991年8月，民進黨召開「人民製憲會議」，透過「臺灣憲法草案」，主張廢止「中華民國國號」，定臺灣為「臺灣共和國」。[51]同年10月，民進黨「五大」透過「基於國民主權原理，建立主權獨立的臺灣共和國暨制訂新憲法，應交由臺灣人民以公民投票方式選擇決定」的「臺獨黨綱」。[52]到了1995年「立委」選舉前，當時的民進黨主席施明德於訪美之際公開表示：「臺灣已經獨立了50年，民進黨不會也不必在執政之後再宣布臺灣獨立。」[53]於1996年代表民進黨競選「總統」的老牌「臺獨」分子彭明敏表示：「臺灣已經獨立數十年了，維持現狀就是支持獨立，是統一才會破壞獨立的現狀。」[54]1997年末，民進黨在「地方」縣市長選舉中贏得了前所未有的勝利後，當時

的主席許信良甚至表示：「『臺獨』黨綱只是一份民進黨的歷史文件，並不是一個要急於實現的政策。」[55]1998 年 6 月 30 日，美國前總統克林頓在上海宣示：「不支持『兩個中國』與『一中一臺』，不支持『臺灣獨立』，不支持臺北參加以國家為參加單位的國際組織」。[56]；第二天，民進黨中常會立即發表聲明：「臺灣為一已獨立的主權國家……任何改變臺灣獨立現狀的要求，都必須經由臺灣全體住民以公民投票的方式加以認可。」[57]由此，民進黨已將挑釁性的「臺獨公投」轉變為防禦性的「統一公投」，在「公投」論述上發生了重大轉變。1999 年，民進黨為了爭取中間選民支持而贏得 2000 年「大選」，於 5 月 8 日在該黨八屆二全大會上透過的一個決議案，主張「臺灣是一個主權獨立國家，任何有關獨立現狀的更動，必須經由臺灣全體住民以公民投票的方式決定」。決議文首次階段性地間接承認了所謂中華民國的「國號」，不再堅持該黨 1991 年透過的「臺獨黨綱」中所主張的建立「臺灣共和國」的急進「臺獨」訴求。[58]

我們發現，民進黨的各種論述已經和李登輝的「臺獨」論述驚人地相似了。民進黨為了奪取政權，選擇了在體制中的選舉道路，無論是出於參與選舉的合法性還是爭取選民的認同，都必須承認體制的合法性。因此，承認中華民國，主張「臺灣早已獨立」，提出「兩岸是不同的國家」，就不僅是選舉的需要，而且是將來問鼎執政的基礎。「統獨議題」在民進黨與李登輝的裡應外合、顯隱互補與相互調整下，李登輝鋌而走險向前大跨一步，民進黨偷梁換柱向後退一小步，這樣「在野」的民進黨和李登輝綁架的國民黨就在「統獨議題」上走在了一起。

三、「臺獨議題」橫行階段（1999 年—2008 年）

李登輝的「兩國論」為「臺獨議題」的橫行打開了最後一道閘口，但弔詭的是，「臺獨議題」沒有立即猖獗起來，甚至表現出臺風來臨前的平靜，這完全是因為激進「臺獨」的民進黨為問鼎 2000 年大選，以及政黨輪替後初期為「坐穩江山」而不得不在「臺獨議題」上收斂。

李登輝在「統獨議題」上一步步「冒險」，直至讓國民黨葬送了政權，而民進黨則在一次次選舉的勝負中，總結經驗和吸取教訓，調整著「統獨議題」，一步步走近奪取大位的目標。1999 年，李登輝在「臺獨議題」上的「大膽」與民進黨候選人陳水扁在「臺獨議題」上更趨保守形成鮮明的對比。2000 年「大選」，陳水扁刻意打扮自己「正面」、「溫柔」、「深愛臺灣」的「臺灣之子」形象。他大打「省籍議題」、「臺灣意識/中國意識議題」牌，卻對「統獨議題」避之唯恐不及，並努力破解民眾對陳水扁「臺獨」主張的恐懼，同時又稱自己是臺灣尼克松，沒有「出賣」臺灣的嫌疑，並將對手宋楚瑜稱之為「賣臺集團」，如「中

共最愛是宋楚瑜」。[59]一個是既無「坐不穩江山之虞」也無連任後顧之憂的李登輝急於謀求歷史定位而肆無忌憚，一個是覬覦大位已久的陳水扁眼看著夢寐以求的目標已經觸手可及而更加小心翼翼。到了 2000 年，民進黨終於執政，可是陳水扁和民進黨並不如有的人想像的那樣一掌權就宣布「臺獨」，或者至少也要大念「臺獨」之經，相反，陳水扁更加謹慎，在其就職演說中，宣布「四不一沒有」的「承諾」，他說：「只要『中共』無意對臺動武，本人保證在任期之內，不會宣布獨立，不會更改『國號』，不會推動『兩國論』入『憲』，不會推動改變現狀的『統獨公投』，也沒有廢除『國統綱領』與『國統會』的問題。」[60]

當時島內一部分輿論針對陳水扁從選前刻意以化解「臺獨」角色為主要訴求的議題轉型，到選後對中華民國予以認同的「四不一沒有」承諾而對其寄予厚望，認為陳水扁從「臺獨萬萬歲」的坐標上移動至「中華民國永續存在」的論述，這是移動了很大的一步。[61]特別是其「四不一沒有」顯示「兩國論不入憲」，等於給「臺獨教主」李登輝一記耳光，徹底證實了李登輝的慘敗。但我們要看到，「四不一沒有」的確有不宣布「獨立」的承諾，但如果將之解讀為陳水扁開始放棄「臺獨」議題，那只是一廂情願。與其說「四不一沒有」是陳水扁放棄「臺獨議題」，不如說這是陳水扁對「臺獨議題」掩人耳目地暫時設限，陳水扁充其量只是對「臺獨議題」最敏感的部分設置了一個底線。後來的事實一再證明，以陳水扁的到哪個山頭唱什麼歌的性格，這種承諾不過是一種「騙騙騙」的把戲。儘管此後陳水扁在「統一議題」上還有「大膽」的論述，比如 2000 年年底的跨世紀談話，陳水扁借「統合論」宣示了「憲法」的「一中架構」，並口是心非地大談「兩岸原是一家人」，呼籲兩岸從經貿與文化統合開始著手，進而共同尋求「政治統合的新架構」。[62]但同樣是像李登輝一樣，江山一旦坐穩以後，陳水扁的「臺獨」尾巴就露出來了。2002 年 8 月 3 日，陳水扁在「總統府」向在東京召開的「世臺會」29 屆年會發表開幕致詞，首次明確宣稱，臺灣是「主權獨立國家」，「臺灣與對岸中國，一邊一國，要分清楚」；他還第一次叫囂，只有 2300 萬人民才能決定臺灣前途，如果有需要，臺灣現狀的改變要公民投票，「大家應認真思考公民投票立法的重要性與急迫性」。此語一出便招來海內外輿論的一致譴責。[63]從 2002 年的「一邊一國」，到 2004 年的「公投綁大選」，[64]再到 2006 年的「廢統」[65]，陳水扁一步步向「聽其言觀其行」的人們顯示，「臺獨」才是他一心想玩火的議題。

究其內容而言，2002 年陳水扁提出的「一邊一國」了無新意，無非是李登輝「兩國論」的翻版，但從承諾「不推動兩國論入憲」到自己跳出來說「一邊一國」，陳水扁和民進黨已從剛剛當選時害怕政局不穩、政權旁落而不得不在「臺

獨議題」上有所保留的態度，發展到政權已經鞏固可以更加大膽地公開「臺獨議題」以呼應深綠民眾了。

　　無論是「兩國論」，還是「一邊一國」，其「臺獨議題」的要害就在於保留了中華民國。中華民國，這個不被大陸與國際社會承認的名號，這個被深藍奉為精神寄託的象徵，這個被民進黨用來在體制內奪取政權的東西，居然成為彼此對立的臺灣內部維持現狀的最大公約數。當 2000 年陳水扁登上大位，《聯合報》這樣評論：「對於臺灣來說，這次『總統』大選，最重大的政治價值與政治成就，就是使陳水扁及民進黨接受了『中華民國』的法統，雖然不少人認為其中有程度的問題，及真偽表裡的問題，但無人否認至少在表象上已是如此。」[66]可是，就在泛藍對民進黨陳水扁「借殼上市」表示謹慎的歡迎後，羽翼豐滿的民進黨卻還要再一次借中華民國來推銷其「臺獨議題」。

　　就這樣，臺灣出現了一種令人嘆為觀止的「臺獨議題」，它以「臺獨」為主要訴求，又以承認中華民國為前提，而中華民國無論其「國號、」「國土」以及「憲法」又都包含了一個中國和中華民族統一的內容。無論是「兩國論」，還是「一邊一國論」，都屬於這種令人稱奇的「打著中華民國」旗號的「臺獨議題」，這構成了這一時期「臺獨議題」的主流論述。前文我們之所以說陳水扁民進黨的主流「臺獨議題」沒有超過李登輝的「兩國論」的「臺獨議題」多遠，一個標誌就是「臺獨議題」到底沒有最終將中華民國拋棄。

　　顯然，對於深綠的「極獨」分子，這種夾生飯的「臺獨議題」是不解他們渴的，所以，他們必定要發展其純粹的「臺獨議題」，但這種純粹的「臺獨議題」並不是「臺獨議題」的主流論述，而是次主流，因為此「獨」太毒，容易玩火自焚。但是執政的民進黨還是呼應了這種議題，這就是陳水扁民進黨比李登輝「兩國論」更進一步的地方，它的主要表現是「去中國化」與「臺灣正名」。

　　「去中國化」與「臺灣正名」是一個硬幣的兩面，其目的都是要將主流論述的「臺獨議題」中被迫殘餘的中華民國以及一切「中國」符號去除，軟性的表現為「文化臺獨」，硬性的表現為法理「臺獨」。由於法理「臺獨」過於敏感，只能偶爾用之，而「文化臺獨」則作為長遠的、基礎性的工作被「臺獨」輿論所更為倚重。文化「臺獨」是要在文化的基因上去除有關中國的一切要素，在文化上「去中國化」並為臺灣正名，由文化認同進而到國族認同，塑造一個以認同臺灣為一個所謂國族的「國家」。而法理「臺獨」則是要把「臺獨」人士宣稱的所謂事實上已經獨立的臺灣，用法律的形式確定下來，在法律上「去中國化」並為臺灣正名，將口頭上所謂的「臺灣獨立」變成法律的現實。

2000年至2008年,「臺獨議題」形成以「打著中華民國旗號的臺獨」為主體,以文化「臺獨」和法律「臺獨」為兩翼的特殊結構,「打著中華民國旗號的臺獨」是其主流論述,它不僅給「獨」派陣營一個定心丸——「我在搞臺獨」;也給統派陣營一個安慰劑——「我還保留了中華民國」。它成為在「臺獨議題」中最易被島內所容忍或接受的議題。而文化「臺獨」和「法理臺獨」,作為其兩翼,其目的卻是針對主體的「臺獨」論述所殘留的一切中國符號,必欲除之而後快,這樣「打著中華民國族號的臺獨」是陳水扁當局被迫的妥協,而文化「臺獨」和「法理臺獨」才是其用心所在。「臺獨」議題的「主體」是為「兩翼」遮人耳目的,而兩翼又是以否定主體為目標的,這種有分有合的矛盾統一體構成了這一時期「臺獨議題」的奇特景觀。

　　一個有意思的現像是作為主流論述的「打著中華民國旗號的臺獨」卻不是2000年至2008年臺灣輿論中最活躍的議題,相反,非主流、次主流的「文化臺獨」和「法理臺獨」反而是輿論中的熱點話題。這一時期臺灣的「統獨議題」主要不是靠其作為主體的「打著中華民國旗號的臺獨」進行輿論煽動,而是靠其兩翼(「文化臺獨」和「法理臺獨」)引爆輿論話題。打著「中華民國旗號的臺獨」,過了李登輝的熱點,在島內已覺不新鮮了,倒是「文化臺獨」和「法理臺獨」則不斷興風作浪,其拋出的一個個議題吸引著媒體的眼球。事實上,幾乎所有的主流論述,一般而言都不是輿論最活躍的焦點,而恰恰是非主流、次主流的論述才是輿論最關注的議題。正如「狗咬人」不是新聞,「人咬狗」才是新聞,主流論述往往是常態的、重複的,不易引起人們的興奮,而非主流、次主流論述是異常的、反常的、超常的,它最容易刺激人們的注意。輿論現象的觀察一定不能被表面所迷惑,那些在表面上熱熱鬧鬧的輿論,未必是主流輿論,也許恰恰是其異於主流,才一石激起千層浪,成為社會的焦點。

　　但2000年至2008年的「臺獨議題」還是具有階段性的特點。如果說2004年陳水扁競選連任前,民進黨的輿論主軸主要是從給「臺獨」劃底線的「四不一沒有」議題,轉為「打著中華民國旗號的臺獨」議題,後者以「一邊一國」為標誌;2004年後,民進黨的輿論主軸,則從「打著中華民國旗號的臺獨」轉為文化「臺獨」和「法理臺獨」,這以「公投綁大選」和「廢統」為標誌。「公投」已經觸及「四不一沒有」的底線,而「廢統」則是公然違背「四不一沒有」。「統獨議題」是選舉的靈丹妙藥,「臺獨議題」的某些議題用多了就會變得不刺激了,而為了尋找更大更新的刺激,就必須一步步往底線走,各種「臺獨議題」就切香腸一樣,一圈圈切下去,最後總要切到盡頭,切到手指頭,「廢統」就是這樣提前碰到了「臺獨」的底線。2006年初,陳水扁一拋出廢除「國統會」和「國統綱領」

的議題，就遭到了大陸方面和國際社會的強烈反對。為了降低該議題可能引發的烈度及震盪程度，陳水扁最終選擇放棄敏感的詞語「廢除」，而改用較為軟性的詞語「終止」，並一再地向外界解釋，「終止」不是「廢除」，所謂「終統」的行為，沒有改變臺海現狀，也沒有違背其承諾的「四不一沒有」。然而，這不過是玩弄文字遊戲，其「謀獨」之心早已昭然若揭。[67]「廢統」議題讓國際社會和島內輿論徹底認清了陳水扁是麻煩的製造者和信用的破產者。特別是「以臺灣護航者自居」的美國，其價值觀沒有比背信棄義更讓人難以容忍的，但陳水扁還是做到了，它再次用律師的手法鑽輿論的空子，他把「廢統」改成了「終統」。

應該說「四不一沒有」還是有拘束力的，它沒有法律的拘束力，卻有輿論的拘束力。正是這種輿論的拘束力，使陳水扁在輿論上還是有所顧忌，也使包括美國在內的國際社會徹底看清了陳水扁的嘴臉並提醒陳水扁記住自己的承諾，迫使陳水扁不得不一再表態其實他並沒有違反自己承諾；同樣，也使輿論有了一個標尺，來檢驗陳水扁的言行，特別是檢驗他是不是一個背信棄義的人。正是因為這一點，有些深綠人士埋怨陳水扁當初不應該誇下海口許下這麼多承諾。但是大多數「泛綠人士」還是「理解」陳水扁不得不「虛晃一槍」的良苦用心，畢竟能夠順利執政是當時陳水扁、民進黨要考慮的第一要務，放一些煙霧彈並不影響其以後的「臺獨」行動。但無論如何，過高評價「四不一沒有」的輿論拘束力並不切合實際。的確，截至 2007 年 7 月，陳水扁仍然不敢明目張膽地反對「四不一沒有」，雖然他在後期不再提「四不一沒有」，而且不斷變著花樣想合理「衝撞」「四不一沒有」的底線，但是他還是不敢做悍然宣布獨立、更改「國號」這樣的從根本挑釁底線的事。2005 年 3 月 1 日晚上，陳水扁在臺北一個國際視訊談話中突然表示：「對於大家比較擔心的事情，所謂是不是會走向臺灣『獨立』這樣一個重大議題，絕對是不可能的！這一點大家可以放心……李登輝前『總統』在他 12 年任期內，也沒有做到啊，縱使今天『總統』給他做，他也做不到。不要自欺欺人，不能騙別人了。做不到，就是做不到！」[68] 但是絕不要以為陳水扁的「做不到」是因為他信守「四不一沒有」的承諾。從一系列證據看，承諾對於陳水扁不太值錢的東西，陳水扁真正害怕的不是自己的承諾，而是兩岸民意和國際輿論的反彈與壓力，以及由此引發的一系列政治後果。由此，他不得不在「臺獨議題」上玩進三步退兩步的招數，比如，從「統獨公投」到「防禦性公投」再到「和平公投」的轉變，再如從「廢統」到「終統」的轉變。

2000 年至 2008 年，陳水扁就這樣一直用進三步退兩步的方法，在「臺獨議題」上一路切著香腸，一步步逼近著所設的「四不一沒有」的底線。陳水扁偶爾試探性地觸到了底線又被迫縮了回去，無論如何，「以中華民國為旗號的臺獨」

169

仍是民進黨「臺獨議題」的主流論述。陳水扁在臺灣當政期間，不時還要唱一唱中華民國的「國歌」，揮一揮中華民國的「國旗」，慶祝一下中華民國的「雙十國慶」進行政治作秀。[69] 政黨輪替，並沒有使「臺獨議題」發生實質性的根本轉變，但「文化臺獨」和「法理臺獨」的軟硬兼施，卻是民進黨執政以來花樣翻新的焦點，也是「臺獨議題」最危險的走向。民進黨和陳水扁陷入越來越「獨」，越來越「毒」的「臺獨」泥潭而無法自拔。「臺獨議題」成為民進黨的威力強大的輿論工具，民進黨獲利頗多，也為其所累。民進黨用「臺獨議題」綁架臺灣，「臺獨議題」也綁架著民進黨，民進黨內部的少數清醒之士已經發現「臺獨議題」將把民進黨與臺灣引向深淵。2003 年底，陳水扁為贏得 2004 年「大選」，利用「公投法」中的「防禦性公投」條款，提出要對所謂的「大陸導彈威脅」進行「公投」，想進一步在臺灣民眾中煽動敵視大陸的情緒，但這種操縱統「獨」議題的做法，即使在「泛綠」內部，也有不同意見。被捧為「臺獨理論大師」的民進黨政策會前執行長林濁水認為，「『防禦性公投』一事千萬得慎重」。民進黨最大派系「新潮流系」的李文忠、段宜康等 3 名中常委批評「防禦性公投」「缺乏正當性與緊迫性」。就連「臺獨」報紙《自由時報》也發表社論，認為「不能亂用『防禦性公投』這把尚方寶劍」。[70] 但在陳水扁與民進黨的操弄下，「臺獨議題」已經異化為神主牌，高居執政黨議題中的最高等級，「臺獨議題」作為最高議題，越來越使民進黨成為非理性化的政治動物。

　　1999 年，李登輝「兩國論」徹底終結了「統一議題」在臺灣輿論議題的最高等級，此後，「臺獨」的聲音甚囂塵上，而統一的聲音逐漸沉默。事實上，在臺灣的民調中，贊成統一的數字雖然逐漸減少，但還有相當比例，可是反映在媒體輿論的比例卻比實際的比例少很多，最典型的就是臺灣輿論針對 2004 年《反分裂國家法》草案首次提請全國人大常委會審議進入立法程序的反應。廈門大學的研究者對臺灣發行量最大的《聯合報》、《中國時報》和《自由時報》的新聞和評論版面進行抽樣調查，將 2004 年 12 月 17 日至 2005 年 1 月 7 日三大報關於《反分裂國家法》的報導與新聞評論進行統計分析，發現三大報在對臺灣走向的看法上，其主張統一的文章比例都很小。

　　見表：

　　表 1：對臺灣走向的看法

	傾向統一	維持現狀	傾向獨立	均值
《中國時報》	7.7%	88.5%	3.8%	2.04
《聯合報》	2.6%	89.5%	7.9%	2.03
《自由時報》	0%	35.7%	64.3%	2.64
總計	3.7%	70.7%	25.6%	2.22

說明：（1）涉及該問題的樣本量為82。

（2）「傾向統一」賦值為1，「維持現狀」為2，「傾向獨立」賦值為3。

資料來源：許清茂、黃碧梅以臺灣發行量最大的《聯合報》、《中國時報》和《自由時報》的新聞和評論版面為抽樣母本，對2004年12月17日至2005年1月7日關於《反分裂國家法》的報導和新聞評論進行分析。見許清茂、黃碧梅《臺灣政黨與傳媒資源之互動——以臺灣三大報對〈反分裂國家法〉報導為例》，收入許清茂主編《海峽兩岸文化與傳播研究》，廈門大學出版社，2005年3月出版，第137頁。

從上表看，輿論上傾向統一的數值僅3.7%，這遠低於同期民調中民眾傾向統一的比例。見下表。

表2：臺灣年代電視臺民調中心2005年4月27—28日所做民調：

請問，在我們的社會裡，有人說台灣應該盡快獨立，也有人說台灣和大陸應該盡快統一，也有人主張應該保持現狀，請問，您自己比較贊成哪一種說法？							Total
台灣應該盡快獨立	先維持現狀，以後再走向獨立	先維持現狀，以後再看情形	永遠維持現狀	先維持現狀，以後再和大陸統一	台灣應該盡快和大陸統一	不知道/未回答	
合計 16.0%	7.4%	41.2%	9.7%	7.8%	6.1%	11.9%	974

在我們社會裡，有人說自己是台灣人，也有人說自己是中國人，請問，就您自己的感覺來講，你對哪一種稱呼比較有感情？				Total
台灣人	中國人	都有	不知道	
合計 63.0%	18.1%	7.4%	11.5%	974

資料來源：臺灣年代電視臺民調中心：http：//survey.eracom.com.tw。

從上兩張表可看出，同期傾向統一的人數比例是7.8%+6.1%＝13.9%，這個數據是同期傾向統一的聲音比例的4倍，這說明有四分之三以上傾向統一的民意

沒有在輿論上得到相應的反映。反觀實際的傾向獨立的人數比例是 16% +7.4% ＝ 23.4%，低於同期的傾向獨立的聲音比例 25.6%。可見一面是統一聲音的大幅縮水，一面是「臺獨」聲音的放大，這一大一小，使二者的反差更大。

　　可見，輿論對「統一議題」已形成「寒蟬效應」，傾向統一的民眾不敢聲張，而媒體又比民眾更保守。統「獨」輿論與統「獨」民意的變形和扭曲顯示輿論操縱者已成功地將「統一」汙名化，使得「統一議題」變成「沉默的螺旋」。

　　2000 年，民進黨執政，陳水扁等人又將「臺獨議題」推上了臺灣輿論議題的最高端，執政黨的候選人及在位的政治人物沒人敢對「臺獨議題」說不，即使民進黨內部有些人內心中持不同意見，卻也不敢大聲說出來。2000 年後的民進黨高舉「臺獨」大旗，就像此前的國民黨高舉統一的大旗一樣，民進黨對「臺獨議題」神主牌如此敬畏，以至民進黨內有些人即使發現「臺獨議題」不利於選舉也不敢表示反對，最多只能選擇沉默，而少數內心未必真的贊同「臺獨」的民進黨人士也只能隨聲附和，而民進黨內更多的人明明知道「臺獨」「做不到就是做不到」，卻還是要把「臺獨」作為幌子。所以，李敖批評臺灣沒有真正的「臺獨」分子，他的理由與依據就是民進黨現在有權、有槍、有人，為什麼不有種就站出來宣布「臺獨」？2005 年 9 月 26 日，在大陸展開「神州文化之旅」的李敖在復旦大學進行演講時說：「臺獨分子囔囔半天，你是『總統』，為什麼不獨？你是『執政黨』為什麼不『臺獨』？你有『國會』的半數為什麼不『臺獨』？因為你是孬種，你是玩假的，他是一個假貨。」[71]目前，民進黨的現實情況就是那些不怎麼打「臺獨議題」牌的，下場就很難看。2007 年泛綠「十一寇」在民進黨「立委」提名的慘敗，就是證明。[72]2007 年 5 月，臺灣第七屆「立法委員」選舉民進黨黨內初選結果出爐，包括民進黨大佬沈富雄、洪奇昌，還有打形象牌的羅文嘉等這些被民進黨深綠選民列為「十一寇」的成員，不管是不分區還是區域「立委」初選，都幾乎是全軍覆沒！只剩李文忠「一寇」在臺北縣第十選區勝出。這顯示綠色選民選擇的標準仍在於是否能維護民進黨的所謂基本價值。[73]「臺獨議題」越來越成為民進黨的一種幌子，成為對內排除異己對外政治動員的工具。2007 年民進黨「總統」候選人初選前，各候選人卯足了勁操作「臺獨議題」以爭取深綠民眾。直到謝長廷初選勝出後，才敢對「臺獨議題」持異議。民進黨「正常國家決議文」起草小組 2007 年 5 月 30 日召開首次會議，召集人民進黨中常委蔡同榮提出訂定「臺獨」適當時機，以及全面「去國父化」、「去中正化」的版本，遭謝長廷反對。謝長廷表示，太刻意地凸顯衝突性將對選舉有不利影響。[74]這是民進黨高層人士十分罕見地對「臺獨議題」說不，這是偶然現象，還是標誌著又一次逆轉？這值得關注。

與此同時，2000 年後，淪為「在野黨」的國民黨卻在「統獨議題」上處於尷尬的境地。「統一議題」不敢碰，「臺獨議題」不敢反，在「統獨議題」上一路挨打。2005 年 12 月 19 日，身兼國民黨主席的臺北市長馬英九接受美國《新聞週刊》國際版專訪時回應有關兩岸統一時間表的問題。他表示，國民黨終極的目標是統一，但目前時機尚未成熟。馬英九提出「終極統一」說，立即招來泛綠輿論的圍剿，馬英九不敢應戰，連忙收兵了事。[75] 2006 年 2 月 14 日，國民黨在臺灣親綠媒體《自由時報》頭版以《臺灣的務實道路》為題刊登半版廣告，廣告中強調，「臺灣未來有很多可能的選項，不論是統一、獨立或維持現狀，都必須由人民決定」，這被外界解讀為是國民黨第一次公開宣示將「臺獨」列入未來選項，引發強烈爭議。為此，馬英九 15 日在愛爾蘭緊急召開臨時記者會，澄清「臺獨」只是少部分臺灣人民的選項，但從來都不是國民黨的選項。[76] 馬英九被提名為國民黨 2008 年「總統」候選人後，在其主導下，國民黨於 2007 年 5 月 22 日透過黨章修正草案，將「以臺灣為主，對人民有利」的理念明文載入第一章《總綱》，更在黨員目標條次中刪除「統一」字眼，改以「和平發展」代替。這次黨章的重大修改被外界解讀為是國民黨邁向「本土化」的重要里程碑。[77] 在兩岸關係上，馬英九主張對等談判，在臺灣外部空間上強調臺灣尊嚴。從接任國民黨主席開始，馬英九漸次系統地論述他的兩岸關係主張。從一開始的「終極統一論」到後來的「臺獨選項論」，再到現在的「維持現狀」提法，其「新中間主義」路線漸趨清晰。馬英九的「新中間主義」包含幾個要點：首先，其出發點在於認同「臺灣意識」，堅持「臺灣優先」。其次，其著力點在於穩定政局，全力以赴發展經濟。第三，其要義是建構兩岸和平新機制，臺灣不做麻煩製造者，大陸能放棄敵對心態。特別是馬英九「新中間主義」[78] 隱藏著人民決定論的影子，其主張的「臺灣未來應該由人民決定」，與民進黨 1999 年的「臺灣前途決議文」中相關論述，似乎意義相近；2007 年 7 月，國民黨提出「臺灣以適當的名義加入聯合國」，[79] 與民進黨的推動「以臺灣名義加入聯合國」議題拿香跟拜。反觀民進黨候選人謝長廷在兩岸議題上也採取務實開放態度，主張和解共生，特別是他敢於對蔡同榮版的「正常國家決議文」說「不」，其一句不利於「選舉」，將民進黨從「統獨議題」的綁架下退了下來。至此，國民黨、民進黨兩黨的 2008 候選人，至少在表面上看，他們在兩岸議題特別是「統獨議題」的某些表述已經相差無幾，同中有異，異中有同，選舉因素再次在「統獨議題」上發酵，「統獨議題」在臺灣又面臨新的變數。

四、「統獨議題」擱置階段（2008年至今）

2008年3月22日，馬英九在「大選」勝出，標誌著臺灣二次政黨輪替[80]。4月12日在海南博鰲論壇舉行的「胡蕭會」上，國民黨籍的準「副總統」蕭萬長以兩岸共同市場基金會董事長名義出席會議，並對兩岸關係提出十六字期許：「正視現實，開創未來，擱置爭議，追求雙贏。」4月29日，中共中央總書記胡錦濤與中國國民黨榮譽主席連戰會面時，針對兩岸關係提出「建立互信、擱置爭議、求同存異、共創雙贏」十六字方針。5月1日，臺灣候任領導人馬英九接受鳳凰衛視主持人趙少康專訪，對此高度肯定，認為這是開啟兩岸關係新頁極為重要的方針：「胡總書記在跟連戰榮譽主席會面時所提出的十六字方針，基本上是非常值得肯定的。有了這樣一種定調，與蕭萬長先生在博鰲論壇提出來的正視現實，共創未來，擱置爭議，追求雙贏其實是一致的。這代表雙方領導人都開始有一些共享的價值。」[81]

兩岸領導人共同對兩岸關係的爭議議題進行了定調，那就是「擱置」，而當前兩岸關係最具有爭議性的議題就是「統獨議題」，擱置「統獨議題」成為兩岸主流輿論的共識。

但要在兩岸擱置「統獨議題」，馬英九首先就必須在島內凝聚共識，馬英九祭出的法寶，就是「中華民國憲法」。2010年10月17日身兼國民黨主席的馬英九出席「五都」選舉「國民大會代表後援總會」成立茶會，作為曾經的「國民大會」代表，馬英九特別回顧「國代」對於「修憲」的貢獻。他指出，第1次「修憲」時，就定位把自由地區與大陸地區人民間權利義務關係及其他法律事務得以法律為特別之規定，沒有這個，就沒有辦法訂出「臺灣地區與大陸地區人民關係條例」，兩岸關係就沒有辦法處理。臺灣安全之所以今天得到保障，是因第1次「修憲」就定位兩岸關係，在中華民國底下有臺灣地區與大陸地區，這是臺灣生存發展重要的設計，也證明禁得起考驗。馬英九特別強調，中華民國裡有臺灣和大陸，這個定位，到現在為止都沒有改變。從李登輝、陳水扁到他，都沒有任何改變。[82]

2011年6月16日，馬英九在出席《郝柏村解讀蔣公日記1945—1949》新書發表會上表示，蔣介石「最大的貢獻是制定並實施『中華民國憲法』」，因為這部「憲法」是一部「涵蓋全中國人的『憲法』」，更是現在「處理兩岸關係的重要依據」。[83]

從以上新聞我們可以看到，對於敏感的統獨議題，馬英九將他的兩岸論述緊緊圍繞在所謂的中華民國的「憲法」框架中，學法出身的馬英九一切唯法律的馬首是瞻，在輿論場化解了不少困局，在島內也凝聚相當共識。雖然具體的表達有異，但馬英九「統獨議題」的標準闡述卻可以表達如下：

　　馬英九認同「一個中國，各自表述」的「九二共識」，但他的「一個中國」就是中華民國，他明確兩岸關係不是國際關係，因為「中華民國憲法」就規定中華民國底下有兩個地區，一個是臺澎金馬地區，一個是大陸地區。

　　2008年之後，執政的馬英九對兩岸議題採取「先易後難、先急後緩、先經後政」的「三先三後」策略。儘管在此期間，馬英九在「統獨議題」上產生一些風波，但是基本上穩定在上述的法律框架內。他曾經試圖在兩岸議題試水更大的空間，但往往進一步，就退回一步，甚至一步半。他不時拋出「統一議題」，卻每每提出讓大陸無法答應的附加條件。2012年，馬英九在「大選」關鍵時刻，將簽署「兩岸和平協議」寫入「黃金十年」遠景規劃之中，在島內引起極大震撼。儘管馬英九提出的簽署「兩岸和平協議」，就其實質而言，還不算是「統獨議題」，但是因為涉及變更兩岸現狀，仍然接近「統獨議題」的輿論當量，引發民進黨強烈反彈，在民進黨的攻擊與壓力之下，馬英九又迅速做出妥協，提出「公投決定論」等一系列條件，為未來兩岸簽署「和平協議」設置了高難度的「防火牆」。[84]

　　但無論如何，變化已經開始。「統一議題」，這是陳水扁不敢碰也不願碰的議題。儘管目前馬英九的「統一議題」仍然是一個偽議題，但是，敢於把「統一」掛在嘴裡，也需要相當的勇氣，這總比把「臺獨」掛在嘴裡要好得多。雖然都是現狀不變，但是輿論學觀察的視角卻與政治學不一樣。在政治學看來，嘴巴上講「統一」與嘴巴上講「臺獨」，只要實際上沒有改變現狀，就是大致相同的時代。但是，在輿論學看來，儘管實際現狀都沒有改變，嘴巴上講統一與嘴巴上講「臺獨」，卻是兩個時代。因為前者是「統一」還沒有退出主流或者正在邁進主流甚至已經成為主流輿論的時代，後者是「臺獨」正在邁進主流甚至已經成為主流的時代。

　　不過，真正的變化還是來自民意。2012年「大選」最引人注目的就是「九二共識」成為臺灣輿論的主流論述。馬英九執政後，一直堅持「九二共識」，但是，由於民進黨的長期操弄，國民黨最初在「九二共識」的宣傳上，仍然患得患失，不敢理直氣壯。直到「九二共識」的好處日益彰顯，特別是蔡英文提出「臺灣共識」，迫使馬團隊必須用「九二共識」與之正面交戰。蔡英文之所以敢用「臺灣

共識」挑戰「九二共識」，就是看到了國民黨最初對於「九二共識」能否得到大多數人的認同自己都有點心虛，而隨著郭臺銘、王雪紅等企業家一個又一個站出來力挺「九二共識」，「九二共識」終於上升成為輿論高峰。[85]

如果說 2012 年臺灣「大選」，「統獨議題」尚沒有發生根本性轉變，那麼兩岸議題卻發生了根本性的逆轉。2008 年前，兩岸議題特別是大陸議題，既是民進黨攻擊國民黨幾乎無往而不勝的輿論利器，也是國民黨避之唯恐不及的輿論死穴。國民黨之所以敢做卻不太敢說，就是怕被「抹紅」，而之所以怕被「抹紅」，完全是一旦被抹紅，就會丟失選票，長期被妖魔化大陸的輿論洗腦。臺灣民眾對大陸心存芥蒂、對兩岸交流心存疑慮，但隨著 2008 年開始，兩岸交流互動頻繁，在兩岸媒體的共同努力下，兩岸訊息逐漸對稱，特別是臺灣民眾嘗到了兩岸交流實實在在的好處。2012 年臺灣的民意發生了重大的變化，表現在輿論上，以前國民黨一直在兩岸議題上被民進黨打得幾無還手之力，只能在貪腐、經濟、民生議題上打主動仗，現在，馬英九開始主動打兩岸牌，而一旦蔡英文隨馬英九在兩岸議題上起舞，以前在大陸議題長袖善舞的民進黨卻捉襟見肘、處處被動。兩岸議題不再是民進黨的票倉，而是國民黨制勝的法寶。

第二節 「統獨議題」的歷史特點與當代特徵

「統獨議題」的歷史特點主要有二：一是在輿論地位上，其 60 年來始終居於臺灣輿論層級的最上位。其高上位性發展到今天具有如下當代特徵：一是高指標性，臺灣的政治派別主要以「統獨議題」作為劃分其政治光譜的最重要標尺；二是其高傳染性，幾乎所有的兩岸關係議題都可以被其染色，轉化為「統獨議題」；三是其高能量性，它是當今臺灣所有議題中能量最大的議題；四是其高危險性，「統獨議題」中的「臺獨議題」是臺灣輿論中最危險的議題；五是其高敏感性，「統獨議題」是目前臺灣最敏感的議題。其次，在輿論主體上，其輿論的主體並不限於臺灣內部，大陸與臺灣以及國際社會都是「統獨議題」的輿論主體。這與「省籍議題」與「臺灣意識/中國意識議題」其輿論議題的主體限於臺灣內部完全不同。

「統獨議題」的歷史特點首先表現在其輿論地位 60 年來始終居於臺灣輿論層級金字塔的最高端，從蔣介石、蔣經國、李登輝、陳水扁一直持續到今天。在國民黨執政時期，「統獨議題」高居執政黨輿論議題的頂端，統一是國民黨執政的最高目標，也是其政治評價的最高指向。

中國國民黨原黨章第一章第二條規定：「本黨結合全國及海外信仰三民主義之同胞為黨員，恪遵總理、總裁與蔣故主席經國先生之遺教，融合族群，團結全民，復興中華文化，實行民主憲政，反對共產主義，反對分裂國土，共同為中華民族之整體利益而奮鬥。」第二章第七條規定：「凡信仰三民主義，願遵行本黨黨章及黨員守則者，得依規定申請入黨，經本黨核可後為本黨黨員，黨員入黨辦法另定之。大陸地區反對共產制度，認同三民主義，志願與本黨共同致力國家統一者，均視為本黨精神黨員。」[86]即便到李登輝時代，他一直想逆轉國民黨的傳統輿論議題，也只能先從「省籍議題」開刀，再到「臺灣意識/中國意識議題」，直到1999年才最後用「兩國論」搬動「統一議題」的巨石，將「統一議題」從其上位性拉下馬。而在「威權時代」，「臺獨議題」則被視為輿論的高壓線。在三大議題中，「臺獨議題」是最為嚴厲禁止的。「省籍議題」、「臺灣意識/中國意識議題」雖然也同為禁忌，但議題的提出與推動並不觸及刑律，而「臺獨議題」可以進入法律程序透過司法審判予以定罪。國民黨退臺之初，蔣介石政權對「臺獨」分子均以「叛亂罪」或「涉嫌臺獨」等罪名嚴厲打擊。例如嚴懲「內亂」罪條款中規定：「意圖破壞團體、竊據國土、或以非法之方法變更國憲、顛覆政府，而著手實行者，處7年以上有期徒刑。首謀者處無期徒刑。」在1949年6月21日頒布的《懲治叛亂條例》中也規定：「預備或陰謀犯叛亂罪者處10年有期徒刑。」至60年代末，島內因「臺獨」而獲刑的人多達數千。其要者為：「臺灣再解放聯盟臺灣支部案」的黃紀南，高雄「臺灣共和黨」案的黃陽輝，廖啟川事件，蘇東啟事件，「臺灣獨立聯盟」事件的施明德，「同心社」事件的陳智雄，彭明敏事件，林水泉、顏尹謨事件，「臺灣獨立革命軍」溫連章和「臺灣獨立黨」事件的鄭評等。[87]政黨輪替後，「統獨議題」的高上位性沒有改變，改變的只是「臺獨議題」成為臺灣執政黨的最高旗幟。「臺獨」是民進黨致力奮鬥的最高目標，「臺獨黨綱」也是其政治評價的最高取向。「統一議題」逐漸式微、慢慢沉默，並程度不同地開始成為新的輿論禁忌。

　　「統獨議題」的高上位性發展到當代，特別是政黨輪替後，其第一個特徵就是其高指標性。「統獨議題」成為了劃分臺灣政治派別的最重要的標尺。儘管臺灣的各個政黨有時會貼上「省籍議題」的標籤，比如「外省黨」、「本省黨」，有時也會貼上「臺灣意識/中國意識議題」的標籤，比如「賣臺集團」、「中共同路人」等，但是真正劃分其政治派別的還是「統獨議題」。

　　泛藍聯盟，也稱泛藍陣營、泛藍軍，是對臺灣一群具有共同利益或政治主張接近的政治集團的通稱，不是一個正式的組織，主要包括中國國民黨、親民黨和新黨及其支持者。1994年趙少康、郁慕明等為首的新國民黨連線次團脫離國民

黨成立新黨；2000年國民黨「總統」選舉失敗以後，宋楚瑜脫離國民黨成立親民黨。由於親民黨、新黨皆源自中國國民黨，而所源出的國民黨黨旗顏色為藍色，故此三黨共同組成之政黨聯盟稱之「泛藍」。其政治主張為信仰三民主義、復興中華民族文化、反「臺獨」。而所謂泛綠聯盟，也稱泛綠陣營、泛綠軍，主要包括民主進步黨、臺灣團結聯盟、新國家連線與建國黨及其支持者。因為民進黨的黨旗是綠色，所以他們以「綠」命名，主張臺灣「本土化」、「主權意識」。

所謂泛藍、泛綠，並不完全是以省籍劃分，如果按省籍劃分，百分之七八十的人屬於「本省人」。臺灣沒有閩南人的政黨、客家人的政黨或少數民族的政黨，實際上泛藍、泛綠都有「本省人」及「外省人」，政治派別的真正劃分，還是在統「獨」立場的區隔。所謂臺灣的藍綠劃分，實際只是按統「獨」光譜來區隔的。一般而言「偏統」的是泛藍、「挺獨」的是泛綠，儘管其間「急獨」、「急統」、「緩獨」、「緩統」、「維持現狀再看」及「永遠維持現狀」等各有區別，由此分別出「深藍」、「淺藍」，「深綠」、「淺綠」，「正藍」、「正綠」，「中間偏藍」、「中間偏綠」等不同類型，但基本上是以統「獨」立場作為一個基本的依據。藍綠兩大陣營的核心層次一定是在「統獨議題」上水火不容的群體。正是「統獨議題」這一標尺，區分了臺灣的不同政治派別，人們甚至用統「獨」的光譜區分不同的團體、不同媒體、不同企事業機構的政治色彩。臺灣社會「統獨意識」泛濫，甚至連民間社團也有所謂的統「獨」之分。統派團體主要包括：中國統一聯盟、中華愛國同心會、夏潮聯合會等。獨派團體則包括：「臺灣教授協會、臺灣李登輝之友會總會、臺灣社、臺灣基督教長老教會、水噹噹婦女後援會、北中南三社及澄社」等。因此，「統獨議題」是分化臺灣族群最森嚴的壁壘，是解構臺灣社會最敏感的神經。特別是團體和機構的劃分，無法用省籍來劃分，不好說《中國時報》是對「外省人」的報紙，也不好說「農會」是「本省人」的團體，但統派和「獨」派則可以作為劃分團體和機構的依據。

儘管藍綠的光譜還有更複雜的因素，但總體來說，它還是以統「獨」立場的分野來作為彼此區隔的最重要的依據。2007年3月4日，陳水扁在出席臺灣人公共事務會（FAPA）二十五週年慶祝晚宴時，不僅公然提出「四要一沒有」，即「臺灣要『獨立』、臺灣要『正名』、臺灣要『新憲』、臺灣要發展」；還再次以「統獨議題」撕裂臺灣族群，他聲稱「臺灣沒有左右路線、只有『統獨』問題」。[88]陳水扁說臺灣沒有左右路線、只有統「獨」問題，這句話對了一半。的確，由於「統獨議題」的高指標性，使「統獨議題」成為區分臺灣內部路線的最重要指標。事實上，臺灣有許多其他議題，政治路線也種類繁多，但多元化的社會為什麼會變成藍綠兩極、統「獨」對決？就是因為陳水扁等人一再操弄「統

獨議題」的結果。陳水扁的這種講話，就是操縱「統獨議題」分化臺灣的又一個明證。

「統獨議題」的高上位性，在當代的第二個特徵是其議題的高傳染性。「統獨議題」的「臺獨議題」作為傳染源，可以侵入其他大部分議題，將其傳染，並把之轉化為「統獨議題」。它不僅可以把兩岸關係的所有議題染色為「統獨議題」，比如兩岸的民生議題、大熊貓入臺議題、開放大陸客來臺議題，都可以轉化為大陸統戰、吞併臺灣等「統獨議題」，而且可以把許多非兩岸議題也轉化為「統獨議題」，比如說「省籍議題」的「2·28 事件」、「臺灣意識／中國意識議題」的「賣臺集團」議題，文化議題的漢語拼音方案、民主議題的「憲改」與公投議題，軍事與民生議題的軍購議題都可以轉化為統「獨」對決的議題。

「統獨議題」的高上位性在當代的第三個特徵是其議題的高能量性。幾乎是「統獨議題」一出，誰與爭鋒？再大的議題，只要「統獨議題」一出，就能夠轉移焦點。一個最典型的例子就是 2005 年的三合一選舉後，陳水扁身陷「高捷弊案」及「跛腳鴨」之苦。他在輿論中心的話語權也幾乎旁落，他甚至要靠屈身與馬英九對話，才能拉抬自己掉到最低谷的支持率，才能引起媒體的興趣。[89] 這一切迫使陳水扁在 2005 年底高調入場，宣稱要在 2006 年元旦發表一個令人震驚的元旦講話，其重要性甚至超過前兩次就職演說。2006 年 1 月 1 日，陳水扁發表題為「民主臺灣，聲聲不息」的元旦講話，發表新年「五大願景」。他特別指出明年可進行「新憲公投」，並於 2008 年催生一部所謂「合時、合身、合用的臺灣新憲法」。[90] 隨後陳水扁就拋出「廢統」議題，一掃往日的陰霾，「統獨議題」使之從弊案和跛腳中擺脫出來，所有的議題如揭弊、經濟、民生，在「統獨議題」的巨大能量下黯淡下來，媒體的聚光燈又集中在陳水扁臉上，透過「統獨議題」他又重新奪回了輿論的主導權。只有「統獨議題」具有這種橫掃千軍、扭轉乾坤的作用。「統獨議題」是輿論議題的核武器，其能量的當量級，沒有任何議題可以匹敵。

「統獨議題」的高上位性發展到當代的第四個特徵是其高危險性。「統獨議題」中的「臺獨議題」是臺灣輿論中最危險的議題。臺灣輿論中所有議題口水再怎麼大，也不過是掀起一場輿論的風暴，這種風暴對現實的影響仍然有限，最多對股市有衝擊，對政治有震盪；而「臺獨議題」的某些說法，特別是法理「臺獨」一旦踰越底線，就有可能導致戰爭，陷臺灣於水火。因此「臺獨議題」中的「法理臺獨」議題是臺灣輿論中最危險的動作，沒有任何一個輿論議題會帶來比之更嚴重更可怕的後果。即便是最刺激的「省籍議題」、最挑釁的「臺灣意識／中國

意識議題」都不像「臺獨議題」中的「法理臺獨」，會導致如此災難性的後果。臺灣輿論普遍認為，玩「臺獨議題」就是在玩火，玩得好，是一種魔術、一場遊戲，玩得不好，就是火災，甚至是戰火。「臺獨議題」的高危險性成為臺灣議題中最讓臺灣民眾擔心和恐懼的議題。它成兩極發展，一方面它所具有的危險的刺激使之成為毒品，是「臺獨」分子最過癮的議題。另一方面它所帶來的危險的後果使之成為毒藥，成為對於那些求穩定求和平求發展的人所最擔心最反感的議題。

「統獨議題」的高上位性在當代的第五個特徵是其議題的高敏感性。至今在臺灣輿論中，它仍然是禁忌最多後果最嚴重的議題。其他輿論議題比如說「臺灣意識/中國意識議題」可能偶爾也有一些禁忌，但這個禁忌更多的是心理上的，沒有現實力的約束，但「統獨議題」則兼具兩者。比如說「統獨議題」上的「統一議題」於今成為禁忌，主要是心理上的害怕孤立，害怕被別人辱罵，所以「統一」的聲音在今天的臺灣不敢發聲，即便發聲也不敢太大；而「統獨議題」中的「臺獨議題」，其某些議題則是有現實拘束力的，這種拘束力特別是針對臺灣當局領導人的言行以及一切在法律形式上謀求「臺灣獨立」的言行，它不僅會造成臺灣輿論的震盪，引起國際輿論的關切，而且會直接帶來兩岸關係的緊張，甚至災難性的後果。

「統獨議題」的歷史特點還表現在其輿論主體上。「統獨議題」不同於「省籍議題」、「臺灣意識/中國意識議題」之處還在於：前者不僅是臺灣內部的議題，而且是兩岸間議題與國際輿論的議題，而後者一般只是臺灣內部的議題。所以，「省籍議題」、「臺灣意識/中國意識議題」即使再火暴，一般也就是刺激島內輿論的神經。比如「臺灣意識/中國意識議題」的「孫中山是外國人」議題，大陸官方一般不做直接反應；即便是「3·19槍擊案」，綠營造謠這是「中共來刺殺阿扁」，「中共」莫須有地被冤枉成當事人，大陸方面儘管相當不爽，還是不會對此做出反應，因為這畢竟是臺灣內部的話題，儘管臺灣內部在拿大陸說事。但是「統獨議題」則不同，它的輿論主體不再限於臺灣，也包括大陸。事實上「統獨議題」是兩岸共同的輿論議題，一旦臺灣的「統獨議題」偏離出軌道，大陸一定會就這些議題做出反應。

「統獨議題」還不限於兩岸間的輿論議題，它還是國際輿論的一個議題。中華人民共和國的所有建交國都要對「統獨議題」做出回應，是承認一個中國，還是「兩個中國」，或者「一中一臺」。在遇到重大事件時，一些主要的相關國比如美國、日本等，還要針對「統獨議題」進行回應，對於一些主權國家參與的國

際組織，也必須在「統獨議題」予以明確的表態。2007 年 8 月 6 日，聯合國秘書長潘基文的發言人表示，基於聯大二七五八號決議，以及聯合國遵循的一個中國政策，對陳水扁推動以「臺灣」名義加入聯合國的第二次致函，潘基文拒絕處理，並依前例已於 8 月 3 日經由法律事務廳退回。[91] 不能把「臺灣問題國際化」和「國際輿論關注『統獨議題』」混為一談，這是兩個不同性質的問題。國際事務與國內事務在國際法與國際政治習慣中有明確的區分，但是並不影響國際輿論對某一國的某些內部事務予以關注，而國際輿論特別是主權國家的表態的具體內容，才是區分是否干涉別國內部事務的依據。

▍第三節 「臺獨議題」的發酵過程

前述「臺獨議題」具有高危險性及高敏感性，不僅讓許多臺灣民眾害怕與恐懼，甚至招致反感，為什麼議題的操縱者還要樂此不疲？難道他們不擔心流失選票嗎？一個以選舉為志業的政黨，一個把選舉看作高於一切的政黨，為什麼不顧選票而出此「下策」？原因就在於「臺獨議題」其他當代特徵可以為其所用。

「統獨議題」的當代五大特徵，除了高危險性和高敏感性使民進黨對「統獨議題」投鼠忌器、有所顧忌，但其他三個特徵都是民進黨難以割捨的對象。「統獨議題」的高指標性，使「統獨議題」可以像「省籍議題」、「臺灣意識 / 中國意識議題」一樣，以統 / 獨傾向劃分族群。只有分化族群才可以動員力量，實現自己的政治利益。「統獨議題」的高汙染性，可以使民進黨將絕大多數議題轉化為「統獨議題」，將對手貼上已被其汙名化的「統」派標籤，使自己居於輿論戰的絕對有利的位置，將一切議題統「獨」化，有利於其渾水摸魚，撈取政治資源。而「統獨議題」的高能量性，使之可以壓倒一切議題，比一切議題釋放的能量都大，只要控制得好，玩火不致自焚，「臺獨議題」就能夠從核武器變成核電站，成為政治人物取之不盡，用之不竭的低成本高效益的輿論能源。

問題是「臺獨議題」是雙刃劍，它有高指標性、高汙染性及高能量性的優點，也有高危險和高敏感性的風險。如何規避後兩者，發揮前三者？關鍵有兩點：一是不能踩到底線，踩上地雷就會引爆自己，所以要小心翼翼；二是要能夠轉換，要把「臺獨議題」這一「毒品」和「毒藥」，包上漂亮的外衣，貼上「安全」的標籤，變成「甜美」的點心，使輿論的核武器變成核電站，獲取其似乎無盡的能源。

民進黨之所以可以不斷挑起「臺獨議題」，並從中大獲好處，就在於它成功地找到了既將「臺獨議題」「消毒」，又能讓「臺獨議題」發熱的訣竅。這個訣竅就是運用輿論規律，透過輿論的發酵過程，實現輿論層級的疊加，達到效應最大化。

　　輿論是一個過程，輿論的利弊不能僅從橫切面的一個點來判斷，而應該從整個輿論的過程來判斷。一個議題的拋出，具有一個醞釀、發酵的過程，這個過程處理好，就可以把一個個孤立起來看似不利的因素，最後整合成一個最優化的輿論系統。

　　「臺獨議題」的發生常常是伴隨著民主議題的。在上世紀60年代與70年代，臺灣政治處於反對運動的胎孕期，政治反對勢力一方面主張「民主化」，另一方面則包裹著「臺獨」運動因素及訴諸族群衝突的手法。當時一些敏銳的報人發現了臺灣民主運動中的「臺獨」異化成分：以《聯合報》為例，當時其一方面大力鼓吹民主，另一方面也十分警惕伴隨其間的「臺獨」因素。

　　在上世紀六十年代，「黨外運動」初吐春苗之際，我們即一再提醒，臺灣的民主運動主題，是一場「回歸民主憲政的工程」，而不是一場「民族建國的革命」。當初，「黨外人士」並不承認其「臺獨」內涵，甚至在美麗島事件大審時，亦無人承認其為「臺獨」建國運動者；對於新聞界提醒切勿輕蹈「臺獨」路線的叮嚀，更一概指輿論是在「反民主」。我們當時呼籲黨外運動不要輕蹈「臺獨」路線，是預見其不是可大可久的國家生存戰略，黨外運動一旦誤陷其中，恐怕難圖久遠；這類呼籲及叮嚀，在「解嚴」前經常見諸報端。及至「解嚴」後，民進黨成立，公佈「臺獨」黨綱，公開倡議建立臺灣共和國；輿論對此若提出相對的觀點，立刻就被扣上「統派報紙」及「中共同路人」的帽子。然而，在民進黨發佈「臺獨」黨綱之時，我們即曾預言，「臺獨」是中華民國反對黨之專利；若無中華民國，「臺獨」即無所寄生；且一旦民進黨成為執政黨，亦必定會放棄臺獨路線。去年五月，陳水扁就任「總統」，宣示「四不一沒有」，高呼「中華民國萬歲」；至此，臺灣的民主運動主題，終於從「民族建國的革命」，回歸至「民主憲政的工程」。[92]

　　今天看《聯合報》這一社論，既感佩其曾經有的預見與預警的先見之明，也感慨其過於忠厚的迂腐之見。事後的事實證明，民主既不是民進黨的首要目標，「臺獨」也未必是它的最高價值。[93] 民主與「臺獨」都是民進黨的政治工具。而「臺獨」的主張總是以民主的議題為先導，「臺獨議題」始終有「人民決定論」的影子，因此，民進黨主導的一切「民主化」似乎都在為「臺獨」的「公開化」、

「合法化」與「正義化」開道，而一切「臺獨」似乎都在呼喚臺灣的民主改革向前更進一步。這樣「臺獨」與民主就在輿論的操縱者那裡操作成了兩個相互關聯的符號，要「臺獨」，就是要民主；要民主，就要搞「臺獨」；反「臺獨」，就是反民主；搞「臺獨」，就是搞民主。「臺獨議題」就是這樣在「民主化」的外表包裝下，具有了反映民意、尊重民意的內涵。至今，民進黨對「憲改」一直樂此不疲，這和它對「臺獨」的樂此不疲，互為印證。「公投入憲」也好，「正常國家決議文」也好，都是將「臺獨議題」和民主綁在一起，而「臺獨議題」和民主的捆綁性銷售最主要的目的又是要和選舉捆綁在一起。2004年「公投捆綁大選」，2008年又提「公投綁大選」[94]，這就說明民主、「臺獨議題」和「大選」，已經被民進黨操縱成為一環扣一環的政治工具。離了「大選」，「臺獨議題」沒有利益，離了民主，「臺獨議題」沒有正義，「臺獨」就這樣作為粘合劑，將「臺獨」的毒藥用民主的激情包裝成超級吸票機。

但是為什麼「公投綁大選」，就可以把「臺獨」變成超級吸票機呢？這裡面就有一個輿論的發生發酵過程。以2004年「公投綁大選」為例，民進黨和陳水扁先是揚言要進行「統獨公投」。「臺獨議題」一經拋出，就像核武器試驗一樣，深深地震撼了臺灣社會和國際輿論，引發各方的普遍關注，極大地刺激了深綠民眾的激情。「臺獨」議題釋放的能量無與倫比，但它也引起大陸的強烈反彈，令臺灣民眾深感不安，兩岸關係陡然緊張。「臺獨議題」對和平的威脅讓許多臺灣民眾恐懼，在大陸與美國等各方面的壓力與臺灣主流民意的牽制下，2003年11月28日，臺灣「立法院」三讀透過了以國親版本為主題的「公民投票法」，未明確納入含有「國旗、國歌、國號、領土變更」等「臺獨公投」的內容，以及有關「制定公投」的條款，使得「統獨公投」於法無據，陳水扁在公投上直接操縱「臺獨議題」的陰謀難以得逞。但是「公投法」第17條規定「當國家遭受外力威脅，致國家主權有改變之虞，『總統』得經『行政院』院會之決議，就攸關國家安全事項，交付公民投票」。[95]陳水扁利用此條款，提出將「統獨公投」改為「防禦性公投」，以大陸武力相威脅為由，提出保衛臺灣安全的公投。[96]

所謂的「防禦性公投」，本質上仍是具有「臺獨」色彩的挑釁行為。不過由於公投議題沒有直接採用「臺獨議題」，它比純粹直接的「臺獨議題」的毒性較小，解除了一部分臺灣民眾的擔心，也得到了一部分中間民眾的理解。但是「防禦性公投」仍然以挑釁大陸為己任，可以將大陸塑造為威脅臺灣安全的敵人，同樣遭到大陸的強烈反對以及引起國際輿論的關切。在各方面的壓力下，陳水扁再次將「防禦性公投」改為「和平公投」，公投的兩大議題，一是：「臺灣人民堅持臺海問題應該和平解決，如果『中共』不撤除瞄準臺灣的飛彈，不放棄對臺灣

使用武力,您是否贊成政府增加購置反飛彈裝備,以強化臺灣的自我防衛能力」;二是:「您是否同意政府與『中共』展開協商,推動兩岸和平穩定的互動框架,以謀求兩岸的共識與人民的福祉」[97]。這兩大議題的文字斟句酌,煞費苦心,其實質背後仍然是以大陸為假想敵,暗示大陸是臺灣和平的威脅者,但是其議題在字面上已經大為和緩。特別值得注意的是,其對「中共」的稱呼,一改民進黨人士慣用的將「大陸」稱呼為「中國」的說法,避免引起「一中一臺」的議題效應,同時議題中大量增加了美麗的字眼:「和平解決」、「強化臺灣」、「協商」、「和平穩定」,「兩岸共識」、「人民福祉」,這些美麗的字眼不僅打消了人們的疑慮,得到了人們的理解,並贏得了更多人的認同。

但這種所謂的「和平公投」被臺灣輿論譏諷為脫下褲子放屁,因為上述議題從表面上和字面上看,在臺灣的主流民意中並沒有引起太大的爭議。其中以大陸為假想敵的說法,一方面一部分民眾很難識破其汙名化大陸的用心,另一方面由於臺灣長期對大陸的汙名化,也讓一部分民眾對此不會置疑。但是對於沒有多少爭議的內容,陳水扁還信誓旦旦要公投,說自己當不當選無所謂,最重要的是公投要過關,否則,臺灣人在全世界都沒有面子,臺灣第一次公投,全世界都在看[98]。從「統獨公投」到「防禦性公投」再到「和平公投」,陳水扁成功地將自己從與「臺獨」畫等號,變成了與「和平」「穩定」「幸福」及「愛臺灣」畫上了等號。隨著「公投」的一次次轉型,認同「公投」的民眾逐漸增加,因此認同陳水扁的人數也水漲船高。最後公投結果顯示,第一案「強化國防」以 45.7% 的領票率,被否決。第二案「對等談判」以 45.7% 的領票率,也被否決。[99] 由於公投成案的門檻較高,領票率必須過半才有效,但是分別為 45.7% 和 45.7% 的公投領票率已經遠遠高過陳水扁的得票率 39.3%。[100] 公投沒有邁過門檻,但公投帶來的選舉效應,已足夠讓陳水扁涉險過關。在選前,陳水扁一再表示「個人的輸贏不重要,公投不過半,臺灣人在全世界都會被看不起」,可是在選後對此隻字不提,「公投不過半」也沒讓他有半點沮喪,不到三萬票的選舉勝利讓他和他的支持者沉浸在權力再握的巨大喜悅之中,再一次證明「公投」不過是選舉的工具而已。[101]

「公投綁大選」出現了一個政治界和輿論界都堪稱一絕的現象:在政治上,從「統獨公投」到「防禦性公投」,再到「和平公投」,陳水扁一步步退步,一步步被動;可是在輿論上,從深得「深綠」民眾歡心到獲得「淺藍」、「淺綠」理解,最後到贏得更多中間選民的認同,陳水扁卻一步步進步,一步步主動。公投的每一步挫敗,都讓陳水扁在選舉上加分,政治上的每一次失利,都在輿論中獲得補償,在選票上得以套現。「公投綁大選」使得公投與大選之間透過輿論的

中介，將公投的效應全部代價到選舉上來，使得以公投為虛以選舉為實的民進黨和陳水扁成為這次「公投綁大選」的最大獲利者，倒是國民黨及泛藍民眾，到此才發現，他們以公投為主戰場恰恰是被民進黨牽著鼻子在走，民進黨的真正主戰場是選舉，在公投上輸掉的，他們全部在選舉上撿了回來。當愛好和平的人們在慶幸再一次挫敗了民進黨的「臺獨」圖謀時，陳水扁和民進黨早已把「臺獨」與公投（民主）丟在一邊，在慶祝又一輪執政的勝利，開始又一輪收穫選舉利益的四年。

將公投的失利轉化為「大選」的選票，其關鍵在於輿論是其轉換中介。所以，解釋這一奇特現象必須從輿論的機制中找答案。從 2004 年「公投綁大選」，筆者發現了一個輿論的層級效應現象。以臺灣為例，臺灣的選民基本上分為三大陣營，分別為泛藍陣營、泛綠陣營與中間陣營。由於社會的分裂與選舉的操弄，臺灣呈現出藍綠對峙的模式。特別是到近期，選舉出現了「關鍵少數」現象，即在一些重要的選舉中雙方的選票差距不過十幾萬票之差，甚至幾千票之差，因此，儘可能地動員基本盤出來投票和爭取更多的中間選票，成為選舉制勝的關鍵。但是上述三個陣營的輿論訴求卻各不一樣，「臺獨議題」以及「省籍議題」、「臺灣意識議題」對泛綠陣營特別有效，而「統一」議題、「中國意識議題」較能得到泛藍陣營的支持，而有關和平、穩定、民生的經濟議題最易贏得中間選民的認同。但是有關和平穩定、民生經濟的議題雖然得到廣泛認同卻不夠刺激，其輿論的能量無法將之凝聚成一個獨立而完整的政治實體，更無法刺激泛藍、泛綠的政治衝動。「統一議題」和「臺獨議題」最對深藍、深綠的口味，但是卻易引起淺綠、淺藍的猜忌，以及引發中間選民的擔憂。針對這三種不同的陣營，臺灣各政黨的輿論策略一般是採取分別用不同的輿論主軸，對這三種陣營各個擊破。在臺灣就會出現一個政黨會擁有各種不同的輿論版本，其目的不過是盡最大可能地爭取更多的選民。各政黨也會根據選舉的進程，單獨採用其中一種輿論主軸，重點攻防單一陣營，因為在具體的某一時段（比如選前最後一週），某一個陣營的得失會被評估為最重要的爭奪對象。

但是每一個輿論議題在爭取其特定群體時卻有其自身的侷限性，輿論議題在它的生成過程中，會出現輿論的層級效應。所謂輿論的層級效應指的是：輿論在生成與擴散的過程中所出現的輿論效應的層層變化。就單一參照系而言，這種輿論的層級效應往往表現為輿論效力的層層衰減。某一輿論議題往往在其特定的受眾群體的核心層次達到最高峰值，隨著輿論的傳播離核心漸行漸遠，輿論的效應就呈現出一種拋物線軌跡，離核心遠的層次，其峰值越低，出現邊際效益應的遞減率。比如「臺獨議題」是深綠的最愛，到了淺綠效應就會趨緩，到了中間人

士效應就會持續衰減,到了淺藍效應就會趨零,而到了深藍,效應甚至會反彈至負數。輿論議題常常是一把鑰匙開一把鎖,一種輿論議題往往只是對某一特殊群體有特效,要想爭取不同的群體,就要採取不同的輿論議題。但是輿論議題太多又會出現相互抵消,甚至相互衝撞,這時,如果能找到一個能夠將多個群體通吃的議題,就可以發揮輿論議題的最大效應。

「公投綁大選」就出現了這樣一種可以對多個群體通吃的輿論議題。在「公投」這個輿論議題的生成發酵過程中,輿論的層級效應沒有出現層層遞減,反而出現層層疊加。最早的「統獨公投」屬於「臺獨議題」,它像一團野火,燃燒著深綠人士的激情,但它灼熱的能量也可能燒傷別人的皮膚。隨著「統獨公投」轉為「防禦公投」和「和平公投」,「臺獨議題」就在生成與擴散的過程中被一遍遍重新定義和解釋,從而塗上一層層不同的色彩,在語詞的層層形容和轉述過程中,「臺獨議題」居然與「和平穩定」「兩岸共識」「人民福祉」等一系列美麗字眼聯繫起來,使「臺獨議題」披上了「愛臺灣」的外表。這時「臺獨議題」燃燒的能量逐漸溫和,特別是變成「愛臺灣」的符號以後,甚至令人覺得有些溫暖,使得中間人士至少不排斥它,甚至對之產生某種認同。這樣,在「臺獨議題」的生成過程中,同一個輿論主軸不僅從深綠吃到淺綠,從淺綠吃到中間人士,甚至從中間人士吃到淺藍,輿論的層級效應出現了疊加的效應。[102]

「臺獨議題」所呈現的輿論層級的疊加效應是透過「臺獨議題」的生成發酵過程而得來的,在這個發酵過程中,透過議題的轉述與轉換,使得毒水釀成了美酒。在拋出「統獨公投」時,輿論的議題直接就是「臺獨議題」,但隨著「防禦性公投」與「和平公投」的轉換,議題也從直接的「臺獨議題」變為「臺灣意識/中國意識議題」,從要不要統「獨」,變成「愛不愛臺灣」。如前所述,「愛臺灣」是藍綠通吃、永遠正確的議題,其正當性無人敢予置疑,且對中間選民具有最大欺騙性,也使對手對其前提無力反擊也無法反擊。統「獨」有爭議,「愛臺灣」則無分歧,但「愛臺灣」是由陳水扁民進黨提出的,議題的邏輯就變成誰反對陳水扁、民進黨,誰就是「不愛臺灣」。議題轉化到最後,誰反對公投,誰就是讓世界看不起臺灣,就是不「愛臺灣」,從而把對手徹底置於不利的地位。在議題的發酵過程中,議題操縱者在不斷地爭取中間選民的同時,還不忘再拉深綠選民一把,使用的招數就是把自己打扮成被「中共打壓」的哀兵形象,其邏輯是:「你看我本來要搞『統獨公投』的,就是因為『中共』的打壓和泛藍的搞鬼和不團結,只好『被迫』退一步搞『防禦性公投』與『和平公投』,而且我們退步了,『中共』與泛藍還不放過,連我們搞『和平公投』這樣卑微的願望都不容忍,還要打壓,臺灣人連和平的民主聲音都不讓表達,是可忍孰不可忍……」。

在這樣的邏輯操作下，深綠民眾根本沒有因為「統獨公投」被改成「和平公投」而感到缺乏刺激，反而更激起巨大的悲情與燃燒的激情。一石多鳥，輿論的層級迭加效應就這樣在議題的轉換下最大化了。

「臺獨議題」實現輿論層級的迭加效應，有幾個條件：第一，議題必須轉換，如前所述。第二，必須有足夠的讓議題轉換的時間。沒有過程，議題就不會發酵。有時「統獨議題」變成啞炮或毒藥，就在於沒有足夠的時間發酵，直接就從「臺獨議題」拋出，到「臺獨議題」結束，沒有轉化為「愛臺灣」議題，效應無法最大化。第三，「臺獨議題」必須和選舉捆綁在一起，這樣才能將「臺獨議題」的效應轉化到選舉上去。「公投綁大選」就是最佳的案例。第四，必須製造「中共」這個假想敵。越是塑造被「中共」打壓的形象，效果越好。因為「臺獨議題」越被挫，它在選舉中的代價效應就越明顯。第五，必須有泛藍的反對。泛藍越反對，越能夠在議題中區分敵我，最後把泛藍扣上「中共的同路人」，「不愛臺灣」的帽子，用議題區隔選民、醜化對手的效應就更明顯。

防止「臺獨議題」出現輿論的層級疊加效應，有以下幾種途徑，第一，切斷「臺獨議題」與選舉的關係，比如「公投」如果無法綁「大選」，「臺獨議題」的挫敗就無法在選舉中得到代價。第二，大陸以更靈活的策略和更柔軟的身段，應對「臺獨議題」，對「臺獨議題」，不可能不表態，不可能不施壓，否則就會放縱「臺獨議題」觸碰與挑釁底線。「臺獨議題」之所以具有高危險性和敏感性，主要原因就是兩岸民意不會對「臺獨議題」不聞不問，「臺獨意味著戰爭」這條底線絕不會放棄，但是大陸不能被「臺獨」分子所利用，不能讓「臺獨」分子肆意打扮成十惡不赦的假想敵。有的東西只做不說，有的話讓別人說自己不說，如果必須自己發話，也要柔中有剛，而不是剛中有剛。要讓臺灣民眾瞭解到祖國大陸對臺灣人民的善意，對一般的「臺獨」口水則不予理睬，既要給「臺獨議題」硬釘子，也要給它軟釘子，讓「臺獨議題」打出來像碰到棉花，使「臺獨」分子無法借力使力。第三，泛藍不能老隨著「臺獨議題」隨風起舞，他們說什麼，就跟著說什麼，他們堅持什麼，就跟著反對什麼，這樣看似處處反對，其實恰恰將自己的算盤珠子讓對方撥弄。泛藍要積極開拓輿論的新戰場，比如與「臺獨議題」不同的反貪腐議題與民生議題。即使在「公投議題」上，也要見招拆招，不要授人以反民主與不「愛臺灣」之名，積極在「公投議題」上做自己的文章，強化自己的本土論述與對臺灣的關愛，與對手在焦點議題上模糊界限，使之無法區隔敵我，沒有可乘之機。第四，在時間上針鋒相對，或者阻止「臺獨議題」發酵，或者縮短「臺獨議題」的發酵時間，或者打時間差，使「臺獨議題」無法有足夠的時間準備並在恰當的時機完成對選舉的能量配送。

「臺獨議題」發酵是十分重要的輿論現象，從中發現並總結的輿論層級效應理論，將在其他輿論現象中得到運用。

第四節 「統獨議題」對臺灣政治評價的影響

統「獨」傾向是臺灣政治文化中最重要的政治評價。正是根據統「獨」傾向的不同政治評價，在臺灣社會用統「獨」光譜劃分各種政治組織、社會團體、傳媒機構等群體與個人的政治色彩。而其中民眾的統「獨」傾向的變化，不僅直接決定著各政黨支持群眾的增加與減少，也是臺灣政治文化變遷的最重要的指針。本節以臺灣民眾統「獨」傾向的變化，討論「統獨議題」對臺灣政治評價的歷史影響。

在筆者掌握的資料中，沒有臺灣「統獨議題」與統「獨」傾向變化關係的直接實證研究，受各方面條件限制，筆者也無法在臺灣做相關的實驗或調查。但是作為觀念性的統「獨」傾向受觀念性的輿論影響是顯而易見的。從民族（族群）認同的三大理論「本質論」、「結構論」與「建構論」來看，統「獨」傾向作為族群劃分的依據，既無本質上的差異（文化或生物學特徵），也無結構上的對立（臺灣並不存在著因為「贊成統一」或「贊成獨立」所產生的不同的群體會在政治權力、經濟財富成社會地位等方面的分配感到不滿），因此，統「獨」的認同完全是建構的產物。正如大陸學者劉國深所說：「個人的政治文化中有些是原生性的，如血緣認同、出生地認同等，但大多數是成長過程中學習的。因此，扮演政治社會化機構角色的學校、正式組織、大眾傳媒，尤其是政黨和政治領袖的作用是非常重要的。進入李登輝時代以後，臺灣當局、政治社團、大眾傳媒等政治社會化機構，對於臺灣政治文化變遷也起了重要的推動作用。」[103] 臺灣學者彭懷恩指出：「政治精英在爭取『後權威主義』時代的權力真空，乃訴諸不同的政治符號以『合理化』其政治行動，臺灣政治文化出現紛雜的狀態。」[104] 統「獨」傾向的變化自然有其深刻的社會歷史成因，但「統獨議題」的操縱是統「獨」傾向變化的直接成因，[105] 這些已成為兩岸學者的共識。

臺灣全體民眾對統「獨」的態度分佈趨勢，見表3。

從表3可看出，總體來說，統「獨」傾向的變化沒有像「臺灣人/中國人」認同的變化幅度大。後者往往都是10個以上百分點的變化，前者則侷限於個位數的百分點的變化，顯示「統獨議題」對臺灣民眾立場和認同的改變，不如「臺灣意識/中國意識議題」那麼明顯。「統獨議題」儘管是能量大的高上位性議題，

但由於高危險性與高敏感性，不如「臺灣意識／中國意識議題」便於運用，作為核武器的「統獨議題」反而不如常規武器的「臺灣意識／中國意識議題」好用，特別是「統獨議題」的分歧爭議大，安全係數又小，不如「臺灣意識／中國意識議題」欺騙性大，覆蓋面廣，所以「統獨議題」在臺灣輿論中不如「臺灣意識／中國意識議題」應用那麼頻繁和廣泛，影響也不如後者明顯，這也可以解釋為什麼「臺獨議題」最後總要想方設法轉換為「臺灣意識／中國意識議題」。

表 3：臺灣民眾對待統「獨」傾向分佈表（1994—2002 年）[106]

年度	1994	1995	1996	1998	2000	2001	2002
盡快獨立	3.1%	3.9%	5.9%	62%	3.8%	5.5%	4.8%
維持現狀再獨立	8.1%	9.0%	9.9%	12.2%	6.7%	11.7%	13.6%
維持現狀再決定	39.0%	31.7%	32.2%	32.1%	30.8%	36.2%	36.2%
永遠維持現狀	9.7%	14.3%	13.1%	16.2%	16.1%	13.7%	14.0%
維持現狀再統一	16.4%	22.4%	22.2%	16.6%	18.9%	16.8%	16.3%
盡快統一	4.4%	1.9%	3.3%	2.2%	2.9%	3.1%	1.9%
無反應	19.2%	17.7%	13.6%	14.3%	20.6%	13.1%	13.7%

資料來源：臺灣政治大學選舉研究中心。陳義彥、陳陸輝：《摸棱兩可的態度還是不確定的未來：臺灣民眾統獨觀的解析》，臺灣《中國大陸研究》，第 46 卷 5 期，2003 年 9 月 10 日出版，第 1—9 頁。

從表 3 可以看出，「盡快獨立」和「盡快統一」的比例都很小，兩者合起來，十來年均未超過 10 個百分點。而無論是維持現狀再獨立、再統一、再決定，還是永遠維持現狀的人，總體上這些傾向維持現狀的人占據了 70% 強，而且這個總體數據還在呈上升趨勢，說明臺灣無論統「獨」，其民眾主體傾向還是趨同維持現狀。這可說明國民黨為什麼逐漸拋棄急統向「本土化」論述，也可解釋民進黨也從急「獨」轉向「打著中華民國旗號的臺獨」，中華民國成了統「獨」兩派的最大公約數。維持現狀的總體民意既可說明臺灣的主流言論是維持現狀，也可佐證維持現狀的主流言論對民意結構的影響。

不過，總體上說，「盡快獨立」的比例在逐漸增加，而「盡快統一」的比例在減少，雖然兩者的幅度都不是很大，而且其人數比例本來就很小，但還是能看出，透過一段時間「統獨議題」的操弄，認同獨立的人數在呈逐漸增加的趨勢，而認同統一的人數在呈逐漸減少的趨勢；顯示「臺獨議題」的抬頭與橫行最終壓過「統一議題」。

從上表看，最富於變化的是在維持現狀的大盤子中的內部流動。總體上看，維持現狀再獨立的呈上升的趨勢，永遠維持現狀的比例也是呈上升趨勢，而維持現狀再統一的比例雖有小幅波動，但基本維持在 16% 上下，而維持現狀再決定的人則是呈下降趨勢。這說明在維持現狀的總群體中，「臺獨議題」影響仍然蓋過「統一議題」，傾向「臺獨」的人數在增加，而這增加的人數不是來自維持現狀再統一的群體，而是來自維持現狀再決定的群體。可見「臺獨議題」對原來持統一立場的人沒有多大效果，但對原來持觀望態度的人卻有較大作用。

　　綜上所述，「統獨議題」對急「獨」、急統的人影響不大，雖然急「獨」在上升，急統在減少，但其基數和增降幅都不太大，沒有指標意義，「統獨議題」主要還是針對維持現狀的群體在做文章。在維持現狀的內部流向看，維持現狀再統一的變化不大，而維持現狀再獨立、再決定以及永遠維持現狀的比例有調整，總體上是往「獨立」方向流動。這證實了臺灣輿論「統獨議題」的總體態勢是以維持現狀的輿論為主流，但傾向「臺獨」的議題占上風。

　　接下來具體分析統「獨」傾向在不同的群體中的表現，先看性別，見表 4：

表 4：臺灣民眾「性別」對統「獨」傾向分佈表（1994—2003 年）

	年度	1994	1995	1996	1998	2000	2001	2003
男性	傾向統一	22.1%	26.9%	32.9%	21.2%	27.8%	23.5%	18.8%
	維持現狀	48.1%	38.1%	43.0%	42.7%	43.3%	47.7%	49.6%
	傾向獨立	14.0%	14.7%	15.8%	22.1%	12.8%	18.2%	21.2%
	無反應	15.7%	20.3%	9.1%	13.2%	16.1%	9.7%	10.2%

續表

	年度	1994	1995	1996	1998	2000	2001	2003
女性	傾向統一	17.1%	17.9%	17.9%	13.2%	14.8%	17.5%	13.8%
	維持現狀	47.1%	42.0%	49.9%	50.2%	50.7%	54.7%	58.6%
	傾向獨立	8.4%	8.3%	14.2%	15.1%	8.8%	12.2%	16.2%
	無反應	26.2%	32.3%	18.1%	20%	26.1%	15.7%	12.3%

資料來源同上。

　　從上表看，女性的波動幅度比男性大，從 1994 年到 2003 年，男性維持現狀的基本不變，而女性則增加了 10 個百分點，男性中傾向獨立的增幅為 7 個百

分點，而女性中傾向獨立的則增加了一倍，特別是無反應群體中，男性僅減少了 5 個百分點，女性則減少了 14 個百分點，減幅達一半以上。顯示女性更容易受「統獨議題」的影響。但不管男性女性，認同統一的人數都在減少，傾向獨立的都在增加。不過男性無論是「傾向統一」還是「傾向獨立」的人都比女性要多，這個趨勢一直從 1994 年維持到 2003 年，而維持現狀的女性人數卻呈上升趨勢，顯示男性在「統獨議題」上更趨極端，而女性在「統獨議題」上更趨保守。另外，從上表看，1998 年是轉折點，原來無論男性女性，「傾向統一」的人數都高過「傾向獨立」的人數，但在 1998 年，「傾向獨立」的人數反超「傾向統一」的人數。

年齡方面，見表 5。

表 5：臺灣民眾「年齡」對統「獨」傾向分佈表（1994—2003 年）

年齡	年度	1994	1995	1996	1998	2000	2001	2003
20—29	盡快統一	27.1%	29.9%	28.9%	23.2%	25.8%	22.7%	18.8%
	維持現狀	59.0%	50.6%	51.9%	54.2%	57.7%	58.7%	57.6%
	傾向獨立	11.9%	11.7%	16.7%	19.4%	12.0%	15.8%	22.8%
	無反應	1.7%	7.9%	3.1%	1.8%	4.5%	2.7%	1.8%
30—39	盡快統一	19.1%	21.9%	30.9%	18.2%	28.8%	25.5%	21.8%
	維持現狀	61.1%	47.2%	50.9%	56.6%	55.7%	56.7%	59.6%
	傾向獨立	11.4%	13.7%	14.2%	18.9%	6.0%	15.2%	16.2%
	無反應	8.1%	17.3%	4.4%	6.2%	10.1%	2.7%	2.8%
40—49	盡快統一	16.1%	19.1%	20.5%	14.7%	23.8%	23.5%	13.9%
	維持現狀	50.7%	41.8%	51.2%	50.9%	50.2%	55.2%	58.6%
	傾向獨立	10.6%	14.4%	16.2%	22.2%	9.3%	14.2%	17.2%
	無反應	22.7%	24.3%	11.4%	12.2%	17.0%	7.0%	10.1%

續表

年齡	年度	1994	1995	1996	1998	2000	2001	2003
50—59	盡快統一	12.1%	16.3%	19.1%	15.1%	15.0%	16.7%	13.2%
	維持現狀	41.8%	31.4%	40.4%	38.9%	46.7%	47.7%	51.6%
	傾向獨立	12.1%	11.7%	15.9%	18.6%	6.7%	15.9%	19.2%
	無反應	34.0%	40.3%	24.1%	27.2%	31.6%	19.7%	16.2%
60歲以上	盡快統一	24.1%	20.9%	26.9%	13.8%	12.8%	14.5%	11.6%
	維持現狀	21.5%	20.4%	29.9%	25.2%	26.7%	34.7%	38.6%
	傾向獨立	12.8%	7.0%	11.2%	15.1%	16.8%	17.2%	18.2%
	無反應	41.0%	51.3%	32.1%	45.2%	44.1%	34.7%	31.5%

資料來源同上。

從1994到2003年，從年齡結構看，傾向「盡快統一」的變化幅度最大的出現在年齡的兩頭，一是20—29歲，從27.1%降到18.8%，下降近10個百分點；二是60歲以上，從24.1%降到11.6%，超過10個百分點；而其他年齡層的變化都不到5個百分點，顯示「統獨議題」對年輕與年老的群體特別敏感。但仔細分析，20—29歲在傾向獨立的變化也很大，上升10個百分點，而60歲以上傾向獨立的變化則不到6個百分點，反而是維持現狀的大幅上升，增加17個百分點。顯示，「統獨議題」對30歲以下群體的主要作用是使之從傾向統一的人大量轉為傾向獨立，而對60歲以上群體的作用則是使之從贊成統一轉為維持現狀。從無反應群體看，20—29歲的無反應比例一直很小，一直維持在2%上下。而隨著年齡的增加，無反應比例也逐漸增加，到60歲以上群體則高達40%—30%以上，可見越年輕對「統獨議題」敏感性越強。年輕族群是「統獨議題」爭奪的最重要的群體。

在統「獨」傾向上最值得關注的是30—39歲群體，其「盡快統一」的人數不降反升，盡快傾向「獨立」的人數也是上升趨勢，但「盡快統一」的人數始終超過「獨立」的人數，成為各年齡層的一個另類。其他各年齡層幾乎都從贊成統一的人數超過傾向「獨立」的人數，逆轉為傾向「獨立」的人數反超贊成統一的人數。

而在維持現狀的群體看，60歲以下群體都在50%以上，且變化不大，而60歲以上群體則低於40%。主要是其無反應的群體過大，維持在此30%—40%之間。

從省籍的情況看，見表6。

表6：臺灣民眾「省籍」統「獨」立場分佈表

	年度	1994	1995	1996	1998	2000	2002	2003
客家人	盡快統一	20.1%	25.4%	29.0%	19.2%	27.8%	21.7%	17.4%
	維持現狀	48.1%	40.6%	47.1%	51.9%	47.6%	52.7%	54.4%
	傾向獨立	12.9%	9.7%	13.9%	17.7%	11.8%	14.4%	15.2%
	無反應	18.0%	24.3%	10.1%	11.2%	13.1%	11.4%	12.5%
閩南人	盡快統一	16.1%	17.3%	20.6%	14.7%	18.1%	15.1%	16.4%
	維持現狀	50.1%	40.5%	46.6%	46.2%	47.7%	51.7%	49.3%
	傾向獨立	12.5%	13.7%	17.2%	21.1%	11.0%	20.2%	20.5%
	無反應	20.7%	28.3%	15.5%	18.0%	23.3%	12.7%	13.7%
外省人	盡快統一	43.7%	45.1%	49.4%	31.9%	35.8%	32.5%	31.5%
	維持現狀	47.7%	39.0%	40.5%	47.9%	45.7%	50.7%	53.5%
	傾向獨立	4.0%	4.6%	6.2%	9.6%	2.2%	9.2%	8%
	無反應	4.7%	11.3%	3.1%	10.2%	17.1%	7.7%	7%
少數民族	盡快統一	6.1%	23.9%	20.0%	18.2%	11.8%	14.6%	28.3%
	維持現狀	53.1%	34.7%	55.6%	46.8%	55.2%	57.3%	32.6%
	傾向獨立	13.3%	7%	4.2%	18.2%	11.8%	13.4%	23.9%
	無反應	26.7%	35%	20.1%	16.9%	22.1%	14.7%	15.0%

資料來源同上。

　　從上表看，1994年到2003年，統「獨」傾向變化較大的是閩南人、「外省人」和少數民族。閩南人在「盡快統一」上沒有多大變化，維持在16%上下，但傾向「獨立」的人則從12.5%增加了7個百分點；「外省人」則在「盡快統一」的人數上，下降了12個百分點，而在傾向「獨立」的人數上僅增加了4個百分點，主要流向到維持現狀群體上了。從幅度看，少數民族的變化最大，無論是「盡快統一」、維持現狀、傾向「獨立」，還是無反應。其變化幅度都超過10個百分點以上，特別是其「盡快統一」的人數大量增加，成為所有族群中的一個異數，這可能是因為少數民族原來受「本省人」欺負，而「兩蔣」時代國民黨為少數民族改善了不少生活條件，所以他們對「大閩南沙文主義」有疑懼心理。但其人口比例過小，對臺灣的政局沒多大影響，除少數民族外，閩南人、「外省人」受「統獨議題」的影響最為明顯，但表現不同。閩南人贊成統一的人數沒多大變化，反而是「外省人」贊成統一的大幅下降，閩南人傾向「獨立」的增幅除少數民族外最大，但比例也不過7%。顯示「統獨議題」對「外省人」的衝擊最大，使得其「盡

快統一」的人數銳減，小部分轉到傾向「獨立」上，大部分轉到維持現狀上去。可見「統獨議題」較之「省籍議題」又開拓了另一個族群分化的戰場。「省籍議題」的作用點主要針對閩南族群，分化更多的閩南人反對「外省人」，但其也招致「外省人」的抵制與反感；但「統獨議題」則在「外省人」的族群反應最敏感，並使「外省人」贊成統一的人大幅下降（反觀閩南人則維持不變），「統獨議題」對「外省人」的殺傷力值得關注。

臺灣民眾「教育程度」的統「獨」傾向見表 7。

表 7：臺灣民眾「教育程度」統「獨」立場分佈表

	年度	1994	1995	1996	1998	2000	2002	2003
小學	盡快統一	13.1%	10.5%	16.9%	10.2%	10.8%	10.1%	11.3%
	維持現狀	33.2%	25.3%	39.9%	34.1%	35.7%	41.6%	40.4%
	傾向獨立	45.4%	56.7%	32.2%	40.1%	41.3%	31.8%	31.2%
	無反應	8.2%	7.3%	11.1%	15.2%	12.6%	16.7%	17.0%
中學	盡快統一	22.1%	24.2%	28.9%	18.6%	24.3%	17.9%	15.2%
	維持現狀	59.1%	48.9%	49.9%	56.2%	57.7%	58.7%	61.6%
	傾向獨立	11.9%	12.7%	16.8%	20.1%	7.8%	18.2%	18.8%
	無反應	6.7%	13.9%	4.8%	5.2%	10.1%	4.7%	4.5%
大專	盡快統一	29.1%	34.6%	32.4%	27.2%	35.8%	27.5%	22.6%
	維持現狀	52.1%	44.6%	47.9%	49.2%	50.4%	52.0%	55.6%
	傾向獨立	14.9%	15.7%	17.8%	21.9%	10.8%	18.2%	20.6%
	無反應	3.7%	4.8%	2.1%	1.8%	3.1%	2.1%	1.6%

資料來源同上。

從上表可以看出，從 1994 年到 2003 年，大專程度的群體儘管「盡快統一」的比例小幅上揚後整體仍呈下降趨勢，而且傾向「獨立」的比例，也呈逐漸上升的趨勢，但其總體上仍然是支持「盡快統一」比例最高的群體，而且始終是支持統一的人數高於支持「獨立」的人數。顯示「臺獨議題」由於其非理性化更多作用於受教育程度偏底的人群，而統一的問題則偏於理性化，對受教育程度高的人才比較能夠接受。一般而言，人在情緒上更易傾向「獨立」，只有在理性上才會認識到統一的好處，而且在大專程度群體中，無反應的比例也是最小的。

另外,值得注意的是小學程度的群體其「盡快統一」的比例變化不大,這個比例可能是第一代「外省人」貢獻的。他們的文化程度不高,對統一的立場難以改變,但是其傾向「獨立」的比例居然也呈逐漸減少的趨勢,這也可能是文化程度低的人對「臺獨」帶來戰爭的恐懼更直接。其減少的比例主要流入到維持現狀的群體中去,顯示出「臺獨議題」對小學程度的群體不僅沒有呈正相關關係,反而呈負相關關係,但是小學程度群體總體上支持「臺獨」比例最高。

　　職業特點對統「獨」立場的影響見表8。

　　表8:臺灣民眾「職業」統「獨」立場分佈表

	年度	1994	1995	1996	1998	2000	2002	2003
軍公教	盡快統一	30.7%	42.0%	39.9%	32.2%	32.5%	29.5%	21.2%
	維持現狀	50.4%	39.7%	44.1%	46.2%	46.7%	51.7%	57.6%
	傾向獨立	13.9%	9.9%	11.2%	16.1%	13.8%	15.2%	15.7%
	無反應	5.1%	8.3%	4.9%	4.8%	7.1%	4.7%	5.2%
專業人員	盡快統一	21%	22.2%	26.9%	19.6%	20.8%	24.4%	17.2%
	維持現狀	48.8%	43.2%	42.9%	49.2%	54%	48.7%	54.6%
	傾向獨立	17.9%	19.7%	26.2%	25.1%	19.8%	22.2%	23.2%
	無反應	12.7%	15.3%	3.6%	5.7%	5.2%	4.7%	4.9%
職員	盡快統一	28.1%	26.0%	27.5%	21.2%	20.0%	19.5%	18.8%
	維持現狀	54.7%	47.9%	53.9%	50.1%	55.7%	59.6%	56.6%
	傾向獨立	11.6%	13%	14.8%	19.4%	18.1%	16.2%	19.2%
	無反應	5.7%	13.3%	3.1%	9.1%	6.1%	4.7%	5.3%
勞工	盡快統一	20.1%	18.9%	19.5%	14.2%	17.7%	12.5%	12.9%
	維持現狀	43.1%	36.9%	41.2%	47.2%	45.7%	50.7%	50.6%
	傾向獨立	7.2%	10.7%	15.2%	16.7%	13.8%	18.2%	22.2%
	無反應	29.7%	33.3%	24.1%	21.6%	23.6%	17.7%	14.5%
農林漁牧	盡快統一	7.1%	11.2%	11.9%	7.2%	9.8%	8.5%	5.2%
	維持現狀	36.1%	26.7%	51.7%	31.2%	33.6%	35.8%	44.0%
	傾向獨立	9.0%	9.7%	11.2%	18.1%	12.4%	21.2%	19.2%
	無反應	47.1%	52.3%	25.1%	43.2%	44.8%	34.7%	31.3%
學生	盡快統一	28.6%	34.9%	28.9%	25.2%	22.8%	20.5%	18.7%
	維持現狀	60.0%	45.0%	53.9%	42.2%	52.7%	55.7%	55.0%
	傾向獨立	11.0%	18.7%	17.2%	28.1%	22.8%	22.2%	24.2%
	無反應	0%	0%	0%	3.2%	2.1%	1.7%	1.4%

續表

	年度	1994	1995	1996	1998	2000	2002	2003
家管	盡快統一	13.1%	13.9%	15.0%	11.2%	12.8%	12.5%	14.9%
	維持現狀	51.1%	41.7%	48.9%	51.2%	49.7%	54.7%	55.8%
	傾向獨立	9.0%	6.7%	12.2%	14.1%	11.8%	14.2%	12.2%
	無反應	25.7%	38.3%	24.1%	22.2%	27.1%	19.7%	16.8%

資料來源同上。

從上表看，從1994年到2003年，軍公教人員支持「盡快統一」的比例最高，主要是因為上述人員大部分是外省籍，但這個群體仍然受到「統獨議題」的影響，支持「盡快統一」的比例仍然呈逐漸減少的趨勢，不過減少的人數並未轉向支持獨立，而是流向維持現狀的群體，其支持獨立的比例十來年沒多大變化，其對「臺獨議題」還是有免疫力的。不僅軍公教人員，其他所有群體其「盡快統一」的比例都呈下降趨勢，只有家管人員在「盡快統一」的比例沒有多大變化，而且其傾向「獨立」的比例增幅也不大，可見除了家管人員，其他所有群體對「統獨議題」都較敏感。不過其中職員、勞工、農林牧漁、學生在傾向「獨立」的增幅幾乎都在10個百分點以上，獨有專業人員的無論統「獨」，其變化的幅度都不大，顯示專業人員的理性程度更高，較不易受「統獨議題」的影響。而在無反應的群體中，學生的比例最低，幾乎趨近於零，可見學生對「統獨議題」的反應最為積極。另外，軍公教、專業人員、職員的無反應比例也較低，而勞工、農林牧漁與家管無反應的比例較大，說明這些群體對「統獨議題」較為遲鈍。

臺灣各地區統「獨」傾向的分佈見表9。

表9：臺灣民眾「地區」統「獨」立場分佈表

	年度	1994	1995	1996	1998	2000	2002	2003
大台北	盡快統一	20.8%	24.3%	22.3%	20.3%	22.1%	22.3%	19.9%
	維持現狀	48.8%	48.1%	52.3%	50.0%	50.6%	52%	56.9%
	傾向獨立	12.0%	16.7%	18.2%	21.1%	19.8%	18.2%	16.2%
	無反應	18.07	11.3%	7.1%	8.2%	7.6%	7.7%	6.5%
北縣基	盡快統一	23.9%	21%	20.9%	21.2%	18.2%	19.5%	21.4%
	維持現狀	51.1%	50.9%	48.4%	55.1%	55.1%	53.1%	53.3%
	傾向獨立	5.7%	11.7%	15.2%	14.7%	15.3%	18.2%	18.2%
	無反應	19.7%	17.3%	15.1%	8.2%	11.1%	9.7%	7.0%

續表

	年度	1994	1995	1996	1998	2000	2002	2003
桃竹苗	盡快統一	26.1%	23.9%	28.9%	18.2%	21.8%	21.5%	19.3%
	維持現狀	40.5%	50.8%	46.2%	51.8%	52.7%	54.7%	55.1%
	傾向獨立	10.0%	10.7%	13.2%	16.1%	11.8%	13.6%	14.8%
	無反應	23.7%	16.3%	12.1%	13.2%	14.1%	10.7%	10.8%
中彰投	盡快統一	16.1%	19.9%	19.3%	17.2%	19.8%	17.5%	14.4%
	維持現狀	44.1%	47.0%	48.0%	45.2%	48.7%	53.7%	56.7%
	傾向獨立	12.0%	10.7%	14.2%	16.1%	13.8%	16.2%	18.9%
	無反應	27.7%	22.3%	18.1%	18.2%	18.1%	11.7%	9.9%
雲嘉南	盡快統一	13.1%	17.0%	16.9%	13.2%	14.8%	12.5%	7.8%
	維持現狀	40.8%	41.9%	50.0%	38.2%	46.7%	50.7%	56%
	傾向獨立	11.0%	14.7%	16.3%	17.1%	15.8%	19.3%	22.9%
	無反應	35.7%	26.3%	17.1%	19.2%	23.1%	17.7%	13.3%
高屏澎	盡快統一	15.1%	18.3%	17.9%	15.2%	16.8%	14.5%	16.2%
	維持現狀	50.1%	44.8%	45.1%	50.5%	50.2%	52.7%	47.2%
	傾向獨立	8.3%	15.7%	24.2%	20.1%	15.8%	22.2%	28.6%
	無反應	25.7%	21.3%	13.1%	13.6%	17.6%	13.7%	8%
宜花東	盡快統一	19.1%	19.9%	23.9%	20.6%	24.8%	18.0%	8.7%
	維持現狀	40.1%	44.9%	46.9%	37.1%	39.2%	41.8%	56.3%
	傾向獨立	5.3%	9.7%	16.7%	18.9%	14.8%	14.1%	12.6%
	無反應	35.1%	26.3%	13.1%	23.2%	21.1%	26.7%	22.3%

資料來源同上。

從上表看，從1994年到2003年，北部地區及中部地區其「盡快統一」比例變化都不大，南部與東部地區其「盡快統一」的比例呈大幅下降趨勢，例外的是高屏澎地區，儘管傾向「獨立」的人大幅度增加，但「盡快統一」的人則變化不大。在傾向「獨立」的方面，北、中、南、東地區呈全面上揚趨勢，只有大臺北及桃竹苗地區增幅較小，其他都有較大增幅，特別是雲嘉南及高屏澎地區增幅最大。儘管北部地區傾向「獨立」的人數增加，但總體看，大臺北、北縣基、桃竹苗，其支持統一的人數都多於支持「獨立」的人數，其他地區則剛好相反。顯

示濁水溪的確是區分統「獨」及劃分藍綠的標誌線。「統一議題」在北部更有市場，而「臺獨議題」在南部更有作用。

綜上所述，「統獨議題」對臺灣的政治評價的影響，不如「省籍議題」和「臺灣意識/中國意識議題」分別對臺灣的政治情感和政治認知的影響那麼顯著。表現在臺灣民眾統「獨」傾向的變化，其百分比沒有超過兩位數的變化，這和省籍的政黨認同和「臺灣人/中國人」認同的兩位數變化不一樣。這佐證了每次臺灣選舉後，一些分析家們都會給出臺灣藍綠陣營的基本盤沒有變的結論。但是，藍綠版圖細微的變化對臺灣政壇的影響力不可不察。近來，臺灣的選舉屢屢出現「關鍵少數」的現象。2004年3月20日晚，臺灣地區領導人選舉結果出爐。依據臺灣當局「中選會」公佈的數據，民進黨候選人陳水扁、呂秀蓮得票數為6471970票，得票率為50.11%；國親兩黨候選人連戰、宋楚瑜得票數為6442452票，得票率為49.89%。民進黨陳呂配以不到三萬票的微小差距，擊敗國親聯盟的連宋配，獲得繼續執政的機會。[107]2006年12月9日，臺灣第四屆高雄市長選舉結果揭曉，高雄市地方選委會宣布，民進黨籍候選人陳菊得票數為379417票，得票率49.41%，以1120票些微的差距，贏了國民黨籍候選人黃俊英所開出的378297得票數，經高雄市選委會宣布當選為第四屆高雄市長。[108]臺灣有2300萬人口，有選舉權的人口只要有1%的變動，其數量仍有十幾萬之巨，足以改變臺灣任何一次重要選舉。所以「統獨議題」對臺灣選舉的影響不可輕視。

雖然「統獨議題」沒有改變臺灣政治評價的總體版圖，但「統獨議題」對臺灣統「獨」版圖的內部結構產生了衝擊。臺灣統「獨」版圖好比一個巨大的體育場看臺，藍綠兩邊各自叫陣，在輿論的操縱者指揮下，「臺獨議題」掀起一陣陣人浪，人浪過後，好像看臺的藍綠比例並沒有多大的變化。但是，在關鍵的進球時間（選舉期間），「臺獨議題」的人浪已經掀起好幾回了，其聲勢足以影響「球隊士氣」和選舉結果。特別是「統獨議題」對「統獨傾向」的人口結構雖然沒有造成大換血式的變化，但是出現了筆者比喻為「依次換座位」的變化。從本節的調查數據看，臺灣民眾的「統獨傾向」沒有發生從「急統」到「急獨」的對調式的大換班，而是向依次換座位一樣出現這樣的情況：「急統」的轉變成「維持現狀再統」，「維持現狀再統」的轉變成「維持現狀再說」，「維持現狀再說」的轉變成「維持現狀再獨」，而「維持現狀再獨」的轉變成「急獨」。這種往「獨立」方向依次變化的勢頭十餘年來一直緩慢而穩定地進行著，方向始終不改。它就像地球的板塊，雖然板塊的大小和結構都未變，但板塊在某種力量影響下漂移，儘管其每年移動的尺寸不大，但足以造成火山、地震和海嘯。

由此，我們可以得出下述結論：在一個可以預見的相當長的時期內，「統獨議題」對臺灣民眾的統「獨」傾向造成重大逆轉的可能性不大，寄望用畢其功於一役的方法使臺灣民眾立即全面擁護統一不切實際，但「臺獨議題」瞬間讓臺灣民眾轉向「獨立」的傾向也不太可能。除非政治人物鋌而走險、誤判形勢或擦槍走火，「臺獨議題」造成毀滅性的「臺獨」事件的可能性微乎其微，但是「臺獨議題」對臺灣選舉的影響與衝擊則不可小覷，這里民意的牽制和民意的波動分別在不同層面上起著重要的作用。

所以在短時期內，「臺獨議題」對臺灣選舉的影響仍然顯著。因此，「統獨議題」對臺灣民眾政治評價影響的研究值得深入和細化。不同性別、年齡、省籍、職業、教育程度、地區的臺灣民眾對「統獨議題」的敏感性將改變臺灣輿論戰的策略和結果。特別是18歲年齡以下人口對「統獨議題」的敏感性值得考察，這些即將成為有選舉權的後備選舉人口不僅會影響臺灣的選舉版圖，而且會改變臺灣輿論和臺灣政治文化的走向，最重要的是他們代表著臺灣的未來。

注　釋

[1]. 史明：《臺灣人四百年史》，臺北：篷島文化公司，1980年版漢文，第746頁。對該書的明顯史實錯誤的糾正參見鄧孔昭：《鄭成功與明鄭臺灣史研究》，北京：臺海出版社，2002年2月。

[2]. 筆者根據以下資料整理：連橫：《臺灣通史》，北京：商務印書館，1983年版；鄧孔昭：《臺灣通史辯誤》，南昌：江西人民出版社，1990年版；陳孔立：《臺灣歷史綱要》，北京：九洲圖書出版社，1997年版。

[3]. 黃徙：《臺獨的社會真實與新聞真實》，臺北：稻香出版社，1992年版，第70—71頁。

[4]. 彭明敏：《自由的滋味——彭明敏回憶錄》，臺北：文藝出版社，1987年版，第129頁。

[5].《李敖有話說》，鳳凰衛視，2004年3月8日。

[6]. 黃徙：《臺獨的社會真實與新聞真實》，臺北：稻香出版社，1992年版，第54頁。

[7]. 李松林：《晚年蔣介石》，北京：九州出版社，2006年版，第89頁。

[8]. 張春英主編：《海峽兩岸關係史》，福州：福建人民出版社，2004年版，第三卷，第875頁。

[9].《臺灣政治主題，是「民主工程」，不是民族革命》，《聯合報》，2001年3月18日社論，收入《聯合報五十年》，臺灣聯合報編輯部編，臺北：聯經出版事業公司，2001年版，第38—39頁。

[10].《民進黨黨章・黨綱》，見民進黨網站：http：//www.dpp.org.tw/history/pub/LIT_6.asp？ctyp＝LITERATURE & catid＝1742。

[11].郭正亮：《民進黨轉型之痛》，臺北：天下遠見，1998年版，第121頁。

[12].蘇進強：《全球化下的臺海安全》，臺北：揚智文化，2003年版，第86頁。

[13].蔡玲、馬若孟：《中國第一個民主體系》，臺北：三民書局，1998年版，第6章。

[14].李筱峰：《統獨十四辯 反對臺灣獨立的十四種歪論》，臺灣《臺灣時報》，1995年8月13日報導。

[15].彭明敏：《自由的滋味——彭明敏回憶錄》，臺北：文藝出版社，1987出版，第252頁。

[16].見《執政黨李「主席」：我們要體認生命共同體》，臺灣《中國時報》，1992年12月5日報導。

[17].樊嘉杰：《以「臺灣如何邁入廿一世紀」為題 彭明敏發表返臺首場演說》，臺灣《中國時報》，1992年11月3日報導。

[18].臺灣《新新聞》，1988年4月24日，另見《民進黨黨章・黨綱》，見民進黨網站：http：//www.dpp.org.tw/history/pub/LIT_6.asp？ctyp＝LITERATURE & catid＝1742。

[19].《民進黨第四屆全體黨員代表大會決議文》，高雄：臺灣《民眾日報》，1990年10月8日第2頁。

[20].《施明德在美有關臺獨談話 反應不一 民進黨澄清：臺灣早已是主權獨立國家 只是不知國名》，臺灣《中國時報》第2版，1995年9月16日報導。

[21].張慧英：《李「總統」：兩岸應屬平等政治實體 接見澳大利亞貿易部長 表示我重視也極力維護兩岸和平》，臺灣《中國時報》，1993年11月5日報導。

[22].《民進黨黨章・黨綱》，見民進黨網站：http：//www.dpp.org.tw/history/pub/LIT_6.asp？ctyp＝LITERATURE & catid＝1742。

[23].《游錫堃：當年公投綁大選確利於選情》，臺灣「中央廣播電臺」，2007年7月18日報導。

[24].黃年主編：《漂流的臺灣 聯合報社論一百篇》，臺北：聯合報社，2001年版，第48頁。

[25].臺灣《聯合報》，1988年2月24日頭版。

[26].「行政院大陸委員會」編著：《大陸工作參考資料（合訂本）》第1冊，臺北：臺灣「陸委會」，1998年版，第17—18頁。

[27].《李登輝歷次兩岸關係言論一瞥》，香港《文匯報》，2007年2月1日報導。

[28].「行政院大陸委員會」編著：《大陸工作參考資料（合訂本）》，第1冊，臺北：臺灣「陸委會」，1998年版，第14—15頁。

[29].《確認三民主義的時代與現實價值——雙十國慶獻辭》，臺灣《中國時報》，1995年10月1日報導。

[30].如在「國家統一綱領」提出製造「兩個中國」的「互不否認對方為政治實體」概念。參見《大陸工作參考資料（合訂本）》，第1冊，「行政院大陸委員會」編著，臺北：臺灣「陸委會」，1998年版，第19頁。

[31].中共中央臺灣工作辦公室、國務院臺灣事務辦公室編：《中國臺灣問題（幹部讀本）》，北京：九洲圖書出版社，1998年版，第108頁。

[32].《「李總統」記者會特別報導》，臺灣《聯合報》，1993年5月21日第4版報導。

[33].臺灣《自由時報》，1994年4月14日報導。

[34].何振忠：《李登輝：臺灣希望香港成功》，臺灣《聯合報》第4版，1997年6月27日報導。

[35].張宗智：《「臺灣是獨立國家」兩度獲總統確認》，臺灣《聯合報》第2版，1997年11月11日報導。

[36].以上資料參見「行政院大陸委員會」編著：《大陸工作參考資料（合訂本）》，第1冊，臺北：臺灣「陸委會」，1998年版，第19頁。

[37].以上資料參見「行政院大陸委員會」編著：《大陸工作參考資料（合訂本）》，第1冊，臺北：臺灣「陸委會」，1998年版，第135—138頁。

[38].說明書全文參見邵宗海：《兩岸關係：兩岸共識與兩岸歧見》，臺北：五南圖書出版公司，1998年版，附錄第501—522頁。

[39].以上資料參見「行政院大陸委員會」編著：《大陸工作參考資料（合訂本）》，第1冊，臺北：臺灣「陸委會」，1998年版，第673頁。

[40].「行政院大陸委員會」編著：《大陸工作參考資料（合訂本）》，第1冊，臺北：臺灣「陸委會」，1998年版，第424頁。

[41].「行政院大陸委員會」編著：《大陸工作參考資料（合訂本）》，第1冊，臺北：臺灣「陸委會」，1998年版，第564頁。

[42].楊蓮福：《人口問題與臺灣政治變遷》，臺北：博揚文化，2005年版，第339頁。

[43].李登輝接受「德國之聲」專訪全文，見「行政院大陸委員會」編著：《大陸工作參考資料（合訂本）》，臺北：臺灣「陸委會」，2000年版，第22頁。

[44].何明國、謝公秉、張青：《蘇起：兩岸將進入國對國政治談判》，臺灣《聯合報》第2版，1999年7月15日報導。

[45].「省籍議題」、「臺灣意識／中國意識議題」的根本逆轉是在1994年李登輝接受日本作家專訪,而「統獨議題」的根本逆轉是在1999年李登輝接受德國媒體專訪。

[46].數據參見臺灣「中選會」網站:http：//www.cec.gov.tw。

[47].數據參見臺灣「陸委會」網站:http：//www.mac.gov.tw。

[48].《民進黨第二屆全體黨員代表大會決議文》,臺灣《民眾日報》,1987年11月9日。

[49].《民進黨第二屆第一次臨時大會決議文》,臺灣《民眾日報》,1988年4月17日。

[50].《民進黨第四屆全體黨員代表大會決議文》,臺灣《中國時報》,1990年10月8日。

[51].《「人民製憲會議」透過「臺灣憲法草案」》,臺灣《聯合報》,1991年8月25日。

[52].《「建立主權獨立自主的臺灣共和國」基本綱領》,臺灣《自立晚報》,1991年10月12日。

[53].《施明德:民進黨若執政 將不必也不會宣布「臺獨」》,臺灣《中國時報》,1995年月9月15日報導。

[54].王銘義:《兩岸關係最新發展趨勢系列之二 關切施明德與彭明敏言論》,臺灣《中國時報》,1995年10月13日報導。

[55].《許信良訪美吹起的「臺獨修正主義風」》,臺灣《中國時報》,1997年月12月12日報導。

[56].《柯林頓公開申明對臺三不》,臺灣《中國時報》,1998年7月1日報導。

[57].《民進黨:全方位與北京展開對話——聲明強調任何改變臺灣現狀要求 皆須經臺灣全體住民以公投認可 但不會隨意公投》,臺灣《中國時報》,1998年月7月2日報導。

[58].但決議文所提出的七項主張,仍極其鮮明地反映了民進黨的「臺獨」立場。2003年初,再經前任黨主席謝長廷等人提案,將其位階拉抬到等同於黨綱:參見1999年民進黨:《臺灣前途決議文》,見民進黨網站:http：//www.dpp.org.tw/。

[59].黃嘉樹、程瑞:《臺灣政治與選舉文化》,臺北:博揚文化,2001年版,第131—137頁。

[60].《陳「總統」就職演說的重要啟示——開創兩岸和平協商的新局》,臺灣《中國時報》,2000年5月21日報導。

[61].《中華民國是陳水扁與北京當局之間的底線》,臺灣《聯合報》社論,2000

年 5 月 2 日。

[62].陳水扁：《「總統」發表跨世紀談話》，收入「行政院大陸委員會」編著，《政府大陸政策重要文件》，臺北：「行政院大陸委員會」，2002 年版，第 22—24 頁。

[63].陳水扁：《「總統」以視訊直播方式於世界臺灣同鄉聯合會第二十九屆年會中致詞》，「總統府」新聞稿，2002 年 8 月 3 日。

[64].「公投綁大選」原本就是民進黨的「總統」選舉策略，在 2004 年的首次實踐獲得成功後，民進黨決定再推 2008 年的「公投綁大選」，並擬將「以臺灣名義加入聯合國」作為公投題目。以上資料參見《「總統」宣布大選加入聯合國公投》，臺灣 TVBS 電視臺 2007 年 6 月 18 日報導。http：//www.gclub.com.tw/news/news_list.asp。

[65].無視國際社會與島內外各界的強烈反對，2006 年 2 月 27 日下午，臺灣當局領導人陳水扁正式宣布終止「國家統一委員會」運作，終止「國家統一綱領」的適用，向「法理臺獨」的道路邁出了危險的一步。《「廢統」變「終統」美籲扁勿改變現狀》，臺灣 TVBS 電視臺，2006 年 2 月 27 日新聞報導，見臺灣 TVBS 網站：www.tvbs.com.tw/news/news_list.asp？no＝alisa20060228084128。

[66].《中華民國是陳水扁與北京當局的底線》，臺《聯合報》社論，2000 年 5 月 2 日。

[67].參見《陳水扁宣布終止「國統會」運作》，新華網北京 2 月 27 日電，http：//www.xinhuanet.com/newscenter/。

[68].楊立憲：《〈反分裂國家法〉透過後的兩岸關係》，見中國網，http：//www.lianghui.org.cn/chinese/chinese community/1153306.html。

[69].參見陳水扁，2004：《中華民國各界慶祝九十三年國慶大會致詞》，「總統府」新聞稿，2004 年 10 月 10 日，資料來源：http：//www.president.gov.tw/php-bin/prez/shownews.php4。

[70].張依：《不惜點燃臺海戰火 陳水扁的「賭徒心態」在作怪》，《環球時報》，2003 年 12 月 12 日。

[71].《李敖上海復旦演講全文》，見 2005 年 9 月 26 日臺灣聯合新聞網新聞：http：//www.udn.com/2005/9/26/NEWS/WORLD/WORS4/2919292.shtml。

[72].「十一寇」指的是 2006 年底，因為主張黨務改革和開放兩岸經貿政策，而被臺灣南部地下電臺「臺灣人俱樂部」發動群眾聯署抵制的十一位民進黨籍「立法委員」，多為原新潮流系成員，包括李文忠、林濁水、洪奇昌、段宜康、沈發惠、蔡其昌、林樹山、郭正亮、鄭運鵬、羅文嘉和沈富雄等 11 人。以上資料參見《立委初選「十一寇」全軍覆沒》，香港《文匯報》，2007 年 5 月 18 日報導。

[73].《「民進黨初選」 李文忠勝尤清 黃偉哲贏侯水盛》,臺灣《自由時報》,2007年5月25日報導。

[74].黃瑞弘:《蔡同榮版正常化決議文 謝長廷直言不利選舉》,臺灣「中央社」,2007年6月7日報導。

[75].《馬英九:統一的時機尚未成熟》,臺灣《自由時報》,2005年12月20日報導。

[76].《馬重申 臺獨非國民黨選項》,臺灣《自由時報》,2006年2月20日報導。

[77].《黨章大翻修邁向本土化 國民黨去統加臺灣》,臺灣《中國時報》,2007年7月25日報導。

[78].馬驚濤、李永枝:《如何應對馬英九「新中間主義」路線?》,《南風窗》,2007年5月8日報導。

[79].國民黨:《「推動中國以務實、有彈性的策略重返聯合國及加入其他國際組織公投案」》,參見國民黨網站:http://www.kmt.org.tw/event/960711/doc/a01.doc。

[80].參見鄒振東:《2008臺灣改變》,廣州《南方週末》,2008年3月26日。

[81].參見http://www.sina.com.cn 臺海網,2008年05月03日。

[82].參見臺海網,2010年10月18日。

[83].參見環球網,2011年6月17日。

[84].參見鄒振東:《2012年臺灣大選復盤》,廣州《南方週末》,2012年2月2日。

[85].參見鄒振東:《2012年臺灣大選復盤》,廣州《南方週末》,2012年2月2日。

[86].參見國民黨網站:www.kmt.org.tw。

[87].李松林:《晚年蔣介石》,北京:九州出版社,2006年版,第68—77頁。

[88].《「四要一沒有」宛如當年「兩國論」》,臺灣《聯合報》,2007年3月5日報導。

[89].2006年4月3日,陳水扁與馬英九會面。此次對談使原本已跌入最低谷的陳水扁的滿意率止跌回升,重新回到輿論的中心。據臺灣《聯合報》民調顯示,「扁馬會」後,陳水扁的滿意度仍在兩成的最低點徘徊,但不滿意度減少了六個百分點。數據參見《會後聲望馬降扁不動》,臺灣《聯合報》,2006年4月4日報導。

[90].《陳水扁2006元旦文告全文》,臺灣「總統府」網站,http://www.president.gov.tw/。

[91].《扁第二次入聯函 潘基文再退件》,臺灣《聯合報》,2007年8月7日報導。

[92].《臺灣政治主題,是「民主工程」,不是民族革命》,《聯合報》2001年3月18日社論,收入《聯合報五十年》,臺灣聯合報編輯部編,臺北:聯經出版事業公司,2001年版,第38—39頁。

[93].李敖曾以其證據指出:臺灣沒有真臺獨,只有假臺獨。見《李敖有話說》,鳳

凰衛視，2004年3月8日。

[94].「公投綁大選」原本就是民進黨的「總統」選舉策略，在2004年的首次實踐獲得成功後，民進黨決定再推2008年的「公投綁大選」，並擬將「以臺灣名義加入聯合國」作為公投題目。以上資料參見《總統宣布大選加入聯合國公投》，臺灣TVBS電視臺2007年6月18日報導，www.tvbs.com.tw/news/news_list.asp。

[95].《公民投票法 立院三讀透過條文》，臺灣《中國時報》，2003年月11月28日報導。

[96].2003年11月29日陳水扁表示，根據「公投法」第17條「防禦性公投」，「總統」得因「國家」面對緊急狀況發動公投，而「防禦性公投」目的就是要事先「防禦」，因此他準備在明年「320總統大選」時，一併舉辦公投。見《陳水扁籌劃下次「統獨公投」》，臺灣《中國時報》，2003年11月29日報導。

[97].陳水扁2004年1月16日公佈的當年「320和平公投」的兩道題目，見《公投題目定案》，臺灣《東森電子報》，2004年1月17日報導，http：//www.nownews.com/2004/01/17/11093-1574474.htm。

[98].《阿扁「總統」電子報》，2004年3月18日，http：//www.president.gov.tw/1_epaper/93/930318.html。

[99].《領票數未過門檻 公投兩題皆遭否決》，臺灣TVBS電視臺，2004年3月20日報導，www.tvbs.com.tw/news/news_list.asp。

[100].臺灣「中選會」網站：www.cec.gov.tw。

[101].《公投成選戰工具 選後沒人提》，臺灣《聯合晚報》，2004年3月21日報導。

[102].鄒振東：《臺灣輿論發展變化的歷史拐點及趨勢》，《臺灣研究》，2006年3期，第8頁。

[103].劉國深：《臺灣政治概論》，北京：九州出版社，2006年版，第35—36頁。

[104].彭懷恩：《中國政治文化的轉型——臺灣政治心理傾向》，臺北：風雲論壇出版社，1992年版，第169頁。

[105].陳陸輝，周應龍：《臺灣民眾統獨立場的持續與變遷》，臺灣《東亞研究》，35卷2期，2004年版，第145頁。

[106].陳義彥、陳陸輝：《摸棱兩可的態度還是不確定的未來：臺灣民眾統獨觀的解析》，臺灣《中國大陸研究》，46卷5期，2003年9月10日出版，第1—9頁。

[107].數據見臺灣「中選會」網站：http：//www.cec.gov.tw。

[108].數據見臺灣「中選會」網站：http：//www.cec.gov.tw。

第四章 臺灣的輿論議題與政治文化

　　本章討論的是臺灣的輿論議題與臺灣政治文化的關係，首先從臺灣的輿論議題的變化探索臺灣政治文化的轉型，反過來，從臺灣政治文化的轉型，分析其對臺灣輿論議題的影響，並以媒體政治為契入點，討論臺灣輿論與臺灣政治文化的互動媒介。

第一節　從臺灣輿論議題的變化看臺灣政治文化的轉型

　　光復以來臺灣的輿論議題發生了巨大的變化，臺灣的政治文化也出現了歷史性的轉變。從臺灣輿論議題的演變透視臺灣政治文化的轉型，本研究發現：60年來，臺灣的輿論議題由禁忌到開放再到放縱，其結構由一元到多元再到二元對決；而臺灣的政治文化也從「威權主義」的政治文化經由「民主化」、「自由化」發展到「民粹主義」的政治文化，從「民族主義」的政治文化經由「本土化」發展到「族群主義」的政治文化。轉型後的臺灣政治文化是「民粹主義」加「族群主義」的複合型政治文化，筆者將其命名為「群粹主義」的政治文化。

　　政治文化的類型理論最早由美國學者阿爾蒙德與維巴在比較政治學領域提出[1]。兩位學者將政治文化劃分為三種類型：區域型（parochial）的政治文化、服從型（subject）的政治文化與參與型（participant）的政治文化。所謂區域型（parochial）的政治文化是指該地區本身還沒有發育成熟的政治共同體，缺少專門的政治角色的分化，社會成員沒有獨立於他們地域性的宗教和社會取向的政治取向，對於政治體系的整體以及體系內的權威、制度和規範等，社會成員沒有或缺乏明確的認知、情感和價值取向，更談不上對體系內的決策及決策的實施施加影響。所謂服從型（subject）的政治文化是指政治體系的成員對政治體系中的角色、結構、權威、規範以及自己在政治體系輸出方面的責任等有較明確的認知、情感和價值取向，而對於政治體系輸入方面的取向以及社會成員作為政治參與者的自我取向卻非常低，政治體系的成員與體系的關係實質上是一種被動的服從關係，這種類型的政治文化一般存在於中央集權型的政治體系中。所謂參與型（participant）的政治文化是指公民對政治投予關注、並且認為大眾參與可期待且有效用的政治文化，社會成員對政治體系作為整體以及體系的輸入方面和輸出方面都有強烈而明確的認知、情感和價值取向，並對自己作為政治體系成員的權

利、能力、責任及政治行為的效能具有積極的認識和較高的評價。這種類型的政治文化一般與現代民主政治相適應，使公民抱有不過分的參與熱情，對合法的權威亦有充分的尊重。但是，任何社會都不會只有單一類型的政治文化，而是表現為諸種政治文化的結合。阿爾蒙德和維巴對政治文化的分類並不具有普適性。事實上不同的政治體系、同一政治體系的不同組成部分以及同一政治體系的不同階段，其政治文化都有不同的特點。[2]

本節將借鑑政治文化的分類理論，從60年來臺灣輿論議題的變化，透視臺灣政治文化的不同變量在不同時期的演變，總結臺灣政治文化歷史變遷的特點。

一、從臺灣輿論議題內容的演變看臺灣政治文化的轉型

從臺灣輿論議題的內容演變來看，60年來臺灣的輿論議題走過了由禁忌到開放再到放縱的三個階段。

輿論議題的禁忌年代，主要是指光復以來到1986年臺灣的「政治革新」前這一時期。這一時期，輿論議題在內容上最大的特點就是禁忌。禁是禁止，忌是忌諱。從前述臺灣輿論的三大議題來看，「省籍議題」是這一時期的輿論忌諱，雖未有官方的明令禁止，但是在各種壓力和媒體的自覺遵守下，「省籍議題」無法出現在公開和主流的輿論中。以「2·28事件」為例，儘管這一時期民間已經有「2·28事件」的省籍情結版本，但長期以來「2·28事件」對臺灣人來說是諱莫如深的議題。以《中國時報》為例，在1990年的《中國時報四十年》紀念文集裡，沒有收錄任何對「2·28事件」的相關文章，甚至對「2·28事件」隻字不提，從另一個側面反映出40年來「2·28事件」在媒體的禁忌。[3] 而在2000年的《中國時報五十年》紀念文集裡，則同時收錄有關「2·28事件」的四篇社論。[4] 很長一段時間，「統獨議題」中只有「統一議題」，「臺獨議題」被嚴厲禁止，並有相關法律約束，「臺獨議題」會招來牢獄之災。[5] 三大議題中，只有「臺灣意識/中國意識議題」最先鬆動。但在20世紀70年代以前，「中國意識議題」占據了絕對的主導地位，「臺灣意識議題」還是不敢聲張；20世紀70年代後，「臺灣意識議題」從文學領域發端，借「鄉土文學論戰」進入公開化時期。[6] 但這一時期「臺灣意識議題」還包裹在鄉土文化議題中，只有在文學議題和傳統與現代化議題的雙重掩護下，「本土化」的「臺灣意識議題」才得以公開走進臺灣人的視野。但即使是公開化的「臺灣意識議題」，其主流仍然限定在「臺灣是中國的一部分」的關係框架下討論。此時的「臺灣意識/中國意識議題」主要表現為：在與美國「斷交」和退出聯合國席位後，臺灣社會出現了到底

應該以不切實際的反攻大陸的「中國意識」優先，還是以腳踏實地地經營與呵護臺灣這塊土地的「臺灣意識」優先的爭論。

　　從這個時期臺灣輿論議題的內容特點看，當時的政治文化的類型十分類似阿爾蒙德歸納的服從型政治文化。「臺獨議題」的禁止，表明政治體系的成員（民眾）對自己在政治體系的輸出方面的責任有明確的認知，並更是把政治體系輸出的「統一議題」作為自己的政治評價取向；而「省籍議題」的忌諱，表明政治體系的成員（民眾）對於政治體系的輸入方面的自我取向非常低。「臺灣意識」議題的壓抑和「中國意識」議題的強勢，都表明政治體系的成員與體系的關係處在一個被動的服從關係中。一般而言，服從型的政治文化存在於中央集權型的政治體系中，這一點也得到臺灣當時的政治體制的驗證。臺灣「政治革新」前，處在黨禁、報禁與戒嚴時期，輿論議題的禁忌正是這種政治文化的反映。我們僅從當時政府制定的各種有關新聞輿論、法律條文就可以看出這個時期政治文化的輸入特點。詳見國民黨當局「解嚴」前對輿論管制的法令條文表：

　　表 1：國民黨當局對報業的法令管制條文[7]

頒布時間	法令名稱	法條內容	管制特色
1942.5.5	「國家總動員法」	「第二十二條：本法實施後，政府於必要時，得對報館及通訊社之設立、報紙通訊稿及其他印刷物之記載，加以限制停止或命其為一定之記載」 「第二十三條：本法實施後，政府於必要時，得對人民之言論、出版、著作、通訊，集會，結社，加以限制。」	對新聞事業設立與言論內容之規範
1949.5.19	「戒嚴法」	「第十一條：最高司令官有權取締言論、講學、新聞、雜誌、圖畫、告白、標語暨其他出版物之認為與軍事有妨害者。」	對新聞言論內容之規範與管制
1949.6.21	「懲治叛亂條例」	「第四條：將軍事政治上之秘密文書、圖表、消息或物品，洩漏或交付叛徒者，處死刑，無期徒刑或十年以上有期徒刑。 第六條：散布謠言、或傳播不實之消息，足以妨害治安或動搖人心者，處無期徒刑或七年以上有期徒刑。 第七條：以文字、圖書、演說為利於叛徒之宣傳者，處七年以上有期徒刑。」	對新聞言論內容之規範與管制
1950.3.1	「台灣省戒嚴期間新聞紙雜誌圖書管制辦法」	「第二條：凡詆毀政府首長，記載違背「三民主義」挑撥政府與人民感情，散布失敗投機之言論及失實之報導，意圖淆亂人民視聽，妨害戡亂軍事進行或誨淫誨盜之記載，影響人民秩序者均查禁之。 第三條：有下列情形之一者查禁： 1.內政部及本省新聞處明令查禁者。 2.未經內政部及本省新聞處明令而其產質與第二條所列之情節相同亦在查禁之列，其名稱由本部隨時公布之。 3.洩漏未經軍事新聞發布機關正式公布之軍事機密者」	對新聞言論內容之規範與管制
1950.11	「三九教字第六五一六號訓令」	「以國際風雲日益險惡，製紙木漿改作軍用，紙張減產，紙價高漲，而台紙公司報紙產量不敷新聞業之用，為使台灣宣傳文化事業不致因紙荒而陷入停頓起見，勢不能不就減少消費，增加儲備，方面，做通盤之籌劃。 第一項：各報應自本年十二月一日起，一律減縮篇幅，至多不得超過一大張半，惟特定紀念日得出增刊，仍不得超過一，此外不得以任何名義增加篇幅。」	「限張規定」

續表

頒佈時間	法令名稱	法條內容	管制特色
1951.5.6	「妨害軍機治罪條例」	「第一條：本條例稱軍機者，指軍事上應保密之消息、文書、圖畫或物品。第四條：因偶然得知或偶然持有之軍機、洩漏、交付或公示於他對人者，處三年以上、十年以下徒刑。因偶然得知或偶然持有之軍機，洩漏、交付或公示於外國或其派遣之人者，處七年以上有期徒刑。」	新聞言論內容之規範與管制
1951.6.10	「台四十教字第三一四八號訓令」	「由行政院發布，第七點：台灣省全省報紙、雜誌已達飽和點。為節約用紙起見，今後新申請登記之報社雜誌通訊社，應從嚴限制登記。」	「限證」規定
1952.4.9	「出版法」	「第二十七條：出版品所需紙張及其他印刷原料，主管官署得視規定實際需要情形，計劃供應之。」	「限紙」規定
1952.4.9	「出版法」	「第九條：新聞紙或雜誌之發行，應由發行人於首次發行前，填具登記聲請書呈經該管直轄市政府或該管縣(市)政府，轉呈省政府，核與規定相符者，准予發行，並轉請行政院新聞局發給登記證。聲請書要載明七項事項，其中第六項要註明發行所及印刷所之名稱及所在地。」	與出版法加行細則第六條互相蘊合，成為「限印」規定
1952.11.29	「出版法施行細則」	「第六條：同一新聞紙或雜誌另在他地出版發行者，或出版業另在他地設立分支機構者，均應依出版法第九條及第十六條之規定先行申請核准登記。」	與出版法第九條互相搭配運用，成為「限印」規定
1952.11.29	「出版法施行細則」	「第二十五條：戰時各省政府及直轄市政府，為計畫供應出版品所需之紙張及其他印刷原料，應基於節約原則及中央政府之命令，調整轄區內新聞，雜誌之數量。」	政府答覆各界質疑「報禁」與「限張」最常引用的法律依據
1953.10.1 1954.11.5 1955.4.21 1958.6.28	「台灣地區戒嚴時期出版物管制辦法」	「第三條：出版物不得有以下各款情形之一： 1.洩漏有關國防、政治、外交之機密者。 2.洩漏未經軍事新聞發布機關公布屬於軍機種類範圍令所列之各項軍事消息者。 3.為共匪宣傳者。 4.詆毀譏笑國家元首者。 5.違背反共國策者。 6.淆亂視聽，足以影響民心士氣或危害社會治安者。 7.挑撥政府與人民情感者。 8.內容猥褻有悖公序良俗或煽動他人犯罪者。 第四條：地區遇有變亂或戰事發生時，台灣警備總司令部對出版物得事先檢查；第五條規定，出版物在印刷發行時，應檢具樣本一份，送該單位備查。」	對新聞言論內容之規範與管制

211

资料来源：王天滨：《臺灣報業史》，臺北：亞太圖書出版社，2003年版，第154—157頁。

从以上法律条文看，管理之细、懲罰之重令人嘆為觀止：细到限制紀念日的增刊張數，重到因言論可判處死刑，臺灣當局對當時的輿論控制可見一斑。此時的臺灣政治文化已不能用簡單的「中央集權」來描述。由於當局宣布臺灣戒嚴，臺灣實際上處於軍警的控制下，有些新聞甚至要送交軍方審查。前引「臺灣地區戒嚴時期出版物管制辦法」第四條明文規定：「地區遇有變亂或戰事發生時，臺灣警備總司令部對出版物得事先檢查。」[8]1949年5月19日，《戒嚴法》第一條規定：「最高司令官有權取締言論、講學、新聞、雜誌、圖畫、告白、標語暨其他出版物之認為與軍事有妨害者。」[9]人們普遍稱這個時代為「威權時代」。因此，用「威權主義」來定義臺灣這個階段的政治文化比服從型概念更為妥切。

1986年臺灣「政治革新」前後，臺灣輿論議題在內容上逐漸走向開放。此前1983年的「臺灣意識」與「中國意識」論戰，[10]已預示輿論議題內容開始鬆動。1988年李登輝重新解讀「2·28事件」，「省籍議題」開始如脫韁之野馬在臺灣輿論縱橫馳騁。[11]「2·28事件」不再是禁忌，反而不斷成為輿論的焦點。以《中國時報》為例，幾乎每一年都要對「2·28事件」發表社論，如1995年的《從深思反省中導引族群的包容與凝聚——2·28紀念碑落成的前瞻意義》、[12]1996年的《以負責和寬恕的態度紀念2·28事件》、[13]1997年的《在大歷史之前的沉思——從2·28紀念碑文談起》、[14]顯示「2·28事件」所帶來的省籍議題反覆成為輿論的中心。1986年民進黨未經「法定」程序成立，卻未被當局懲處，「臺獨議題」開始公開化。解嚴解禁後，伴隨著李登輝逐漸露出「臺獨」嘴臉與民進黨的做強做大，「臺獨議題」在主流「臺獨」與非主流「臺獨」的裡應外合下，一步步從公開化走向臺灣的主流輿論，並進入主流輿論的核心地帶。而「臺灣意識/中國意識議題」也花樣百出，「臺灣人/中國人」認同議題、「去中國化」議題、「愛臺灣」議題出盡輿論風頭。至此，臺灣三大輿論議題的禁忌全部開放，此外，其他各種議題包括「民主議題」、「自由議題」也都禁忌不再，臺灣輿論議題走進一個開放的年代。

從臺灣輿論議題內容的開放程度，顯示出這一時期的臺灣政治文化進入了一個「民主化」、「自由化」的時代。這個時代有些類似阿爾蒙德的參與型的政治文化。民眾對政治普遍關注，對政治體系輸入的議題，比如李登輝輸入的「省籍議題」，表現出強烈而明確的熱情。無論是投票選舉還是話題討論，民眾對自己的政治參與有積極的評價，比如對「臺灣人/中國人認同的議題」，民眾不斷參

與討論。1987年一場有關「國語」與方言的「評議論爭」，就引起廣泛爭議。[15]而「統獨議題」的拋出也使得政黨與政治人物發現民眾的參與可以期待並可利用。[16]李登輝最善於利用民眾的聲音進行政治動員和權力鞏固，他曾說：「食客添第三碗飯時是要悄悄地盛飯。」[17]臺灣的政治文化從「威權主義」的政治文化演變成一個民主參與、自由參與型的政治文化。

但臺灣輿論議題的開放很快就走向了輿論議題的放縱：「省籍議題」肆無忌憚地挑起族群衝突，特別是占據人口多數的本省族群、占據高位政治人物以及取得執政權的執政黨，都毫無顧忌地挑起「族群議題」，製造族群對立，這在全世界法治社會是極為罕見的，即便是專制社會，也不多見。[18]「省籍議題」的放縱還表現在其喪失現實性基礎之後的放大和扭曲。在「臺灣意識／中國意識議題」上，輿論議題的放縱表現在不惜以否定臺灣人也是中國人的基本事實，製造一個所謂「華裔臺灣人」的概念，[19]在歷史教科書與臺灣地圖上以「意識形態」對抗歷史真實與基本常識，甚至用侮辱的字眼「中國豬」進行謾罵。而在「統獨議題」上，輿論議題的放縱更是不惜陷臺灣人民於水火，「臺獨議題」屢屢觸及兩岸民意的底線，將臺灣人民一步步引向戰爭的邊緣。2006年2月27日下午，臺灣當局領導人陳水扁無視國際社會與島內外各界的強烈反對，正式宣布終止「國家統一委員會」運作，終止「國家統一綱領」適用，向「法理臺獨」的道路邁出了危險的一步。[20]臺灣輿論議題的放縱不僅製造群體衝突，否定歷史事實，挑戰政治底線，而且衝擊人類倫理。一個典型的事實是，在2005年「三合一」選舉中，泛綠陣營故伎重演，操縱11名醫生公佈胡志強的病歷。據臺灣《聯合晚報》報導，國民黨籍候選人、競選連任的現任臺中市長胡志強，連日遭陳水扁總統調侃健康不佳。醫生出身、在高雄市開辦私家醫院的林進興，就率領11名醫生開記者會，指控國民黨主席馬英九為贏得2008年選舉，強迫胡志強競選連任。他出示一份聲稱由臺中榮總醫院流出、屬於胡志強的病歷，呼籲馬英九「放胡市長一馬」。[21]這堪稱2005年臺灣輿論最大的醜行。之所以說它是醜行而不是醜聞，是因為它不是曝光一個醜行，而是這個曝光本身就是醜行，而這個醜行居然得到了陳水扁咒人隨時可能死的「輿論背書」。另一件事是，2005年11月21日，針對內容為「低毀政治人物的非常光盤今天可能發行問世」的消息，臺灣檢警單位表明只要「非常光盤」公開發行，一定依法查緝。不過臺灣「新聞局長」姚文智卻表示，尊重司法調查，但「非常光盤」有發行的權利，理由是配合「出版法」廢止，「廣播電視法施行細則」已表列十五項出版品無須送審，而「非常光盤」的出版，屬於第十四項公共論述類，因此無須送審。至於記者問到，會不會期待看到這片光盤？姚文智說：「大家都這麼好奇，大家都想看一看。」[22]這些醜行，

不僅挑釁職業倫理，而且挑戰整個社會的道德底線。[23]臺灣輿論議題的放縱，顯示出臺灣的政治文化已演變為民粹主義的政治文化。

民粹主義，英文是 populism。牛津英文字典對「民粹主義」的解釋是：「聲稱代表民眾利益的一種政治。」2000 年版的柯林斯（Collins）英文字典的解釋則是：「一種基於精心預謀的訴諸民眾利益或偏見的政治策略。」臺灣早期的「民粹主義」作為對「威權政治」的反動，與臺灣的「民主化」、「自由化」遙相呼應，具有一定的正義性。但是到了李登輝和陳水扁時代，這種「民粹主義」已經「被政客半路騎劫，成了操弄民眾情緒的工具」，[24]變成了真正一種基於精心預謀的訴諸民眾利益或偏見的政治策略，成為東方文化傳統與西方民主政治相結合產生的一種怪胎。[25]在臺灣，輿論議題之所以要放縱，就是要訴諸民眾利益或偏見，透過操弄民眾情緒，以實現自己的政治目的。「民粹運動者慣於把敵人『妖魔化』（demonized），一方面這可以強化自身的正當性，另一方面可以增加自己的內部凝聚力」，[26]於是，我們在臺灣的三大議題中，看到對「外來政權」、「中國豬」、「賣臺集團」、「統派」的種種妖魔化。在臺灣，民粹主義以一種「草根民主」的形式出現，在輿論上處處強調所謂的「人民決定論」、「住民自決」等議題。臺灣民粹主義的主要推動者民進黨一誕生，就高舉「臺灣前途決定論」的民粹旗幟，一再推動「統獨議題」的全民公決。[27]2004 年「大選」，國民黨、親民黨在臺灣民粹主義政治文化的壓力下放水讓「公投綁大選」出籠，這種朝野共同向民粹低頭與取媚的做法，標誌著民粹主義已占據臺灣政治文化的主流。2004 年「大選」後，5 月 4 日，以臺灣中研院院士勞思光、民主運動人士陳鼓應等人為首的臺灣知識界人士，發起凝聚在野力量，制衡逐漸走向民粹式極權執政當局的連署行動。他們在一篇題為《民主深化還是民粹極權》的宣言一開頭就說：「我們……有感於此次大選之後，臺灣政治形勢的丕變，執政黨的種種民粹操作，社會的嚴重撕裂，以及在野黨力量的迅速弱化，都已將臺灣帶到了危險的邊緣……」臺灣在民主的實踐過程中，由於缺乏公民意識，社會幾乎不存在任何理性溝通機制，民粹政治應運而生。尤其在涉及政權爭奪的選戰中，政治人物只要能煽起人民情緒，便可以掌握奪取權力的籌碼。而在一次次的民粹動員下，謊言被合理化、欺詐被正義化、操弄被允許、言論被箝制，一切可資運用的資源，無論其合法不合法、道德不道德，都成為選戰工具。[28]

二、從臺灣輿論議題的結構變化看臺灣政治文化的轉型

從臺灣輿論議題的結構來看，六十年來臺灣輿論議題走過了從一元到多元再到二元對立的三個階段。

從光復到 1986 年臺灣「政治革新」前後，臺灣輿論議題的結構特點就是「一元」，這一時期臺灣的主流輿論在「族群關係議題」上，沒有「省籍議題」和其他「族群衝突議題」；在「臺灣意識／中國意識議題」上，前期沒有「臺灣意識議題」，只有「中國意識議題」，後期雖然「臺灣意識議題」鬆動，「中國意識議題」仍占據主導；在「統獨議題」上，只有「統一議題」，沒有「臺獨議題」。這種輿論議題結構的一元化是以「民族主義」的議題為主導，比如「中國意識議題」，「統一議題」占據絕對統治地位，顯示這一時期的臺灣政治文化，具有明顯的「民族主義」特徵。

　　什麼是民族主義？ErnestGellner 的定義是：「民族主義主要是一種政治原理，它主張政治與民族單位應一致。民族主義作為一種情操，或作為一種運動最能以此原則加以界定。民族主義情操就是違背此原理時所激發的憎恨感，也是一種遵循此原理時所產生的滿足感；民族主義運動就是一種被民族感情所激發的運動。……總之，民族主義是一種政治合法性理論，它要求民族的疆域不應當穿越政治的疆域。」[29]臺灣學者姜新立認為：民族主義（Nationalism）是一種政治理念，它要求人民對自己的民族或國家賦予忠誠，並促使人民對自己的民族或國家謀求獨立、自由或解放[30]。臺灣學者余英時指出：「民族主義關係著民族的集體認同與集體尊嚴，這是近代和現代史上一股最強大的力量。」[31]「合法性」、「認同」、「尊嚴」、「忠誠」是它常見的關鍵詞。總體來看，「民族主義」具有如下特徵：在民族認同上，強調認同，反對分化；在民族內部，強調團結，反對分裂；在民族符號上，強調尊嚴，不許褻瀆；在民族關係上，強調獨立，一致排他；在民族與政治的關係上，強調統一，反對分離；在民族情感上，強調忠誠，反對背叛。在總體的價值取向上，「民族主義」是「舍小取大」，「舍外取內」，「舍分取合」。

　　一元化的臺灣輿論議題十分符合「民族主義」的特徵與價值取向。其強化中華民族認同，反對中華民族分化；強調族群團結，禁忌「族群議題」；突出「大中國意識」，捨棄「臺灣意識」；鼓吹「三民主義統一中國」，妖魔化大陸；突出對民族領袖與黨國的忠誠，對「低毀國家元首」、「挑撥政府與人民情感者」嚴厲禁止並繩之以法。這種一元化議題結構構成這種特殊的邏輯，認同中華民族，就必須認同中華民國，就必須尊重領袖，就必須「反攻大陸」，就必須「三民主義統一中國」，就必須反對「臺獨」，就必須反對地方意識（「臺灣意識」），就必須反對「本土化」，就必須集權，就不能民主，就不能個人主義和主張人權。這種一元化的議題邏輯，正是「民族主義」價值取向的舍小取大、舍分取合、舍外取內在當時臺灣輿論議題上的投射。「民族主義」政治文化與「威權主義」政

治文化結合在一起，構成了這一時期臺灣政治文化的特殊形態。「大中國意識」與強人政治的結合就這樣透過意識形態與政治體制的互動，建立起一個可以動員力量、鞏固統治、穩定社會的「民族主義」加「威權主義」的政治文化體系。

所以，臺灣的反對運動，也正是針對「威權主義」與「民族主義」兩個方面對兩蔣時代予以反對。「民主化」、「自由化」與「本土化」的浪潮相結合，使臺灣的輿論議題從一元向多元結構發展。「臺灣政治革新」後，隨著解嚴解禁，各種被禁忌的輿論議題被開放出來，輿論議題的多元化成為主流。僅以「族群議題」為例，既有「外省人」與「本省人」的「省籍議題」，也有反映客家人情結的「客家人議題」與反映臺灣少數民族情結的「原住民議題」；在「臺灣意識/中國意識議題」中，既有認同「臺灣人議題」，也有認同「中國人議題」，還有「臺灣人/中國人雙重認同議題」；在「統獨議題」上，也有急「獨」、急統和維持現狀的區別。即使要維持現狀，還有維持現狀再統、維持現狀再「獨」、維持現狀再決定和永遠維持現狀的細分。臺灣的輿論議題顯現出眼花繚亂的多元化格局。

這種輿論議題的多元化格局伴隨著「本土化」的傾向，即議題中的「本土化」抬頭，並向「本土化」趨勢逆轉，無論「省籍議題」、「臺灣意識/中國意識議題」還是「統獨議題」，看似百花齊放，但其發展的潮流卻是趨向「本土化」：「省籍議題」的崛起讓「外省人」失語，「臺灣意識/中國意識議題」出現「大臺灣意識」，「統獨議題」中「臺獨議題」代替「統一議題」占據上位，這一切正是對此前的「民族主義」政治文化的一種反動，兆示著臺灣的政治文化一直朝著「本土化」的方向轉型。

臺灣輿論議題的多元化逐漸往多元並存的兩極化方向發展，看似輿論議題多元，但是輿論議題越來越趨向於兩極對立，極端的聲音占據主流，中間陣營幾乎沒有聲音。「省籍議題」一直在製造「本省人」與「外省人」的對立，「族群和解議題」從來不是主流聲音，往往只是選勝一方在選後的作秀。「臺灣意識/中國意識議題」充斥著二者的衝突。中國人認同與臺灣人認同，二者必居其一的單項選擇，雙重認同處於失語的狀態，輿論中充斥著「愛臺灣」的自詡與對政敵「賣臺灣」的指責以及「去中國化」與「反去中國化」的對抗。而「統獨議題」更是針尖對麥芒，即使在「維持現狀」的群體裡也還是要進一步劃分是「維持現狀後再統」還是「維持現狀後再獨」的界限。

議題的二元對立在臺灣的電視談話節目得以最直觀的展現。臺灣電視談話節目的二元對立隨處可見，大到欄目的定位，小到座位的安排，都呈現對立的兩極。

那些「一邊倒型」和「槍手打手型」欄目，其「色彩」的取捨，與持不同意見的觀眾，構成「不在場」的對立，這種對立由於對手的不在現場，更能放肆地運用話語的暴力挑釁對手，其對立的情緒可能更張揚。而像《2100全民開講》[32]這樣主張不同聲音開放的欄目，是以中立的態度接納多元，不同的聲音在同一個現場，雖然可能不像「不在場」的對立那麼肆無忌憚，但短兵相接，劍拔弩張，對立的情緒可能更直接，衝突的概率更大。《2100全民開講》其形式的對立雖然隱蔽，但也比比皆是，其議題的設定，總是在類似「誰在賣臺灣」、「誰在撒謊」這樣簡單的二分法中，進行「誰對誰錯」、「誰是誰非」的非此即彼的對立選擇。[33] 嘉賓的選擇也是對立的，一般是藍的選兩個，綠的選兩個，中間的選兩個，刻意平衡的背後，其實還是對立的兩極。節目中就連座位的安排，一般也是對立雙方交叉而坐，現場如有觀眾，為了製造現場效果，則會將二者分開，形成分庭抗禮的兩個群體。此外，它的剪輯方式也是對立的，比如說當他播一個人講話的時候，一定是剪對立面的人的反應。Callin也是，當Callin的人是藍的觀眾，就一定是把鏡頭切換到綠的嘉賓，當Callin是綠的觀眾，鏡頭切的一定是藍的嘉賓，或者用特技將兩者畫面並列，很少把意見同一的嘉賓並列，一定是將對立衝突的嘉賓與觀眾並列。

  二元對立的臺灣輿論議題，顯示出臺灣的政治文化向「族群主義」政治文化發展。西方學者TimothyM.Frye曾提出「從威權政體到民主的轉型過程會創造出族群政治的環境條件」的觀點[34]。在臺灣從威權政體到「民主化」、「自由化」的轉型過程中，族群政治應運而生。大多數國家和地區都有族群的存在，也有群族的問題，但有族群並不一定有族群政治。以臺灣為例，威權時代就存在著省籍的衝突，但那時的政治形態並不是族群政治。「只有當有團體自覺的族群因為對各種社會價值／資源分配的不滿而被組織動員起來（政治化）、並以自己所屬的族群作為基本的政治參與單位時，這個政治體內才稱得上存在『族群政治』現象。」[35]

  「族群主義」政治文化與「民族主義」政治文化存在以下不同：「民族主義」希望民族團結，「族群主義」希望族群對立；「民族主義」主張統一，「族群主義」主張分裂；「民族主義」強調民族與政治單位一致，「族群主義」則把各個族群看成不同的政治單位。「族群主義」與「民族主義」在價值取向上有諸多不同，「族群主義」是「舍大取小」，「舍合取分」，與「民族主義」剛好相反。但是二者在「舍外取內」卻是一致的，意味著「民族主義」與「族群主義」在一定程度上可以相互轉換，比如「臺獨」分子作為族群政治的推動者，也主張以「臺灣民族主義」建構「臺灣共和國」。但總體來說，「族群主義」與「民族主義」

217

政治文化最主要的區別還是：「民族主義」主張以一個民族作為政治單位，所以它強調團結、統一、尊嚴、忠誠以及可能引伸出去的一系列東西，比如集權、專制、反民主、反個人、反地方主義等等；而「族群主義」主張以一個個族群作為政治單位，所以它推動分化、衝突、對立，以及可能引申出去的一系列東西，比如：要求民主，反對權威，對抗集權，主張「本土化」等等。

臺灣輿論議題從多元化往多元並存的兩極化方向發展，正是臺灣政治文化向「族群主義」政治文化的轉型在輿論中的反映。今天的臺灣政治勢力只有用族群政治來分化族群才能區分敵我，才能由此動員力量，正如此前，臺灣政治勢力只有用「民族主義」對外設置假想敵，對內才能動員力量一樣。它們分別透過對民族的自我認同與族群的自我認同確定自己的政治合法性。

多元主義的輿論議題不利於族群政治的展開，族群政治分化族群僅僅是手段，其目的是為了獲得政治利益。如果將族群分化為多個則不利於其最大範圍地動員力量，所以族群政治需要有多元化的形式和藉口，但它最希望還是二元對立的實質。因此，族群政治不希望多元並存，它只需要區分敵我，製造永遠的二元對立。只有在這種對立中，它才能確定自我的合法性，並喚起族群的力量，所以多元化的輿論議題最終被改造成二元對立的輿論議題。政治學者白魯恂（Lucian Pye）在哈囉德‧伊薩克（Harold R.Isaacs）所著的《族群》（Idols of the Tribe）一書撰序，文中提到「族群意識可以建立一個國家，也可以撕裂一個國家」、「在政治上，由於權力關係的無常，在誰上誰下的鬥爭中，動員支持者最有效的基本法門仍然有賴族群認同這塊基石」。[36]「族群主義」的政治文化正在撕裂臺灣這個社會。

綜上所述，60年來，臺灣輿論議題經過從一元禁忌到多元開放再到二元對立的放縱三個發展階段，臺灣的政治文化也從「民族主義」加「威權主義」的政治文化，經由「民主化」、「自由化」和「本土化」的轉型，最後發展到民粹主義加「族群主義」的政治文化。臺灣本省籍學者許介麟指出：「臺灣的『民粹式民主』使人民沉醉於執政者所構築的假民主之中，並漸漸迷失於統治者所建構的『臺灣民族主義』之中。」[37]筆者將民粹主義加「族群主義」的政治文化命名為「群粹主義」政治文化，它與「民粹主義」不同，「民粹主義」是以極端民主的方式把一切政治訴求訴諸於「民」，而「群粹主義」指的是一種以極端民主的形式。實行族群分化的政治文化，表面上是「民」在起主導，實際上是「群」在起作用。這裡的「群」不是「群眾」的「群」，而是「人以群分、物以類聚」的「群」。這種「群粹主義」的政治文化給臺灣人帶來了災難性的後果，它使臺灣

人民沒有分享多少「民主化」、「自由化」的果實，卻吞下了社會轉型帶來的「撕裂的臺灣」這一苦果。2007 年，在臺灣紀念「解嚴」20 週年的日子裡，國民黨，這個 20 年前在各種力量和歷史潮流推動下親手打開臺灣社會轉型閘門的當時的執政黨，其 2008 年的「總統」候選人馬英九在總結臺灣「解嚴」20 年的歷史時認為，以轉型正義為目標的臺灣「解嚴」，經過 20 年，已完成了轉型，卻沒有實現正義。他說：「我們認為，臺灣民主的困境，是從未真正落實憲政主義（constitutionalism）的精神。憲政主義強調分權制衡，主張法治與捍衛基本人權，並嚴格限制政府不得濫用權力，這是優質民主必要的基礎。然而民主在臺灣的實踐，卻偏重於選舉，對於民主的實質內涵——憲政主義的理念，未能給予足夠重視，以至於政治人物違法濫權不斷，而各界除了扼腕之外，竟不能有所作為，這也使得臺灣的政治只有『轉型』，卻無『正義』。」[38]

沒有正義的轉型。這是政治的諷刺？是歷史的教訓？還是臺灣的悲哀？

第二節 臺灣政治文化的轉型對臺灣輿論議題的影響

本節討論臺灣政治文化的轉型對臺灣輿論議題的影響。臺灣政治文化的轉型使臺灣輿論議題在以下幾個方面發生了變化：議題的內容、議題的結構和議題的主體。

有關臺灣輿論議題的內容、結構與臺灣政治文化的關係，我們在第一節做了詳細討論，儘管第一節述的角度是從臺灣輿論議題內容與結構的變化，看臺灣輿論議題的轉型，但我們可以反過來理解，正是臺灣政治文化的轉型，使臺灣輿論議題的內容與結構發生了變化。臺灣政治文化從「民族主義」加「威權主義」的政治文化經由「民主化」、「自由化」和「本土化」的轉型發展到「民粹主義」加「族群主義」的「群粹主義」政治文化，使得臺灣輿論議題的內容從禁忌到開放再到放縱，臺灣輿論議題的結構從一元到多元再到二元對立。為避免重複與節約篇幅起見，本節不再對臺灣政治文化對臺灣輿論議題的內容與結構的影響展開討論，而是重點研究臺灣政治文化的轉型對臺灣輿論議題的主體帶來什麼變化。

如前所述，60 年來臺灣政治文化從「民族主義」加「威權主義」的政治文化經由「民主化」、「自由化」與「本土化」的轉型發展到「民粹主義」加「族群主義」的「群粹主義」政治文化，它給臺灣輿論議題的主體帶來的最主要的變化就是輿論議題的主體從單極到多極再向兩極分化發展，具體表現為輿論議題的

主體從一黨獨尊到多黨爭雄，從行政主導到議會主導，從政治官僚唱主角到意見領袖搶風頭，從精英階層壟斷向普通民眾開放。

　　輿論議題的主體，即輿論的主體，指的是輿論議題的設置者、爭奪者、參與者、引導者、推動者、整合者、傳播者，總之是指對輿論議題的產生、發展、轉變、推廣起作用的個人或組織。在本研究導言第三節相關概念與理論中，筆者針對「輿論」定義的分歧，釐清了對輿論主體的界定，認為傳統上把輿論主體限定為「公眾」是不科學的。事實上，各種組織與個人，包括政府、政黨、傳媒、利益集團、意見領袖在內，都有可能成為輿論（議題）的主體。正是對輿論主體持開放的觀念，筆者發現了在臺灣60年來的政治文化轉型中，輿論議題的主體發生了從單極到多極的變化。

　　在1986年「臺灣政治革新」以前，臺灣輿論議題的主體是單極的，這主要是因為當時臺灣的政治文化屬於「民族主義」加「威權主義」類型，社會成員對政治體系的輸出方面有較明確的認知、情感和價值取向，但對於政治體系的輸入方面的自我取向很低，這不僅表現在社會成員對政治的參與十分被動，對輿論議題的輸入也無所作為。社會成員與政治體系的關係是一種被動的順從關係，與輿論的關係也是一種被動的單向接受關係。輿論議題的主導者只有單極，那就是國民黨當局當時黨國一體的政治體系。

　　在這種政治文化的影響下，當時的輿論議題主體的主要特徵就是單極。這種單極不是指輿論議題的主體只有一個，而是說當時輿論議題的主體及其來源的方向是單極的，使得輿論出現「一個聲音」的狀態。這「一個聲音」並不是單個主體完成的，而是「一個聲音，多個聲部」。輿論議題的主體看似有多種，但在黨即是「國」、「國」即是黨的「黨國」一體制下，政黨、政府、議會、傳媒之間，組織與組織之間，組織內部之間以及組織與個人之間，儘管音調有所不同，就算不是一個鼻孔出氣，至少也是屬於同一個合唱團的不同分部。如果有個別主體走音或不同調，在「指揮」的指令下或「合唱團員」的自我調整下，仍然會完成這一大合唱，少數特別不服從指揮的，則用行政手段甚至法律措施予以解決。

　　這個單極的「一個聲音，多個聲部」的輿論主體狀況，隨著臺灣政治文化的轉型而向多極方向發展。從「民族主義」加「威權主義」的政治文化經由「民主化」、「自由化」、「本土化」的轉型向「民粹主義」加「族群主義」的「群粹主義」政治文化發展，其對輿論議題主體的最大影響，在於打破了傳統的單極而顯現多極的狀況。轉型後的臺灣政治文化，社會成員對政治體系的輸出方面與輸入方面都有強烈而明確的認知、情感和價值取向，而政治體系的結構也不再是鐵

板一塊。這樣各種不同身份的主體，不僅對政治體系的輸入方面積極參與，而且對輿論議題（公共領域）的輸入方面也積極介入，使「政治革新」後的臺灣輿論議題的主體顯現多極化的結構。這個時候，臺灣的輿論不再是「一個聲音，多個聲部」的合唱團，而是出現獨唱、二重唱、小組唱、大合唱，在各個團體與團體之間，團體內部之間，團體與個人之間，形成或互不隸屬、或各自組合、或相互合作、或相互對抗的一個「大鬧場」。輿論主體，群雄並起，進入了一個「合縱連橫」的「戰國時代」。

在臺灣政治文化的轉型影響下，輿論議題主體從單極向多極方向發展的過程中，發生了一些具體的變化。主要表現在：

1. 輿論議題的主體從一黨獨尊向多黨爭雄轉變。

開放黨禁之前，臺灣是一黨專政的威權體制。儘管有作為「花瓶黨」的民社黨、青年黨作為陪襯，並把這種體制美化成「既能包容反對黨，又能尊重民意的一類優勢體制」[39]，但絲毫不改國民黨一黨獨大的專制體制實質。國民黨憑藉其龐大的黨員人數，嚴密的組織和高度的集權，建立了「以黨領政」、「以黨領軍」和「以黨領社」的執政黨體制。[40]一黨獨尊的國民黨控制著臺灣社會的各個方面，臺灣的輿論議題也不例外。國民黨對輿論議題的介入有兩種極端的形式，[41]一種是「不得刊登」，當時主管宣傳業務的國民黨「中央黨部第四組」[42]時常會對新聞是否刊登進行指示。如 1966 年 6 月，對於「監察院」對「內政部」取締不良刊物的糾正書，「中央四組」下指示各報「不予刊登」。另一種是「務必刊登」，1961 年到 1964 年擔任《中央日報》董事長的董顯光，在任內經常遇到「要人」希望全文刊登演講稿、宣傳稿的情形，否則就將受到責難。他不以為然地說：「假定報紙滿足了要人們的要求，每篇都原文照登，新聞又將編到哪裡去呢？倘然我們不照辦，我們就會因不諒而遭譴責。」[43]連國民黨總裁蔣介石也直接介入新聞內容的操控，曾經親自指示《中央日報》應注重「匪情」批判；「副總統」陳誠也對時任《中央日報》社長的阮毅成說：「應多載『匪情』消息，即使香港報紙已登載過的，也不妨再登。」《中央日報》只好在 1965 年 7 月開始，與「中央黨部」聯合舉辦「匪情座談會」，事後再把座談會記錄發表在報紙上。[44]除了這兩種極端的形式外，國民黨還不斷將自己的活動與意識形態作為新聞內容輸送到媒體，成為日常新聞報導的對象。

臺灣政治文化轉型後，輿論議題的主體從一黨獨尊向多黨爭雄發展。開放黨禁後，臺灣新政黨的誕生一發不可收拾。截至 2005 年底，臺灣共有登記在冊的政黨 116 個。[45]2000 年政黨輪替後，臺灣較有影響的政黨主要有 6 個，分別是：

國民黨、民進黨、親民黨、「臺聯黨」、新黨、「建國黨」。新的政黨一成立，就把選舉作為首要目標，試圖透過選舉來爭取政治資源。社會轉型後，老牌政黨——國民黨也開始將自己從權力組織改選成選舉機器。臺灣走進政黨政治的同時，各個政黨就成為輿論議題的主要爭奪者。各黨領袖、秘書長、新聞發言人是媒體的焦點人物，是「出新聞」的源頭，而臺灣每一個重要的政治議題，媒體都會追問各政黨的表態。除了政黨領袖不斷挑起和應對輿論議題以外，各政黨還透過類似組建「call-in 部隊」[46]，公佈民調製造所謂「精確新聞」[47]，以及購買時段、版面等方面設置輿論議題，將選民的關注引向對自己有利的地方。[48]僅從 2000 年「大選」臺灣政治廣告的投放來看，為了吸引選民的關注，各政黨都不惜巨資：在廣告的花銷上，國民黨投放最多，被媒體評為最有錢的「連蕭陣營」，超過其他兩組領先候選人的總和，花費超過 3 億元（新臺幣）。僅電視廣告，到 2000 年 3 月 12 日為止，「連蕭陣營」有 100 多萬秒，占所有廣告量的一半；扁陣營有 65 萬秒；宋陣營則為 49 萬 8 千多秒。[49]

2. 輿論議題的主體從行政主導向議會主導轉變。

自國民黨敗退臺灣以來，臺灣一直沿用「五院體制」。在「五院」當中，「行政院」與「立法院」與社會打交道最多，是輿論議題的主要來源。1948 年，國民黨政權舉辦了所謂「行憲」後的第一次「立委選舉」，產生 757 名「立委」，此後至 1992 年第二屆「立委」全面改選，敗退臺灣的國民黨當局一直沒有進行全國性的改選，只從 1969 年以來舉辦了七次「立委」增補選。第一屆「立委」行使權力（象徵性權力）長達 44 年，成為備受詬病的「萬年國會」。形同虛設的「立法院」在以黨領政的解嚴前，且不說代表民意，連反映民意的功能都無法正常行使，[50]這使得「行政院」凸顯成為輿論來源的主要發生地之一。臺灣的輿論議題主體在「五院體制」內形成以「行政部門」為主導的結構。再加上各地方政府、行政部門出臺的政策、採取的措施都直接關係到民眾生活的方方面面，例如：物價、交通、教育、住房、醫療、食品衛生、環保等，行政部門在這些領域擁有絕對的權力，使得它的一舉一動，都事關民眾利益，成為輿論焦點。由於當時較少受議會機構牽制，「行政部門」成為這一時期輿論議題的主導主體之一。

臺灣「解嚴」後，「立法院」的權力逐漸增大，其議事的權力覆蓋並超越「行政部門」的所有領域（還包括司法、考試、監察等其他領域）。但凡教育、交通、醫療、食品衛生、物價、環保等各個方面，都可以成為「立法院」的議事對象。由於在做事方面的行政部門權力小而在議事方面的「立法部門」權力大，行政部門作為行政執行者，其輿論議題的設置功能逐漸減弱，「立法院」除了投票權以

外，最重要的功能就是「議事」。其議事的議題往往是社會的焦點、熱點，而「立法委員」作為民意代表的身份，其發言被看作代表一部分民意的聲音，因此備受社會關注。而又由於選舉需要，「立委」也往往把「立法院」作為曝光的秀場，再加上擁有言論豁免權，「立委」的發言往往語不驚人死不休，打架、扔鞋、鎖門，「立法院」成了臺灣最容易上國際新聞頭版頭條的消息來源。2007 年 1 月 19 日是臺灣「立法院」該屆會期的最後一天，藍綠「立委」為了討論案第一案「中央選舉委員會組織法」草案是否該交付二讀的問題，爆發肢體衝突，甚至用機車鎖反鎖主席臺後方大門，阻止「立法院長」王金平入場主持議事。民進黨女「立委」還數度向王金平丟鞋。打架畫面也再度登上國際媒體。美國有線電視新聞網 CNN 播出「立委」丟鞋打架畫面時，主播甚至說：「這不是臺灣『立法院』第一次發生暴力衝突，恐怕也不會是最後一次。」[51]

由於「立法院」的新聞多，各大媒體都有專門的記者常駐在「立法院」，一有新聞可以第一時間刊播。筆者在「立法院」親眼看到其新聞發佈會現場專辟有一個場所供媒體使用，各大電視臺的轉播設施一應俱全，而且管線全部接好，並互不干擾，一有新聞，SNG 車一來，接上線頭就可以直播，既可以看出「立法院」對新聞媒體的重視，也可以看出新聞媒體對「立法院」的青睞。

「立法部門」對輿論議題的主導還表現在「立委」在「立法院」以外，以「立法委員」的身份參與輿論議題的設置。以臺灣電視談話節目為例，「立法委員」是各臺最受歡迎的言論嘉賓。臺灣學者楊意菁對《2100 全民開講》85 集的來賓做了統計，請看下表：

表 2：經常參加《2100 全民開講》來賓次數統計表

參加次數	來賓姓名	代表黨派	當時職稱	製表時職稱
14次	林重謨	民進黨	「立法委員」	「立法委員」
13次	蔡正元	國民黨	文傳會主委	「立法委員」
	李慶安	親民黨	「立法委員」	「立法委員」
12次	郭正亮	民進黨	大學教授	「立法委員」
	賴士葆	新黨	「立法委員」	大學教授
10次	陳文茜	無黨	勁報發行人	「立法委員」
	林郁方	親民黨	大學教授	「立法委員」
9次	沈富雄	民進黨	「立法委員」	「立法委員」
	李永萍	親民黨	親民黨辦公室主任	「立法委員」
	朱立倫	國民黨	「立法委員」	桃園縣長
	洪秀柱	國民黨	「立法委員」	「立法委員」

註：本表只列出參加九次以上的來賓，也就是說，這些來賓在所有85集節目樣本中出現的幾率較高。

資料來源：楊意菁：《民意與公共性：批判解讀臺灣電視談話節目》，臺灣《新聞學研究》，第79期。

從上表看，「立法委員」在來賓結構中占據了絕對的優勢，顯示出「立法委員」透過媒體將「立法部門」對臺灣輿論議題的主導向外延伸，成為超越時空、永不閉會的議事機構。「立法委員」也成為在臺灣除政黨領袖外，製造議題最活躍的群體，從藍營的邱毅，到綠營的「十一寇」，再到中間陣營的李敖、陳文茜，這些媒體的熱鬧人物無不具有「立法委員（議員）」的背景或經歷。

3. 輿論議題的主體從政治人物唱主角向意見領袖搶風頭轉變。

什麼是「意見領袖」？劉建明的定義是：「在公眾中活動、聳立在公眾之上、提出指導性見解、具有廣泛社會影響的人，叫意見領袖，又稱作輿論領袖。」[52]

意見領袖具有廣義與狹義之分：廣義將政治人物包括在意見領袖之內，狹義則把政治人物排除在意見領袖之外。意見領袖特指不具有政治職權的民間社會人士。為論述方便，本章採用狹義。

如前所述，「臺灣政治革新」前，「民族主義」加「威權主義」的政治文化使社會成員在政治體系的輸入方面難以作為，在輿論上也是如此：輿論議題的設置主要來自體系中的政治人物，無職無權的人，要想在媒體上發聲本不容易，而

試圖造成廣泛的社會影響更是難上加難。這個時期，上至「總統」，下至縣市首長，大大小小的官僚是媒體報導的主要人物，他們的意見因其權力背景而被社會關注。這一時期，輿論議題的主體是政治人物唱主角，其他沒有政治職權的人物，即使在一時一地有一定的影響，但是在總體上仍然屬於配角。

「臺灣政治革新」後，伴隨著「民主化」、「自由化」的浪潮，轉型期的臺灣政治文化使其社會成員對政治體系的輸入方面積極介入。在政治的參與過程中，一些來自民眾的精英人物開始崛起，他們雖然沒有政治職權，但是他們透過權力體系外的其他手段，特別是大眾傳媒，積極參與輿論議題的設置，成為具有廣泛社會影響的意見領袖。他們不甘於淪為政治人物的配角，而是在輿論議題上與政治人物搶奪設置權，他們的最大優勢是「意見」而不是「權力」，所以他們是「意見領袖」，而不是「權力領袖」。由於他們在「意見」上引領風潮，他們成為輿論中耀眼的明星，他們的光芒蓋過了一般的政治人物，甚至有時蓋過了「權力領袖」。

一個典型的例子是 2004 年競選「立委」前，李敖為熟悉「立法院」運作情況，在好朋友陳文茜的幫助下，以其助手的身份進入「立法院」，結果這位沒有任何職權的「助理」，搶盡了所有「立法委員」的風頭。2004 年 11 月 2 日，臺灣「立法院」處理軍購條例時，無黨籍「立委」參選人李敖以「立委」陳文茜的助理身份，破天荒出現在「程序委員會」，引來會場聚焦。距離開會還有半小時，會場竟罕見地大爆滿，各方關注的焦點不在軍購，而是來了一個「超級大助理」！李敖一出現，不但媒體關注，朝野「立委」也向他致意。臺灣媒體報導說，李敖雖不懂議事規則，卻很能抓得住媒體：一身招牌紅外套，左批「立法院」是馬戲團，右稱「立委」幼稚，只有 59 分，立即攫取會場焦點，讓不少綠軍「立委」大感不滿。李敖儘管低調旁聽，但他發放的「2300 萬，別再做笨蛋」軍購聲明，卻還是引起現場一陣騷動。對於媒體問到，若有「立委」在「程委會」中砸他便當（盒飯），他會選擇如何應變，李敖則是笑著表示：「他敢潑我便當、我就噴他瓦斯槍。」這更是被臺灣各大媒體作為標題來源。[53]這不僅是一次「意見領袖」與「政治人物」比拚人氣的案例，也是一次「意見領袖」與「政治人物」競爭輿論議題主導者的小試牛刀。

另一個「意見領袖」與「政治人物」搶輿論風頭的例子發生在 2005 年連戰的「和平之旅」、宋楚瑜的「搭橋之旅」、郁慕明的「民族之旅」和李敖的「神州行」。從政治角度，李敖的重要性遠無法與連宋相匹敵；從歷史角度，李敖的大陸行也不可能像連宋的大陸行那樣載入史冊；但從輿論的角度來看，李敖大陸

行的影響力卻不能小覷。一個明證就是《聯合報》評選的 2005 年十大新聞中,將李敖與連宋的大陸行相提並論——「連戰、宋楚瑜、李敖接力大陸行」名列十大新聞第三名。[54] 從臺灣媒體的報導規模看,李敖的大陸行不亞於連宋的大陸行,甚至在泛綠和一些中性媒體上,李敖的報導份量還比連宋更重。

在議題設置上,輿論明星有時比意見領袖更有市場。李敖的神州行,正是充分地發揮了議題設置功能。對連宋的大陸行,泛綠媒體刻意淡化,語帶譏諷,《自由時報》甚至用「連爺爺回來了,爆笑兩岸」為題入選其年度新聞;[55] 而李敖的大陸行則藍綠媒體通吃。李敖是製造輿論熱點的高手,他到哪裡輿論熱點就到哪裡。這次大陸行,是李敖一生中最成功的媒體策劃,也達到其輿論影響力的最高點,同時他也把 2005 年的大陸熱提升到一個高點。由於李敖沒有意識形態色彩,這使得媒體在報導上以及民眾在接受心理上較少戒備和設防,又由於李敖是迎合媒體、討巧受眾的高手,有關他的大陸報導往往趣味性強、可看性高,無數的臺灣民眾透過他瞭解到過去較少傳播的大陸訊息。[56]

意見領袖在輿論議題上爭搶風頭,對臺灣社會的政治影響不可低估。2005 年李濤對高捷弊案窮追不捨,筆者在 2005 年臺灣輿論事件評選中將其列為年底輿論推手。筆者的評選理由是:他是臺灣「電視 Callin 節目」之父,臺灣第一個「電視 Callin 節目」就是出自其手;他是不倒的常青樹,創下了臺灣電視談話類節目持續時間最長、收視第一、影響力最大的紀錄,以「客觀中立」的訴求塑造了「一個嚴肅的傾聽者形象」;2005 年在他主持的《2100 全民開講》中,抖出高捷弊案的關鍵證據,掀起了一個挾著雷電的輿論風暴,改變了臺灣「三合一選舉」的格局,影響了事件發展的態勢,產生了巨大的輿論效果。[57] 三立電視臺《大話新聞》主持人鄭弘儀強力支持謝長廷,使謝在民進黨內「總統候選人」初選時力克蘇貞昌、游錫堃與呂秀蓮,蘇貞昌挾陳水扁與南部 7 位民進黨籍縣市長的加持仍不敵謝長廷,意見領袖鄭弘儀的影響力可見一斑。

轉型後的臺灣政治文化,造就了一批批可以和政治人物在輿論議題主導權上一爭風頭的意見領袖。下面是目前幾位重量級的意見領袖的簡單描述。

李敖:有「大師」之譽,多次因言招禍而下獄,性格狂傲,特立獨行,好打官司,善用逆向思維,不怕與權貴作對,不惜與眾人相左,在節目中好用證據說話,是許多政治人物不敢惹、不願惹的「刺兒頭」。曾參選臺灣地區領導人,現為「立法委員」。2005 年大陸行,捲起李敖旋風,擁護「一國兩制」,一身紅衣打扮。

陳文茜：出身綠營，曾任民進黨主席特別助理、文宣部主任，是著名的輿論操盤手，為民進黨執政立下汗馬功勞，對民進黨派系互動與議題操縱瞭如指掌。後反戈一擊，更能擊中民進黨痛處，對民進黨排斥異己、治「國」無能、治家無方、勾連財團等均能提出事實證據，使陳水扁窮於應付。說話銳利深刻、條理分明，被稱為臺灣電視評論界的「一姐」。

胡忠信：曾是綠營的輿論操盤手，一本《臺灣之子》使陳水扁「豎子成名」，也見證了他的輿論影響力。後來與陳水扁漸行漸遠，成為民進黨和陳水扁的批判者。他擅長趨勢預測，號稱「趨勢專家」。好引經據典，擅創造流行語彙。

張友驊：軍事評論家，以揭內幕著稱。在談話節目中扮演「神秘的來客」角色。經常在談話節目中爆料，增強其戲劇性，使談話節目成為新聞事件，充滿懸念。經常講的話是「我告訴你，這件事只有N個人知道，一個是某某某、一個是某某某，還有一個我不能講……」。他在軍方及情治單位似乎都有朋友（線人），介入陳由豪等爆料事件。

沈富雄：綠營中特立獨行的人物，能夠反思並批判民進黨的一些行為，並能傾聽藍營的聲音，在談話節目中扮演雙面人角色，是泛藍觀眾中較能接受的綠營人物。每次上「新聞駭客」、「中間選民」、「新聞夜總會」等節目，就會引起「綠營」派「選民」的抗議，但他仍樂此不疲，常在節目中講反話捧「藍軍」的場，但其綠偏中的形象並未給他帶來選票，在「立法院」選舉時意外失利。他在陳由豪爆料事件的危機處理上堪稱一絕，聲名鵲起。

丁庭宇：臺灣資深民意調查專家，對數字非常敏感，是臺灣蓋洛普民意調查中心的創辦者，也是臺灣「名嘴」，專門喜歡跟沈富雄唱反調，明明支持「藍軍」，偏偏要向「綠營」獻策，還說呂秀蓮是他的偶像。他和沈富雄都是頗受島內觀眾喜歡的「反派」角色。

趙少康：與著名作家李敖、名嘴陳文茜並稱臺灣「反扁三大將」。是臺灣頗具影響力的政治評論節目主持人。他曾被譽為國民黨的「政治金童」，歷任臺北市議員、「立法委員」、「環保署長」。趙少康當年在島內各級選舉中具有其強大的魅力與號召力，是馬英九之前臺灣泛藍陣營最有人氣的政治明星，但在1994年參選臺北市長失利後，逐漸淡出政壇。現為臺灣飛碟電臺董事長，資深媒體人，經常在電視與廣播中主持政治評論節目，以犀利穩健著稱，每每以激烈言詞批判陳水扁當局。

周玉蔻：辣得夠味，嗲得到位，犀利起來咄咄逼人，放起電來也能讓人頓起雞皮疙瘩。長期的記者訓練，懂得精準地把握采對方心理，更嫻熟話題的議程設置，善於讓採訪對象不設防地繳槍，特別的說話調調，給人以強烈的聲音識別。周玉蔻早年寫作《蔣經國與章亞若》、《李登輝的 1000 天》等書，以新聞報導寫作的方式評議政治人物，受到注目。近年來，周玉蔻又先後寫作《唐飛——在關鍵的年代裡》、《權力遊戲荒謬劇——陳水扁混亂的 180 天》，翻攪出臺灣政壇新舊「政府」交替的內幕，成為政壇焦點。2004 年「大選」後，周玉蔻的政治立場明顯由藍轉綠，成為不折不扣的綠色媒體人。

汪笨湖：2002 年底，汪笨湖開始主持「臺灣心聲」，標榜「100% 本土原味政論節目，抓妖、嗆聲、說真話，檢驗所有政治人物，走透臺灣基層，跟人民借膽，向『總統府』發聲」。他是作家出身的主持人，懂得講故事；擔任過電視臺電視劇監製，善於在談話節目中表現戲劇張力；坐過牢，有著層出不窮的俚語俗言；極具煽動性的草根表達，對準了臺灣中南部常常被主流忽略的口味；強調「從南臺灣出發」，堪稱臺灣政論節目的「南霸天」。

楊憲宏：臺灣傳媒業中的綠色分子。與綠營高層皆有私交，不時爆料高層內幕，加上語不驚人死不休，是典型的打手型綠色名嘴。由於他能掌握到第一手的訊息，是其他打手型的綠色名嘴無法企及的。其後期觀點，有逐漸向中間靠攏的趨勢，語調也開始漸趨溫和。

鄭弘儀：集節目名嘴、作家、投資專家多重角色於一身，批藍、反「中」、挺「獨」，立場無比鮮明，下手毫不手軟，出口敢於爆粗，最具有殺傷力的綠營名嘴，最有能量的「獨」派主持人，別的名嘴，即便語言可能比他更惡毒，但往往逞口舌之快，但鄭弘儀卻可以轉化成選票，即便是民進黨黨內初選，誰要得罪了他，也會吃不了兜著走，破壞力極強。而他要力挺誰，誰也會如虎添翼。2008 年臺灣「大選」，民進黨初選時蘇貞昌就吃了他的虧。

4. 輿論議題從菁英階層壟斷向普通大眾開放

如前所述，轉型前的臺灣政治文化，普通民眾對政治體系的輸入方面既無認知，在輿論議題的主導上也很難作為。且不說新聞頭版與社論評論，就連讀者投書都遠未被重視[58]。以《中國時報》為例，李瞻於 1975 年抽取該報 1 月至 4 月共 24 天的樣本進行研究，發現全部僅刊登六篇讀者投書，平均每 4 天一篇。[59] 三年之後，張錦華於 1978 年抽取該報 3 月和 4 月共 61 天的樣本研究，結果刊登的數量更少，全部只有 4 篇，平均約每 15 天一篇。[60] 黨營的《中央時報》略為重視，從 1971 年後，幾乎每日刊登讀者投書一至三篇，更在 1974 年 3 月

4 日起首開《讀者之聲》專欄先河，[61]頁。但 1977 年 11 月 1 日又停刊，改以零星方式刊登讀者來書。

讀者投書未被重視，報業同仁普遍將之歸咎於當時報禁的「限張」政策，新聞、廣告都缺版面，何況讀者投書。曾任《中央日報》社社長阮毅成認為，報紙篇幅不足，是最大原因。例如，早年吳國楨案發生時，該報收到的讀者投書多達兩千多封，由於報紙僅一大張半，無法容納這些數量龐大的讀者投書，不得已只好選出少數具有代表性的讀者來信摘要刊登。[62]

臺灣報人荊溪人對此也抱怨：「由於版面太擠，在新聞配合廣告的原則下，編的人是無法用武的。但廣告比新聞先到一步。白天已經排好，先入為主，新聞只能在廣告所留下來的空地盤裡做道場。假如新聞編者硬要弄一弄『權』，將廣告抽去一點，也未始不可，但抽廣告的時候，已下了決心給廣告客戶罵，給營業同仁埋怨。所以，經常的情形是自己將新聞設法擠，擠得頭破血流，腰斬尾斷，支離破碎。與我取反對態度的同仁便會說：『新聞都擠不下，還管什麼讀者投書』。在這種環境下，我只有收了讀者所熱烈寄望的投書，放棄我自己堅決的主張。當然，名正言順，先容新聞。」[63]

讀者投書未被重視，表面上看是報紙限張帶來的篇幅緊張，其深層次原因還是當時的政治文化使輿論議題被壟斷在菁英階層，這個菁英階層不僅包括政治人物，還包括控制著文化生產的「知識分子」。在布迪厄（Pierre Bourdieu）看來，文化生產場是另一種權力「場域」，這些作為菁英階層的知識分子「在權力場中處於被統治地位」，「知識分子其實是統治階級中被統治的一部分」。[64]但菁英階層的知識分子還是屬於「統治階級」，儘管他們是這個「統治階級」中「被統治的一部分」，他們在文化生產場中還是能獲得權力，成為布迪厄所說的「擁有權力，並且由於占有文化資本而被授予某種特權」，[65]他們「在一定程度上控制著哪些議題、建議和作者能進入由大眾傳媒支配的公共領域」[66]。

客觀地說，臺灣「政治革新」之後，文化生產場由菁英階層控制的性質仍然未改變，但是轉型之後的臺灣政治文化的確使輿論議題的主體由菁英階層的壟斷朝有條件地向普通民眾開放的方向轉變。

首先發生轉變的是臺灣各大報對讀者投書由極為輕視轉變為大加重視。報禁解除後，各報紛紛拿出版面，大量刊登讀者投書。見表：

表 3：報禁開放之初，各報讀者投書版面的配置情形

報社名稱	版面名稱	出現版落、版次
《中國時報》	意見橋	第二、三、四落不等
《聯合報》	民意論壇	第一落第十一版
《中央日報》	有話大家說	第一落第十二版
《工商時報》	工商發言台	第一落第十版
《大明報》	讀者投書或回聲	第四版
《中時晚報》	時論	第三版
《聯合晚報》	生活資訊版	第十六版
《自立晚報》	自立講台	第二落第十四版
《自立早報》	雷達站、新聞情	第五版
《太平洋日報》	電話信箱	
《台灣日報》	溝通廣場	第二落第十六版
《台灣立報》	銀髮族、新兩性、新士族	
《台灣時報》	讀者論壇	第二十七版
《台灣新生報》	視性質而定	
《台灣新聞報》	無話不談	第一落第六版
《自由時報》	自由廣場	第一落第六版
《更生日報》	大家談	第三版
《青年日報》	青年論壇	第四版
《民生報》	民生論壇	第一落第二版

資料來源：中華民國新聞評議委員會《媒體如何經營公眾論壇園地》，1994年6月，第28頁。

《中央時報》將讀者投書與社論版放在一起，凸顯對民眾言論的重視，也便於讀者將社論與讀者言論進行對照比較；《中國時報》為讀者投書開闢了許多子欄目，將讀者言論進行歸類、對比，使其對議題的參與更加明確。編輯過的言論還有讀者與讀者、讀者與媒體、讀者與質疑對象（機構與單位）的交流與對話，試圖將讀者投書建設成一個公共輿論的平臺。而《聯合報》則把讀者投書與意見領袖的意見及民意調查結合在一起。百家爭鳴的讀者投書版面設計，反映出媒體對普通民眾言論的重視。[67] 王洪鈞對報紙對讀者投書的突然重視有這樣的評述：「報業長期以來受到與戰時相同的約束，一旦開禁，已非僅登記與張數的開禁，而是精神上和心理上的開禁。因此，在新聞與言論上自然而然地出現了自由的迸發，正像一個判了無期徒刑的監犯，突獲特赦出獄常先買醉自賀。尤其因為政治

的威權既由『輿論』取代，更鼓舞了報紙為民喉舌的使命感，於是報紙的輿論功能大行擴張。」[68]

將讀者投書零星地刊載還是開闢出專版，表面上看反映的是媒體對普通民眾是否重視，但其深層次卻是臺灣政治文化轉型後對臺灣輿論議題的潛移默化地調整。開闢專版的讀者言論，使一個個單個的讀者聲音整合成「民眾」的聲音，使之具有輿論的集合性特徵。在臺灣報業同仁中，不約而同將刊載讀者投書的版面稱為「輿論版」，顯然「輿論」和一般的「來函照登」，甚至「來函摘登」大不相同，一些版面還將讀者投書的形式變成讀者與讀者之間、讀者與機構之間以及讀者與意見領袖之間的對話，顯示出多個輿論主體對輿論議題的參與。這是政治文化轉型後，臺灣輿論議題主體向普通民眾開放的結果。

臺灣政治文化轉型後，還有一個將零星的「個人」整合成輿論的「民眾」的方法，那就是民調。民調此前也有，但於此為甚，主要表現在兩個方面：一個方面是領域的擴大，以前的民調規模很小，領域很窄，敏感議題都不敢觸及。轉型後臺灣幾乎任何一個重大事件、重要理念和較大的活動都會有民調，突出地表現在每一項選舉都有大量的民調，而有些議題則反覆在進行民調，比如對「省籍認同」、「臺灣人／中國人」認同與「統獨認同」的民調有編年史般的數據。另一個方面是影響的擴大，以前的民調其作用往往是決策部門或學者研究使用，對社會的影響不大，有的甚至是調查之後不公佈，只作為內部的參考。轉型後，民調的作用凸顯，對社會形成巨大的輿論力量，甚至直接改變政治的走向，比如2007年國民黨、民進黨兩黨在初選「總統」及「立委」候選人時都不約而同採用民調的方法。

民調的輿論主體是一種典型的隱匿主體，民調中的民眾都是匿名的。這些匿名的一個個零星的個人，其意見整合起來，就具備了輿論的集合性特徵，其一公佈，就會發揮輿論的作用。這裡要特別說明的是，只有民調的公佈才能轉變成輿論，民調未公佈前它只是對民意的調查，還不構成輿論。公開是輿論的最重要的特徵之一，公開的民調才顯示出強大的民意的輿論力量。

客觀地說，民眾雖然透過民調發聲，但其作為輿論議題的主體是受限的，表現在其對議題的設置是被動的。真正掌握議題設置權的是民調組織者，他們設計怎樣的題目和怎樣的問卷才是議題設置的關鍵。同一個題目，不同的問法可能導致其結果大不一樣，其影響也各不相同。但無論如何，民眾還是以輿論議題的主體身份出現的，公佈的民調只能是「百分之多少的民眾認為」，而不能改為「百分之多少的民調組織者認為」，即使被「設計」、被「編輯」，民眾仍然是民調

議題中最主要的輿論主體。民眾在匿名的代價中，以數字的方式展現為「統計的公眾」，這種「數字的公眾」仍然具有強大的輿論影響力。

　　臺灣的輿論議題主體向民眾開放的一個最值得重視的趨勢是廣播電視的現場觀/聽眾和「call-in 觀/聽眾」，特別是電視的現場觀眾和「call-in 觀眾」，以其強大的影響力，展現出民眾作為輿論議題主體的新形象。它被譽為是政治文化轉型後「電子民主」的產物，反過來它又推進了臺灣政治文化向「民主化」、多元化方向發展。其標誌是平民大眾的聲音儘管可能被扭曲變形，但仍能透過大眾傳媒傳播出去，輿論的「向多數人」傳播，不再是少數意見領袖的專利。「Call in 節目」模式的出現，使一個個民眾個體有了在大眾傳媒表達意見的渠道，使大眾傳媒的「大眾」不只是「受眾的大眾」，而且是「傳播的大眾」，雖然這種 Call in 仍受到種種限制，民意表達可能仍是分離的、不充分的和不完整的，但民眾的聲音可以密集而且大規模地出現在大眾媒體上。民眾參與政治的熱情被電視談話節目極大地調動起來，民眾從收看電視節目的「觀眾」轉變為關心和討論公共事務的公眾，這正是電視談話節目收視率居高不下、被民眾熱捧的一大原因。民眾用自己的電話機和遙控器表達了渴望「當家作主」的慾望。儘管這種民意的表達仍然可能被政客利用，使民主變味為「民粹」，但絕不能因噎廢食，看不到電視談話節目對臺灣民主建設的推進。

　　電視談話節目是電視傳媒中最容易聽到普通民眾原生態聲音的節目形態，也是大眾傳媒中除網絡外對普通民眾最開放的輿論形式，這正是人們認為電視談話節目標誌著電子民主時代的到來，是一種民主進步的原因。但這最具有平民色彩的輿論形式，在臺灣卻仍難逃「再封建化」的命運，種種跡象表明，臺灣電視談話節目並沒有成為民眾聲音暢通無阻的管道。實際上，臺灣電視談話節目本來就是菁英人物設計和製造的產品，從其誕生之日始，它就一直被菁英人物控制和主導，並從未缺場。

　　首先，在議題的選擇和節目的設計這些環節上，普通民眾無法介入。臺灣電視談話節目製造成的所謂「公共場所」，其實仍是菁英人物的領地，民眾只是被菁英人物邀請進入這「公共場所」的客人，而不是這個場所的主人。他們中的絕大部分是作為閱聽人的身份在電視機前成為這「公共論壇」的「觀者」，他們中的極少數人可能被選擇作為代表去現場，大都是安排在場下作為傾聽者。他們可以起閧，但主要的作用卻是製造氣氛，而不是發表意見（反映民意）。他們也許有發言的機會，但必須圍繞臺上菁英人物的話題，和 Callin 進來的觀眾一樣，在主題和時間上被嚴格地限定，很難成為坐在舞臺上的嘉賓。那些嘉賓不是政治菁

英就是知識菁英，這些菁英占據著攝像機和觀眾的視覺中心，並且成為電視談話節目的常客和公共論壇的主角。

普通民眾的聲音從來就沒有在臺灣電視談話節目中獨領風騷，而且根本就無法和菁英人物的聲音對等和對稱，它往往是作為菁英人物聲音的陪襯、點綴、背景、道具甚至是裝飾品。普通民眾對節目的參與並沒有改變其「觀者」的基本定位，沒有改變其在輿論傳播中主要是作為被傳播者的地位。菁英人物始終占據和稱霸著這個被有些人歡呼或自詡為反映民意的輿論形式，而且它越是向公眾開放就越加劇了菁英人物對其控制和利用，這種由菁英人物導演的「平民化」，構成對臺灣電視談話節目的最大諷刺。臺灣電視談話節目不過是代議政治的一種復製品，而不是民眾直接表達民意的公共領域。民眾的聲音更多的是被代表的，而不是直接地表達。這種代表性和過去封建國王和貴族「代民做主」式的代表性在形式上有些類似，和當下資產階級代議制式的代表性在實質上更是趨同，區別不過是政治場域的代表性變成了媒體再現，但民眾在公共領域的發言權被剝奪、被排擠、被扭曲的狀況並沒有得到根本的改變。事實證明，電視談話節目作為哈貝馬斯理論意義上的理想「公共領域」，如果不是許多人的想像，就是一些人的幌子。

但無論如何，臺灣輿論議題主體向普通民眾開放，證實了臺灣輿論議題主體進一步向多極化發展。政黨、政府、議會、媒體、意見領袖、普通民眾等構成輿論議題主體的多極，其內部的細分使輿論主體的多極化顯現出極為複雜的結構。臺灣政治文化的轉型，使政治參與的主體多元化，也使輿論議題的主體多極化，在輿論議題的不同主體的博弈下，臺灣輿論按照一定的軌道又充滿變數地發展，為臺灣社會的轉型進一步推波助瀾。隨著臺灣政治文化的進一步轉型，臺灣輿論議題主體在向多極化方向發展的過程中逐漸呈現出多極並存下的兩極分化趨勢。臺灣輿論議題的主體在「民主化」、「自由化」的推動下雖然表現為多極並存，但是，隨著臺灣政治文化向「民粹主義」加「族群主義」的「群粹主義」的方向發展，輿論主體的多極開始再一次分化為兩大陣營，無論是政黨、團體還是媒體個人，都在族群政治的操弄下按照統獨光譜被染上藍綠色彩，這樣，多極化的輿論主體實質上成了被泛藍、泛綠兩極主導的局面。這樣，在臺灣政治文化的轉型影響下，六十年來臺灣輿論議題的主體實現了從單極到多極轉變，又朝著多極並存的兩極分化方向發展。

第三節 臺灣輿論與政治文化的互動媒介的演變

在現代社會裡,「媒體政治」是輿論與政治文化互動關係中最重要的媒介。傳媒與政治關係的演變,反映出輿論與政治文化互動框架的變遷。本節以「媒體政治」為切入點,考察光復以來臺灣輿論與臺灣政治文化互動媒介的變化。作為臺灣傳媒與臺灣政治關係的反映,臺灣的「媒體政治」經過了從「媒體政治化」到「政治媒體化」的轉型,並向「媒體即政治」方向發展,而與此相對應的是臺灣輿論議題最有代表性的形式也發生了從社論到政治廣告再到電視談話節目的轉變。

輿論與政治文化的關係互動,可以透過許多中介,比如街頭政治、議會政治等,但在現代社會裡,大眾傳媒是最重要的中介,因為其他所有的中介最後都只有透過媒體的中介向全社會傳播,才能發揮政治文化對輿論的最大影響,也才能最大程度地發揮輿論對政治文化的反作用。在輿論與政治文化的互動下,作為中介的媒體與政治的關係日益緊密,媒體與政治的這種結合,被叫做「媒體政治」。「媒體政治」就成為輿論與政治文化互動關係中最重要的互動媒介,因此媒體政治的變化,反映的是輿論與政治文化互動框架的變遷。

在本章的前兩節,本書從臺灣輿論與政治文化的關係框架中,分別考察了臺灣輿論議題的內容、結構與主體的演變,本節將從「媒體政治」的角度重點研究臺灣輿論議題的形式變化。因為臺灣輿論議題形式的變化,代表的是臺灣輿論與政治文化互動、媒介的演變以及臺灣輿論與政治文化互動框架的變遷。

一、「媒體政治化」與臺灣的「社論」

「臺灣政治革新」前,臺灣媒體政治最重要的特點是「媒體政治化」,其輿論議題最有代表性的形式是「社論」。

這個時期的政治與媒體的關係是控制與反控制的關係,其中政治的控制是絕對的主導。所謂「媒體政治化」就是媒體成為被政治所同化控制的工具。政治對媒體的控制又分為直接控制與間接控制兩種。

所謂直接控制指的是政治勢力運用市場準入、特許經營、股權比例及人事安排等手段將媒體直接控製成政治勢力所屬的工具。媒體一直是政治的工具,但媒體不一定是政治勢力所屬的工具,政治勢力還可以透過尋租等其他手段將媒體利用為工具。但直接控制則不同,它將媒體直接地控製成自己的子弟或自己的盟友。

以報紙為例,在「報禁」政策下,從 1950 年到 1987 年,無論報紙換成什麼名字,也不論其機構組織如何調整,在全臺的報紙始終只有 31 家。

見下表:

表 4:「報禁」解除前,臺灣報紙名稱與演變情形

報名	創刊日期	性質	地點	演變情形
《台灣新生報》	1945.10.25	「官報」（「政府報」）	台北市	1949年6月20日,接收《國聲報》設施發行南部版;1961年6月20日,南部版改為《台灣新聞報》。
《中華日報》	1946.2.20	「黨報」	台南市	1948年2月20日,創刊北部版,總社遷往台北,台南報紙稱南部版;1980年9月1日,南部版升格為南社;1987年8月1日,總社與南社合併,總社遷往南社。
《更生日報》	1947.9.3	民營報	花蓮市	最早名為《台灣更生報》;1951年4月7日,改名《更生報》;1971年3月29日,改名為《更生日報》。
《自立晚報》	1947.10.10	民營報	台北市	
《忠誠報》	1948.2.22	「軍報」	台北縣	原名為《精忠日報》,1968年1月1日,改名《忠誠報》。
《國語日報》	1948.12.25	民營報	台北市	
《中央日報》	1949.3.12	「黨報」	台北市	
《台灣新聞報》	1949.6.20	「官報」（「政府報」）	高雄市	原為《國聲報》,二二八事件後停刊;1949年6月20日,被接收為《台灣新生報》南部版;1961年6月20日,改為《台灣新聞報》。
英文《中國日報》(CHINA NEWS)	1949.7.1	民營報	台北市	台灣最早之英文刊物,原為油印通訊稿;1960年7月1日,獲核發日報登記證,改為日報。
《建國日報》	1949.11.22	「軍報」	澎湖縣	由澎防部經營。
《大華晚報》	1950.2.1	民營報	台北市	1988年10月,由宏圖集團接收,同年12月31日停刊,原址改為《大成報》。

續表

報名	創刊日期	性質	地點	演變情形
《民眾日報》	1950.9.5	民營報	高雄市	原為基隆《民鐘日報》；1952年改名《民眾日報》；1978年9月16日，遷往高雄市
《中國時報》	1950.10.2	民營報	台北市	原名《徵信新聞》，1960年1月1日，改名《新聞報》；1968年9月1日，改名《中國時報》
《民族晚報》	1950.12.1	民營報	台北市	原為《民族報》二次版；1987年7月27日停刊。
《聯合報》	1951.9.16	民營報	台北市	由《民族報》、《全民日報》、《經濟時報》三報組成。最早名為《民族報、全民日報、經濟時報聯合版》；1953年9月16日，改名《民族報、全民日報、經濟時報聯合版》；1957年6月20日，改名《聯合報》。
英文《中國郵報》(The China Post)	1952.9.3	民營報	台北市	台灣最早之英文日報。
《青年日報》	1952.10.10	「軍報」	台北市	最早為1950年6月1日創刊的《軍民導報》(日文)；1952年10月10日，改名《青年戰士報》；1984年10月10日，改名《青年日報》。
《中國晚報》	1955.12.25	民營報	高雄市	最早為1949年創刊的《自強晚報》，後改名《自由日報》；1955年12月25日，改名《中國晚報》。
《中國日報》	1956.3.29	民營報	台中市	原為1951年7月6日創刊的《新中國報》，隔年遷往豐原；1956年3月29日，改名《中國日報》；1960年3月17日，遷回台中。
《新聞晚報》	1956.10.25	「黨報」	高雄市	原為嘉義《鯤聲報》，1953年12月16日，改名《聯合報南部版》；1955年4月26日停刊，改名《台灣日報》發行；1956年1月31日停刊；同年10月25日，改名《成功報》，遷往台南；1957年7月1日，改名《成功晚報》；1971年遷往高雄；1986年，改名《新聞晚報》，由《台灣新聞報》經營。
《馬祖日報》	1957.9.3	「軍報」	福建省連江縣	原隸屬馬祖指揮部，1964年改隸馬祖戰地政務委員會。
《金門日報》(與《正氣中華報》合併發行)	1965.10.31	「軍報」	福建省金門縣	《金門日報》母報為《正氣中華報》，最早是1948年在江西創刊的第十八軍《無邪報》；1949年5月1日，更名《正氣中華報》，同年10月2日遷至金門，隸屬金門防衛司令部；1958年1月1日，改隸金門戰地政務委員會。
「經濟日報」	1967.4.20	「民營報」	台北市	前身為1947年10月25日創刊的《公論報》，由王惕吾收購。

報名	創刊日期	性質	地點	演變情形
《台灣時報》	1971.8.25	民營報	高雄市	最早為1946年2月1日創刊的花蓮《東台快報》，因社論被吊銷發行權；3月1日，改名《東台日報》復刊；1964年3月16日，改名《中興日報》，遷往彰化；1967年4月10日，改名《台灣晚報》；1971年8月25日，改名《台灣時報》，遷往高雄。
《民生報》	1978.2.18	民營報	台北市	前身是1948年11月20日創刊的《華報》，由王惕吾收購。
《台灣日報》	1978.8.21	「軍報」	台中市	最早為1949年10月1日創刊的基隆《大聲報》；1953年5月10號，改名《東方日報》；1964年10月25日，改名《台灣日報》，遷往台中縣大里鄉；1978年8/21日由軍方接辦；1980年1月1日，遷至台中市
《工商時報》	1978.12.1	民營報	台北市	最早為1951年5月1日創刊的《工人報》；1964年10月21日，改名《農工日報》；1965年2月休刊；1968年5月1日，改名《大眾日報》；1972年由余紀忠收購，改為《工商時報》
《自由時報》	1981.1.1	民營報	台中市	最早為1946年12月12日創刊的《廣東導報》三日刊；1948年12月20日，改為《台東新報》日刊；1950年11月11日停刊；1952年7月12日復刊；1961年元旦停刊，同月易名《遠東日報》；1965年8月5日，改名《東聲日報》；1969年1月，改為《台聲日報》；1971年後改名《大漢日報》；1978年改名《自強日報》，遷彰化發行；1981年1月1日，改名《自由日報》，在台中設廠；1986年遷往台北縣新莊；1987年8月1日改名《自由時報》；1989年6月遷往台北市。
《台灣晚報》	1987.7.14	「軍報」	台中市	原為1946年1月1日創刊的《台灣民聲報》周刊；1947年5月6日，改名《台灣民聲日報》；1986年1月1日，由《台灣日報》收購（「國防部」為背景），改名《大眾報》；1987年7月14日，改名《台灣晚報》。
《現代日報》	1987.2.17	「黨報」	嘉義市	前身為1953年8月29日創刊的嘉義《商工日報》，1982年，國民黨文工會買下經銷權發行；1986年5月1日停刊；1987年2月17日，改名《現代日報》復刊發行，同年7月中旬停刊。

資料來源：王天濱：《臺灣報業史》，臺北：亞太圖書出版社，2003年版，第140—142頁。

31 家報紙中官方報紙 15 家，民營報紙 16 家，官方報紙僅從報紙數量上就控制了半壁江山。而另外 16 家民營報紙，之所以能獲得特許經營，都是因為其能夠聽招呼聽指揮，才能在當時嚴厲的新聞管制下生存下來。以最大的兩張民營報紙為例，《聯合報》的老闆王惕吾與《中國時報》的老闆余紀忠皆為軍人出身，並都是國民黨中常委。[69]

除了對報紙數量嚴格限制外，解禁前，廣播電臺、通訊社及無線電視的數量都分別控制在 33、44、3 家。只有雜誌例外。

表 5：臺灣報刊、通訊社、電臺統計表（1983—1999 年）

年度	報紙	每百戶/份數（報紙）	雜誌	通訊社	廣播電台	無線電視台	人均收入（美元）
1983	31	65.88	2543	44	32	3	2457
1984	31	67.96	2661	44	33	3	2794
1985	31	72.71	2884	44	33	3	2868
1986	31	75.54	3027	44	33	3	3993
1987	31	70.34	3422	44	33	3	5275
1988	122	67.37	3922	44	133	3	6333
1989	195	71.13	4242	160	33	3	7512
1990	211	69.49	4337	181	33	3	7413
1991	237	68.61	4282	190	33	3	8189
1992	270	66.04	4474	205	33	3	9591
1993	274	63.04	4762	233	33	3	10011
1994	300	64.53	4984	222	33	3	10816
1995	357	60.54	5247	218	39	3	11630
1996	361	56.45	5480	242	49	3	12161
1997	344	56.93	5676	251	70	3	12457
1998	360	53.56	5888	238	93	5	11333
1999	384	51.68	6463	242	121	5	12100

資料來源：《中華民國統計月報》，2000 年版；「中央通訊社」：《世界年鑒》，1996—1999 年版；臺灣「行政院」主計處：《國民經濟動向統計季報》，2000 年版。

以電視為例：臺灣的電視事業雖早有醞釀，但遲至20世紀60年代才拉開序幕。1962年2月14日臺灣「教育部」辦的「教育電視實驗廣播電臺」正式開播。這是臺灣第一家電視臺，也是臺灣電視有經常節目播出之始，該臺不播廣告，經費全部來自「教育部」預算。

1962年4月28日，臺灣電視事業股份有限公司（TTV）成立，1962年10月10日，臺視正式開播。業界普遍認為自此臺灣進入了電視傳播的時代。

臺視的籌辦是由官方操作的。先是臺灣省政府透過新聞處設立「臺灣電視廣播事業籌委會」，正式成立時改為股份有限公司。資本額最初為3000萬臺幣，從資金來源看，由臺灣省政府的金融事業單位投資49%，另由臺灣水泥公司等一些所謂民營企業單位合計投資11%，本地資本合占總資本額的60%，共計新臺幣1800萬元；日本的富士、東芝、日立、日本電氣公司等四家廠商各投資10%，合占40%，共計新臺幣1200萬元（合美金30萬元）；從資金性質看，形式上民股（含日資）占51%，官股占49%。[70]

七年後開播的中視，一舉打破了臺視一家壟斷的局面，但仍然沿著臺視首創的官方資本與民間資本相結合的體制運作。中視資本額最初為新臺幣1億元，由中國廣播公司與國內28家民營廣播公司各投資50%。「中國廣播公司」為「執政黨」的新聞事業機構，每年接受國庫大量的補助。臺灣學者李瞻在其《電視》一書中先寫到：「中視自稱是一家純商業性的電視公司，沒有任何公股。」隨後又在同一頁上說明（「中視」的）資本結構：1983年資本額為4億元，1978年為1.5億元，每股1000元，共發行15萬股。其中國民黨投資67%；民股占39.73%。在民股中主要為正聲、鳳鳴等民營之廣播公司。」[71]這種矛盾的表述，直接表明中視自稱沒有公股的說法是自欺欺人。在「解禁」前一黨專政的臺灣社會裡，「黨即是國」，「國即是黨」，沒有多大區別。作為執政的國民黨的黨產，無論其形式如何，其實質都是官產。

「華視」於1970年代開播，使臺灣電視形成三足鼎立的局勢。它同樣沿襲了官方資本與民間資本相結合的臺視模式。「華視」的前身是「中華教育電視臺」，最初由臺灣「教育部」全額撥款，但由於經營困難，無法發揮教育電視的效果，急需增資擴建。臺灣「國防部」早就覬覦電視這塊肥肉，由時任臺灣「國防部部長」的蔣經國一手促成：臺灣「國防部」以加強軍中政治教育為由，增資新臺幣一億元，與臺灣「教育部」聯手將教育電視臺改組為「中華電視公司」，臺灣「國防部」擁有股份51%，臺灣「教育部」擁有股份49%，又是一個51%和49%的敏感比例。經過之後的歷次股權比例調整，後來居上的臺灣「國防部」股

份仍然占據 30% 上下，即便不算類似「國軍同胞儲蓄會」這樣的實際由軍方主管的所謂民股，臺灣「國防部」也始終保持實際控股的優勢；而創始人臺灣「教育部」的股份則一落千丈地降到 10% 上下。這種鳩占鵲巢、以軍方為老大的奇特股權比例，表明同是官方資本，不僅親疏不同，而且倚重有別。[72]

臺灣電視的官方資本實際上是最大的控股方。官股不僅事實控股，而且經過改頭換面後其實際的股權比例皆超過 50%。各電視臺的民間資本不僅比例很小，而且十分分散。如臺視 1978 年的資本構成：臺灣省政府的金融事業單位占 48.94%，四家日資公司共占 20% 的股權，而各個「民股」的比例是：臺灣水泥 5%、北區合會 5%、中華開發 4.3%、中央日報 2.26%、新竹玻璃 2.5%、南港輪船 1.91%、中廣公司 1.66%、臺豐實業 1.58%、士林電機 0.91%，九家「民股」合計僅占總股的 26.58%，其他為員工股；一支獨大的臺灣省政府其金融單位事實控股。而即便是所謂的「民股」中，類似中央日報、「中國廣播公司」都是國民黨黨營的平面媒體與廣播媒體，而且接受國庫撥款。因此，臺視的實際官股比例超過 50%。而在 1978 年中視的資本構成中，國民黨投資 60.27%，民股僅占 39.73%。而在 1978 年華視的資本構成：「國防部」投資 30.78%，「教育部」投資 10.38%，合計 41.16%；「黎明文化公司」占 25.52%，「華視文化基金會」占 5.38%，「國軍同胞儲蓄會」占 10.26%；其他民股只有中興紡織 5.13%，大同 2.30%，臺塑公司 2.55%，聲寶電器 2.56%，吳輝生 5.11%。其實，「黎明文化公司」、「華視文化基金會」、「國軍同胞儲蓄會」等所謂三大「民股」是變相的軍方主管的股份。名副其實的民股只有王永慶、林挺生、陳茂榜等少數幾個人，各持股不到 3%。合計軍方在臺面上下操控的華視股權超過八成以上。[73]

國民黨當局也許敏感地發現了電視的威力，對電視的控制比報紙、電臺、通訊社還要有過之無不及。一個明顯的標誌是即使在「解禁」後的相當長一段時間內，即使那時候各類報紙已鋪天蓋地，各種電臺也層出不窮，但還是將無線電視控制在三臺以內長達十年之久。

從 1962 年開辦電視以來，長達 14 年，廣播電視沒有「立法」。「廣播電視法」的難產，一方面說明廣播電視「立法」的複雜性、敏感性與特殊性，另一方面表明臺灣當局滿足於用靈活多變的行政政策與任意操縱的行政手段來對電視進行鐵腕的控制。

1976 年 1 月 8 日臺灣「廣播電視法」終於頒布。其立法精神見總則第一條：「為管理與輔導廣播電視事業，以闡揚國策，宣導政令，報導新聞，評論時事，推廣社會教育，發揚中華文化，提供高尚娛樂，增進公共福利，特定本法。」

将「闡揚國策，宣導政令」作為立法目的的第一要務和廣播電視的首要任務，凸現出臺灣當局要用「立法」的形式，將廣播電視定義為其宣傳工具，置於其強權管理下。這與許多電視公營制國家和地區透過議會立法，以全民所有、中介管理（透過中立的代表委員會）的形式，將廣播電視的經營獨立於政府權力之外的電視制度大相逕庭。

臺灣「廣播電視法」確立並助長了臺灣當局對廣播電視的控制，特別表現在：在電視的行業準入與資本構成上，不僅臺灣「廣播電視法」刻意迴避，就是臺灣「行政院新聞局」頒布的「廣播電視法施行細則」也玩起空手道，讓試圖進入電視市場的投資者無據可查、無理可辯。準入的政策由臺灣「新聞局」任意制定，準入的標準由其刻意模糊，準入的資格由其隨意解釋。一切皆無明文規定，一切全由人為擺佈，一切都是暗箱操作。不然很難解釋臺灣「廣播電視法」頒布後反而20餘年沒有一家新的無線電視臺成立。臺灣創造了無法可依的10年間有3家電視臺誕生、而有法可依的20年卻無一家電視臺成立的奇蹟。是投資者不敢或不願申辦電視臺嗎？是投資者沒有去努力申請嗎？是所有申請者的資格都違臺灣「廣播電視法」的標準嗎？答案當然是否定的。等到臺灣第四家無線電視臺——「民間全民聯合無線電視」（民視）1997年正式開播，距離第一家電視臺——臺視的1962年開播已有35年，距離此前最後一家電視臺——「華視」的1971年開播已有26年，距離臺灣「廣播電視法」1976年頒布已有21年，距離臺灣1987年「報禁」開禁也有10年。

由此，1987年的「報禁開放」如果將它理解為狹義的（僅對報刊和通訊社）的開放也許更為準確；至少它並沒有立即在廣播電視上得到類似報刊那樣的響應。這再一次證明了電視（包括廣播）作為傳媒的特殊性與重要性。

「解嚴」前，臺灣當局除了對傳媒的直接控制外，還在新聞檢查與意識形態上對傳媒進行軟硬兼施的間接控制。硬性的間接控制，我們在前文已對臺灣當局多如牛毛的新聞檢查法條做了說明，這裡特別強調其軟性的間接控制。1964年的臺灣記者節，英文《中國時報》社長兼主筆鄭南謂曾發表文章談及這種軟性控制：

臺灣新聞自由的威脅，實際並非來自新聞檢查或記者被捕那些事件，而是來自記者們心理上，有意無意間受到必須警惕的一種壓迫。這種提高警惕的心理作用經常像一把利刃般刺傷新聞自由。這是新聞記者，一方面警戒不當新聞的刊載會引起敏感官方的責難，一方面受著自己愛國心、道德觀念，甚至普通常識所要求的合理判斷，而形成的自我檢查。

自我檢查壓在自由中國新聞記者心頭的重量比什麼都大，這一個職業的要求跟其他更重要問題的要求，構成不能解決的矛盾，煎熬著中國新聞記者的心……政府當局經常要求新聞工作者合作，支持『國策』，大家顧念臺灣面對共產主義不斷滲透與宣傳的威脅，確實處在一個緊急狀態之中，那末，政府的這種要求不能說是過分。因為，我們享受的自由生活，一旦受極權共產主義的控制，就將變成奴隸生活，沒有其他選擇。至於新聞記者接受政府要求到如何程度，還是由每一個記者自己決定的……[74]

　　臺灣政治對傳媒影響力透過軟性的間接控制，已經達到「洗腦」的地步。臺灣報人荊溪人談到政治的影響力時坦承：報紙要完完全全做民眾的喉舌是不可能的，他說：「政治力的影響，在現階段的『中國』報紙中，是沒有辦法擺脫的……有些炮火不免影響政府的威信，牽制政府的施政，在『舉國』上下戮力『反共復國』的今天，客觀的事實不允許這樣做，而我們編的人也不忍心這樣做……」[75]這種不是「報人」決定新聞、而是「要人」決定新聞的畸形現象已經潛移默化地成為報人的自覺行動。荊溪人說：「說句良心話，這種政治的影響力，很少出諸政府的指示，而往往是編者自我的覺悟。」[76]臺灣最大的兩家民營報，《聯合報》以「反共、民主、團結、進步」為立場，[77]《中國時報》以「在鞏固政治領導中，發揚民主生機」來自勉。[78]聯合報老闆王惕吾說：「三十年來站在前哨上觀察國家的命運，我深以為，鞏固國家領導中心，為『復國建國』大業的一切根本，因而，我無時不向聯合報同仁強調，國家利益高於事業利益，新聞言論自由必須符合國家利益的道理。」[79]這種以「鞏固政治領導」為己任的媒體「宣言」，為媒體的政治化下了最好的註腳。

　　「媒體政治化」，使得這個時期政治文化最青睞的輿論議題形式就是社論。

　　社論是輿論的經典形式。一般認為，近代輿論出現的標誌是近代報業的興起，有的觀點更絕對地認為輿論是大眾傳媒的產物，大眾傳媒是輿論必不可少的要素，沒有大眾傳媒就沒有輿論。比較客觀的說法是，進入了大眾傳播時代，輿論發生了翻天覆地的變化。報紙作為大眾傳媒最早的一種載體，培育出現代輿論的雛形，同時報紙作為一種持續至今的傳媒形式，其對輿論形態的影響持久而深遠。在某個時期，報紙的言論一度就被認為是輿論的代名詞，而社論作為報紙言論份量最重、層級最高的一種體裁，就成為輿論形式的一種經典。

　　社論成為臺灣「媒體政治化」代表性的輿論形式，最主要的原因是社論的特點契合了當時的政治文化，政治文化與輿論的互動，使社論在當時風生水起。

　　社論具有如下特點：

1.重要性。社論在威權時代的臺灣堪稱極端重要。一方面,當時最重要的傳媒非報紙莫屬,電視還剛剛起步,廣播電臺、雜誌和它不是處在一個等量級。從「報禁」這個概念就可以看出,「報禁」其實指的是對當時所有媒體所有新聞的「禁」,可是獨獨用「報禁」來表示,足見報紙在當時所有媒體中一尊獨大、鶴立雞群的地位,而「報禁」與「黨禁」、「戒嚴」並列,更從反面證實了當局對報紙極端重要性的認知與評估。另一方面,言論是報紙的旗幟,社論無論從篇幅還是版面,也無論是內容內涵,還是推介形式,都堪稱報紙中最重要的言論武器。所以,社論當之無愧地成為當時最重要的傳媒的最重要的輿論形式,也理所當然成為政治勢力最想掌控的對象,也是政治文化最想訴求的輿論形式。

2.高位性。社論的輿論是自上而下的,處在言論的最高層,和讀者來信、群眾聲音不在一個層次,其作用就是自上而下的訓導。社論總是將自己定位為社會的引航人、群眾的教育者,在眾人皆醉時只有它獨醒,在大家迷路時需要它領路,在謠言四起時需要它看清真相,在亂相紛擾時需要它指出實質,在多重困惑時需要它指點迷津,在多元選擇時需要它指明方向。社論這種高位性,和「威權主義」政治文化自上而下的輸出體系十分吻合,所以它成為當時政治勢力和政治文化最青睞的輿論形式。

3.代表性。社論與現在流行的電視談話節目常常打出「嘉賓言論不代表本臺立場」的做法恰恰相反,它就是代表本報立場的。社論、社論,就是報社之論。儘管它可能出自一個人的執筆,但從其出臺的嚴格的程序來看,它是集體意志的代表。報紙的社論往往集體討論,並往往由報紙的靈魂人物或菁英人物執筆,並常常由報社老總親自把關。《聯合報》老闆王惕吾在回顧《聯合報》30年發展時說:「我對於聯合報的言論,非常重視,我親自參加社論會議,而且策劃言論方針,商討社論題材,與總主筆溝通觀念,裁決論人論事的觀點與立場。」王惕吾認為:「報紙的言論,是有使命性的,所謂輿論,主要的是指報紙言論。」為此他特別強調:「新聞言論,對於一家報紙而言,是決定報紙價值的兩大因素,也是報紙為盡其『社會公器』與大眾傳播功能的兩大手段。比較起來,一家報紙的言論比新聞更為重要。」[80]有時,社論還是由最高政治領袖親自撰寫,以社論的形式來引導輿論。所以,有時候,社論不僅不是代表一個人,甚至不是代表一個報社,而是代表讀者、代表社會、代表時代在發出聲音,其隱含的邏輯是讀者訂閱了我們報紙,就表示大致上認同了我代表的聲音。社論的這種代表性也最被「威權主義」的政治文化所看好。

4. 集合性。社論的集合性突出地表現在報紙社論的論述形式。社論的論述常常採用人稱複數形式,即「我們認為」、「我們反對」、「我們堅持」。這種論述甚至直接體現在社論的標題中,比如:《我們對新閣人選的發展與期待》、《我們是在一條船上——為當前政治情勢向朝野進一言》、《憲改體制必須完整、國土不容分裂——我們對黨外人士組黨一事的看法》、《我們對當前經濟的診斷與建議》。[81] 這種論述形式形成了一個「多數人」的論述風格。它給讀者一個強烈暗示,就是持這種觀點的不是單個人,而是一個集體,代表了「多數人」的意志。這種論述風格不僅在心理上占據了優勢,而且在現實中得到了支持。輿論就是一種「由多數人表達,或者向多數人傳播,或者在多數人中反應的對某一對象的共同關注」。社論的集合性正體現了輿論的集合性,「我們」的有力,使每一個單一存在的個體覺得:只有加入「我們」才不會被孤立,這使得「沉默的螺旋」理論在社論中特別容易實現,所以社論是主張統一意志的臺灣「民族主義」的政治文化最倚重的輿論形式。

綜上所述,社論所具有的特點成為當時臺灣「威權主義」加「民族主義」政治文化與輿論互動的最佳輿論形式。政治文化需要這種十分契合它的輿論形式使政治文化得以廣泛傳播,反過來,社論這種形式在當時的這種政治文化環境中大有用武之地。以兩大民營報紙為例,《聯合報》在其創刊初期,一天有三篇社論,到1952年1月1日起,改為每日一篇社論,並堅持至今。[82]《聯合報》在其50年社慶時這樣自我宣稱:《聯合報》是最早預言國民黨李登輝政權可能傾覆的媒體;《聯合報》是第一個以「民粹」來形容當年政治氛圍的媒體,後來這個概念普遍被用來與「民主」作為對比;《聯合報》亦首先啟用「黑金政治」一詞,點出了強人政治的真正憑藉與社會代價;《聯合報》曾以「政黨外遇」來形容國民黨當局與民進黨的相互為用,道出政黨政治的扭曲變形;《聯合報》也是最早預言民進黨若贏得政權將調整其「臺獨」路線的媒體。[83]

這一系列的「第一」,都反映在《聯合報》的一篇篇社論中。而《中國時報》也被認為:「其社論深為朝野重視,凡有興革建議,常為政府慎重考慮採納,社論且常為歐美著名報紙轉譯刊載,有幾次還列入美國國會記錄。」[84]

總之,「媒體政治化」與社論的發達相得益彰。「媒體政治化」為社論的發達創造了條件,而社論的發達也為「媒體政治化」推波助瀾,它們都是這個時期政治文化與輿論互動框架的產物,是當時的媒體政治最重要的特徵,也是輿論議題的最有代表性的形式。

二、「政治媒體化」與政治廣告

臺灣政治文化轉型後，作為臺灣輿論與政治文化的互動媒介，臺灣的媒體政治從「媒體政治化」向「政治媒體化」轉變。所謂「政治媒體化」指的是政治行為媒體化，它表現為：政治鬥爭的領域媒體化，政治鬥爭的載體媒體化和政治鬥爭的工具媒體化，最重要的是媒體政治進入了政治活動的中心。

臺灣「政治媒體化」，是臺灣政治文化轉型的結果。伴隨著臺灣「政治革新」後的「民主化」、「自由化」，其與輿論的互動，帶來了媒體政治的活躍。為能清晰地看出其間的關係，其邏輯關係可以表述為如下：「政治革新」帶來政治文化的轉型，政治文化轉型產生民主政治，民主政治形成政黨政治，政黨政治採取媒體政治。這樣的歸納也許有些過於簡單從而有些「單項決定論」的色彩，但無論如何，「政治媒體化」就是這樣在政治文化與輿論的互動下，走上了臺灣政治的歷史舞臺。

臺灣「政治媒體化」最早濫觴於臺灣的「反對運動」。臺灣的反對運動，最初都是借助媒體的平臺發聲，並利用媒體的身份組織起來的。如前所述，在報禁政策下，報紙、廣播、電視媒體的數量都從嚴控制，只有雜誌的數量是一個例外，管制相對寬鬆的雜誌成了反對運動最容易利用的媒體。最有標誌性的是《自由中國》雜誌。該雜誌於 1949 年 11 月 20 日由胡適與雷震等創刊，在胡適的支持下，雷震一方面透過雜誌發表《祝壽專號》、《容忍與自由》、《七論反對黨》等著名文章，呼籲蔣介石放棄連任，取消以黨領軍，實行軍隊國家化，傳播民主政治與政黨政治的輿論；另一方面利用雜誌積極籌組新黨——中國民主黨。[85] 此外，在報紙方面以《公論報》、《臺灣日報》、《自立晚報》、《民眾日報》為核心，在雜誌方面以《文星》、《大學》、《臺灣政治》、《這一代》、《八十年代》、《聖國》、《新境界》、《鼓聲》、《春雷》、《努力》、《春風》等雜誌為核心，聚集了一大批黨外人士，包括王曉波、張俊宏、許信良、黃信介、林義雄等人。黨外人士一方面利用媒體的管道傳播輿論，對臺灣當局施加壓力；另一方面也透過媒體的組織（有機構，有場所，有經費），運用媒體天然的編者、作者、讀者的聯繫將反對力量整合起來，這是臺灣媒體政治的雛形。其中最有代表性的是《美麗島》雜誌。該雜誌由黃信介創辦，以社委的形式組成，在全島各大城市都設有分支機構，從而網羅了全臺各地的黨外人士，已經形成實質性的政黨雛形。《美麗島》被視為黨外運動的機關刊物。1979 年 12 月 10 日，《美麗島》發動數千名群眾以演講會與大遊行的方式紀念「世界人權日」，引發「美麗島事件」，前後共有 150 人被捕。在美麗島大審判中，《美麗島》雜誌社的 8 位成員：

黃信介、施明德、張俊宏、姚嘉文、林義雄、陳菊、呂秀蓮、林弘寅被判12年以上有期徒刑，美麗島事件的受刑人及辯護律師日後成為民進黨的中堅力量。[86]此後的《新潮流》雜誌還成為民進黨最重要的派系之一——新潮流系的源頭。

臺灣「反對運動」推動了臺灣社會的轉型。「解嚴」後，「在野黨」繼續採取借助媒體、利用媒體的方式將自己的政治勢力與政治影響一步步滲透到政治權力的中心，而「執政黨」也在一次次選舉中發現，以前慣用的行政手段與權力思維已經不適應政黨政治的時代，他們也學會將政治的重心轉移到輿論戰與媒體戰上來，「政治媒體化」的時代到來。

臺灣政治文化轉型後，「政治媒體化」催生了一個新的輿論議題的形式，那就是「政治廣告」。不久，「政治廣告」就取代「社論」成為影響臺灣輿論最重要的輿論議題形式。而「政治廣告」的一系列特點剛好契合了「政治媒體化」的要求，「政治廣告」應運而生。政治廣告是政治利益人（團體）透過購買媒體的版面、時段、空間和機會，自主定製符合其政治意願的內容產品，並直接向公眾發佈，以推銷自己的政見、政黨和政治人物的傳播行為。它是政治營銷的一種手段，也是廣告的一種特殊形式，更是「政治媒體化」最有代表性的輿論議題形式。它是輿論發展到近現代社會出現的、對傳統輿論形式的一種反動。輿論以類似商品促銷的廣告形式出現，表明由於政治文化的轉變使得包括政治傳播在內的各種政治行為已經走向另一個極端。以社論為代表的傳統的輿論，從其誕生之日起，其輿論的訴求呈現出的是強硬的、直接的和張揚的一極；而政治廣告使輿論的鐘擺盪向另外的一極，輿論的訴求變為柔性的、間接的和隱匿的。傳統輿論作為一種命令式輿論，從一開始就具有強烈的主體色彩，它往往無視受眾的選擇權，而且其作用的方式恰恰是要透過輿論壓力迫使對方改變其原來的主張；而政治廣告則是一種請求式輿論，它是有史以來最尊重受眾、最重視受眾選擇權的一種輿論形式。它證明：輿論作用的發揮不僅僅只有「輿論壓力」這一個管道，「輿論誘惑」同樣是一種法力無邊的輿論力量。

政治廣告與傳統輿論形式，其最重要的區別要素在於「購買」，它用非政治的手段獲得政治傳播的機會，金錢解除了大眾傳播設定的政治門檻。在理論上，只要你有錢，你就可以不受限制、不受干涉地在你中意的媒體，按你喜歡的方式，用你滿意的頻率版面、時段和篇幅自主、直接地發佈你不受改變與增刪的原汁原味的政治訊息，因為這是你發佈的訊息，而不是媒體發佈的訊息，因此你不必面對新聞守門人（把關人）這個角色，同樣，金錢也豁免了媒體對政治訊息發佈的把關人責任。除了法律規定外，媒體無須對政治廣告的立場、形式甚至訊息的真

偽負責。雖然在現實中，金錢並不是萬能的，媒體也還是會因為其他因素影響它對政治廣告的採納與排序，但無論如何，金錢的確是打開壁壘森嚴的媒體大門的一把最方便的鑰匙。政治廣告是發佈政治訊息最自由的渠道，如果你看到同一個媒體有時會出現自相矛盾的兩種不同的輿論，你別奇怪，那多半是政治廣告給人們開的並不幽默的政治玩笑。

　　正是因為政治廣告可以用金錢解除各種政治壁壘（媒體的準入、新聞的把關），從而，成為當時臺灣「在野黨」敲開媒體政治大門的敲門磚。報禁解除之後，雖然媒體可自由創辦，但由於財力、人才、品牌等各方面條件所限，主流媒體大部分還是控制在「執政黨」手裡，特別是以影響力日益超過報紙的電視為例：長達十年，臺灣無線電視臺還是國民黨的老三臺（臺視、「中視」、「華視」）的天下，而一些有品牌的民營媒體，如《聯合報》、《中國時報》都是心向國民黨、反對「臺獨」的。民進黨等反對黨要在這些主流媒體上擠進新聞、設置議題有諸多不宜，且不說背後的大老闆，起碼長期被國民黨培養起來的具有「中國意識」的採編人員的關就不易透過。反對黨一方面加緊成立自己的媒體，如此後的《自由時報》與「民視」，並借有線電視臺和衛星電視臺等電視技術更新換代的時機培植自己的媒體勢力，使自己的「政治媒體化」真正擁有自己的子弟兵；另一方面則是借助「政治廣告」等方式，繞過一切政治或非政治壁壘，置入對方的主流媒體而行銷自己的輿論（政治理念）。因此，「置入性行銷」是民進黨利用媒體形式的最重要的特點，它與國民黨「禁止性控制」的限制媒體的做法剛好相反。事實證明，媒體最終是不能控制的，媒體最好是能夠被利用的。因此「置入性行銷」作為民進黨的媒體政治策略大大優於國民黨的「禁止性控制」的媒體政治策略。

　　從控制到行銷，民進黨準確地把握到政治文化轉型後媒體政治出現的變局，那些命令式的輿論訴求，如社論，再也不能像過去那樣呼風喚雨，而請求式的輿論訴求如政治廣告則大行其道。「解嚴」後，國民黨在一次次選舉的教訓中發現了政治廣告的厲害，但其對媒體的思維還停留在用各種手段把媒體控制在手裡，而民進黨用置入性行銷則四兩撥千斤，出現國民黨所屬的媒體居然在悄悄地替民進黨說話。媒體政治策略的優劣預示著國民黨離喪失執政的結果已經不遠。

　　置入性行銷，銷售的是政治，因此，有人認為政治廣告的出現是一種進步：這一方面是因為政治廣告只有在民主社會裡才有可能大量出現，在專制社會裡，統治者的命令就是法律，政治不需要廣告。當時代發展到政治必須依賴廣告時，恰恰表明民眾力量強大到政治必須放低身段甚至換上偽裝來影響民眾的選擇權，

它體現了政治尊重民意的進步；另一方面是因為政治廣告在金錢上平等，突破了媒體被少數執政者或者少數寡頭壟斷的禁忌和限制，誰有錢誰就有可能獲得傳播，它反映了一種在金錢面前人人可能平等的社會進步。

但是批評者也認為政治廣告沾染了金錢的一切詬病，比如金錢在事實上的不平等，金錢對政治的腐蝕，金錢對民主的控制，以及金錢對人性的漠視，這些都對政治廣告產生了負面的效果。

政治廣告是政治、經濟和傳播聯姻的產物。它同時遵循著政治規律、經濟規律和傳播規律。所以它既是市場經濟在政治領域擴張的象徵，也是政治改頭換面向市場滲透的途徑，同時它還是傳媒與政治、經濟相互利用的範例。無論如何，政治廣告的出現使得政治和民主更像消費品。它標誌著政治消費時代的來臨。

在政治消費時代，政治廣告銷售的是政治產品，而這個政治產品是在選舉時用的。所以，一般來說，政治廣告的出現是有季節的，這個季節主要是指選舉季節。可以說，正是選舉催生了政治廣告這種輿論形式的興起。這在美國是如此，[87]在臺灣也如此。1989年臺灣的三項公職人員選舉是臺灣政治發展史上的一個標誌性的轉折點，民進黨第一次以合法政黨的身份參與選舉，從而走向了挑戰國民黨的問鼎執政之路。也就是在這一年的選舉中，臺灣首見報紙刊登各式不同的政治廣告。[88]1989年的這次選舉在臺灣政治發展史上具有豐富的訊息量，民進黨、合法政黨、政黨政治、選舉政治、政治廣告、置入性行銷，這一系列關鍵詞，標誌著一個真正的媒體政治時代由民進黨率先闖關走進臺灣。

選舉之所以需要政治廣告，是因為選舉實質上是一種投票行為，這種投票行為可以理解為投票人將自己擁有的投票權力進行政治支付。但投票人的意圖是分散的、自發的，利益人要想改變投票人的意願，使這零散的意圖人按照利益人的目的進行支付，就必須進行政治說服，而廣告則是一種推銷政治產品求得更多人支付的有效便利手段。可以說，除了選舉，一切跟投票有關的政治行為，都有可能帶來政治廣告：比如為促成或阻止某個法律、議案、政策或判決透過，相關利益人（團體）也會透過政治廣告形成輿論、動員力量。但這一類的政治廣告比例不是很大，而且其基本特徵與選舉的政治廣告大同小異。

有人將政治廣告比喻為「一天的銷售」。[89]這與一般的商業廣告不同。一般的商業廣告總是試圖長期地影響消費者，而且這種影響力越長遠越好，因為一般商品往往是長期銷售的，但與投票有關的「政治產品」其有效期一般就是一天，即投票當天。錯過了，哪怕是投票日的前一天和後一天，其影響的投票行為也無效。因此，政治廣告全部目的就是為了促成在投票日當天讓投票人按自己的意圖

進行政治支付,所以,儘管在選前政治廣告可能鋪天蓋地、綿延不斷,但其作用就是「畢其功於一天」。

所以政治廣告幾乎就是選舉的伴生現象:選舉啟動,政治廣告就啟動,選舉一結束,它就立即銷聲匿跡。[90]它就像風濕性關節炎,選舉氣候一開始,它就發作,等選舉氣候一過,它就消失。這種季節性造成政治廣告總是密集地出現在選舉期間,快速地形成高潮,又快速地消退,人們常常用「鋪天蓋地」來形容政治廣告的這種集中製造的轟炸性效果。政治廣告的這種「密集性」帶來的「瞬間爆發性」是一般商業廣告所沒有的。又由於選舉總是有週期的,這就使得政治廣告也跟著週期性地發作。

臺灣的政治廣告雖然起步較晚,但卻有後來者居上的勢頭,原因是臺灣大大小小的選戰不斷,鍛鍊了一批久經沙場的政治人物,也培養了一批專業的政治廣告製作隊伍。他們所經歷的選舉,其複雜與頻繁遠甚於其他國家和地區。美國的法制社會和選舉規範,為政治廣告設置了重重禁區,而在臺灣則似乎百無禁忌。比如美國政治候選人相互攻擊,主要集中在政見上,分歧再大也不會把對手說成「賣美國」,而「賣臺灣」在臺灣的政治指責和政治動員中司空見慣。美國不能捕風捉影地說對方有經濟問題,如果攻擊對方必須拿出證據,美國只有經過實實在在地調查得出的「××門」事件才能給對方製造輿論壓力。而在臺灣「抹紅」和「抹黑」是攻擊對手的家常便飯,政治的亂象(比如罕見的「議院」打架)和社會的縱容,為政治廣告的過度發育製造絕佳的溫床。選舉如戰場,各種政治的、軍事的、傳播的、藝術的手段得以運用在政治廣告上,甚至可以嘗試卑鄙的手段。在這樣一個充滿機遇與挑戰的環境裡,政治廣告生逢其時,如魚得水,甚至過度發育。筆者認識一位臺灣的廣告公司製作人,他說兩年之內經他們公司策劃包裝的政治廣告案例就達162項之多。在這樣磨練和洗禮下,臺灣的政治廣告就算不能誕生大師,至少也會產生一堆鬼才和怪才;[91]如果不能誕生傳世之作,至少也會產生一些傳奇之作。如同「3·19」兩顆子彈將給世界選舉史留下令人嘆為觀止的魔幻現實主義案例一樣,臺灣的政治廣告也將給政治廣告教材貢獻世界上絕無僅有的經典案例。

在臺灣的政治媒體化時代,作為輿論議題的代表性形式的政治廣告具有如下特點:

1.頻率過高。

臺灣的政治廣告過於頻繁,泛濫成災,其根源在於臺灣的選舉太多。1998年12月臺灣省政府虛化,「臺灣省長」和「省議員」的選舉隨之停止。即便如此,

臺灣大大小小的選舉仍有十一種之多，這還不包括北、高市長的選舉。這些選舉層次複雜、任期不一、交叉進行，你方唱罷我登場，讓人感覺選舉比臺風天還多，使人不得消停。雖然這幾年臺灣為減少選舉頻率作了一些改革：比如2005年，「國民代表大會」正式結束其歷史，一些選舉進行統一任期、合併舉行，但臺灣的選舉仍然令人不堪其濫。僅2004年到2005年，席捲整個臺灣地區就有「總統」大選、「立法院」選舉、「任務型國代」選舉和縣（市）長、縣市議員、鄉鎮（市）長議員等「三合一」選舉，真是一波未平，一波又起。

選舉的頻繁帶來了政治廣告的頻繁。政治廣告是季節性的，選季不斷出現，政治廣告也頻頻登場，再加上臺灣城市媒體較少，主流媒體一般都是覆蓋全臺灣的，這就導致了哪怕是一個城市的選舉，也會在全臺灣進行推銷。所以臺灣的政治廣告給人感覺是天天不斷、反覆出現。

過於密集的政治廣告給人以喘不過氣來的感覺。在選季，一般的商業廣告幾乎都被政治廣告所取代。僅以2000年大選為例，電視方面根據潤利公司的統計，從1999年12月到2000年3月12日為止，「總統」選舉各組廣告在電子媒體上出現的秒數，高達228萬7千多秒，換算成小時數是635個小時以上，選民就算不吃飯不睡覺，也要連看26天半，才能把所有播出的競選廣告看得完。[92]從3月10日到3月15日，僅僅6天之內，《聯合報》刊登了39條政治廣告，《中國時報》登了29條，《自由時報》登了34條。[93]

2. 花銷巨大。

「民主政治是大錢政治」，這最突出地體現在政治廣告的巨額投入上。臺灣年年有選舉，臺灣民眾年年都能看到政治人物投入大量金錢和時間的表演秀。

政治廣告的花銷，一般分為兩個方面：一是廣告的設計製作費用，二是廣告的刊發播出費用。

1992年，「立委」選舉，候選人經費低則千萬元臺幣，高則達兩三億元臺幣。1996年，選舉文宣費用高達20億至30億新臺幣之間。[94]2000年，根據潤利公司所提供的資料大體推估：截至3月12日為止，三組領先的候選人在平面、電子媒體上所使用的廣告費用，總數已經超過五億臺幣。其中最有錢的連蕭陣營，花在廣告上的錢將近3億臺幣。根據臺灣「中選會」的規定，「總統」競選經費的上限為3億1千多萬。如果加上3月12日以後幾天的密集文宣，以及數以百萬計的選舉旗幟，連蕭陣營僅僅政治廣告一項，就絕對會超過競選經費的總額上限。[95]

3.攻擊超強。

攻擊性極強是臺灣政治廣告最重要的特徵，主要體現在：①攻擊性的負面政治廣告成為政治選舉的主打，正面的政治廣告反成為配角。②內容喜走極端，經常挑戰法律和道德的底線，被輿論叫停或官司纏身的事時有發生。③手法無所不用其極，造謠、中傷、影射、極盡「抹紅」、「抹黑」之能事。④雙方打成一片，攻擊與反攻擊，反駁與再反駁，連鎖反應，使政治廣告變成一場口水戰。⑤非法的政治廣告猖獗，地下電臺隨意播放不負責任的政治廣告，地下出版物，如「非常光盤」，是具有臺灣特色的非法政治廣告。

臺灣第一次出現各政黨及候選人刊登的政治廣告，就充滿攻擊性。見下表。

表6：1989年臺灣選舉各候選人攻擊與反駁他人之廣告分佈表（多重歸類）

		國民黨提名	國民黨准參	國民黨自參	新國家連線	非新國家連線	民進黨自參	其他政黨	無黨籍人士	小計
文字	攻擊	19.7	19.7	36.9	66.7	66.7	100.0	64.7	24.4	39.9
	反駁	5.7	8.3	8.3	2.1	4.3			8.4	6.0
圖片	攻擊	0.6		2.4	1.1	3.6	25.0		2.3	2.2
	反駁					0.4				0.1
口號	攻擊	14.9	17.1	30.0	43.8	44.2	100.0	73.1	26.1	33.3
	反駁	4.3	7.3	6.8	1.8	2.2			8.0	4.2

資料來源：彭藝：《政治廣告與選舉》，臺北：正中書局，1992年11月版，第173頁。

到了2000年的臺灣大選上，在29天的廣告量中，不算隱含攻擊性的廣告，僅明顯攻擊對手的廣告，《中央日報》就有33條，《自由時報》上有32條，而《聯合報》則高達44條。[96]

2004年臺灣「大選」，攻擊性的負面政治廣告儼然形成系列。如民進黨抓住連戰的個人家產推出的電視廣告「連戰財產篇」以及續篇「連戰到底多有錢」。連宋競選總部針對陳水扁的選舉有術、執政無方及個人的誠信操守製作一系列廣告，如「一邊一國篇」、「不樂透篇」、「水扁八點檔篇」、「無麥安奈篇」、「媽媽黨」、「道歉篇」等，予以反擊。

4.信譽太低。

251

臺灣的政治廣告造謠者眾,虛假訊息多,給人沒有禁忌、沒有限制的感覺,好像什麼都可以說。在吹噓自己的時候,不需要核實;在攻擊對手的時候,不需要證據;在許諾未來的時候,不需要兌現;更重要的是沒有懲罰。按照民商法的「有約必守」和「誠實信用」的普遍原則,任何商業廣告必須對它的真實性與有效性承擔法律責任。虛假廣告是要理賠的,比如廣告誇大藥品的好處,或推銷一種偽劣產品,消費者有權要求廣告的發佈者和媒體予以賠償,可是臺灣年復一年的政治廣告,包裝和推銷了多少名不符實的政治人物,卻沒有人追究政治廣告發佈者的責任。按照契約法的要約原則和承諾原則:廣告發佈的訊息,視同邀約的發送,只要對方願意接受,合約就成立,如果廣告發佈者不按合約的兌現,應以違約來懲罰。但臺灣政治人物在政治廣告上曾開出無數的政治支票,大的如要促進族群和諧,推動兩岸關係發展,小的如各種優惠措施,往往都成為選後就忘的空頭支票。如果政治廣告可以適用商業廣告的法律規定,臺灣人民可以把這些政治人物一個個告上法庭。

　　臺灣的政治廣告之所以信譽度低,除了政治廣告的責任豁免外,還有一個重要的原因,就是政治人物中很多都言而無信,其代表人物就是陳水扁——他的「扁扁扁,變變變,到騙騙騙」幾乎是臺灣人所共知的常識。如果將其不同時間的講話羅列起來,自相矛盾的地方比比皆是。但為什麼就是這樣一個招搖撞騙的人能夠連續兩任吃定臺灣人民?原因就在於對立和撕裂的臺灣社會特別適宜這種左右逢源、到什麼山頭唱什麼歌的人生存,像陳水扁、李登輝這樣的政治人物是臺灣政治社會的絕佳賽車手,慣於而且善於運用輿論的「飄移」技術,讓整個臺灣社會「飄移」,使臺灣成為「漂流的臺灣」。

　　虛假的政治廣告沒有風險責任,而且可以大撈好處,這樣一本萬利的買賣,難怪在臺灣社會風行。正如商業廣告的出現有其利益動機一樣,政治人物投入政治廣告一定是有利可圖的,其獲利的公式是:政治利潤＝選後在任期內獲得的政治利益 - 競選廣告所投入的成本。雖然天文數字般的競選廣告費用令臺灣民眾瞠目結舌,但相較於政治人物獲得的利益還是小巫見大巫,否則在一屆屆的選舉中政治人物不可能前赴後繼投入廣告大戰。近年來,臺灣經濟一直不景氣,卻與競選廣告費用成倍地增長恰成鮮明的對比。臺灣經濟的增長幅度和臺灣政治廣告的增長幅度構成的數據反差,恰恰說明臺灣的選舉政治是一個暴利的行業。政治人物不種一棵草,不產一粒糧,不生產任何生活消費品,不創造任何直接的社會財富,他們之所以願意耗資巨大投入廣告,一定有其投資回報的渠道。這個盈利渠道就是獲得權力後,運用權力幹預資源的分配以獲得經濟利益。勞動創造財富,但沒有什麼比跳過生產和銷售的複雜過程,直接在分配上獲利來錢更容易的了。

政治人物擁有比任何商人更好的致富途徑，那就是直接到人民的保險櫃裡取錢。他們只要掌握了權力的密碼，就可以巧取豪奪、任意揮霍。那些成千上萬的戶外廣告，那些連篇累牘的報紙廣告，那些鋪天蓋地的電視廣告，這些費用最終都要轉嫁到臺灣選民的頭上。不止於此，「賠本生意沒人幹，砍頭生意有人做」，政治人物投資巨大是要回報的。平衡收支絕不是他們的動機，獲得高額利潤才是他們的目的所在。臺灣近年來為什麼弊案連連？民進黨執政後為什麼這麼快速就沉淪？這都是政治介入金錢交易的結果。民進黨以反黑金起家，到自己成為黑金政治的代名詞，金錢對政治的腐蝕力驚人，民眾有理由質疑那些競選人獲取權力的動機。臺灣政治廣告的勢頭甚至壓倒商業廣告，這既是臺灣社會泛政治化的一個表徵，也是臺灣經濟低迷的一個答案。臺灣政治廣告的畸形發育，標誌著臺灣金錢與權力雙向滲透發展到了金錢控制權力而權力掠奪金錢的地步，政治的腐敗和道德的淪喪也在所難免。

所以，臺灣政治廣告的發達，使廣告界多了一個謀生的飯碗，使傳媒多了一個創收的渠道，使政治人物多了一個綁架民意的工具，這一切都要由喝了政治廣告迷魂湯的選民買單。他們不僅要為政治廣告所有的費用買單，同時還要為選出不合格的政治人物的腐敗行徑買單，為臺灣社會失去誠信、民主和正義買單，所以臺灣選民的投票行為是最昂貴的政治支付。

總之，在臺灣政治文化轉型後，臺灣的政治廣告取代了社論成為臺灣輿論議題最有代表性的形式，而作為臺灣輿論與政治文化的互動媒介，臺灣的媒體政治也從「媒體政治化」向「政治媒體化」轉變。媒體政治在打開了專制政治的枷鎖後，又墜入另一個深淵。政治廣告所帶來的一切負面因素，就是臺灣政治文化的「民主化」、「自由化」的轉型所付出的代價。

三、「媒體即政治」與電視談話節目

嚴格地說，從臺灣「政治革新」之後至今，作為臺灣輿論與政治文化的互動媒介，臺灣的媒體政治仍處在「政治媒體化」時期，只是「政治媒體化」發展到一個階段，特別是經過政黨輪替後，出現了「媒體即政治」的現象，這是「政治媒體化」的一個新的方向，也是「政治媒體化」新的階段特點。

所謂「媒體即政治」，指的是媒體成為政治本身。具體表現為媒體成為政治的主體而角力政治，媒體作為政治的反動而解構政治，媒體走向政治的前臺而導演政治——最明顯的標誌就是媒體的版圖成為政治的版圖。

「媒體即政治」的第一個表現是媒體成為政治的主體而角力政治。最典型的例子就是媒體成為一系列揭弊案的主角。TVBS 有兩個 call in 節目收視率很高，被人們視其為肅貪除弊伸張公義的「現代包青天」：一個是《2100 全民開講》，播出時間是黃金時間 21 時，主持人李濤；另一個為《新聞夜總會》，深夜 11 時至 12 時播出，由李艷秋主持。正是這兩個節目大揭與深挖民進黨政府的「高捷」、「高鐵」等重大弊案，牽涉到前「總統府」副秘書長陳哲男、「國策顧問」、高捷副董事長陳敏賢、時任「總統府」秘書長馬永成、前「勞委會」主委陳菊、民進黨中央政策會執行長柯建銘、民進黨大老吳乃仁等等重量級人物，全是陳水扁的親信。2005 年 10 月 26 日，TVBS《2100 全民開講》公佈了「雙陳」在韓國賭場的錄像，震驚全臺灣，想不到以反黑金起家的民進黨執政僅五年多，竟然腐爛得如此之快，構成巨大的反諷。[97] 一系列揭弊事件的當事人或目擊者，優先選擇在媒體上曝光，像「高雄捷弊」案深喉抖出的「陳哲男」、「陳敏賢」在韓國賭場的錄像，如此重要的證據不是出自擁有強大調查手段和公權力資源的檢調單位，而是出自一個電視談話節目，這是對臺灣檢調單位最大的諷刺。高捷弊案引發的一系列醜聞，產生了多米諾骨牌效應，在高捷弊案的重創下，2005 年臺灣「三合一」選舉結果 12 月 3 日揭曉：泛藍囊括 17 個縣市長，泛綠僅在 6 個縣市勝出，國民黨在縣市議員及鄉鎮市長選舉中，也分別獲得 40.21% 與 46.46% 的得票率，遠高於民進黨的 22.25% 與 23.69%。[98]

　　不僅政黨之間的角力，媒體衝在前線，即使政黨內部的鬥爭，媒體也是主力。民進黨 2008 年臺灣地區領導人黨內初選期間，各候選人競爭激烈，紛紛透過特定的媒體發聲。《自由時報》因挺蘇貞昌而被稱為「自由蘇報」、民視挺游錫堃、三立電視臺挺謝長廷。不過蘇貞昌在這一波的媒體戰中完全處於弱勢。例如，在綠營群眾中有極高收視率的三立「大話新聞」就很明顯地挺謝壓蘇：當蘇貞昌受訪時主持人鄭弘儀連番丟出攻擊性的問題，而謝長廷在節目中卻享有「特殊待遇」，可以詳細闡述自己的參選理念；節目中民眾的「Call-in 電話」也是一邊倒地支持謝長廷；甚至三立新聞所公佈的民調也常是有利於謝長廷的。因此，初選敗陣後，蘇陣營紛紛將矛頭指向三立：蘇系「立委」林育生指出：「蘇貞昌不是輸給謝長廷，而是輸給三立。」前新系大老洪奇昌則說：「全世界很難找到這麼偏頗的頻道！」[99] 輿論普遍認為不是謝長廷打敗了蘇貞昌，而是《大話新聞》打敗了他。[100] 而《大話新聞》的政治影響力在民間被譽為賽過民進黨黨中央。[101]

　　第二個表現是媒體作為政治的反動而解構政治。典型例子是《全民大悶鍋》，它以政治人物與政治現象為幽默的對象，卻不以直接製造政治輿論為己任，而是

以娛樂為目的。但除了給觀眾以新的樂趣外，也帶給觀眾對政治的新的解讀。尤其值得一提的是其對臺灣泛政治化的反動，比如它的節目中有一個模仿地下電臺主持人的板塊，動不動就把任何現像甚至「天要下雨」、「高鐵晚點」都說成是「中共」搞破壞，凸顯地下電臺造謠生事的實質及其把任何事件都塑造成「中共為敵人」的荒誕可笑。對荒誕的政治用嚴肅的政治對抗是悲劇，而用喜劇的方法來解構，也許更能擊中要害，其解構政治的價值值得關注。

第三個表現是媒體走向政治的前臺而導演政治。最典型的例子是 2006 年的「百萬人倒扁行動」，由於有了像範可欽這樣的媒體（廣告）策劃人的加入，使得一場轟轟烈烈的有百萬人之眾的群眾自發運動，最後服服帖帖地被導演成一個充滿廣告形式感和藝術形式感的嘉年華會。2006 年 9 月 15 日，「百萬人倒扁運動」組織者於當晚發起「螢光圍城遊行」。參加遊行的民眾身著紅衣，高舉紅色螢光棒，繞行陳水扁辦公場所及其住所外圍的一些街道，並沿路高呼「阿扁下臺」口號。在「螢光圍城」之後，倒扁總部又發起「遍地開花」運動，即突破臺北市的侷限，將「倒扁」活動推進到全臺各縣市。「螢光圍城」、「遍地開花」、「倒扁行動」每一次活動都有一個詩意的名字，好像一部電影的名字。不僅有「倒扁」歌曲，還有「倒扁」手勢——由施明德最先比出的大拇指朝下的「倒扁」手勢，也成為「倒扁」群眾的標準手勢，甚至一度成為臺灣上班族 MSN 上最流行的符號。遊行路線甚至考慮到攝像機從空中俯拍的效果，可以形成一個巨大的「倒扁」圖騰。2006 年 9 月 9 日，在施明德領軍下，近百萬身著紅衫的「倒扁」群眾集體湧滿並繞行陳水扁辦公室前的幾條街道，從空中鳥瞰，正好形成一個巨大的「圖騰」——象徵規矩的「圓規」，同時該圖案也像極了一個手拿大刀的勇士，砍倒貪腐政權。[102] 每一個環節、每一個步驟都是精心策劃的，都是具有像徵意味的行為主義藝術品，甚至連靜坐的座位，也是精心設計的：2300 個座位，象徵 2300 萬臺灣人民……

像 2006 年這樣把大規模的群眾運動變成一種藝術化的形式並左右臺灣政局、震撼臺灣社會，在臺灣還是第一次，從而宣告臺灣的輿論真正進入了一個輿論藝術化的時代。其標誌性變化就是非政治的專業人士從幕後走向前臺，從幕僚變成主導者。代表人物是範可欽，這位廣告界的奇才，曾號稱可以用廣告打動 500 萬張選票。[103] 2000 年「大選」，他創意的政治廣告的確為幫助陳水扁獲勝立下了汗馬功勞。後來他反戈一擊成為「倒扁運動」實際的指揮者和策劃者，把「倒扁」運動搞得有聲有色，再次將廣告人的作用發揮到極致。

輿論活動的廣告化，它的好處是明顯的：它有足夠的吸引人眼球的噱頭，它有足夠的讓媒體喋喋不休的談資。果然，「百萬人倒扁運動」省下來一大筆政治廣告費。不僅島內媒體不請自來、津津樂道，成為壓倒臺灣當時一切輿論議題的最大的輿論事件，而且成功地吸引了全球幾乎所有的主流媒體。臺灣從來沒有這麼有名，屢屢占據了世界主流媒體的頭條和頭版，只不過令人遺憾的是以這樣一個負面的形象。

輿論活動的藝術化，它的缺陷也是明顯的。上百萬的憤怒群眾包圍政府，如果在其他地方，早就足以讓貪腐的政權下臺幾次了，可是被藝術化的憤怒卻沒有多少殺傷力，就像舞臺上常常用鼓風機吹起的紅布條，雖然像極了熊熊燃燒的火焰，卻燒不壞任何東西。這正是「倒扁運動」飽受爭議的所在。輿論藝術化的得失可能將長時間地引發爭論：輿論一旦藝術化，勢必削弱甚至喪失其現實的功利性，它對當下的直接影響不可高估，肯定遠遠遜色於原始自發的輿論運動的殺傷力。但藝術化的輿論一旦超越現實的功利性，卻也可以獲得超越時空的影響力。像「倒扁運動」組織者為「倒扁」群眾的服裝所設計的「臺灣紅」顏色，卻為臺灣一種新興的政治力量賦予了一個家喻戶曉的符號——「紅衫軍」。在臺灣這個以顏色區別族群的社會，一個新的政治符號將走進這個時代，長久地影響臺灣的歷史。

媒體對政治的導演還可以從邱毅的揭弊形式看出端倪。邱毅是一系列揭弊案的揭弊人，是臺灣曝光率最高的爆料王。他定時定點的天天爆料，成為臺灣媒體不可錯過的輿論焦點；他把一個個貪官送上被告席，也讓自己官司纏身；他是許多人追捧的揭弊英雄，也是一些人恨之入骨的定時炸彈。他成功地運用媒體，把揭弊從司法領域引入輿論的主戰場。他幾乎職業化的揭弊行為，他不屈不撓、不怕報復的強硬性格，他善於製造懸念、吸引媒體眼球的作秀風格，以及他把揭弊行動變成一個像電視連續劇的政治演出，使之成為 2006 年最搶眼的輿論明星。邱毅的揭弊不是竹筒倒豆子，一下倒一個痛快，而是精心設計，有程序、按步驟地進行的，有時候故意說錯，等待對方的反撲，讓對方用更多的謊話來遮掩前面的謊話；有時候欲說還休，留下懸念，吸引大家的眼球。一段時間內邱毅每天定時定點進行爆料，人們質疑他哪裡有這麼多東西可以天天爆料，偏偏他每天都可以提供媒體需要的素材。當邱毅結束一天的爆料，還不忘提醒媒體和受眾，他明天還將有更多的猛料要爆。邱毅像極了一個定時定點來演出的說書藝人，在臺灣這個離奇的政治舞臺，的確有非常多匪夷所思的政治演出。如果不是真的看到邱毅把一個個貪官送到被告席上，看到邱毅一步步把揭弊之火燒到陳水扁一家，你很難相信這樣一個決定政治人物生死甚至可能改寫臺灣歷史的驚心動魄的舉措，

會像一個電視連續劇一樣被導演。表面上看，媒體是由邱毅來導演的，邱毅一步步設計揭弊的節奏與懸念，以吸引媒體，實質上邱毅是被媒體導演的。邱毅每天定時定點的揭弊，完全是按照媒體的欄目定時播出的規律在走，邱毅是被媒體的邏輯設計或與媒體共謀將政治的遊戲導演下去。[104]

媒體角力政治、解構政治和導演政治，分別把政治當作了媒體製造的產品、消費品和藝術品。而「媒體即政治」的最重要的功能，就是媒體可以建構社會的公共領域。如果說「政治媒體化」使媒體政治成為政黨政治的工具，而「媒體即政治」則使媒體政治在政黨和政治機構之外，可以建立一個類似哈貝馬斯的理想類型的公共領域。理性的公眾透過大眾傳媒建構的公共領域，在這裡對話、交流並取得共識，電視談話節目就是這樣被期許為電子民主的實踐。

電視談話節目是當下最流行的一種輿論形式。它崛起於 20 世紀 90 年代，是政治傳播在社會進入到後現代形態、傳媒產生了電子媒體之後出現的最活躍的輿論力量。它不僅創造了低成本、高收視率、高廣告回報的傳媒業奇蹟，而且製造了以其無與倫比的輿論影響力來左右時局的政治傳奇。它組織嘉賓並開放公眾對公共議題進行討論，扮演了類似公共論壇的角色，呈現出媒體不僅干預政治、甚至替代政治的趨勢。它替代了議會的某種功能，令人感到「國家」正在把部分權力讓渡給社會（媒體）；它也成了政治人物除了在議會大廳和辦公場所外，最感興趣、最愛參與並由此發表政見、展示形象的政治舞臺；它創造的 callin 互動形式，不僅是電視節目形式的一場革命，而且被一些人們認為創造了類似哈貝馬斯的理想類型的「公共領域」。[105]一些人甚至驚呼：電視談話類節目的出現標誌著「電子民主」時代的到來。[106]電視談話節目因其在商業運作和政治運作的雙重「奇蹟」，而備受注目並廣為爭議。

在臺灣政治文化與輿論的互動中，臺灣的電視談話節目代替政治廣告成為當下臺灣最有影響力的輿論議題形式，它也是「媒體即政治」時代最有代表性的輿論議題形式。但是轉型後的臺灣政治文化，在民粹主義加族群主義的「群粹主義」影響下，臺灣的政治談話節目並沒有達到哈貝馬斯的理想類型的「公共領域」。

臺灣電視談話節目的發端與發展幾乎與美國同步。學術界一般認為 1992 年美國總統選舉，是美國電視談話節目標誌性事件，談話 Callin 類節目自此才真正確立起其地位，並廣泛地出現在電視頻道且備受大眾注意。臺灣的電視談話節目則以 1994 年的臺灣省、市長選舉為契機，一個《選舉大家談》的電視談話 Callin 節目標誌著臺灣電視談話節目的興起。臺灣與美國的共同經驗是：電視談話節目的前身都是廣播談話節目，催生電視談話節目的都是重大的選舉事件。在「兩蔣」

威權統治時期，臺灣民眾的聲音只能透過地下電臺發聲，這就形成了後來臺灣電視談話節目的雛形。

臺灣電視談話節目形成與發展和臺灣選舉有密切關係。1993年，有線電視合法化，為包括電視談話節目在內的新類型節目的誕生提供了更多的播出平臺，臺灣民眾的發言也多了選擇的管道。李濤在1993年的11月，將他過去所主持的「華視新聞廣場」和「尖峰對話」的節目形式，改造到TVBS來，定名為「李濤廣場」。基本上，這個節目就是臺灣有線電視談話性Callin節目之先驅，並且也是《2100全民開講》的前身。1994年，為了因應臺灣第一次民選省長，李濤將「李濤廣場」塊狀節目改為帶狀節目，這個名為《選舉大家談》的節目被視為臺灣第一個電視談話Callin節目。該節目不僅在臺灣地區產生巨大的影響，也給TVBS帶來高收視率與巨額收益。[107]

由於電視談話節目技術門檻很低，節目成本不高，製作流程也簡單易行，只要有製作小組，請一個具有知名度的主持人，再邀集若干來賓，即可錄製播送。一集製作費用只需要主持人費、來賓車馬費、電話設置費和簡易的演播廳棚費，再於黃金時段播出，即可收入巨額廣告費，本小利大。這使得各電視臺紛紛搶進，電視談話節目在臺灣電視屏幕日益活躍起來，而且往往占據晚間8點至12點的黃金時段。

臺灣的電視談話節目從其一誕生起，就一直深刻地影響著臺灣的政治社會，反過來，臺灣的政治選舉也使臺灣的電視談話節目風生水起。特別是1996年、2000年、2004年三次「總統大選」，帶動了臺灣電視談話節目的政論風潮。在選前，選情的緊張激烈，使臺灣電視談話節目風捲雲湧；在選後，政局的動盪，也使臺灣電視談話節目餘波未平，甚至高潮再起。選舉旺季變成了談話節目的旺季。

1996年，臺灣地區領導人第一次直選，挑動了民眾的選舉熱情。電視談話節目與大眾的雙向互動，一方面使得電視媒體在議題設置和動員力量上優於單向傳播的平面媒體，無論是加緊自身變革、推動「修憲」工程的國民黨，還是決心在體制內以透過選舉來贏得執政的轉型的民進黨，包括在體制變化中利益和權力面臨重新分配的各個政治人物，都不敢小覷電視談話節目在民眾中的影響力；而另一方面，電視談話節目的議題公開和向觀眾開放，順應了民眾參與政治的熱情，電視談話節目如同是選舉的配套活動一樣，在不斷高漲的選舉熱情中升溫。大選前後，各種政治力量在電視談話節目中激烈角逐。

經過 1998 年的北高市長選舉的插曲與伏筆，2000 年大選前，國民黨再度瀕臨分裂，而民進黨則執政有望，政治人物都在設置議題以動員群眾，臺灣政局走入了前所未有的民粹中。各組候選人選情的不相上下，加劇了票源的爭奪戰，這種爭奪戰率先在電視談話節目上烈火燎原。

　　2000 年「大選」後，臺灣電視談話節目沒有因「大選」結束而迅速降溫。「大選」加劇的藍綠對立，反而更加刺激了臺灣電視談話節目的發展。各電視媒體全面搶灘電視談話節目這塊不斷膨脹的市場蛋糕，在各自立場群眾的支撐下，創造出一堆「資深媒體人」把持談話性節目的奇觀：陳文茜、趙少康、周玉蔻、楊憲宏等各擁一片天，談話性節目成了藍、綠各自的壁壘。

　　到了 2004 年臺灣地區領導人選舉前，談話性節目更成為藍、綠雙方的前線戰場。陳文茜轉為連、宋選舉陣營的操盤手。在泛綠方面，汪笨湖的《臺灣心聲》實為深綠的心聲。參考 2003 年下半年的尼爾森收視率，使用普通話的節目排行依次為：「中視」《文茜小妹大》、TVBS《全民開講》、衛視中文臺《新聞駭客》、超視《新聞挖挖哇》、TVBS《新聞夜總會》、八大第一臺《大家來審判》、緯來綜合臺《火線雙嬌》、東森 S 臺《新聞誰最大》、中天資訊臺《中間選民》。閩南語為主並用普通話的政論節目則有年代 MUCH 臺《臺灣心聲》、三立新聞臺《大話新聞》、民視《頭家來開講》、TVBS《臺灣放送》、MUCH 臺的《臺灣心希望》等等。2004 年增加了超視電視臺九點鐘的《總統大車拼，漁夫報到》、臺大教授李鴻禧在民視的《天佑臺灣》以及東森 S 臺周玉蔻的《臺灣高峰會》等。其他的「塊狀」電視節目不勝枚舉。[108] 各新聞臺更不定期邀來賓與主播對談政治，出現新聞節目言論化、言論節目新聞化的現象。

　　臺灣電視談話節目的風行，到 2004 年大選達到巔峰狀態。據統計，2004 年臺灣地區領導人選舉期間，每晚 8 時起至深夜 12 時止，共有 10 個頻道、32 個政論節目播出。臺灣民眾在黃金時段收看電視，轉來轉去，看到的是各個頻道都在播口水戰。為瞭解臺灣特殊的政治生態與節目形態，國際性媒體如 CNN、BBC、美國《時代週刊》、《新聞週刊》等，都曾專門派員來臺報導整晚播出的政論節目。[109]

　　2004 年臺灣地區領導人選舉的結束，並沒有結束藍綠的對決。3‧19 槍擊案「兩顆神奇子彈」使臺灣政局更加動盪不安，也使臺灣的談話節目更有用武之地。兩顆子彈的弔詭、神秘，臺灣政局的撲朔迷離，使各談話節目紛紛以此為題，探討事件的真相，關注事態的發展，一些節目甚至不惜將槍擊案現場景況搬至攝影棚，追問事件的內幕。靠操縱輿論上臺的民進黨當局這時最怕的就是輿論，先

259

以調整頻道為由，將有線電視頻道重新排序，再以審查執照為由，關閉東森S臺。這種殺雞給猴看的做法，果然奏效，寒蟬效應下，電視談話節目從高峰期的32個，下調至常態性播出的10個。[110]臺灣新聞部門干涉與封殺言論自由的做法，引起輿論大嘩，直接催生了臺灣通訊傳播委員會（NCC）組織法在2005年迅速在臺灣「立法院」透過。

臺灣電視談話節目並沒有順從於臺灣當局的軟硬兼施，在2005年臺灣「三合一」選舉臨近時，再掀波瀾。「高雄弊案」在電視談話節目《2100全民開講》的一再追問下，抖出關鍵性證據，惱羞成怒的「末代新聞局」不惜冒天下之大不韙，以股權結構為藉口查處TVBS。臺灣電視談話節目又一次處在臺灣輿論和臺灣政治的風口浪尖。[111]

表7：臺灣主要談話類節目一覽（2005年前後）

節目名稱	電視台	主持人	播出時段		時長
2100全民開講	TVBS	李濤	週一至週五	21：00—22：30	1小時30分
新聞夜總會	TVBS	李艷秋	週一至週五	23：00—00：00	1小時
大話新聞	三立	鄭弘儀	週一至週五	22：00—23：00	1小時
			週六、週日	21：00—23：00	2小時
火線雙嬌	緯來	尹乃菁&蘭萱	週一至週五	20：00—21：00	1小時
頭家來開講	民視	胡婉玲			
台灣心聲	MUCH TV	汪笨湖	周一至週五	21：00—22：00	1小時
全民大悶鍋	中天	郭子乾	週一至週四	23：00—00：00	1小時
文茜小妹大	中視	陳文茜	週一至週四	22：30—23：30	1小時
康熙來了	中天	蔡康永&徐熙娣	週一至週五	17：00—18：00	1小時
解讀年代	年代	盛治仁	週日	20：00—21：00	1小時
探索台灣	年代	盛治仁	週六	20：00—21：00	1小時
2000焦點訪談	年代	廖筱君	週一至週五	20：00	
2200觀點	年代	胡忠信&盛治仁	週一至週五	20：00	
新台灣高峰會	台視	周玉蔻	週一至週四	23：00—24：00	1小時
大家來審判	八大				

資料來源：臺灣各電視臺網站。

表 8：「報禁」開放以來臺灣主要報紙廣告量（除傭後推估）　　單位：新臺幣億元

年份	中國時報	聯合報	民生報	大成報	自由時報	經濟日報	中華日報	工商時報	台灣時報	民眾日報	中央日報	台灣日報	聯合晚報	自立晚報	台灣新生報	更生日報
1988 年	33.4	32.3	7.1	/	1.6	7.4	5.2	5.4	3.8	3	3.3	4.5	/	1.5	2.9	0.32
1989 年	45.03	43	9.9	/	1.89	10.2	6.3	6.9	5.6	3.5	4.1	5	2.68	1.5	3.5	0.39
1990 年	42.65	39.25	10.45	0.35	1.66	10.7	6.6	6.4	3.6	3	3.6	4.53	3.02	1.36	3.77	0.51
1991 年	48.73	44.31	11.31	1	2.12	10.9	11.54	7.04	4.4	4.01	3.7	4.82	2.89	2.36	2.96	0.64
1992 年	57.38	54.46	14.24	1.61	3.63	11.7	12.99	7.88	6.5	5.94	4.18	4.73	3.53	2.86	2.5	0.9
1993 年	63.33	55.92	16.39	1.69	8.48	12.5	12.87	8.75	5.67	5.46	4.22	4.75	3.31	2.21	2.6	0.67
1994 年	65.96	58.5	18	0.97	13.2	13.3	12.7	9.28	6.07	5.7	4.6	4.7	3.64	2.53	2.84	0.7
1995 年	61.82	56.5	18.9	1.18	18.63	14	12.32	10	5.9	5.6	4.74	3.8	3.64	3.26	2.93	0.67
1996 年	58.78	51	17.5	2.01	18.5	14.8	9.6	10.54	4.26	3.15	4.56	3.64	4	3.2	2.93	0.56
1997 年	65.58	55.34	17.76	2.91	34	15.69	7	11.15	3.6	2.94	4.7	4.69	4.8	3.4	2.99	0.56
1998 年	65.61	56	17.76	6.1	44	17	7.74	12.33	3.2	2	4.85	3.8	5.65	3.4	3.09	0.55
1999 年	49	44.5	14	6.9	44.15	15	6.94	12.33	2	1.5	4.51	4.37	6.5	2.8	1.79	0.4
2000 年	45	42	13.33	7.05	44.2	15	6.49	13.02	1.9	1.46	3	3.5	7.15	2.92	1.08	0.35
2001 年	40	29.4	10	5	37	12	5.12	10.42	1.42	1.54	2.56	2.59	5	/	1.26	0.2

資料來源：整理自 1989 年至 2002 年《動腦雜誌》相關各輯。

臺灣電視談話節目的興起使其逐漸取代平面媒體的社論（言論），成為臺灣傳媒的輿論主導力量。從 1995 年起，絕大多數報紙廣告金額開始全面往下滑，（見表2）《中國時報》、《聯合報》尤為明顯，此時正是臺灣電視談話節目在臺灣崛起之時。從 1996 年至 2000 年臺灣五大媒體有效廣告量觀察（見表3），也可發現電視與報紙的廣告金額互為消長，從廣告量的變化，可以看出電視媒體的影響力大為增強。

表 9：1996 年至 2002 年臺灣五大媒體有效廣告量（單位：千萬元）

媒體別	1996年	1997年	1998年	1999年	2000年	2001年	2002年
無線電視	1827	1887	2213	1767	1300	1155	981
有線電視	603	681	1269	1455	1766	1614	2235
報紙	1279	1806	2115	1885	1874	1641	1219
雜誌	398	483	588	609	720	650	661
電台	—	—	—	214	231	221	252

資料來源：張素華：《2000廣告數字大調查》，臺北：《廣告雜誌》，2001年3月版，第54頁。詹宜軒：《站穩腳步，再度出發》，臺北：《廣告雜誌》，2003年3月版，第48頁。

而臺灣電視談話節目在臺灣電視各類節目的地位也與日俱增。參考2004年臺灣地區領導人選舉剛結束後第一個上班日（3月22日週一）的尼爾森有線電視收視率排行榜，前40名熱門節目中就有25個政論節目上榜。[112]臺灣電視談話節目以壓倒多數的優勢，占據臺灣電視各類節目的霸主地位。

臺灣民眾對臺灣電視談話節目的收視反應敏感，根據臺灣廣電基金發表的一份針對島內無線及有線電視臺晚間8點至9點的觀眾收視行為調查得知：大部分的觀眾同意「談話性節目」具有讓觀眾「發泄情緒」與「表達意見」的功能，而且他們能清楚指出觀眾「Callin的內容常與討論主題不符」；其次，有八成的觀眾認為「Callin節目為喜歡的政治人物或政黨說話」，觀眾認為這類節目很可能淪為某些政黨的傳聲工具。[113]調查顯示：收看這類節目的觀眾大多數為收入不錯的中產階級及沒有收入的男性，且多半居住在都會地區。儘管調查顯示，臺灣民眾對臺灣電視談話節目本質、真相、功能有較理性的認識，但臺灣民眾受電視談話節目的影響是明顯的。根據臺灣《OPEN週刊》於2001年11月針對民眾收視電視談話性Callin節目所做的調查顯示：有53.54%的民眾會收看電視Callin或談話性的節目，同時其中有39.87%的民眾認為，會因為收看新聞性的Callin或談話節目，影響到其對政府施政的信任感；再者，也有31.62%的民眾表示，因為收視這類節目而改變了年底「立委」選舉的投票傾向，[114]所以由此可見，電視談話性Callin節目對於社會大眾，確實是有著左右民意的作用。

臺灣政治人物對臺灣電視談話節目的政治影響力不敢輕估。一方面他們從正面積極參與電視談話節目，作為自己動員力量、樹立形象的有效管道，這突出地表現在選舉旺季時，候選人頻繁出現在各個電視談話節目中，以爭奪選民的注意

力。根據臺灣廣告主協會委託臺灣新聞記者協會 2002 年 11 月底公佈的「Callin 節目監看報告」顯示，參選人為參與來賓的比例高達 71.7%，非選舉參選人的只占 28.3%；[115]另一方面政治人物對電視談話節目的負面評論非常敏感，特別是對其中揭露事實真相的談話節目十分懼怕，不惜以拉攏或威脅等手段，以達到讓電視談話節目沉默的目的。僅以 1999 年「9·21」大地震和 2005 年 8 月「高捷」弊案為例，國民黨執政當局和民進黨執政當局分別對同一個欄目——TVBS 的《2100 全民開講》做出了手法雖然不一、但性質同樣無恥的行徑：1999 年的「9·21」大地震，李濤直接到災區批評臺灣當局救災表現。災民的哭天喊地、憤懣不滿，讓當時的國民黨執政者如芒刺在背。當時的臺灣當局領導人李登輝在國民黨中常會上公開批評李濤，而李濤也在接受採訪時透露：為了封口，當時的國民黨高層曾找李濤，表示「支票數字隨意填」，以換得李濤休假一個月，但被李濤拒絕。[116]2005 年 8 月份高捷弊案爆發，《2100 全民開講》以此作為話題，連續幾十天追問該案的黑幕，邀請相關人等參加討論，目標直指臺灣當局上層人物。10 月 26 日節目曝光陳哲男與陳敏賢一同出現在韓國某賭場的照片引發臺灣政界地震，民怨沸騰，民進黨「立院」黨團下令黨籍成員禁止參加 TVBS 的《2100 全民開講》，隨後，臺灣「新聞局」宣布因為 TVBS 的資本結構要重新審查它的執照，TVBS 憤起因應，廣大臺灣民眾聲援 TVBS。

本來電視談話節目以言論為主，事件的報導不屬其專長，因為有新聞報導的欄目。但是近年來，許多重大事件的當事人或目擊者，比如陳由豪爆料事件的陳由豪本人，以及「高捷弊案」的「深喉」，都願意選擇電視談話節目作為曝光的第一渠道，使得電視談話節目不僅擁有言論的武器，而且兼具新聞報導的功能，甚至本身就是製造新聞事件的重磅炸彈，顯示出電視談話節目在臺灣政治社會不可替代，甚至無與倫比的影響力。陳水扁曾經透露他心目中的「媒體五大寇」，點名的就是李濤、李艷秋、李敖、趙少康、陳文茜，他們全是批評施政最為激烈的人，或是被他最看不順眼節目的主持人。這「五大媒體之寇」無一例外的都是電視媒體的主持人，而且無一例外的都是電視談話節目的主持人。[117]

綜觀臺灣談話類節目，有以下幾個特點：

1. 議題選擇，非此即彼的單項選擇。

臺灣電視談話節目的議題操作誘迫觀眾進行單項選擇，一些一邊倒類型的電視談話節目給出的議題，一般只有一個選項，觀眾只能做沒有選擇的選擇；而一些打出中立、客觀旗號的電視談話節目給出的議題，雖然有兩個或兩個以上選項，觀眾也只能進行單項選擇，而無法進行多項選擇，因為給出的選項總是相互

對立和相互排斥的，而且幾乎沒有折中的、中間的第三項選擇。以最具包容性的 TVBS 的《2100 全民開講》為例，它是臺灣不多的可以聽到不同聲音的電視談話節目，附錄一是該欄目 2005 年 9 月 21 日至 2005 年 10 月 20 日的議題。我們看見議題標題結尾的標點符號只有兩個：驚嘆號和問號。毫無疑問，驚嘆號給出就是一個選項，而且驚嘆號給人一種斬釘截鐵、別無選擇的感覺。如 10 月 20 日節目的議題標題：「施政滿意度低過 60，有什麼臉要！」而問號則分三類：第一類是反問句式的問號，其語氣比驚嘆號還要強烈，還要不容置疑。如 2005 年 10 月 19 日的議題標題：「國債 4.9 兆 虛耗浪費 人民還要忍多久？」 小學生都知道答案是「忍不了了」。第二類是設問式。如 10 月 20 日的議題標題：「誰讓陳敏賢 7 億小股掌大權？沒答案，找『總統』！」自問自答，答案一目瞭然。第三類是疑問句，或者沒給出選項。如 10 月 18 日的選題標題：「百姓苦，肥水給了誰？」指向性非常清楚。或者給出選項，如 9 月 21 日的議題標題——《陳哲男：結合政商搞金權？擅自做主？奉旨？》。標題雖然給出了兩個選項：「擅自做主」和「奉旨」，但只有一個答案，兩者必居其一。

總之，臺灣電視談話節目在議題操作中非此即彼的單項選擇，已成普遍現象，連聲稱中立的《2100 全民開講》也在誘導人們在兩個極端中選擇站位，這是臺灣社會分裂在電視談話節目中的投影。

2. 現場參與，樂此不疲的情緒宣洩。

如前所述，大部分臺灣民眾認為電視談話節目具有讓觀眾「發洩情緒」的功能，事實上，臺灣電視談話節目也在「情緒宣洩」上做足文章。以《2100 全民開講》為例，首先，節目製作者樂見「情緒的宣洩」，因為「宣洩的情緒」，最易引起觀眾的共鳴或反彈，這是刺激收視率的有效工具。前述議題標題幾乎無一例外地選擇用「驚嘆號」和「問號」，這是兩個最具情緒性的標點符號。再如有些被邀請的嘉賓，雖然不斷有觀眾打電話來表示不滿，但有趣的是這些嘉賓仍然名列節目的「好顧客名單」中，節目為什麼不怕觀眾反感而轉臺？或許正是因為需要有這樣的「靶子」，可以讓觀眾的情緒之箭命中。

其次，現場參與討論的嘉賓也不願控制自己的情緒。情緒流露，甚至恰到好處的「失控」，正是嘉賓既滿足節目需要、又樹立自我形象的簡單有效的手段。所以在臺灣電視談話節目中，經常出現談話節目嘉賓「擦槍走火」，甚至「走人」。例如，臺灣政論節目名嘴周玉蔻就曾經在華視的政論節目上，杠上了政治明星段宜康。兩人在現場直播的節目中，為了「林佳龍該不該為妻舅許文龍的政

治立場轉變，向臺中市民說明」，爆發言語衝突，段宜康還在現場節目中拔掉麥克風當場走人，全臺觀眾都目睹這火爆的 LIVE 片段！[118]

最後，現場的觀眾和 Call in 的觀眾也只能以宣洩情緒圖一時之快，現場觀眾常常是作為節目的情緒道具或情緒背景來使用的，他們的主要功能就是「製造」現場氣氛。這種「製造」一般是在兩個極端中予以表現：一是呼應「支持的人」，一是挑戰「反對的人」。比如在 2001 年 11 月 3 日《2100 全民開講》的節目中就曾經出現這樣的情況：

一位親民黨現場支持者挑戰林濁水，當其問完話後，民進黨支持者則高呼「抗議」，更直接走向剛剛發言的觀眾旁表示抗議，現場開始打亂，李濤出面制止仍無法有效平息，臺上邱毅表示民進黨是暴民，現場更亂，直到李濤表示誰再亂將用鏡頭照攝，並請工作人員拉開兩邊觀眾後，才恢復平靜。[119]

而 Call in 的觀眾，往往被限制打入電話的時間，一般每位不超過 30 秒，甚至更低。幾十秒時間根本不可能把一個問題展開，Call in 觀眾能做的事只能是質問、表態、附和與攻擊，表現的形式主要就是發洩情緒。2001 年 10 月 1 日的《2100 全民開講》，一位桃園的陳先生直接開罵：「陳文茜你自認清高，……脫離民進黨……現在還選立委，你以後當選到『立法院』去脫衣服……。」[120]

情緒宣洩的主要表現方式：一是脫離議題發言，二是妖魔化對方，三是進行人身攻擊，四是爭吵不休，五是鼓噪，這些在臺灣的電視談話節目中隨處可見。電視談話節目不是不要情緒，而且情緒本身就是輿論力量的外在表現，但是臺灣電視談話節目的問題在於使這種情緒失控，而且往往滿足並停留在情緒的宣洩上，使得談話節目作為「公共論壇」的功能被大打折扣。連李濤自己對這種情緒的宣洩也表示出厭惡。李濤說：「每次主持現場的時候，發現來賓彼此都在講廢話，文不對題，在政治鬥爭中，只有勝利與失敗；當權與失權，老實講，我內心是很厭惡的。」[121]

3.討論過程，沒有共識的各說各話。

臺灣電視談話節目的各說各話主要表現是：一、立場的預先設定；二、論證的不斷重複；三、觀點的始終不變。這不僅出現在那些只能聽到一種聲音的「一邊倒型」和「槍手打手型」的電視談話節目，而且同樣出現在能夠聽到兩種聲音甚至多種聲音的電視談話節目中。那些經常在電視談話節目中拋頭露面的嘉賓，一個個像畫了臉譜一樣，還沒開口，觀眾就會知道他是什麼立場。「一邊倒型」和「槍手打手型」的欄目在選擇嘉賓時，自然必須事先選擇和欄目立場一致的人，

而像《2100全民開講》這樣的欄目在選擇嘉賓時同樣以立場取人，區別只不過是它可以而且往往刻意選擇不同立場的人。欄目對嘉賓的立場的取捨是製作方所預知或預設的，嘉賓的立場在節目中的表現也是觀眾所預料的。而談話節目的即興性，培養了一大批能夠「即時思考」的人，議題非此即彼的單項選擇，限制了嘉賓往縱深思考，但也便利了嘉賓的快速反應。嘉賓們只需用不變的立場以應萬變，在這裡立場代替了思考，立場直接就是觀點，嘉賓有備而來的就是準備好能證明自己觀點（立場）的材料，剩下的就是如何用自己的語言天賦和情緒來強化效果，所以，整個討論過程中就出現論證的不斷重複，而且觀點永遠不變。

請看2001年11月9日《2100全民開講》的例子：

親民黨代表李慶華以資料說明：「……為什麼會被刪除，主要是經過『朝野』四次協商，一百三十一億的明細表沒有送來，我用資料來講話，我向『立法院』秘書處要來的資料，……看下面的字（指用文件），本案來到已超過議程預定時間，無法提報『院會』併案處理，……。」民進黨代表田欣亦以資料回應：「……我覺得李慶華委員有點胡說八道，其實這有兩個爭議，一個是預算爭議，一個是預算本身，部內的爭議，你們看國民黨在2000年編的預算……」李慶華回應：「我不知道民進黨拿的是什麼東西，我拿來的是秘書處公文，議事記錄，說明6/5說明送來來不及排定6/6議事，所以那天刪除掉了……」李濤接著表示要播國民黨回應的畫面，而田欣亦與李慶華皆再以資料說明一次。[122]

該期節目討論的是「在野黨」預算案的議題，由於立場的預定、論證的重複、觀點的不變使得主持人李濤只能在節目中無奈地論述這是「一本預算」，各自表述。臺灣電視談話節目經常出現「你不要打斷我的話」句式。有時嘉賓滔滔不絕，以致主持人數次示意談話時間已到都不停止，只能靠關閉話筒才能消聲，這表明來賓們普遍缺乏傾聽的理性，而充滿表達的慾望。即使再不利於自己的證據，嘉賓們也不會選擇改變觀點，甚至也不選擇沉默，而是依然固執己見。在臺灣電視談話節目中，「你不要硬拗嘛」是經常聽到的語句。硬拗到底的結果就是：討論從來沒有交流，討論也無法拓展和深入，討論開始就等於討論的結束，所以沒有妥協，也無法產生共識，討論雙方、對話雙方像兩條永遠分離、永不相交的平行線，這正是臺灣社會「信者恆信，不信者恆不信」的寫照。

「媒體即政治」在電視談話節目中最直接的反映就是其泛政治化現象。銘傳大學傳播學院2001年的1月至3月，曾針對無線、有線電視，共十二個包括Callin節目在內的談話性節目進行觀察研究，發現該類型節目的政治議題過度泛濫。[123] 2000年12月份《天下》雜誌的調查也指出，今天島內的媒體是造成政

治人物炒短線、社會人心浮動的原因之一；特別是一些電視上的 Callin 節目，經年累月把焦點淹沒在政治議題及政治人物身上，助長了泛政治化的發酵，鎖住了民眾對這些爭議的注意力，反而其他與人民福祉密切相關，如教育、環保、人文方面的議題，卻相對地被忽略了。[124]結果使得民眾對媒體的不信任度高達 37%，高於信任度的 22%。[125]臺灣學者楊意菁曾對 2001 年 2—3 月，10—11 月《2100 全民開講》的議題作過分析（見表 10）。我們看到無論是選舉期間還是非選舉期間，政治性議題占了壓倒多數，（其中的核四議題其實也該劃為政治議題），而財經社會議題不到 2%，環保民生議題不到 1%，而教育議題則乾脆為零。

表 10：《2100 全民開講》實際討論議題屬性

研究時間 議題屬性	非選舉期間 n（%） 二月	三月	十月	選舉期間 n（%） 十一月	小計
國內政治	12（46.2%）	24（100.0%）	24（75.0%）	20（76.9%）	80（74.1%）
國際政治	0（0.0%）	0（0.0%）	4（12.5%）	1（3.8%）	5（4.6%）
財經	0（0.0%）	0（0.0%）	1（3.1%）	1（.3.8%）	2（1.9%）
核四議題	13（50.0%）	0（0.0%）	0（0.0%）	0（0.0%）	13（12.0%）
選舉	0（0.0%）	0（0.0%）	1（3.1%）	4（15.4%）	5（4.6%）
環保民生	1（3.8%）	0（0.0%）	0（0.0%）	0（0.0%）	1（0.9%）
教育議題	0（0.0%）	0（0.0%）	0（0.0%）	0（0.0%）	0（0.0%）
社會醫療	0（0.0%）	0（0.0%）	2（6.3%）	0（0.0%）	2（1.9%）
小計	26（100.0%）	24（100.0%）	32（100.0%）	26（100.0%）	108（100.0%）

資料來源：楊意菁：《民意與公共性：批判解讀臺灣電視談話節目》，臺灣《新聞學研究》，第 79 期，第 17 頁。

綜上所述，可以對臺灣電視談話節目作如下結論：

第一，話題是公共的，但公共的論壇並未形成理想的公共領域。其標誌是民眾仍然是情緒的、孤立的，他們和理性的、聯結的公眾還有很大差距。

第二，討論是多元的，但多元的聲音卻呈現出一種斷裂的多元。其標誌是討論不是一個相互傾聽、相互妥協、尋找共識的過程。這種聲音的多元只不過給不同立場的人提供了一個表達不同意見的機會，卻沒有實現一種可以在討論中改變或修正意見的交流。

第三，參與是開放的，但開放的信道卻是一種不平等的開放。其標誌是民意的表達是被限制的和被代表的。臺灣電視談話節目難逃權力的控制，無論權力是來自政治還是來自金錢。

臺灣的電視談話節目是臺灣目前最強勢的輿論形式，它的正面作用與負面效果同樣引人矚目。臺灣電視談話節目的發達，是臺灣輿論畸形的一個像徵。它既是臺灣這個撕裂社會之果，也是臺灣這個撕裂社會之因。它被撕裂，同時又重新製造撕裂。筆者有一個觀點：如果一個組織很卓越，應該從這個組織最壞的元素中找證據；如果一個組織出了問題，則應該從這個組織最好的元素去找原因。臺灣的社會分裂，政治人物難辭其咎，而捲入政治、介入政治的媒體同樣應該反思自己的社會角色，特別是以政論性節目為主打的臺灣電視談話節目，包括在輿論監督方面可圈可點的 TVBS《2100 全民開講》在內，都應該全面認識媒體「善盡言責」的深刻含義。社會不幸媒體幸，當臺灣媒體從電視談話節目裡，或者確切地說，從最適宜臺灣電視談話節目繁殖發育的政治文化和社會土壤裡，獲得高額收益時，即使有一千個理由可以證明：一個被撕裂的臺灣不應由媒體負責，媒體仍應該捫心自問，是否在消除社會對立、促進族群和諧上盡到了足夠的責任？

媒體的撕裂、政治的撕裂和社會的撕裂，臺灣電視談話節目為「媒體即政治」寫下了最好的註腳。作為臺灣政治文化與輿論的互動媒介，臺灣的媒體政治從「政治媒體化」往「媒體即政治」方向發展，電視談話節目也取代政治廣告，成為這個時代反映臺灣輿論與政治文化互動關係的最有代表性的輿論議題形式。

總之，作為臺灣政治文化與輿論的互動媒介，臺灣的媒體政治從「媒體政治化」轉變為「政治媒體化」，並向「媒體政治」的方向發展，而反映臺灣輿論與政治文化互動關係的臺灣輿論議題的代表形式，也由社論到政治廣告再到電視談話節目。聯繫本章的第一節、第二節，我們可以發現，從臺灣輿論議題的內容、結構、主體乃至形式，無不交織著臺灣政治文化與輿論的互動，輿論與政治文化的關係複雜而深遠。本書將在結語部分，繼續揭示政治文化與輿論的互動模式。

注　釋

[1].阿爾蒙德、維巴在其《公民文化》一書中考察了西方五國公民文化的特徵，發現義大利是疏遠型的政治文化，墨西哥是不平衡和不協調的文化，德國是政治超然和臣民能力的結合的文化，美國是參與型的公民文化，英國是馴順型的公民文化。以上材料參見〔美〕阿爾蒙德、維巴著：《公民文化》，馬殿軍譯，杭州：浙江人民出版社，1989 年版。

[2].參見〔美〕阿爾蒙德、維巴著：《公民文化》，馬殿軍譯，杭州：浙江人民出版社，

1989年版。

[3].《中國時報四十年》編輯委員會：《中國時報四十年》，臺北：中國時報社，1990年版。

[4].《中國時報五十年》編輯委員會：《我們的信念與主張——中國時報五十年社論選輯》，臺北：中國時報社，2000年版。

[5]. 比如2006年「倒扁」運動的發起人施明德就曾因主張「臺獨」而兩度入獄，被監禁25年。顏一：《傳奇「臺灣曼德拉」施明德》，《青年參考》，2006年6月16日。

[6].1977年，葉石濤發表了《臺灣鄉土文學史導論》，雖然在戒嚴時期還有一些偽裝，但卻第一次提出了臺灣文學的「臺灣立場」和「臺灣意識」，第一次提出了臺灣在日據下「現代化」歷程中產生了「臺灣意識」的主張。此主張隨即引發了一場持續了20年的論戰。此番論戰實際上是一場以文學為名的意識形態前哨戰。以上資料參見古遠清：《臺灣文壇「雙陳大戰」》，臺灣《臺聲》雜誌，2001年4期。另參見朱雙一、張羽：《海峽兩岸新文學思潮的淵源和比較》，廈門：廈門大學出版社，2006年版，第491—506頁。

[7]. 王天濱：《臺灣報業史》，臺北：亞太圖書出版社，2003年版，第154—157頁。

[8]. 王天濱：《臺灣報業史》，臺北：亞太圖書出版社，2003年版，第155頁。

[9]. 王天濱：《臺灣報業史》，臺北：亞太圖書出版社，2003年版，第154頁。

[10]. 施明輝：《臺灣意識論戰選集》，臺北：前衛出版社，1989年版。

[11]. 陳俐甫：《禁忌、原罪、悲劇，新生代看二二八》，臺北：稻鄉出版社，1990年版，第3頁。

[12].《從深思反省中導引族群的包容與凝聚——2·28紀念碑落成的前瞻意義》，臺灣《中國時報》社論，1995年2月27日。

[13].《以負責和寬恕的態度紀念2·28事件》，臺灣《中國時報》社論，1996年2月28日。

[14].《在大歷史之前的沉思——從2·28紀念碑文談起》，臺灣《中國時報》社論，1997年1月29日。

[15]. 相關討論見丁邦新、何懷碩、陳師孟、洪惟仁等：《一些中國人的想法》，臺北：久大文化股份有限公司，1987年版。

[16]. 李筱峰：《統獨十四辯——如何與人辯論臺獨問題》。臺北：玉山社，1995年版，第71—85頁。

[17]. 黃光國：《民粹亡臺論》，北京：中國友誼出版公司，1997年版，第33頁。

[18]. 就以臺灣為例，在威權時代，臺灣也是刻意迴避族群議題，而是用強人政治

解決族群關係。參見彭懷恩：《中國政治文化的轉型》，臺北：風雲論壇出版社，1992年版，第6—9頁。

[19].2006年9月29日，民進黨主席游錫堃在民進黨黨慶酒會中，向各國駐臺使節及代表強調，認同臺灣是中國一部分的人，就是中國人。他說：「我的祖籍是中國福建，但我是華裔的臺灣人。」《民進黨主席游錫堃宣稱是華裔臺灣人》，臺灣「中央社」，2006年9月29日報導。

[20].《「廢統」變「終統」美籲扁勿改變現狀》，臺灣TVBS2006年2月28日報導，見臺灣TVBS電視臺網站：http://www.gclub.com.tw/news/news_list.asp?no＝alisa20060228084128，。

[21].《無恥！12醫師公開胡病歷》，臺灣《蘋果日報》，2004年11月30日報導。

[22].《呂秀蓮、姚文智「包容」非常光盤的代價》，臺灣《聯合晚報》社論，2005年11月22日。

[23].鄒振東：《臺灣輿論發展變化的歷史拐點及趨勢》，《臺灣研究》，2006年3期，第8頁。

[24].吳俊剛：《臺灣民粹主義的偽化》，來源：聯合早報網，http://www.zaobao.com。

[25].黃光國：《民粹亡臺論》，北京：中國友誼出版公司，1997年版，第11頁。

[26].鄧志松：《民主社會中的民粹運動：一個理論的檢討》，2000年臺灣政治學會第七屆年會暨「跨越2000年的政治學研究：兩岸學者論壇」研討會論文，2000年12月9—10日。

[27].所謂《臺灣前途決議文》，是民進黨為因應2000年島內「大選」，為減輕臺灣民眾對民進黨執政的疑慮，淡化「臺獨」色彩，騙取中間選票，於1999年5月8日在該黨八屆二全大會上透過的一個決議案。2003年初，再經前任黨主席謝長廷等人提案，將其位階拉抬到等同於黨綱。該決議文雖然迫於當時島內外的政治現實，首次階段性地間接承認了所謂中華民國的「國號」，不再堅持該黨1991年透過的「臺獨」黨綱中，主張建立「臺灣共和國」的急進「臺獨」訴求，但它所提出的七項主張，仍極其鮮明地反映了民進黨的「臺獨」立場，是一份貨真價實的「臺獨」綱領。《民進黨黨章·黨綱》，見民進黨網站：http://www.dpp.org.tw/history/pub/LIT_6.asp？ctyp＝LITERATURE＆catid＝1742

[28].臺灣《臺灣立報》，2004年4月29日報導，http://www.lihpao.com/argu.asp。

[29].姜新立：《民族主義與馬克思主義——矛盾對立或辯證統一？》，收入《百年來兩岸民族主義的發展與反省》，洪泉湖、謝政諭主編，臺北：東海大學圖書股份有限公司，2002年版，第30頁。

[30]. 姜新立：《民族主義與馬克思主義——矛盾對立或辯證統一？》，收入《百年來兩岸民族主義的發展與反省》，洪泉湖、謝政諭主編，臺北：東海大學圖書股份有限公司，2002 年版，第 29 頁。

[31]. 余英時：《略說現代中國民族主義與民主的關係———個歷史的體察》，收入《百年來兩岸民族主義的發展與反省》，洪泉湖、謝政諭主編，臺北：東海大學圖書股份有限公司，2002 年版。

[32].《2100 全民開講》是臺灣 TVBS 電視臺製播的談話性政論節目，在晚上 21：00 開始而得名。

[33]. 楊意菁：《民意與公共性：批判解讀臺灣電視談話節目》，臺灣《新聞學研究》，第 79 期。

[34].Timothy M.Frye.Ethnicity，Sovereignty and Transitions from Nom-Democratic Rule Journal of International Affairs Winter 1992 Vo.l45，No2，P607-609。

[35]. 王國璋：《馬來西亞的族群政黨政治（1955—1995）》，臺北：唐山出版社，1997 年版，第 10—11 頁。

[36].[美]哈囉德·伊薩克：《族群》，鄧伯宸譯，臺北：立緒出版社，2004 年版，第 19—22 頁。

[37]. 許介麟：《李登輝與臺灣政治》，北京：社會科學文獻出版社，2002 年版，第 176 頁。

[38]. 馬英九：《民主再造工程——臺灣民主第二階段改革宣言》，臺灣《聯合報》，2007 年 7 月 16 日。

[39]. 黃炎東：《「中國」現階段政黨制度的取向》，臺灣《中央月刊》，1985 年版。

[40]. 姜南揚：《臺灣政治轉型與兩岸關係》，湖北：武漢出版社，1999 年版，第 19—20 頁。

[41]. 王天濱：《臺灣報業史》，臺北：亞太圖書出版社，2003 年版，第 200 頁。

[42]. 前身為成立於 1920 年 11 月的國民黨「中央宣傳部」，為中國國民黨文宣專責單位之濫觴；1950 年 8 月，中國國民黨召開全國第一次代表大會，成立中央改造委員會，將之改名「中央第四組」；1972 年三月，第十屆三中全會修正透過「中央委員會組織條例」，更名為「中央文化工作會」。參見王天濱：《臺灣報業史》，臺北：亞太圖書出版社，2003 年，第 200 頁。

[43]. 曾虛白：《董顯光先生與新聞事業》，臺灣《報學》，第四卷第十期，1973 年 6 月。

[44]. 阮毅成：《我在中央日報工作的回憶》，臺灣《報學》，第六卷第五期，1980 年 12 月。

[45]. 臺灣「民政部內政司」網站：http：//www.moi.gov.tw/dca/franchise06.asp。

[46]. 所謂「call-in 部隊」，指的是各政黨為了影響廣播電視談話節目的觀眾來電的結構，組織群眾在廣播電視直播時打電話，這些以打電話訴求政黨聲音的群眾，是輿論戰的特殊部隊。以上資料參見《媒介所有權左右選情》，臺灣《自立晚報》，2000 年 2 月 11 日報導。

[47]. 各政黨內部均有發佈民調的常設機構，如國民黨有「政策會」，民進黨有「民調中心」。此外，各政黨也常常依託於擁有相同政治色彩的媒體或社團來發佈有利民調。例如：TVBS、年代電視臺民調被認為傾向泛藍；三立、民視民調被視為泛綠；民間的山水調查公司是民進黨的「白手套」；「國家發展研究院」、臺灣政治大學國關中心是國民黨的智庫；「臺灣智庫」則是陳水扁的重要智囊團。以上資料參見吳秀光《北高市長選舉結果與民意調查間的弔詭》，《臺灣民主季刊》第三卷第四期，2006 年 12 月；及張勇：《亂花漸欲迷人眼 臺灣民調亂了調》，《國際先驅導報》，2004 年 2 月 18 日報導。

[48]. 施飛：《臺灣政黨與大眾傳媒關係研究》，廈門大學臺灣研究院碩士學位論文，2003 年，第 53—55 頁。

[49]. 邱家宜：《五億元電視廣告大作戰》，臺灣《新新聞》，680A 期，www.new7.com/weekly/old680a-076htm。

[50]. 劉國深等：《臺灣政治概論》，北京：九州出版社，2006 年版，第 94—95 頁。

[51]. 《立院全武行 登上 CNN》，臺灣 TVBS 電視臺，2007 年 1 月 20 日報導，http：//www.tvbs.com.tw/news/news_Day_Hot.asp?opendate＝2007/1/20

[52]. 韓運榮、喻國明：《輿論學——原理、方法與應用》，北京：中國傳媒大學出版社，2005 年版，第 72 頁。

[53]. 《李敖「立法院」搶鋒頭笑稱「敢潑便當就噴瓦斯」》，臺灣《中國時報》，2004 年 11 月 3 日報導。

[54]. 《聯合報 2005 年臺灣十大新聞》，臺灣《聯合報》，2005 年 12 月 25 日報導。

[55]. 《自由時報 2005 年臺灣十大新聞》，臺灣《自由時報》，2005 年 12 月 31 日報導。

[56]. 鄒振東：《臺灣輿論發展變化的歷史拐點及趨勢》，《臺灣研究》，2006 年第 3 期，第 7 頁。

[57]. 鄒振東：《2005 年臺灣輿論全紀錄》，《廈門日報》，2006 年 1 月 16 日。

[58]. 王天濱：《臺灣報業史》，臺北：亞太圖書出版社，2003 年版，第 215—217 頁。

[59]. 李瞻：《中國中央、聯合與中國時報三大日報內容之統計分析》，臺北：「國科會」專題報告，1975 年 7 月，第 18 頁。

[60]. 張錦華：《中國報紙讀者投書內容研究》，臺灣《報學》，第六卷第一期，1978年12月。

[61]. 李瞻：《中國中央、聯合與中國時報三大日報內容之統計分析》，臺北：國科會專題報告，1975年7月，第18頁。

[62]. 阮毅成：《我在中央日報工作的回憶》，臺灣《報學》，第六卷第五期，1980年12月。

[63]. 荊溪人：《我沒有編好省市版》，臺灣《報學》，第一卷第六期，1953年7月。

[64]. 包亞明：《文化資本與社會煉金術——布迪厄訪談錄》，上海：上海人民出版社，1997年版，第85頁。

[65]. 包亞明：《文化資本與社會煉金術——布迪厄訪談錄》，上海：上海人民出版社，1997年版，第

[66]. [德]哈貝馬斯：《在事實與規範之間》，童世駿譯，北京：三聯書店，2003年，第464頁。

[67]. 陳蔓蒂：《淺析讀者投書與民意》，臺灣《報學》，第八卷第四期，1991年版。

[68]. 王洪鈞：《報禁開放一年幾個值得深思的問題》，收入《中華民國新聞年鑒八十五年版》，臺灣新聞學會編，1996年版，第357頁。

[69]. 王麗美：《報人王惕吾——聯合報的故事》，臺北：天下文化出版公司，1994年版，第35頁；張慧英：《提筆為時代——余紀忠》，臺北：時報文化出版公司，2002年版，第46頁。

[70]. 李瞻：《電視》，臺北：允晨文化實業股份有限公司，1984年版，第28頁。

[71]. 李瞻：《電視》，臺北：允晨文化實業股份有限公司，1984年版，第31頁。

[72]. 李瞻：《電視》，臺北：允晨文化實業股份有限公司，1984年版，第32頁。

[73]. 李瞻：《電視》，臺北：允晨文化實業股份有限公司，1984年版，第28—32頁。

[74]. 曾虛白：《中國新聞史》，臺北：三民書局，1984年版，第885—886頁。

[75]. 荊溪人：《我沒有編好省市版》，臺灣《報學》，第一卷第六期，1953年版，第37頁。

[76]. 荊溪人：《我沒有編好省市版》，臺灣《報學》，第一卷第六期，1953年版，第37頁。

[77]. 方積根、唐潤華、李秀萍等：《臺灣新聞事業概觀》，北京：新華出版社，1990年版，第17頁。

[78]. 《中國時報四十年》，臺北：中國時報社，1990年10月2日報導。

[79]. 王惕吾：《聯合報三十年的發展》，臺北：聯合報社，1981年版，第302頁。

[80]. 王惕吾：《聯合報三十年的發展》，臺北：聯合報社，1981年版，第137—138頁。

[81]. 參見臺灣《中國時報》社論，1990年5月3日，1986年6月12日，1986年9月30日，1987年10月5日。

[82]. 王天濱：《臺灣報業史》，臺北：亞太圖書出版社，2003年版，第244頁。

[83]. 黃年：《漂流的臺灣——聯合報社論一百篇（1991年至2001年）》，臺北：聯合報社，2001年版，第6頁。

[84]. 任熙雍：《十年來報業的發展》，收入《中華民國新聞年鑑六十年版》，臺北：臺北市新聞記者公會，1971年版，第66頁。

[85]. 雷震：《雷震回憶錄》，香港：香港七十年代雜誌社，1978年版，第330—332頁；見李筱峰：《臺灣民主運動40年》，臺北：自立晚報社，1987年版，第61頁。

[86]. 李旺臺：《黨外雜誌發展史略》，臺灣《八十年代》，1984年4月3日第1期；另見楊錦麟：《臺灣黨外雜誌概述〈1979—1985〉》，《臺灣研究集刊》，1985年第2期，第22—25頁。

[87]. 1952年，電視政治廣告第一次出現在總統競選裡。1952年這一年在研究政治廣告上極具意義，因為這一年的總統競選中，艾森豪威爾推出一系列的「艾森豪威爾回答美國」電視廣告片，幫助他登上總統寶座，不僅宣告政治廣告的廣播時代終結，而且預示著政治廣告作為一種重要的輿論力量開始崛起。以上資料參見《政治廣告與選舉》，彭藝編著，臺北：正中書局，1992年版，第3頁。

[88]. 《政治廣告與選舉》，彭藝編著，臺北：正中書局，1992年版，第144頁。

[89]. Seib，Philip.（1987）.Who』s in charge？ How the Media shape News and Politicians Win Votes？ Publishing Company。

[90]. 有些國家和地區可能會規定在選舉日前的某個時間點開始禁止刊播政治廣告。

[91]. 莫乃健：《阿扁的超級化妝師範可欽用廣告打動五百張選票》，臺灣《CHEERS》，2004年4月號。

[92]. 邱家宜：《五億元電視廣告大作戰》，臺灣《新新聞》，680A期，http：//www.new7.com/weekly/old680a-076htm。

[93]. 丘森、陳培愛：《政治傳播中的媒介權力》，北京：《現代傳播》，2002年第1期，第100頁。

[94]. 陳飛寶：《臺灣大眾媒體與政黨權力之爭》，北京：《臺灣研究》，1999年第4期，第56—57頁。

[95]. 陳飛寶：《臺灣大眾媒體與政黨權力之爭》，北京：《臺灣研究》，1999年

第 4 期，第 56—57 頁。

[96]. 岳森、陳培愛：《政治傳播中的媒介權力——論臺灣政治廣告的運用》，北京：《現代傳播》，2002 年第 1 期。

[97]. 臺灣 TVBS 電視臺《2100 全民開講》節目，2005 年 10 月 26 日，www.tvbs.com.tw。

[98]. 臺灣「中選會」網站：http：//www.cec.gov.tw。

[99]. 以上資料參見《選戰失利讓「新系」帽子沉重「蘇新」炮轟媒體不公》，臺灣《中國時報》，2007 年 5 月 9 日報導，http：//news.chinatimes.com/Chinatimes/newslist/...+112007050900817，00.html。

[100]. 林君宜：《三立挺謝引紛爭 林育生：蘇貞昌輸給三立 不是謝長廷》，臺灣《中國時報》，2007 年 5 月 9 日報導，http：//news.chinatimes.com/Chinatimes/newslist/...+112007050900817，00.html。

[101]. 見部落格網址：http：//www.blancoage.com/boardtest/afall_nofso003/showtopic.asp？TOPIC_ID＝44194＆Forum_id＝60＆page＝1。

[102]. 臺灣「百萬人民倒扁總部」網站：http：//www.newtaiwan.org.tw/index.php。

[103]. 莫乃健：《阿扁的超級化妝師範可欽用廣告打動五百萬張選票》，臺灣《CHEERS》，2000 年 4 月號。

[104]. 鄒振東：《輿論戰場：贏者未勝輸者未敗》，《南方週末》，2007 年 1 月 11 日「天下」版。

[105]. 參見[德]哈貝馬斯：《公共領域的結構轉型》，曹衛東等譯，上海：學林出版社，1999 年版。譯者曹衛東曾在 1998 年第 6 期《讀書》上撰文《從「公私分明」到「大公無私」》，介紹該書的學術背景、歷史效果及其在哈貝馬斯思想歷程中的地位。哈貝馬斯該書寫作於 20 世紀 60 年代，大紅大紫卻在 20 世紀 80 年代末，引起一場至今未衰的「公共領域」熱潮，波及幾乎所有的社會科學、人文科學領域。「公共領域」成了學界解讀社會的一個活躍的學術概念，電視談話節目則經常成為這一概念分析解剖的案例。

[106]. 楊意菁：《民意與公共性：批判解讀臺灣電視談話節目》，臺灣《新聞學研究》，第 79 期，第 45—46 頁。

[107]. 1995 年 TVBS 的營業額超過十億，其中單是李濤的節目就占廣告業績的 20%，約在 1 億 5 千萬新臺幣左右。以上資料參見楊軍良：《出賣李濤——2100 全民開講幕後秘辛》，臺北：商智文化，1997 年版，第 43 頁。

[108]. 數據參見資深媒體人簡余晏、陳立宏於 2004 年 6 月於臺灣政治大學新聞學系所做報告《電視閩南語政論節目的觀眾收視動機與行為研究——以「臺灣心聲」

節目為例》,第2頁,轉引自鄒振東:《類型與特點——析臺灣電視談話節目》,《中國廣播電視學刊》,2006年第4期。

[109]. 陳文杰:《臺灣名嘴電視論政》,《南方人物週刊》,2005年第18期。

[110]. 陳文杰:《臺灣名嘴電視論政》,《南方人物週刊》,2005年第18期。

[111]. 鄒振東:《2005年臺灣輿論報告》,收入《2005年臺灣問題研究報告》,鄒振東主編,北京:華藝出版社,2006年版,第51頁。

[112]. 數據參見資深媒體人簡余晏、陳立宏於2004年6月於臺灣政治大學新聞學系所做報告《電視閩南語政論節目的觀眾收視動機與行為研究——以「臺灣心聲」節目為例》,第2頁,轉引自鄒振東:《類型與特點——析臺灣電視談話節目》,《中國廣播電視學刊》,2006年第4期。

[113]. 《1999年「廣電基金」收視行為調查系列報導:無線及有線電視臺晚間觀眾收視行為調查》,參見臺灣廣電基金網站:http://www.bdf.org.tw/programs/media-research/88drama-news.doc。

[114]. 臺灣《民生報》,2001年11月15日報導。

[115]. 《Callin節目 候選人最愛》,參見臺灣廣電基金會網站:http://www.bdf.org.tw/infor/broad-caster/84/84-9/84-9p.html。

[116]. 黃創夏:《全民開講殺傷力遠勝連胡會 濤哥比戰哥更有效「果」》,臺灣《新新聞》,第960期,第22—24頁。

[117]. 楊明哲:《前情治首長稱扁曾點名媒體五大寇》,鳳凰衛視,2004年02月20日報導,見鳳凰網http://news.phoenixtv.com/home/news/taiwan/200402/20/202810.html。

[118]. 謝曜州、陳其銳:《LIVE節目走人!段宜康杠上週玉蔻》,臺灣TVBS電視臺2005年4月3日報導;另參見http://www.gclub.com.tw/news/news_list.asp?no=alisa20050403123333。

[119]. 楊意菁:《民意與公共性:批判解讀臺灣電視談話節目》,臺灣《新聞學研究》,第79期,第33頁。

[120]. 楊意菁:《民意與公共性:批判解讀臺灣電視談話節目》,臺灣《新聞學研究》,第79期,第23頁。

[121]. 黃創夏:《全民開講殺傷力遠勝連胡會 濤哥比戰哥更有效「果」》,臺灣《新新聞》,第960期,第24頁。

[122]. 楊意菁:《民意與公共性:批判解讀臺灣電視談話節目》,臺灣《新聞學研究》,第79期,第35頁。

[123]. 數據參見臺灣媒體觀察基金會網頁,http://www.mediawatch.org.tw/

media/2001101605.htm，。

[124].高希均：「專家專欄——觀念臺灣衝擊」，臺灣《遠見》雜誌，2000 年 9 月號第 171 期，第 36 頁，http：//www.gvm.com.tw/column-kao-v.asp?code ＝ 1 & wgvmno ＝ 317。

[125].《看電視後，焦慮、心煩、沒前途》，臺灣《天下》雜誌，2002 年 4 月號，第 144—145 頁。

結語

　　臺灣輿論議題演變與臺灣政治文化變遷是臺灣歷史研究一個重要研究視角，以往的研究都沒有將二者結合起來。從本研究可知，臺灣輿論與政治文化密不可分，透徹研究二者的關係及其在互動框架中的嬗變殊有價值。在結語部分，本書將對臺灣輿論議題的演變及臺灣政治文化的變遷進行歸納，總結其歷史進程的階段性特點，並在深入研究的基礎上，指出臺灣輿論議題的演變與臺灣政治文化的變遷雖大致合拍卻未必同步，而對臺灣輿論議題的細化研究也告訴我們，即使是臺灣輿論的三大議題，其起步、逆轉與高潮的節點也不是完全統一。因此，與之對應的臺灣政治文化的政治情感、政治認知與政治評價也各有既同亦殊的歷史發展軌跡，最後本書試圖在臺灣輿論議題與政治文化的互動個案上，進一步揭示政治文化與輿論互動關係的一般模式。

第一節　臺灣輿論議題的演變與臺灣政治文化的變遷

　　以往對臺灣輿論的研究缺乏對其歷史的考察，而從臺灣輿論議題的演變中，處處可發現其背後的政治文化變遷。光復以來，臺灣的輿論議題龐雜而多變，但深入分析可以發現臺灣的輿論議題大致分為兩類：第一類是訴求性議題，這些以明確訴求為目的的議題隨著訴求的解決或轉移而不再被人關注；第二類是認同性議題，這些以認同為指向的議題卻因為人們在認知上的難以統一、在情感上的不能共鳴以及在評價上的無法一致而長久地被人們關注，其中特別是與政治文化相關的議題，由於政治的中心話語與文化的深層積澱的雙重沖積，成為六十年來恆久影響臺灣的輿論議題。它們分別是「省籍議題」、「臺灣意識／中國意識議題」和「統獨議題」，它們分別對應的是臺灣政治文化的最典型的政治情感——「省籍情結」，最核心的政治認知——「臺灣意識／中國意識」以及最重要的政治評價——「統獨傾向」。由此，三大議題分別成為臺灣政治文化中最典型的政治情感符號、政治認知符號與政治評價符號。而根據大多數學者都認可的政治文化定義，政治文化正是由政治情感、政治認知與政治評價三部分組成。因此，對這三大議題演變所分別進行的歷史考察，正是對六十年來臺灣政治文化變遷的系統梳理。

一、臺灣輿論議題演變與政治文化變遷的階段性特點

兩岸學者一般都以1986年的「政治革新」（或以1987年的「解嚴」）以及2000年的政黨輪替這兩個標誌性事件將光復以來的臺灣歷史分為三個時期，本書也據此將臺灣的輿論議題演變及政治文化的變遷大致分為三個階段，並分別命名為「高音喇叭」時代，「變調的立體聲」時代和「喧囂的雙聲道」時代。

1.「高音喇叭」時代。其關鍵字是「高」，表現在輿論議題上是高調壓倒低音，在政治文化上是高位壓抑低位。在高音喇叭下只有一個聲音，沒有其他聲音，只有高音喇叭的聲音向外輸出，沒有別的聲音向高音喇叭輸入。輿論議題的內容特點是「禁忌」，表現在包括「省籍議題」在內的所有族群議題被視為忌諱，而「統獨議題」中的「臺獨議題」被嚴厲禁止，而「臺灣意識/中國意識議題」中的「臺灣意識議題」也被刻意壓抑。與此對應的臺灣政治文化則是「威權主義」的政治文化。臺灣輿論議題的結構特點是「一元」，表現在「族群議題」上是沒有「省籍議題」，只有「民族（認同）議題」；表現在「臺灣意識議題」上是沒有「臺灣意識議題」只有「大中國意識議題」；表現在「統獨議題」上是沒有「臺獨議題」只有「統一議題」，其對應的臺灣政治文化是民族主義的政治文化。這個階段的政治文化是「民族主義」與「威權主義」相結合的政治文化，輿論議題的主體只能是「一極」，即黨國一體的威權勢力成為政治體系的輸入方面的主要供應者以及輿論議題設置主體的絕對統治者。而媒體政治作為臺灣輿論與政治文化的互動媒介，其表現出的傳媒與政治關係是「媒體的政治化」，而反映臺灣輿論與政治文化互動關係的最有代表性的輿論議題的形式就是社論。

2.「變調的立體聲」時代。其關鍵字是「變」，指的是這一時期的臺灣輿論議題開始變向，政治文化開始變軌。在多聲道的立體聲中，有的聲音開始大聲，有的聲音開始沉默。這一階段臺灣輿論議題的內容特點是從「禁忌」到「開放」，原來的「省籍議題」的忌諱，「臺獨議題」的禁止以及「臺灣意識議題」的限制被先後打破，其對應的臺灣政治文化開始從威權主義向「民主化」、「自由化」轉軌。臺灣輿論議題的結構也從「一元」到「多元」。在「臺灣意識/中國意識議題」上，認同自己是中國人，認同自己是臺灣人，以及認同自己既是臺灣人也是中國人的聲音共存；在「統獨議題」上，贊同統一的人、支持獨立的人以及維持現狀的人觀點互異，而即使是維持現狀的人還分成「維持現狀再統」、「維持現狀再獨」、「維持現狀再說」以及「永遠維持現狀」的人。各種立場所發出的不同聲音，構成議題的結構多元，而在這多元結構中，「本土化」的聲音逐漸抬頭並成為主流，與此相對應的臺灣政治文化也從民族主義向「本土化」方向發

展。「民主化」、「自由化」和「本土化」的政治文化使輿論的主體從「單極」向多極發展，具體表現為從一黨獨尊向多黨爭雄，從行政主導到議會主導，從政治人物到意見領袖，從精英壟斷向民眾開放進行轉變。而作為政治文化與輿論互動媒介的媒體政治，其表現的媒體與政治的關係，也從「媒體政治化」向「政治媒體化」轉型，而反映輿論與政治文化互動關係的輿論議題的代表性形式則從社論轉變為政治廣告。

　　3.「喧囂的雙聲道」時代。其關鍵字是「雙」，指的是這一時期的輿論議題是雙向對立，政治文化是雙向衝突。對立衝突的雙方各自喧囂在不同的聲道上，互不交集，各說各話。這一階段輿論議題內容的特點是由「開放」走向「放縱」。在「省籍議題」上「省籍情結」被扭曲放大，各種以「出身決定論」來汙辱對方的言詞不受懲罰，肆意挑動族群衝突的議題沒有忌憚；在「臺灣意識／中國意識議題」上，「我是中國人」的事實可以被否定，中華文化的基本常識可以被拋棄，「賣臺灣」的帽子可以任意強加；在「統獨議題」上，違背兩岸主流民意、罔顧國際輿論、刻意挑釁大陸底線的「臺獨議題」可以瘋狂拋出，不惜把臺灣人民帶到戰爭與災難的邊緣。這一時期輿論議題內容所對應的政治文化是民粹主義政治文化。而輿論議題的結構也從「多元」發展到「二元」對立，表現在「省籍議題」上刻意製造「本省人」與「外省人」的衝突，在「臺灣意識／中國意識議題」有意製造二者的對立，「臺灣人」與「中國人」、「愛臺灣」與「賣臺灣」、「中國符號」與「臺灣符號」，全部變成非此即彼的單項選擇；在「統獨議題」上，「統一議題」與「臺獨議題」更是針鋒相對。這一時期臺灣輿論議題結構所對應的政治文化是經由「本土化」轉型向族群主義政治文化轉變。「民粹主義」加「族群主義」的「群粹主義」政治文化使輿論的主體從「多極」發展為「多元並存的兩極分化」。作為政治文化與輿論互動媒介的媒體政治，其表現的媒體與政治的關係也從「政治媒體化」向「媒體即政治」方向發展，而反映輿論與政治文化互動關係的輿論議題的代表性形式也從政治廣告轉變為電視談話節目。

　　光復以來的臺灣六十年歷史，臺灣的輿論議題發生了巨大的變化，使臺灣輿論議題的內容從「禁忌」到「開放」再到「放縱」，輿論議題的結構從「一元」到「多元」再到「二元對立」，輿論議題的主體由「單極」到「多極」再到「多極並存的兩極分化」，輿論議題的形式也從社論到政治廣告再到電視談話節目。與此同時，臺灣政治文化也進行著艱難而痛苦的變遷，它從威權主義加民族主義的政治文化經由「民主化」、「自由化」與「本土化」的轉型發展到民粹主義加族群主義的「群粹主義」政治文化。

二、臺灣輿論演變與臺灣政治文化變遷的要素性特點

臺灣輿論議題的演變與臺灣政治文化的變遷，不僅有其階段性的特徵，還有其要素性的特點。表現在臺灣輿論議題與臺灣政治文化這兩個要素的發展軌跡各有特點，而且臺灣輿論三大議題要素其發展過程也各有不同。

1.臺灣輿論議題演變與臺灣政治文化變遷合拍卻不同步。對臺灣輿論議題演變與臺灣政治文化變遷的深入研究，我們發現臺灣輿論議題的演變與臺灣政治文化的變遷大致合拍卻並不完全同步。總體上說，輿論議題的演變基本上比政治文化的變遷先行一步。例如，70年代的「鄉土文學論戰」與1983年的「臺灣意識/中國意識」論戰中，「省籍議題」、「臺灣意識/中國意識議題」及「統獨議題」就曾借「本土化議題」初試啼聲，其輿論議題所指向的「民主化」、「自由化」與「本土化」，成為此後政治文化「民主化」、「自由化」和「本土化」轉型的先導。而到了1990年代，隨著「省籍議題」、「臺灣意識/中國意識議題」與「統獨議題」的先後逆轉，臺灣輿論議題又成為2000年政黨輪替後政治文化轉變的先聲。

輿論議題的轉變先於政治文化的轉型是另一種意義的「輿論先行」。人們通常所說的「輿論先行」指的是一種政治策劃。它的意思是說：在政治謀略中，「輿論」應該成為政治的先導，正如「兵馬未動、糧草先行」一樣，輿論為此後的政治行動先行一步。由此，輿論也常常被視為政治的風向標，預示後來的一系列的政治行動。而輿論議題比政治文化先行一步而產生的「輿論先行」指的是一種歷史現象，它的意思是：在歷史的演變中，「輿論」常常成為社會變遷的一種先兆。如導言所述，輿論是歷史河流的「浪花」，歷史河流的轉彎將提早在它的「浪花」裡兆示，只不過「浪花」不會自己說話，而需要歷史研究者不斷地叩問。

2.臺灣輿論三大議題演變的過程同聲卻異曲。在對臺灣輿論議題與政治文化進一步細化研究的基礎上，我們發現臺灣輿論議題的三大議題：「省籍議題」、「臺灣意識/中國意識議題」、「統獨議題」其各自的起點、發展、逆轉、高潮的歷史節點大致同拍卻不盡相同，由此相對應的臺灣政治文化的政治情感、政治認知與政治評價的變遷軌跡也同中有異。「臺灣意識/中國意識議題」發端於日據時期，「省籍議題」則起源於光復之後，而「統獨議題」作為兩岸關係議題則是出現在1949年後的兩岸分離之後。在「威權時代」，「省籍議題」沉寂於政治文化的無形忌諱裡，而「臺獨議題」則潛藏在政治文化的有意禁止中，在「本土化議題」中，只有「臺灣意識/中國意識議題」中的「臺灣優先與中國優先」的內容最早在「威權主義」加「民族主義」的政治文化中抬頭。這一源於臺灣人

政治認知在理想與現實價值選擇的分歧，不像「省籍議題」能夠動搖執政黨的群眾基礎，也不像「臺獨議題」能夠威脅執政黨的法理基礎，特別是它在承認「中國意識」前提下的提倡臺灣優先，其最易得到當時居統治地位的政治文化的許可，也最易取得最廣泛的臺灣民眾的支持。此後，愛鄉、愛土直至「愛臺灣」的議題，逐漸發展成為臺灣最具有正當性的議題，以至「省籍議題」和「臺獨議題」都必須轉向「愛臺灣」的議題，才能確保自己在議題的正義性屬於絕對的支配地位。

　　如果說「臺灣意識／中國意識議題」是臺灣「解嚴」前「本土化議題」的啟蒙議題的話，「解嚴」之後，最早向正統的政治文化發難的議題是「省籍議題」，這個由李登輝親手扣下扳機而發出的子彈，打響了顛覆正統政治文化的第一槍。「解嚴」伊始，執政的國民黨還是臺灣政治、經濟乃至「民主化」、「自由化」的救世主，而「本土化」的議題的省籍操作，借由「2・28事件」的悲情，使國民黨第一次陷於原罪之中。如果說啟蒙主義靠的是「臺灣意識／中國意識議題」對臺灣人政治認知進行改變的話，由政治認知的改變帶來的政治情感的解放才為政治文化的革命提供了源源不斷的能量。長期的悲情所蓄積的能量被政治人物一點火就熊熊燃燒起來。任何一場革命性的轉變，無論是政治事件還是政治文化，都需要強大的情感能量，「省籍議題」就這樣成了輿論議題轉變的第一支火把，而「省籍情結」則為政治文化的革命提供了厚積了四十年的能量。因此，臺灣「政治革新」後，臺灣的政治情感及其政治情感的符號成為臺灣政治文化轉型的先導。

　　「省籍議題」到1994年李登輝發表《身為臺灣人的悲哀》之時達到頂峰。「省籍情結」的政治情感由於執政當局的最高領袖背書，確立了其在政治文化中的主流地位。但歷史也由此逆轉。在輿論議題上，「省籍議題」取得了正當性的地位，但其議題的高潮也開始衰退，因為有「本省人」的「總統」為其背書，「省籍議題」的「悲情情結」得到補償，而在政治情感上，「省籍情結」的「悲情」越來越成為歷史，其現實也被「外省人」的焦慮所慢慢取代。一個在政治、經濟地位上失落的「外省人」，更因為「省籍議題」將國民黨的原罪轉嫁到「外省人」身上而感到了心理的落差，這種落差與打擊較之有形的失落更為嚴重。但由於「省籍議題」無法在現實的「省籍情結」主客易位後吸收更多的「悲情」能量，它只有一方面不斷回到歷史中尋找「悲情」，另一方面在現實中繼續尋找能量。

　　「省籍議題」的能源替代品在「臺灣意識／中國意識議題」中找到了。由於「臺灣意識／中國意識議題」可以把現實的大陸當成假想敵，又可以在臺灣內部

區分成「愛臺灣」與「賣臺灣」兩大陣營，它比正逐漸喪失其現實性基礎的「省籍議題」擁有更多的現實能源。從歷史的「悲情」到現實的仇恨，「臺灣意識／中國意識議題」找到了分化族群新的能源和新的標準，而又由於「臺獨議題」的敏感性不可輕舉妄動，「臺灣意識／中國意識議題」取代「省籍議題」成為臺灣的主導議題。

這個逆轉同樣發生在 1994 年。在李登輝的《身為臺灣人的悲哀》中，除了操弄「省籍議題」外，也開始將「省籍議題」偷偷地轉換為「臺灣意識／中國意識議題」。而如前所述，「臺灣意識／中國意識議題」把假想敵設置在外，把真正的敵人分化於內，它既有強大的能量，又有巨大的欺騙性，由此展開的「臺灣人／中國人」的認同議題、「去中國化」與「反去中國化」的議題，特別是「愛臺灣」與「賣臺灣」的議題，一方面將族群分化深入到身份的認同與文化的認同，另一方面也借此將議題操縱者置身於輿論的頂峰，「愛臺灣」成為繼「民主化」、「自由化」與反貪腐之後的第四座輿論高峰。誰擁有「愛臺灣」的話語權，就把敵人置於萬劫不復的深淵，從而讓自己永遠占據不敗之地。

與此同時，「臺獨議題」也開始浮出水面。「臺獨議題」的高能量性使議題的操縱者對此輿論的核武器難以割捨，而「臺獨議題」的高危險性與高敏感性也讓議題的操縱者謹小慎微。所以「臺獨議題」是所有「本土化議題」中最後逆轉的，直到 1999 年李登輝拋出「兩國論」，「臺獨議題」才終於因執政黨最高領袖背書，從合法的議題轉為正當的議題並進入主流議題的核心地帶。李登輝綁架國民黨在「臺獨議題」一步步邁進，而最早推動「臺獨議題」的民進黨由於要透過選舉在體制內奪權，而不得以在「臺獨議題」上小退一步。這樣，在「朝野」的合謀下，出現了「打著中華民國議題的臺獨」，而又由於中華民國也是統派陣營能接受的符號，中華民國這個在臺灣各派所最能接受的最大公約數，成為「臺獨」分子「臺獨議題」的主流表述的一個藉口。這樣「打著中華民國旗號的臺獨」，這個既擁有中國符號又主張「臺獨」的矛盾論述，成為這一時期臺灣「臺獨議題」的主流論述。

但沒有什麼比透過製造與挑撥臺灣前途的分歧更能分化臺灣的族群了。有關統「獨」的政治評價成為區分臺灣政黨、組織、媒體、團體及民眾陣營的最主要的標準，以統「獨」光譜區分的政治色彩成為藍綠對決的標誌。2000 年後，政黨輪替，「省籍議題」不能進一步地呼風喚雨，「臺灣意識／中國意識議題」大行其道，而「臺獨議題」則是平時備用、選舉祭出的最重量的武器。由於「臺獨議題」可以透過「臺灣意識／中國意識議題」的轉換成為「愛臺灣」的議題，「臺

獨議題」這一核武器就被議題操作者轉化為核電站，供應其「安全閥域」內的巨大能量。

由於各種壓力，執政後的民進黨仍然不能不繼續「打著中華民國的旗號進行臺獨」。它繼承了李登輝後期的主流的「臺獨」論述，但是它並不甘於如此，因此，一心要把中華民國及所有中國符號去除的「文化臺獨」」和「法理臺獨」就成為主流「臺獨」論述的兩翼，而這兩翼才是「臺獨」分子的真正用心，而主流「臺獨」不過是欺騙統派人士與中間人士的幌子。因此，處在兩翼的「文化臺獨」與「法理臺獨」成為 2000 年後到 2008 年前臺灣最活躍的議題，特別是「法理臺獨」，不斷切香腸似地觸及議題的最底線。一旦條件滿足，「臺灣意識／中國意識議題」主導有可能被「臺獨」議題所逆轉，而逆轉的這一天就是臺灣的災難。

儘管我們承認臺灣的政治認知所帶來的議題有可能被由臺灣的政治評價所帶來的議題逆轉，但「臺獨議題」逆轉「臺灣意識／中國意識議題」的可能性微乎其微。「統一議題」在臺灣一段時間沉默後，有可能再度成為臺灣政治評價的主流議題，我們對此謹慎的樂觀。

綜上所述，臺灣輿論議題演變與臺灣政治文化變遷不僅各有其階段性特點，在臺灣輿論議題與臺灣政治文化之間，在臺灣輿論議題內部的三大議題之間，以及在臺灣政治文化內部的政治情感、政治認知與政治評價之間，其歷史發展的軌跡雖然大致同拍，卻並不完全同步，大致同聲，卻各自「異曲」，顯示出歷史的複雜性，值得人們深入細緻的研究。

第二節 輿論與政治文化的互動模式

在臺灣輿論議題演變與臺灣政治文化變遷的互動關係的個案研究基礎上，本節將試圖進一步揭示輿論與政治文化互動的一般模式。

由本研究可知，輿論議題，特別是其中具有長時間影響的輿論議題往往與政治文化有關，而政治文化的組成部分：政治情感、政治認知、政治評價也往往和輿論議題的組成要素相對應。從長時段看，輿論議題無論是其內容的轉變、結構的變化，還是其主體的易動、形式的演變，無不交織著輿論與政治文化的密切互動。我們可以把輿論與政治文化互動模式製作成下面這個圖式：

```
政治文化 ═生成═▶ 政治文化符號 ═指向═▶ 政治文化
  ⇓投   ⇑反      ⇓轉   ⇑轉      ⇓引   ⇑積
   射    映       化    化       導    澱
  輿論  ═解讀═▶  輿論議題  ═聚焦═▶  輿論
```

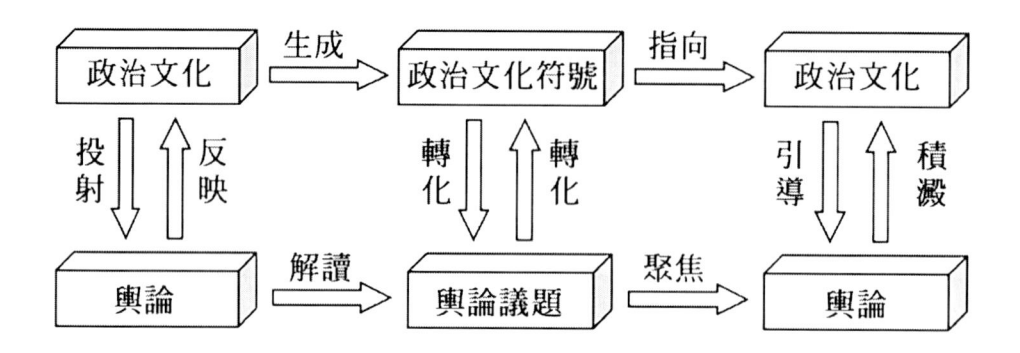

圖 1 輿論與政治文化的互動模式

從上面這個圖式看，輿論與政治文化存在兩個方向的互動關係。第一個方向是從政治文化出發落腳到輿論，第二方向是從輿論出發最後歸宿到政治文化。

第一個方向的關係鏈條如下：政治文化—（投射）輿論—（解讀）輿論議題—（轉化）政治文化符號—（指向）政治文化—（引導）輿論。其邏輯關係是：政治文化將其內容與內涵投射到輿論中，用政治文化將輿論中現有的議題進行解讀，從而把不是政治文化議題的輿論議題轉化為政治文化的符號，由此將政治文化符號的「所指」指向政治文化的內容與內涵，最後引導輿論。

以臺灣輿論與政治文化的互動為例，如 2007 年在國際奧委會的協調下，2008 年北京奧組委與中國臺北奧委會協商制定了 2008 年奧運火炬路線圖，卻遭到陳水扁當局以「矮化臺灣」為由予以抵制。「奧運火炬路線圖」是一個純粹的體育議題，可是在臺灣的政治文化投射下，這個體育議題就被解讀成「矮化臺灣」的政治文化的議題，使得「奧運火炬路線圖」變成一個「臺灣意識/中國意識」的政治文化符號，這個符號的「所指」指向的就是臺灣人對臺灣的政治認知和對中國的政治認知，政治文化就這樣把一個體育議題轉化為「臺灣意識/中國意識議題」而引導輿論。

輿論與政治文化互動模式第二個方向的關係鏈條如下：輿論→（反映）政治文化→（生成）政治文化符號→（轉化）輿論議題→（聚焦）輿論→（積澱）政治文化。

其邏輯關係是：輿論直接反映政治文化，使自己生成為政治文化的符號，並將政治文化符號轉化為輿論議題，從而使輿論的關注得以聚集在政治文化所設置的議題上，而長期的輿論也使某些議題積澱下來成為政治文化本身，甚至成為政治文化的代碼。

還是以臺灣輿論與政治文化的互動為例。如 1988 年後的臺灣屢屢出現有關「2·28 事件」的輿論，這個輿論直接反映的是政治文化的典型政治情感——「省籍情結」，而使有關「2·28 事件」的輿論變成為臺灣政治情感的符號，並將這一臺灣政治情感的符號轉化為輿論議題，從而使「2·28 事件」過了 40 年仍不斷成為輿論關注的焦點，並隨著政治文化的轉型將「2·28 事件」的輿論議題焦點，從「本省人的原罪」轉化為「國民黨與外省人的原罪」。而「2·28 事件」經過長期的輿論也使「2·28」符號積澱成臺灣政治文化的一個部分，甚至成為臺灣政治文化的一個代碼。

　　對輿論與政治文化互動模式的圖示需要做如下說明：一、這個圖式是循環的。上述兩個方向的邏輯關係完成一個週期後，可以繼續按上述圖式進行下一個週期循環。也就是說政治文化經過一系列的生成轉換最後落腳到輿論，而輿論也經過一系列的生成轉換最後歸宿到政治文化，此後，它們又將重新從投射與反映開始進入下一個循環週期。二、這個圖式有若干小循環，它們看起來是兩條橫向的平行線，可是在兩條平行線上的每一個站點，兩條平行線都有縱向的關係相互交流，從而形成橫向的政治文化→（生成）政治文化符號→（指向）政治文化，以及輿論→（解讀）輿論議題→（聚焦）輿論兩個小循環，以及縱向的，政治文化→（投射）輿論，而輿論→（反映）政治文化，政治文化符號→（轉化）輿論議題而輿論議題→（轉化）政治文化符號，以及政治文化→（引導）輿論而輿論→（積澱）政治文化符號的三個小循環。這兩橫三縱的小循環又可以重組成不同的循環，使輿論與政治文化的互動形成大循環套中循環、中循環套小循環這樣一個複雜的關係組合。

　　特別需要強調的是上述圖式不僅是一個空間的動感模式，而且是一個時間的動態模式，它不僅描述了其共時態中輿論與政治文化互動模式的結構圖，而且還歸納了歷時態中輿論與政治文化的互動模式的演變圖。特別值得注意的是圖式中的「積澱」關鍵詞，經過長期的輿論，輿論可以積澱為政治文化的一部分，甚至某些議題可以直接成為政治文化的代碼。

　　我們發現，臺灣輿論與政治文化的互動，正顯現出這樣一個歷史的結果：經過六十年的輿論議題的變化與沉澱，「省籍議題」、「臺灣意識/中國意識議題」、「統獨議題」不僅成為臺灣輿論經久不衰的議題，而且作為臺灣政治文化的政治情感符號、政治認知符號以及政治評價符號最後積澱為政治文化代碼。事實上，「省籍議題」、「臺灣意識/中國意識議題」以及「統獨議題」，我們僅僅是在稱呼上習慣稱之為議題，而在實際的表現中這三大議題的絕大多數並不是直接以

「省籍」、「臺灣意識/中國意識」以及統「獨」的名義出現在議題中，而是以其他的表現形式出現在議題中，比如「2·28」議題對應「省籍議題」；「教科書」議題對應「臺灣意識/中國意識議題」；「入聯公投」對應「統獨議題」。因此，嚴格地說，「省籍議題」、「臺灣意識議題」與「統獨議題」已經變成了臺灣政治文化的文化代碼。它在臺灣輿論議題中是議題的母題，在臺灣政治文化中它是文化的代碼，而符號則將二者結合起來。由此我們也可以看到為什麼對臺灣輿論的三大議題的梳理正是對臺灣政治文化的代碼進行解讀。就這樣，本研究從臺灣輿論的議題中找到了破解臺灣政治文化的代碼。

參考文獻

一、報紙期刊

[1] 臺灣《聯合報》，1980—2007 年。
[2] 臺灣《中國時報》1950—2007 年。
[3] 臺灣《臺灣日報》，1980—2006 年。
[4] 臺灣《工商時報》，1980—2007 年。
[5] 臺灣《中央日報》，1980—2006 年。
[6] 臺灣《自立晚報》，1980—2001 年。
[7] 臺灣《自由時報》，1980—2007 年。
[8] 臺灣《南方快報》，2003—2007 年。
[9] 臺灣《聯合晚報》，1990—2006 年。
[10] 臺灣《蘋果日報》，2003—2007 年。
[11] 臺灣《臺灣立報》，2004—2007 年。
[12] 臺灣《臺灣時報》，1980—2001 年
[13] 臺灣《民眾日報》1987—1992 年。
[14] 臺灣《民生報》，1980—2006 年。
[15] 臺灣《中央月刊》，1985 年。
[16] 臺灣《新新聞》，2004—2007 年。
[17] 臺灣《八十年代》，1984 年。
[18] 臺灣《CHEERS》，2000—2006 年。
[19] 臺灣《東吳政治學報》，1997—2006 年。
[20] 臺灣《財訊》，1998—2006 年。
[21] 臺灣《遠見》，2000—2007 年。
[22] 臺灣《天下》，2002—2007 年。
[23] 臺灣《民意》，1987—2000 年。
[24] 臺灣《廣告學研究》，1993—2006 年。
[25] 臺灣《廣播與電視》，1992—2006 年。

[26]臺灣《傳播文化》，1992—2006 年。

[27]臺灣《臺大新聞論壇》，1994—1997 年，2005—2006 年。

[28]臺灣《報學》，1953—1991 年。

[29]臺灣《臺灣政治學刊》，2002—2007 年。

[30]臺灣《歷史月刊》，2000—2007 年。

[31]臺灣《理論與政策》，2000—2007 年。

[32]臺灣《東亞研究》，2000—2007 年。

[33]臺灣《中國大陸研究》，2000—2007 年。

[34]臺灣《臺灣社會學刊》，2000—2007 年。

[35]臺灣《新聞學研究》，1967—2007 年。

[36]臺灣《新黨通訊》，1995 年。

[37]臺灣《臺灣民主季刊》，2006 年。

[38]臺灣《天下》，2000—2006 年。

[39]臺灣《中國廣告學刊》，1990—2006 年。

[40]臺灣《衛星與有線電視雜誌》，1991—2006 年。

[41]《臺灣研究》，1999—2007 年。

[42]《臺灣研究集刊》，1985—2007 年。

[43]《讀書》，1998—2007 年。

[44]《政治學研究》，1987—2007 年。

[45]香港《文匯報》，2007 年。

[46]Journal of International Affairs，1992。

二、年鑒文獻與紀念文集

[1]《中華民國出版年鑒》[M]，中國出版公司編，臺北：中國出版公司，1976 年、1978 年、1991 年版。

[2]《中華民國電視年鑒 2003—2004》[M]，陳靜瑜等編，臺北：臺灣「行政院新聞局」，2005 年版。

[3]《中華民國廣播年鑒 2003—2004》[M]，劉偉勳等編，臺北：臺灣「行政院新聞局」，2005 年版。

[4]《中華民國廣告年鑒 2003—2004》[M]，中華民國廣告年鑒編撰委員會編，臺北：

臺北市廣告代理商業公會，2005 年版。

[5]《中華民國電影年鑑》[M]，中華民國電影年鑑編輯委員會編，臺北：「財團法人國家電影資料館」，1991—1997 年版。

[6]《中華民國雜誌年鑑 1950—1998》[M]，中華民國雜誌年鑑編輯委員會編，臺北：中華民國雜誌事業協會，1998 年版。

[7]《中華民國廣播電視年鑑 79—84》[M]，劉偉勳等編，臺北：廣播電視事業協會，1996 年版。

[8]《中華民國新聞年鑑五十年版》[M]，臺北：臺北市新聞記者公會，1961 年版。

[9]《中華民國新聞年鑑六十年版》[M]，臺北：臺北市新聞記者公會，1971 年版。

[10]《中華民國新聞年鑑七十年版》[M]，臺北：臺北市新聞記者公會，1981 年版。

[11]《中華民國新聞年鑑八十年版》[M]，臺北：臺灣中國新聞學會，1991 年版。

[12]《中華民國新聞年鑑·85 年版》[M]，中華民國新聞年鑑編輯委員會編，臺北：臺灣中國新聞學會，1997 年版。

[13]《聯合報四十年》[M]，黃年主編，臺北：聯經出版事業公司，1991 年版。

[14]《聯合報五十年（1951—2001）》[M]，楊選堂總編撰，臺北：聯合報社，2001 年版。

[15]《中國時報四十年》[M]，中國時報四十年編輯委員會編，臺北：中國時報社，1990 年版。

[16]《中國時報五十年》[M]，中國時報五十年編輯委員會編，臺北：中國時報社，2000 年版。

[16]《二·二八事件資料集》[M]，鄧孔昭編，臺北：稻鄉出版社，1991 年。

三、傳記與回憶錄

[1]《報人王惕吾 聯合報的故事》[M]，王麗美著，臺北：天下文化出版公司，1994 年版。

[2]《我與新聞事業》[M]，王惕吾著，臺北：聯經出版公司，1991 年版。

[3]《中文報業王國的興起：王惕吾與聯合報系》[M]，彭明輝著，臺北：稻鄉出版社，2001 年版。

[4]《聯合報三十年的發展》[M]，王惕吾著，臺北：聯合報社，1981 年版。

[5]《只怕陳文茜》[M]，陳文茜著，臺北：INK 印刷出版有限公司出版，2004 年版。

[6]《遇見百分之百的連戰》[M]，陳鳳馨著，臺北：天下文化出版公司，1999 年版。

[7]《王惕吾先生紀念集》[M]，臺北：聯合報系創辦人王惕吾紀念集編輯委員會，1997年3月出版。

[8]《雷震回憶錄》[M]，雷震著，香港：香港七十年代雜誌社，1978年版。

[9]《晚年蔣介石》[M]，李松林著，北京：九州出版社，2006年版。

[10]《提筆為時代——余紀忠》[M]，張慧英著，臺北：時報文化出版公司，2002年版。

[11]《自由的滋味——彭明敏回憶錄》[M]，彭明敏著，臺北：文藝出版社，1987年版。

[12]阮毅成：《我在中央日報工作的回憶》[J]，收入《報學》，第六卷第五期，1980年12月。

[13]《中國報紙讀者投書內容研究》[J]，張錦華著，收入《報學》，第六卷第一期，1978年12月。

[14]《蔣經國全傳》[M]，劉紅著，北京：華文出版社，1993年版。

[15]《我沒有編好省市版》[J]，荊溪人著，收入《報學》，第一卷第六期，1953年7月。

[16]《淺析讀者投書與民意》[J]，陳蔓蒂著，收入《報學》，第八卷第四期，1991年版。

[17]《文茜半生緣》[M]，夏珍著，臺北：時報文化出版公司，1999年版。

[18]《李萬居傳》[M]，王文裕著，臺中：臺灣省文獻會，1996年版。

[19]《黃肇珩：記者生涯與真實人生》[M]，黃肇珩著，臺北：立緒文化公司，2000年版。

[20]《新聞與我》[M]，楚崧秋著，臺北：東大圖書公司，1995年版。

[21]《李萬居評傳》[M]，楊錦麟著，臺北：人間出版社，1993年版。

[22]《新聞歲月四十年》[M]，葉建麗著，臺北《臺灣新生報》，1994年版。

[23]《楊亮功先生年譜》[M]，蔣永敬、李雲漢、許師慎編，臺北：聯經出版事業公司，1988年版。

[24]《百年報人——全方位的記者》[M]，鄭貞銘著，臺北：遠流出版公司，2002年版。

[25]《百年報人——跨世紀的報人》[M]，鄭貞銘著，臺北：遠流出版公司，2002年版。

[26]《臺灣媒體變遷見證歐陽醇信函日記》（上）[M]，續伯雄輯注，臺北：時英出版社，2000年版。

[27]《臺灣媒體變遷見證歐陽醇信函日記》（下）[M]，續伯雄輯注，臺北：時英出版社，2000年版。

[28]《百年報人——一代新聞宗師》[M]，鄭貞銘著，臺北：遠流出版公司，2002年版。

四、專著

[1]《漂流的臺灣——聯合報社論一百篇》[M]，黃年主編，臺北：聯合報社，2001年版。

[2]《禁》[M]，史為鑒編著，臺北：四季出版公司，1981年版。

[3]《20世紀傳播學經典文本》[M]，張國良主編，上海：復旦大學出版社，2003年版。

[4]《社會輿論原理》[M]，劉建明著，北京：華夏出版社，2002年版。

[5]《歷史學家的技藝》[M]，[法]馬克·布洛赫，張和聲、程郁譯，上海：上海社會科學院出版社，1992年版。

[6]《輿論學》[M]，[美]李普曼，林珊譯，北京：中國人民大學新聞系，1984年版。

[7]《社會契約論》[M]，[法]盧梭，何兆武譯，北京：商務印書館，1987年版。

[8]《民意——沉默螺旋的發現之旅》[M]，[德]伊麗莎白·諾爾·紐曼著，翁秀琪、李東儒、李岱穎譯，臺北：遠流出版公司，1994年版。

[9]《政治變遷與民主化》[M]，胡佛著，臺北：三民書局，2004年版。

[10]《派系政治與臺灣政治變遷》[M]，陳明通著，臺北：新自然主義公司，2002年版。

[11]《認識臺灣——臺灣政治變遷五十年》[M]，彭懷恩著，臺北：風雲論壇出版社，1997年版。

[12]《變遷中臺灣社會的中產階級》[M]，蕭新煌主編，臺北：巨流圖書公司，1990年版。

[13]《臺灣的民主轉型——從權威性的黨國體系到競爭性的政黨體系》[M]，吳文程著，臺北：時英出版社，1996年版。

[14]《臺灣政治發展》[M]，彭懷恩著，臺北：風雲論壇出版社，2003年版。

[15]《民主、轉型？臺灣現象》[M]，殷海光基金會主編，臺北：桂冠圖書公司，1998年版。

[16]《臺灣政治建構》[M]，施正鋒著，臺北：前衛出版社，1999年版。

[17]《臺灣政治史》[M]，丹尼·羅伊（Denny Roy）著，何振盛、杜嘉芬譯，臺北：

臺灣商務印書館，2004 年版。

[18]《民意與臺灣政治變遷：1990 年代臺灣民意與選舉政治的解析》[M]，游盈隆著，臺北：月旦出版社，1996 年版。

[19]《政治文化導論》[M]，王樂理著，臺北：五南圖書出版公司，2002 年版。

[20]《政治文化的深思者——白魯恂》[M]，唐光華著，臺北：允晨文化公司，1982 年版。

[21]《政治文化導論：理論與個案研究》[M]，江炳倫著，臺北：韋伯文化出版公司，2002 年版。

[22]《臺灣政治文化的剖析》[M]，彭懷恩著，臺北：風雲論壇出版社，1996 年版。

[23]《中國政治文化的轉型——臺灣政治心理傾向》[M]，彭懷恩，臺北：風雲論壇出版社，1992 年版。

[24]《政治文化與政治人格》[M]，石之瑜著，臺北：揚智出版社，2003 年版。

[25]《當代臺灣政治分析》[M]，劉國深著，北京：九州出版社，2002 年版。

[26]《臺灣政治概論》[M]，劉國深，北京：九州出版社，2006 年版。

[27]《大陸工作參考資料（合訂本）》[M]，「行政院大陸委員會」編著，臺北：臺灣「陸委會」，2000 年版。

[28]《2002 年兩岸政治與經濟發展學術研討會論文集》[C]，臺灣政治大學中山研究所，2002 年版。

[29]《2003 年臺灣政治學會年會暨「世局變動中的臺灣政治」學術研討會會議論文集》[C]，臺北：臺灣政治學會，2003 年版。

[30]《2003 臺灣政治學會年會暨「世局變動中的臺灣政治」學術研討會會議論文集（Ⅱ）》[C]，臺北：臺灣政治學會，2003 年版。

[31]《分裂的國族認同，1975-1997》[M]，盧建榮著，臺北：麥田出版社，1999 年版。

[32]《當代臺灣的中國意識（對集體認同的反思）》[M]，石之瑜著，臺北：正中書局，1993 年版。

[33]《臺灣結與中國結》[M]，戴國煇著，臺北：遠流出版公司，1994 年版。

[34]《解讀民調》[M]，[美]Sheldon R.Gawiser、G.Evans Witt，胡幼偉譯，臺北：五南圖書出版股份有限公司，2001 年版。

[35]《民意與民意測驗》[M]，鄭貞銘著，臺北：三民書局，2001 年版。

[36]《民意與公共政策：理論探討與實證研究》[M]，余致力著，臺北：五南圖書出版股份有限公司，2002 年版。

[37]《民意調查》[M]，賴世培、丁庭宇、英季雍、夏學理著，臺北：空中大學，

1996年版。

[38]《探索民意——民意調查技術之探索》[M]，謝邦昌著，臺北：曉園出版社，2000年版。

[39]《民意調查》[M]，陳義彥、洪永泰、盛杏湲、游清鑫、鄭夙芬、陳陸輝等著，臺北：五南圖書出版股份有限公司，2001年版。

[40]《民調、策略、廣告與選舉預測論文等》[M]，梁世武編著，臺北：世新大學民意調查研究中心，2000年版。

[41]《普通語言學教程》[M]，[瑞士]索緒爾著，高名凱譯，北京：商務印書館，1985年版。

[42]《大眾傳播學總論》[M]，張隆棟主編，北京：中國人民大學出版社，1995年版。

[43]《傳播理論：起源、方法與應用》[M]，[美]沃納·賽佛林、小詹姆斯·坦卡德，郭鎮之譯，北京：華夏出版社，1999年版。

[44]《中外傳播學名著導讀》[M]，郭建斌、吳飛主編，杭州：浙江大學出版社，2005年版。

[45]《傳播學教程》[M]，郭慶光著，北京：中國人民大學出版社，1999年版。

[46]《政治文化和政治發展》[M]，[美]派伊、維巴著，美國：普林斯頓大學出版社，1965年版。

[47]《政治學分析辭典》[M]，[美]普拉諾，胡杰譯，北京：中國社會科學出版社，1986年版。

[48]《公民文化》[M]，[美]阿爾蒙德、維巴，徐湘林等譯，北京：華夏出版社，1989年版。

[49]《比較政治學：體系、過程和政策》[M]，[美]加布里埃爾·A.阿爾蒙德、小G.賓厄姆·鮑威爾，曹沛霖等譯，上海：上海譯文出版社，1987年版。

[50]《百年來兩岸民族主義的發展與反省》[M]，洪泉湖、謝政諭主編，臺北：東大圖書股份有限公司，2002年版。

[51]《族群關係與國家認同》[M]，張茂桂等著，臺北：業強出版社，1993年版。

[52]《國史大綱》[M]，錢穆著，北京：商務印書館，1996年版。

[53]《臺灣研究十年》，陳孔立主編，廈門：廈門大學出版社，1990年版。

[54]《閩臺民間信仰源流》[M]，林國平著，福州：福建人民出版社，2003年版。

[55]《新聞學大辭典》[M]，甘惜分著，河南：河南人民出版社，1993年版。

[56]《誰統治臺灣：轉型中的國家機器與權力結構》[M]，王振寰著，臺北：巨流，1996年版。

[57]《政治文化與政治生活》[M]，胡佛著，臺北：三民書局，1998年版。

[58]《臺灣民眾政治態度之世代研究》[D]，左中宜著，臺灣中正大學政研所碩士論文，2002年。

[59]《從臺灣政治到兩岸關係》[M]，孫同文著，香港：海峽兩岸關係研究中心，1999年版。

[60]《中國意識與臺灣意識》[M]，黃國昌著，臺灣：五南圖書出版公司，1992年版。

[61]《民意理論與實務》[M]，王石番著，臺北：黎明文化專業公司，1995年版。

[62]《人口問題與臺灣政治變遷》[M]，楊蓮福著，臺北：博揚文化，2005年版。

[63]《閩臺區域文化研究》[M]，林國平主編，北京：中國社會科學出版社，2000年版。

[64]《清代臺灣移民社會研究》[M]，陳孔立著，廈門：廈門大學出版社，1990年版。

[65]《臺灣歷史研究》[M]，李祖基著，北京：臺海出版社，2005年版。

[66]《臺灣歷史綱要》[M]，陳孔立著，北京：九洲圖書出版社，1996年版。

[67]《愛憎二·二八——神話與史實：解開歷史之謎》[M]，戴國煇、葉藝藝著，臺北：遠流出版公司，1992年版。

[68]《臺灣總體相》[M]，戴國煇著，臺北：遠流出版公司，1989年版。

[69]《二二八事件：臺灣人的噩夢！》，閩臺通訊社編：1988年版。

[70]《臺灣光復初期歷史》[M]，賴澤涵主編，臺北：「中央研究院」中山人文社會科學研究所，1993年版。

[71]《農業發展與政策》[M]，沈宗瀚著，臺北：臺灣商務印書館，1975年版。

[72]《馬來西亞的族群政黨政治（1955—1995）》[M]，王國璋著，臺北：唐山出版社，1997年版。

[73]《臺灣人論》[M]，徐宗懋著，臺北：時報公司，1993年版。

[74]《當代臺灣社會的族群想像》[M]，王甫昌著，臺北：群學出版公司，2004年版。

[75]《多元融合的族群關係與文化》（民進黨政策白皮書）[M]，張茂桂執筆，臺北：民進黨中央黨部，1993年版。

[76]《臺灣民主運動40年》[M]，李筱峰著，臺北：自立晚報，1987年版。

[77]《臺灣的社會問題》[M]，楊國樞、葉啟政主編，臺北：巨流圖書公司，1991年版。

[78]《臺灣政治選舉文化》[M]，黃嘉樹、程瑞主編，臺北：博揚文化，2001年版。

[79]《大眾傳播學：影響研究範式》[M]，常昌富等編選，北京：中國社會科學出版社，2000年版。

[80]《禁忌·原罪·悲劇，新生代看二二八》[M]，陳俐甫著，曹永和序，臺北：稻鄉出版社，1990年4月出版。

[81]《苦悶的臺灣》[M]，王育德著，臺北：前衛出版社，1999年版。

[82]《兩岸關係史》[M]，張春英主編，福州：福建人民出版社，2004年版。

[83]《關山鎮志·下冊》[M]，施添福編，臺東：臺東縣關山鎮公所，2002年版。

[84]《臺灣文化斷層——現象評析》[M]，黃美英著，臺北：稻鄉出版社，1990年版。

[85]《海峽兩岸新文學思潮的淵源和比較》[M]，朱雙一、張羽著，廈門：廈門大學出版社，2006年版。

[86]《族群問題與族群關係》[M]，邵宗海、楊逢泰、洪泉湖著，臺北：幼獅文化事業公司，1995年版。

[87]《社群主義》[M]，俞可平著，北京：中國社會科學出版社，1998年版。

[88]《族群》[M]，[美]哈囉德·伊薩克著，鄧伯宸譯，臺北：立緒出版社，2004年版。

[89]《謝長廷新文化教室》[M]，謝長廷著，臺北：月旦出版公司，1995年版。

[90]《戰後臺灣四十年》[M]，李祖基著，北京：光明日報出版社，1990年版。

[91]《「兩岸關係學術研討會」論文集》[C]，臺北：政治大學選舉研究中心，1999年版。

[92]《臺灣報業史》[M]，王天濱著，臺北：亞太圖書出版社，2003年版。

[93][法]《新史學》[M]，J.勒高夫，P.諾拉，R.夏蒂埃，J.勒韋爾主編，姚蒙譯，上海：上海譯文出版社，1989年版。

[94]《解讀年代》[M]，胡忠信著，臺北：我識出版社出版，2004年版。

[95]《亞細亞的孤兒》[M]，吳濁流著，北京：華夏出版社，1996年版。

[96]《臺灣心靈探索》[M]，謝裡法著，臺北：前衛出版社，1999年版。

[97]《一些中國人的想法》[M]，丁邦新，何懷碩，陳師孟，洪惟仁等著，臺北：臺灣大學，1987年版。

[98]《統獨十四辯—如何與人辯論臺獨問題》[M]，李筱峰著，臺北：玉山社，1995年版。

[99]《民粹亡臺論》[M]，黃光國著，中國友誼出版公司，1997年版。

[100]《臺灣政治轉型與兩岸關係》[M]，姜南揚著，湖北：武漢出版社，1999年版。

[101]《奉獻與奮鬥》[M]，臺北：「行政院新聞局」，1995年版。

[102]《輿論學——原理、方法與應用》[M]，韓運榮、喻國明著，北京：中國傳媒大學出版社，2005年版。

[103]《中國中央、聯合與中國時報三大日報內容之統計分析》[R]，李瞻著，臺北：「國科會」專題報告，1975 年。

[104]《文化資本與社會煉金術——布迪厄訪談錄》[M]，包亞明著，上海：上海人民出版社，1997 年版。

[105]《在事實與規範之間》[M]，[德]哈貝馬斯著，童世駿譯，北京：三聯書店，2003 年版。

[106]《電視》[M]，李瞻著，臺北：允晨文化實業股份有限公司，1984 年 3 月出版。

[107]《中國新聞史》[M]，曾虛白主編，臺北：三民書局，1984 年版。

[108]《臺灣新聞事業概觀》[M]，方積根、唐潤華、李秀萍等編著，北京：新華出版社，1990 年版。

[109]《政治廣告與選舉》[M]，彭藝編著，臺北：正中書局，1992 年 11 月出版。

[110]《公共領域的結構轉型》[M]，[德]哈貝馬斯著，曹衛東等譯，上海：學林出版社，1999 年版。

[111]《出賣李濤——2100 全民開講幕後秘辛》[M]，楊軍良著，臺北：智商文化，1997 年版。

[112]《臺灣人四百年史》[M]，史明著，臺北：蓬島文化公司，1980 年版。

[113]《鄭成功與明鄭臺灣史研究》[M]，鄧孔昭著，北京：臺海出版社，2002 年版。

[114]《臺灣通史》[M]，連橫著，北京：商務印書館，1983 年版。

[115]《臺灣通史辯誤》[M]，鄧孔昭著，南昌：江西人民出版社，1990 年 4 月出版。

[116]《臺獨的社會真實與新聞真實》[M]，黃徙著，臺北：稻香出版社，1992 年版。

[117]《民進黨轉型之痛》[M]，郭正亮著，臺北：天下遠見，1998 年版。

[118]《全球化下的臺海安全》[M]，林季東等編，臺北：揚智文化，2003 年版。

[119]《中國第一個民主體系》[M]，蔡玲、馬若孟著，臺北：三民書局，1998 年版。

[120]《大陸工作參考資料（合訂本）》第 1 冊[M]，臺灣「行政院大陸委員會」編著，臺北：臺灣「陸委會」，1998 年版。

[121]《中國臺灣問題》幹部讀本[M]，中共中央臺灣工作辦公室、國務院臺灣事務辦公室編，北京：九洲圖書出版社，1998 年版。

[122]《兩岸關係：兩岸共識與兩岸歧見》[M]，邵宗海著，臺北：五南圖書出版公司，1998 年版。

[123]《2004「全國」客家人口基礎資料調查研究》[M]，「行政院客家委員會」，臺北：「行政院客家委員會」，2004 年版。

[124]《政府大陸政策重要文件》[M]，「行政院大陸委員會」編著，臺北：「行政

院大陸委員會」，2002 年 4 月出版。

[125]《2005 年臺灣問題報告》[M]，鄒振東主編，北京：華藝出版社，2006 年 12 月出版。

[126]《國民黨在臺 50 年》[M]，劉紅、鄭慶勇/著，北京：九州出版社，2001 年版。

[128]《閩臺海上交通研究》[M]，王耀華、謝必震主編，北京：中國社會科學出版社，2000 年版。

[129]Seib，Philip.（1987）.Who』sin charge？ How the Media shape News and Politicians Win Votes？ Publishing Company。

[130]Smith，A.D.（1991）.National Identity.Reno：University of Nevada Press. Calhoun，Craig.（1994）.Social theory and the politics of identity.In Craig Calhoun，ed.Social Theory and the Politics of Identity，pp.9-36.Oxford：Blackwell。

[131]Vasil.R．K.（1980）.Ethnic Politics in Malaysia New Ddhi：Radianc Publisher。

[132]Bertrand Badie，「comparative analysis in political science：requiem of resurrection？」，political studies，vol.37：344-347.Bertrand Badie，「democracy and religion：logics of culture and logic of action」，international social science journal，vol.43（1991）：511-516。

[133]Clifford Geertz，The Interpretation of cultures（New York：basic books，1973），89。

[134]Gabriel A.Almond and Sidney Verba，The Civic culture，Princeton，NJ：Princeton University Press 1963，P12-26。

五、論文

[1]黃光國：《「依持主義」與「黨派主義」：臺灣政治文化的變遷》[D]，收入「國科會 84—86 年度社會組專題計劃補助成果發表會」，臺北：臺北中央研究院社會學研究所，1998 年。

[2]黃秀端：《臺灣政治文化變遷與民主化》[D]，收入「臺灣地區民主化回顧檢討與展覽研討會」文集，臺北：中山大學政治學研究所，1995 年。

[3]廖達琪：《臺灣地方政治變遷初探》[J]，收入臺灣《臺灣政治學刊》，2002 年 6 期。

[4]黃秀端：《政治文化：過去、現在與未來》[J]，收入臺灣《東吳政治學報》，1997 年第 8 期。

[5]游清鑫：《二十一世紀臺灣選民的政黨認同，政黨形象的探索》[D]，收入《2002 年兩岸政治與經濟發展學術研討會論文》，臺北：「國立」政治大學中山研究所，

2002年版。

[6]游清鑫、蕭怡清：《臺灣民眾政黨認同的持續與變遷》[D]，收入《2003年臺灣政治學會年會暨「世局變動中的臺灣政治」學術研討會會議論文集》，2003年版。

[7]吳乃德：《面包與愛情：初探臺灣民眾民族認同的變遷》[D]，收入《2002年臺灣政治學會年會暨全球化與臺灣政治學術研討會論文集（一）》，臺北：臺灣政治學會，2002年版。

[8]劉義周、何思因：《臺灣民眾的臺灣人/中國人認同及變動》[D]，收入《政治大學選舉研究中心「兩岸關係學術研討會」論文集》，1999年5月15日。

[9]楊芙宜：《國家認同的分歧或共識？臺灣民主化後的國家認同轉變》[D]，收入「2003年臺灣政治學會年會暨『世局變動中的臺灣政治』學術研討會」文集，臺北：臺灣政治學會，2003年。

[10]劉義周：《民眾的「臺灣人/中國人認同」發展趨勢》[D]，收入《2003臺灣政治學會年會暨「世局變動中的臺灣政治」學術研討會會議論文集（Ⅱ）》，臺北：臺灣政治學會，2003年版。

[11]蔡佳泓、鄭鳳芬：《1990年代臺灣族群的流動》[D]，收入《臺灣政治學會年會暨世局變動中的臺灣政治學術研討會會議論文集》，臺北：臺灣政治學會，2003年版。

[12]王塗發：《戰後臺灣經濟的發展》[D]，收入《臺灣史論文精選》，臺北：玉山出版社，2000年版。

[13]莊英章：《族群互動，文化認同與「歷史性」：客家研究的發展脈絡》[J]，臺灣《歷史月刊》，2004年版。

[14]陳陸輝、周應龍：《臺灣民眾統獨立場的持續與變遷》[J]，臺灣《臺灣東亞研究》，2004年35卷2期。

[15]陳義彥、陳陸輝：《模棱兩可的態度還是不確定的未來：臺灣民眾統獨觀的解析》[J]，臺灣《中國大陸研究》，2003年46卷5期。

[16]吳乃德：《認同衝突和政治信念：現階段臺灣族群政治的核心難題》[J]，臺灣《臺灣社會學》，2002年第4期。

[17]公丕祥、李義生：《商品經濟與政治文化觀念》[J]，《政治學研究》，1987年第1期。

[18]王甫昌：《族群動員與臺灣反對運動的支持轉移》[J]，臺灣《中國論壇》，1990年9月25日第360期。

[19]翁秀琪：《民意與大眾傳播研究的結合》[J]，臺灣《新聞學研究》，1990年第42期。

[20] 翁秀琪：《選民的意見形成》[J]，臺灣《新聞學研究》。

[21] 楊意菁：《民意與公共性：批判解讀臺灣電視談話節目》[J]，《新聞學研究》，第79期。

[22] 許勝懋：《通婚家庭子女之臺灣人/中國人認同（1992—2001年）》[J]，臺灣《理論與政策》，2004年17卷4期。

[23] 吳秀光《北高市長選舉結果與民意調查間的弔詭》[J]，《臺灣民主季刊》第三卷第四期，2006年12月；

[24] 曾虛白：《董顯光先生與新聞事業》[J]，收入《報學》，第四卷第十期，1973年6月。

[25] 張錦華《多元文化主義與中國廣播政策——以臺灣原住民與客家族群為例》[J]，收入臺灣《廣播與電視》，1997年第3期。

[26] 任熙雍：《十年來報業的發展》[D]，收入《中華民國新聞年鑒六十年版》，臺北：臺北市新聞記者公會，1971年版。

[27] 王洪鈞：《報禁開放一年幾個值得深思的問題》[D]，收入《中華民國新聞年鑒八十五年版》，「中國新聞學會」編，1996年版。

[28] 鄭自隆：《1992年二屆「立法委員」選舉競選廣告策略分析》[J]，臺灣《廣告年鑒》臺北：臺北市廣告代理商同業公會，1993年第5輯。

[29] 李旺臺：《黨外雜誌發展史略》[J]《八十年代》，1984年4月3日第1期。

[30] 薛雲峰：《電視傳播與族群語言的傳承——以公共電視臺之客家節目為例》[D]，臺灣大學新聞研究所碩士學位論文，2000年。

[31] 簡余晏、陳立宏：《電視閩南語政論節目的觀眾收視動機與行為研究——以「臺灣心聲」節目為例》[D]，臺灣政治大學新聞學系報告，2004年6月。

[32] 李振廣：《當代臺灣政治文化轉型探源》[D]，北京大學博士論文，2002年。

[33] 施飛：《臺灣政黨與大眾傳媒關係研究》[D]，廈門大學臺灣研究院碩士學位論文，2003年。

[34] 楊錦麟：《臺灣黨外雜誌概述〈1979—1985〉》[J]，《臺灣研究集刊》，1985年第2期。

[35] 陳飛寶：《臺灣大眾媒體與政黨權力之爭》[J]，《臺灣研究》，1999年第4期。

[36] 鄒振東《2005年臺灣輿論年度報告》[D]，收入《2005年臺灣問題研究報告》，鄒振東主編，北京：華藝出版社，2006年12月版。

[37] 鄒振東：《臺灣輿論發展變化的歷史拐點及趨勢》[J]，《臺灣研究》，2006年3期。

[38] 桑兵：《從眼光向下回到歷史現場》[J]，《中國社會科學》，2005年第1期。

[39] 陳昭瑛：《論臺灣的本土化運動：一個文化史的考察》[J]，《中外文學》第23卷，第9期。

[40] 鄒振東：《不對稱與反不對稱》[J]，《中國廣播電視學刊》，2004年第9期。

[41] 鄒振東：《類型與特點——析臺灣電視談話節目》[J]，《中國廣播電視學刊》，2006年第4期。

[42] 丘森、陳培愛：《政治傳播中的媒介權力》[J]，《現代傳播》雙月刊2002年第1期。

[43] 馬驚濤、李永枝：《如何應對馬英九「新中間主義」路線？》[J]，《南風窗》，2007年5月8日出版。

[44] 古遠清：《臺灣文壇「雙陳大戰」》[J]，《臺聲》雜誌2001年4期。

[45] 鄧志松：《民主社會中的民粹運動：一個理論的檢討》[J]，2000年臺灣政治學會第七屆年會暨「跨越2000年的政治學研究：兩岸學者論壇」研討會論文，2000年12月9—10日。

六、參考網站

[1] 臺灣中時電子報網站：http://news.chinatimes.com/。

[2] 臺灣聯合新聞網：http://www.udn.com/。

[3] 臺灣《自由時報》網站：http://www.libertytimes.com.tw/。

[4] 《臺灣立報》網站：http://www.lihpao.com/argu.asp。

[5] 臺灣《新新聞》雜誌網站：http://www.new7.com/。

[6] 臺灣《遠見》雜誌網站：http://www.gvm.com.tw/。

[7] 臺灣「中選會」網站：http://www.cec.gov.tw。

[8] 臺灣「陸委會」網站：http;//www.mac.gov.tw。

[9] 臺灣「總統府」網站：http://www.president.gov.tw/。

[10] 臺灣「民政部」網站：http://www.moi.gov.tw/。

[11] 國民黨網站：http://www.kmt.org.tw/。

[12] 民進黨網站：http://www.dpp.org.tw/。

[13] 臺灣TVBS電視臺網站：http://www.tvbs.com.tw/news/。

[14] 臺灣東森新聞網：http://www.ettoday.com/。

[15] 臺灣年代電視臺民調中心：http://survey.eracom.com.tw。

[16]臺灣廣電基金會網站：http：//www.bdf.org.tw/。

[17]臺灣媒體觀察基金會網站：http：//www.mediawatch.org.tw/。

[18]臺灣「百萬人民倒扁總部」網站：http：//www.newtaiwan.org.tw/index.php。

[19]香港鳳凰衛視網站：http：//phtv.phoenixtv.com/。

[20]新加坡《聯合早報》網：http：//www.zaobao.com。

[21]中國網：http：//www.china.com.cn/。

[22]新華網：http：//www.xinhuanet.com。

[23]中國臺灣網：http：//www.chinataiwan.org/。

國家圖書館出版品預行編目(CIP)資料

臺灣輿論議題與政治文化變遷 / 鄒振東 著. -- 第一版.
-- 臺北市：崧燁文化, 2019.01
　　面 ；　 公分
POD版
ISBN 978-957-681-797-7(平裝)

1.臺灣政治 2.政治變遷 3.輿論 4.文集

573.07　　　　108000559

書　　名：臺灣輿論議題與政治文化變遷
作　　者：鄒振東　著
發行人：黃振庭
出版者：崧燁文化事業有限公司
發行者：崧燁文化事業有限公司
E-mail：sonbookservice@gmail.com
粉絲頁　　　　　網　　址：
地　　址：台北市中正區重慶南路一段六十一號八樓815室
8F.-815, No.61, Sec. 1, Chongqing S. Rd., Zhongzheng Dist., Taipei City 100, Taiwan (R.O.C.)
電　　話：(02)2370-3310　傳　真：(02) 2370-3210
總經銷：紅螞蟻圖書有限公司
地　　址：台北市內湖區舊宗路二段121巷19號
電　　話：02-2795-3656　傳真：02-2795-4100　網址：
印　　刷：京峯彩色印刷有限公司（京峰數位）

　　本書版權為九州出版社所有授權崧博出版事業股份有限公司獨家發行電子書繁體字版。若有其他相關權利及授權需求請與本公司聯繫。

定價：500 元
發行日期：2019 年 01 月第一版
◎ 本書以POD印製發行